L'Argument statistique II

Gouverner par les nombres

COLLECTION SCIENCES SOCIALES

Responsable de la collection : Cécile Méadel
Centre de sociologie de l'innovation (http://www.csi.ensmp.fr/)
cecile.meadel@ensmp.fr

Dans la même collection

Alain Desrosières
Gouverner par les nombres
L'Argument statistique I

Frédéric Le Play et ses élèves
La naissance de l'ingénieur social.
Anthologie préparée par Frédéric Audren et Antoine Savoye

Frédéric Le Play, Parcours, audience, héritage
Coordonné par Antoine Savoye et Fabien Cardoni

Sous la direction d'Anne-France de Saint Laurent Kogan et Jean Louis Metzger
Où va le travail à l'ère du numérique

Bruno Latour,
Chroniques d'un amateur de sciences

Madeleine Akrich, Michel Callon, Bruno Latour,
Sociologie de la traduction. Textes fondateurs

Vololona Rabeharisoa, Michel Callon
Le pouvoir des malades

Sophie Dubuisson et Antoine Hennion
Le design : l'objet dans l'usage

Philippe Larédo
L'impact en France des programmes communautaires de recherche

Alain Desrosières

Gouverner par les nombres

L'Argument statistique II

MINES ParisTech
Les Presses

60, boulevard Saint-Michel - 75272 Paris Cedex 06 - France
email : presses@ensmp.fr
http://www.ensmp.fr/Presses

ISBN : 978-2-35671-005-5
Dépôt légal : 2008
Achevé d'imprimer en 2008 (Paris)

Sommaire

Pour une sociologie historique de la quantification
L'Argument statistique I

Gouverner par les nombres
L'Argument statistique II

1. Les mots et les nombres : pour une sociologie de l'argument statistique
2. L'administrateur et le savant. Les métamorphoses du métier de statisticien
3. Naissance d'un nouveau langage statistique entre 1940 et 1960
4. Le territoire et la localité. Deux langages statistiques
5. Enquêtes *versus* registres administratifs. Les deux sources de la statistique publique
6. Les qualités des quantités
7. La commission et l'équation. Une comparaison des Plans français et néerlandais entre 1945 et 1980
8. Du travail à la consommation. L'évolution des usages des enquêtes sur le budget des familles
9. Démographie, science et société. Le cas français
10. Du réalisme des objets de la comptabilité nationale
11. Éléments d'histoire d'une Grande École, l'ENSAE
12. L'État et la formation des classes sociales. Quelques particularités françaises

Chapitre 1
Les mots et les nombres : pour une sociologie de l'argument statistique[1]

"For whom the Bell Curves ?". Le titre drôle (et intraduisible) de cette conférence évoque un objet fétiche de la statistique. La courbe en cloche (*alias* « loi normale ») décrit la façon dont des événements nombreux et indépendants les uns des autres, mais résultant d'une *cause commune constante*, peuvent, sous l'effet de la loi des grands nombres, se cumuler et être représentés par une courbe de fréquence en forme de cloche. Cette courbe a été successivement intégrée dans des configurations socio-techniques différentes : les erreurs de mesure des astronomes Gauss et Laplace, les régularités macrosociales de Quetelet, les échelles d'aptitudes de Galton. Formulée en 1738 par Abraham de Moivre comme limite d'une distribution binomiale de tirages au hasard (jeu de pile ou face), elle est utilisée d'abord en astronomie pour décrire la distribution des erreurs d'observation (d'où son autre nom de loi de Laplace-Gauss). Puis, au 19ème siècle, Adolphe Quetelet reconnait dans la courbe en cloche la forme de la distribution des tailles d'une population de conscrits, puis, plus généralement, de divers comportements humains, afin de faire émerger un *homme moyen*, doté de propriétés de stabilité et de permanence. Cette propriété sera ensuite réutilisée par les eugénistes anglais Francis Galton et Karl Pearson pour analyser la hiérarchie des aptitudes des êtres humains. Ce sont eux qui, à la fin du 19ème siècle, qualifieront cette courbe de son nom actuel de « loi normale ».

Mais, jouant sur le fait que la cloche du village rythme et coordonne, par ses tintements réguliers, la vie de la communauté, ce titre à double fond rappelle

---

[1] Communication à la conférence : *"For whom the Bell Curves ?". Statistics as a boundary object between science and the State"*, Trondheim, Norvège, mai 2007.

que la statistique est à la fois, en tant que spécialité mathématique un outil de preuve, mais aussi un outil de gouvernement, qui rythme et coordonne maintes activités sociales, et sert de guide à l'action publique. Ces deux aspects sont en général traités par des spécialistes différents, de cultures et d'intérêts éloignés. Les mathématiciens développent les formalismes issus du calcul des probabilités et de la statistique inférentielle, alors que les politistes ou les sociologues s'intéressent à l'usage des statistiques dans l'action publique. Certains parlent ainsi de « Gouverner par les instruments » (Lascoumes et Le Galès 2005). Ces deux préoccupations sont rarement réunies. La question « *For whom the Bell Curves ?* » nous invite à historiciser et à sociologiser l'examen des aspects techniques de ces outils statistiques et de leurs usages argumentatifs. Ces outils sont souvent perçus comme austères (bien qu'indispensables) par les spécialistes des sciences sociales, et en général sous-traités à des méthodologues, respectés mais priés de livrer des algorithmes clé en main, fiables et indiscutables.

L'histoire de ces méthodes et de ces formalismes est entremêlée de façon complexe à celle des objets qui sont mis à l'agenda par des politiques publiques, au sein desquelles sont co-construits : 1) des façons de penser la société et l'économie, 2) des modes d'action publique, et 3) des formes de statistiques et de traitement de celles-ci[2]. A partir de divers exemples, nous poserons ici la question : en quoi la quantification et les algorithmes statistiques contribuent ils à performer le monde social, dans des configurations variées, et dans des agencements dont les pièces sont complémentaires les unes des autres ?

Nous reprendrons des travaux antérieurs, pour fournir quelques cas de telles configurations. Tout d'abord, à un niveau macrohistorique, est esquissée une mise en relation entre cinq façons de penser le rôle de l'Etat et les statistiques qui leur correspondent. Puis un « zoom » est proposé sur trois manières de décrire et de traiter les questions de pauvreté dans l'Angleterre de la fin du 19ème siècle. Enfin quelques relations entre outils, types d'argumentation et nature des problèmes traités, sont suggérées, à titre d'exemples, dans divers cas : les enquêtes par sondage, les statistiques exploratoires utilisées par les sociologues, et les indicateurs de performance mis en œuvre dans les politiques publiques inspirées du management du monde des affaires. Il ne s'agit pas ici de présenter un modèle complet des relations

---

2 Cette idée de configurations co-construites est développée dans l'ouvrage collectif de MacKenzie, Muniesa and Siu (eds.) [2007], et notamment dans le chapitre de Michel Callon. Ils y décrivent la façon dont la science économique (*economics*) contribue à « performer » l'économie réelle (*economy*).

entre, d'une part méthodes et algorithmes statistiques, et, d'autre part, les thèmes sociaux argumentés par ces instruments, mais seulement de suggérer, à partir de ces quelques exemples, la possibilité dé désenclaver les outils, d'en rouvrir les boîtes noires en les historicisant, sans pour autant les relativiser, comme certains accusent la sociologie des sciences de chercher à le faire. Ces exemples ne seront pas développés en détail, mais sont issus de divers travaux d'histoire et de sociologie de la quantification[3].

CINQ FORMES D'ARTICULATION ENTRE L'ETAT, LE MARCHÉ ET LES STATISTIQUES

La rationalisation de l'action publique, présentée depuis Max Weber comme un attribut des Etats modernes, est souvent résumée en quelques traits supposés univoques: anonymisation et standardisation de la gestion du monde social, développement de bureaucraties, rôle croissant des techniciens et des ingénieurs. Dans un premier temps, cette rationalisation est évoquée de l'extérieur, comme un apport venu d'un « ailleurs » distinct, celui de la science, de la technique, puis des sciences sociales ou de l'économie, dans une perspective progressiste. Son histoire éventuelle est alors, au mieux, linéaire, internaliste, cumulative et sans épaisseur propre. Une historicisation de cette entreprise implique de « réendogénéiser » ces recours à des langages de rationalité, dans la perspective ouverte par la sociologie des sciences contemporaine. Ceci suppose non seulement de reconstituer cette histoire au sens classique évoqué ci-dessus, mais aussi d'en restituer la diversité, les contradictions, les controverses, les ruptures. L'histoire des outils de rationalisation est, malgré ce que prétendent parfois les rationalisateurs, aussi tumultueuse et non linéaire que celle des façons de penser la société et celle des politiques visant à agir sur celle-ci. Ces trois dimensions peuvent être vues comme co-construites, dans des configurations cohérentes et entremêlées. Cette hypothèse est proposée ici pour décrire les relations entre les histoires de la statistique, de la pensée économique et des politiques économiques.

Depuis le 18ème siècle, l'histoire de la science économique a été scandée par des débats sur les relations entre l'Etat et le marché. Doctrines et politiques, plus ou moins liées entre elles, se sont succédées. Leurs interactions ont été

---

3 Voir notamment : MacKenzie (1981), Gigerenzer *et alii* (1989), Hacking (1990), Porter (1995), Desrosières (2000). Pour des études historiques sur la statistique publique, voir, pour les Etats-Unis : Duncan and Shelton (1978), Anderson (1988), pour la Grande-Bretagne : Davidson (1985), Szreter (1996), pour la Norvège : Sangolt (1997).

analysées du point de vue des idées et des pratiques institutionnelles associées à quelques configurations historiques stylisées : mercantilisme, planisme, libéralisme, Etat providence, keynésianisme, néo-libéralisme. Par ailleurs, quelle que soit l'orientation dominante, des systèmes d'observation statistique ont été peu à peu construits par les divers Etats. Mais la croissance de ces systèmes statistiques a été en général présentée comme une sorte de progrès inéluctable et presque univoque, peu connecté avec l'évolution des doctrines et des pratiques (pourtant diversifiées) de direction ou d'orientation de l'économie par l'Etat. Les ouvrages sur l'histoire de la pensée économique, ou même sur l'histoire des interactions réciproques entre l'Etat et la connaissance économique, insistent peu sur les particularités des modes de description statistique spécifiques aux différentes configurations historiques de relations entre l'Etat et le marché. En un mot, ces deux histoires, celle des politiques économiques, et celle de la statistique, sont rarement présentées et surtout problématisées *ensemble*.

La cause de la quasi-absence de cette histoire dans les travaux sur l'histoire économique est simple. La statistique y est perçue comme un instrument, une méthodologie subordonnée, un outil technique fournissant une validation empirique aux recherches économiques et à leurs usages politiques. Dans cette conception linéaire du progrès de la science et de ses applications, la statistique (en tant que production de données et en tant qu'outil mathématique d'analyse) ne peut évoluer que de façon autonome par rapport aux doctrines et aux pratiques économiques. C'est pour cette raison que, dans les ouvrages d'histoire de la pensée ou des faits économiques, cet aspect est peu traité, et n'est, en tous cas, jamais envisagé comme problématique et éventuellement contradictoire, c'est à dire digne d'un développement historique spécifique. Par "statistique", on entend ici l'ensemble formé par la mise en forme, l'enregistrement et les algorithmes d'analyse de données quantitatives, sous formes de séries, d'indices, de modèles économétriques et de beaucoup d'autres outils aujourd'hui disponibles dans les banques de données et les "packages" informatiques.

Un fil conducteur de l'analyse des relations entre l'outil statistique et son contexte social et cognitif est fourni par l'histoire des façons de penser le rôle de l'Etat dans la direction de l'économie. Pour cela sont présentées ici, de façon simplifiée et stylisée, cinq configurations jugées typiques[4] (Tableau 1). Celles-ci ne correspondent pas à une succession historique et ne sont pas exclusives les unes des autres. Elles sont même souvent entremêlées dans des situations concrètes. Elles n'ont été ainsi stylisées que pour proposer une grille de lecture différenciée de l'histoire des outils statistiques utilisés dans chacun de ces cinq cas. Les dates indiquées correspondent à leur apparition . Elles correspondent, pour les trois derniers cas, à des remises en cause profondes du rôle de l'Etat consécutives à trois grandes crises économiques mondiales (respectivement : fin du 19ème siècle pour l'Etat providence, années 1930 pour l'Etat keynésien, fin du 20ème siècle pour l'Etat néo-libéral).

1. *L'intervention directe* englobe des perspectives variées, allant du mercantilisme et du colbertisme (17ème siècle) jusqu'aux économies planifiées socialistes : *l'Etat ingénieur* à la française est une de ses modalités. Ses statistiques y sont comparables à celles d'une grande entreprise planifiant ses ateliers, ou à celles d'une armée gérant sa logistique. Les recensements démographiques et les flux de produits en quantité physique y sont essentiels[5].

2. A l'opposé, *l'Etat libéral* classique (fin du 18ème siècle) réduit au minimum cette intervention et prône la libération des forces du marché. Les statistiques, si elles existent, visent à rapprocher les marchés réels de ceux de la théorie (information complète et identique pour tous les acteurs), notamment en matière de prix. Les enquêtes agricoles menées aux Etats-Unis depuis plus d'un siècle en sont un prototype. Le rêve d'une société « libérale-libertaire » sans Etat, fondée sur les seuls mécanismes du marché, où les prix intègreraient toute l'information nécessaire, est le symétrique du rêve précédent d'un pur Etat ingénieur.

---

4 Cette analyse est présentée de façon plus détaillée dans le chapitre 3 de « L'argument statistique I » pp 39 à 56, et sur le site du *Courrier des Statistiques* (INSEE) : http://www.insee.fr/fr/ffc/docs_ffc/cs95a.pdf

5 Le débat des années 1930 sur le « calcul socialiste », et la possibilité d'une planification sans prix issus du marché, peut être lu comme participant du rêve d'un tel Etat ingénieur (Caldwell 1997).

TABLEAU 1
L'Etat, le marché et les statistiques

	Façons de penser la société et l'économie	**Mode d'action**	**Formes de statistiques**
Etat ingénieur La production et les hommes (depuis le 17e siècle)	Institution hiérarchisée et organisée rationnellement. France, de Colbert à De Gaulle. URSS.	Optimisation sous contrainte. Réduction des coûts. Planification centralisée. Technocratie. Grands travaux. Vision à long terme.	Démographie. Production en quantité physique. Tableaux d'échanges interindustriels. Balances matières (URSS).
Etat libéral Le commerce et les prix (depuis le 18e siècle)	Physiocratie. Un grand marché. Concurrence libre.	Lutte contre les corporatismes. Libre-échangisme. Lois anti-trust protégeant la concurrence.	Statistiques favorisant la transparence des marchés(cas de l'agriculture américaine). Mesures d'éventuelles positions dominantes. Parts de marché.
Etat Providence Le travail salarié et sa protection (depuis la fin du 19e siècle)	Le marché du travail n'est pas un marché comme un autre. Il doit être protégé.	Lois sur la durée du travail, sur les accidents, le chômage, les retraites. Systèmes d'assurances obligatoires garantissant des droits sociaux.	Statistiques du travail. Salaires, emploi, chômage. Enquêtes par sondage sur les budgets ouvriers. Indices des prix à la consommation. Mesure des inégalités sociales.
Etat keynésien La demande globale et ses composantes (depuis les années 1940)	Le marché ne peut fonctionner tout seul sans engendrer des crises. Il doit être régulé au niveau global.	Surveillance et pilotage du gap éventuel entre offre et demande globales, *via* les politiques monétaires et budgétaires.	Comptabilité nationale. Analyse de la conjoncture. Budgets économiques. Modèles macroéconométriques.
Etat néo-libéral Polycentrisme, incitations, benchmarking (depuis les années 1990)	Un grand marché. Concurrence libre et non faussée. Financiarisation. Démultiplication des centres de décision sous forme de réseaux.	Passage des droits aux incitations. Exemples : bonus-malus, marché des droits à polluer. Transformation des administrations en agences. Contractualisation. Coordination par émulation. Exemple de la Méthode ouverte de coordination européenne.	Objectivation d'espaces d'équivalence nouveaux. Objectivation des qualités contractuelles des statistiques. Construction et usage d'indicateurs pour évaluer et classer des performances. Palmarès Le *benchmarking* complète ou remplace directives et règlements. Débats sur la quantification du PIB.

3. *L'Etat providence* (fin du 19ème siècle) cherche à protéger les travailleurs salariés des conséquences de l'extension de la logique marchande au travail lui-même, en mettant en place les systèmes de protection pour le chômage, les accidents du travail, la maladie, la famille. Ses instruments sont notamment les enquêtes par sondage sur l'emploi, sur les besoins, les revenus et les budgets de famille des travailleurs, ainsi que les indices de prix des consommations de ceux-ci. Les statistiques officielles de ce temps sont centrées sur ces thèmes, à l'exemple de Lucien March en France, Ernst Engel en Allemagne, Caroll Wright aux USA ou Anders Kiaer en Norvège (Lie 2002).

4. Le *keynésianisme* assigne à l'Etat une responsabilité dans le pilotage macroéconomique d'une société dont le caractère marchand n'est cependant pas contesté (années 1930). La comptabilité nationale est son instrument central (Vanoli 2002). Les systèmes statistiques publics sont réorganisés pour les besoins de celle-ci. La consommation et l'indice des prix quantifiant l'inflation concernent *toute la population* et non plus les seuls travailleurs manuels. Les modèles macroéconométriques, comme ceux de Ragnar Frisch, Jan Tinbergen ou Lawrence Klein, orientent des politiques portant sur des agrégats, en confrontant offre et demande globale..

5. Enfin l'*Etat néo-libéral* prend appui sur les dynamiques microéconomiques, en les orientant éventuellement par des systèmes *d'incitations* et en acceptant les principales hypothèses de la théorie des anticipations rationnelles (années 1980). Le *benchmarking,* c'est à dire l'évaluation, le classement et le palmarès des performances, en est un instrument essentiel. Les modèles microéconométriques de régression logistique permettent de séparer et d'isoler les « effets propres » de variables ou d'outils de l'action publique sur les performances de ceux-ci, en vue d'améliorer les « variables cibles » de politiques pensées en termes d'incitations (notamment fiscales) et de comportements individuels. L'émulation suscitée entre les outils permet de dégager les « meilleures pratiques ».

L'évaluation des procédures incitatives résulte d'études sur données individuelles, ou de quasi-expérimentations (microsimulations) visant à modéliser les comportements des acteurs, *y compris ceux de la puissance publique.* Ce point est une différence importante entre l'Etat néo-libéral et les précédents. Il résulte de la théorie des anticipations rationnelles, pour qui les politiques publiques échouent, dès lors que les acteurs intègrent, dans les informations orientant leurs comportements, les effets anticipés de ces décisions publiques. Dans cette perspective, aucun acteur, notamment l'Etat, n'est extérieur au jeu. L'Etat se démultiplie en plusieurs centres de direction plus ou moins autonomes, ou « agences » gérées comme des quasi-entreprises. Celles-ci sont des acteurs parmi d'autres, relevant des mêmes formes de modélisations que n'importe quel autre acteur microéconomique.

L'idée d'endogénéiser la construction de l'outil statistique par rapport à l'analyse historique des formes de l'État, est cohérente avec ce qui précède, même si cette historicisation réflexive des pratiques statistiques ne fait pas partie de la boîte à outils des théoriciens de l'économie néo-classique. En effet, dans une conception *réaliste* de la statistique, celle-ci serait un simple instrument de mesure, extérieur à une « réalité » qui lui préexisterait, de même que l'État critiqué par les partisans des anticipations rationnelles serait, selon eux, extérieur à la société. En revanche, dans la mesure où la production de connaissance statistique est une composante essentielle de la direction de l'économie, il n'est pas surprenant que la démultiplication et l'endogénéisation des comportements des différents «centres de direction», quels qu'ils soient, s'accompagnent d'une démultiplication et d'une endogénéisation analogues des centres de calcul producteurs des «données» statistiques. Celles-ci ne sont pas «données» (*data are not given*), mais résultent d'un processus social démultiplié et coûteux, dont les composantes, cognitives et économiques, font partie intégrante de la société globale complexe qu'elles sont supposées décrire.

UNE ÉTUDE DE CAS : LA PAUVRETÉ EN ANGLETERRE À LA FIN DU 19ÈME SIÈCLE

Cette mise en perspective macrohistorique des relations entre l'Etat, le marché et les statistiques, sur plus de deux siècles, est cependant trompeuse. Elle suggère une trop belle cohérence. A une échelle historique plus fine, les innovations et les transformations résultent de contingences et d'aventures spécifiques à des pays, ou même à des groupes restreints d'acteurs. Ceux-ci sont souvent embarqués dans des projets dont les conséquences ultérieures sont tout autres que celles qu'ils visaient, comme le montre le cas des eugénistes anglais de la période 1880-1930, Francis Galton, Karl Pearson et Ronald Fisher[6]. Le contexte initial est la grande crise économique et sociale des années 1880. Les révoltes urbaines résultant de la misère qui frappe alors le monde ouvrier inquiètent la bourgeoisie anglaise. Divers mouvements réformateurs proposent et expérimentent des façons différentes de penser ces

---

[6] Cette partie regroupe des éléments développés dans les chapitres 4, 5, 7 et 8 de Desrosières (2000).

situations et d'agir sur elles (Tableau 2). La première est inspirée des théories darwiniennes de l'hérédité biologique des « aptitudes » *(abilities)*, et de la conviction qu'il est nécessaire d' « améliorer l' aptitude globale de la nation » par des méthodes eugénistes de sélection des plus aptes (*fittest*) : les innovations statistiques de Galton et K. Pearson en sont issues. La deuxième s'attache à observer et décrire les conditions de vie des classes pauvres par des enquêtes sociales (Charles Booth, Seebowm Rowntree, Arthur Bowley), dont les modernes enquêtes par sondage résulteront Elle s'appuie sur une catégorisation fine des populations, liée à des formes d'interventions différentes. Enfin la troisième est dans le prolongement de la Poor Law de 1835, avec son système de bureaux locaux d'assistance et d'ateliers de travail, ou *workhouses* (Yule 1895). Le débat porte alors sur les modalités de fonctionnement de ces bureaux d'assistance, et sur la part relative de l'aide à domicile (*outdoor relief*) et dans ces workhouses (*indoor relief*).

La comparaison de ces trois configurations politiques et scientifiques permet d'aller au delà de l'apparente cohérence structurelle d'« épistémés » décrites à grands traits sans entrer dans le détail des histoires contingentes de leurs machineries[7]. En effet, de cette situation de grave crise de la fin du 19ème siècle, émergent sur le moment deux grandes combinaisons concurrentes, de façons de penser la société, d'agir sur elle, de la décrire et de la modéliser. L'une est biologique, l'autre est socio-économique.

Des controverses tout à la fois philosophiques, politiques et techniques de cette période résulteront quelques uns des grands outils de la statistique moderne. Par exemple, la « Courbe en cloche » de Gauss et Quetelet est complètement réinterprétée par Galton. Mais aussi, l'usage des sources administratives (celles des bureaux d'assistance), les techniques d'enquête sociale et les sondages (*sampling surveys*), une grande diversité de taxinomies statistiques des groupes sociaux, tout cela est débattu et mis en oeuvre au cours de ces décennies en Angleterre.

---

[7] Cette allusion à Michel Foucault n'enlève rien, bien sûr, à l'extraordinaire prescience de ses analyses, par exemple celles qui portent sur le néo-libéralisme, dans ses cours de 1977 à 1979 au Collège de France, publiés en français en 2004. (Foucault 2004a et 2004b)

TABLEAU 2

LA PAUVRETÉ EN ANGLETERRE A LA FIN DU 19ème SIÈCLE :
TROIS POLITIQUES ET LEURS TROIS INSTRUMENTS

TYPES DE POLITIQUES	AUTEURS EMBLEMATIQUES	**NATURES ET SOURCES DES INFORMATIONS**	OUTILS TECHNIQUES	PHILOSOPHIE SOCIALE
EUGÉNISME HÉRÉDITARISTE	Francis GALTON et Karl PEARSON 1880 à 1900	Mesures de traits biologiques (taille), puis de l'aptitude (*ability*)	Courbe en cloche (Loi normale) Corrélation Régression vers la moyenne	Darwinisme Eugénisme Sélection des plus aptes
POLITIQUES CIBLÉES SELON UNE TAXINOMIE FINE	Charles BOOTH, Seebowm ROWNTREE et Arthur BOWLEY 1885 à 1900	Enquêtes sociales classant les pauvres en huit catégories économico-morales	Différenciation des explications et des traitements de la pauvreté selon une taxinomie *ad hoc*	Distinguer les bons pauvres, récupérables, et les mauvais, irrécupérables
WORKHOUSE et ASSISTANCE (issus de la POOR LAW de 1835)	Udny YULE 1895-1899	Statistiques de gestion des 580 bureaux locaux d'assistance aux pauvres, décomposée en - *indoor relief (en atelier)* - *outdoor relief (à domicile)*	Tableau de contingence Régression Ajustement par la méthode des moindres carrés	L'assistance entretient et accroît la pauvreté (Polanyi 1944)

Une construction socio-technique : Galton associe la loi binomiale de Quetelet et les classes sociales de Booth à un argument darwinien

CLASSES SOCIALES ET VALEUR GÉNÉTIQUE (D'après Galton [1909]).

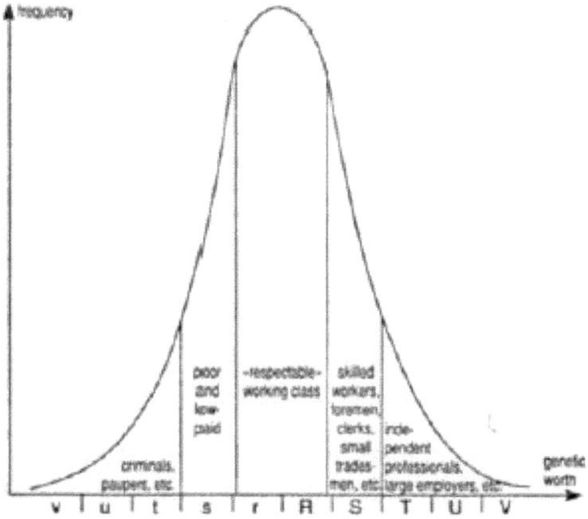

Le souci de donner consistance à une aptitude humaine héréditaire, en l'étalonnant sur une échelle continue, conduit Galton à un montage articulant trois formes déjà consolidées, mais auparavant sans rapports entre elles : la distribution « normale » des tailles, popularisée par Quetelet ; la répartition de la population en catégories sociales, utilisée par Booth dans son enquête sur la pauvreté à Londres ; l'idée d'hérédité des attributs individuels, physiques et psychiques, inspirée de Darwin (dont Galton est le cousin), dans la perspective d'une politique eugénique [Mac Kenzie, 1981]. Galton transforme la distribution normale (ou « d'allure normale ») *observée* des tailles, en une distribution normale *supposée* d'une grandeur hypothétique, une aptitude d'origine biologique, qualifiée de « valeur génétique » ou de « valeur civique ». Il associe ensuite l'hypothèse de normalité de cet attribut individuel (comparable à la taille) à la répartition en pourcentage des effectifs de huit catégories de population définies à partir d'indices économiques, sociaux et culturels. Ceux-ci sont observés et enregistrés lors de visites de logement, à l'occasion d'une enquête sur les causes de la pauvreté organisée par Booth en 1889.

En supposant que ce niveau social codé à l'œil nu reflète la valeur civique à étalonner, Galton utilise la tabulation de la surface limitée par la loi de Gauss pour assigner des valeurs numériques aux frontières entre les strates, réparties sur l'axe des abscisses du graphique représentant cette loi. Cette construction ne permet pas d'affecter directement une mesure numérique à l'aptitude d'un individu (ou d'un foyer), mais elle imprime l'idée qu'un tel attribut, aussi biologiquement naturel que la taille, existe et ne demande qu'à être mesuré. Ce sera fait plus tard avec « l'intelligence générale » de Spearman (1904), puis avec les mesures du quotient intellectuel, ou QI [Gould, 1983].

Source : Desrosières (2000), p. 143

Deux constructions politiques et cognitives différentes sont en concurrence pour penser la crise sociale d'alors. L'une est la réponse biologisante, héréditariste et eugéniste, de Galton et K. Pearson. Après un vif succès jusqu'aux années 1940, elle sombrera dans le discrédit. Postulant une distribution « normale » des aptitudes, supposées héréditaires, Galton milite pour une naturalisation de la structure des classes sociales, perçue comme une échelle unidimensionnelle reflétant une aptitude innée. Il interprète la Courbe en cloche en termes de distribution hiérarchisée de traits biologiques ou d'aptitudes héréditaires, et non plus seulement de moyenne stable comme le faisait Quetelet. Il invente les notions de médiane et de fractiles[8] (déciles, centiles...). Observant que les « hautes classes » sont moins fécondes que les classes populaires, les eugénistes estiment qu'il y a un danger de baisse de l' « aptitude globale » de la nation. Une politique « eugéniste » implique donc de limiter la fécondité des pauvres. C'est pour argumenter ces idées que K. Pearson met en forme les notions de corrélation, de régression, de test du chi-deux. Ainsi, cette configuration discréditée laissera pourtant derrière elle les prémisses de la statistique mathématique, dont hériteront la statistique inférentielle de Ronald Fisher, Jerzy Neyman et Egon Pearson (le fils de Karl), puis l'économétrie de Ragnar Frisch et Trygve Haavelmo (Morgan 1990).

En revanche, la seconde conception est sociale et économique[9]. Elle est moins homogène que la première. D'une part des réformateurs sociaux tentent de mettre en forme une typologie détaillée des diverses strates des classes pauvres. A chacune d'elles est associée à la fois une description, une explication et une proposition d'action différenciée (Hennock 1976, 1987). Des enquêtes sociales approfondies sont menées par Booth et Rowntree. Celles-ci déboucheront sur les premières enquêtes par sondage (Arthur Bowley, Anders Kiaer en Norvège, Alexandre Kovalevski en URSS). La méthode des sondages aléatoires implique une équivalence conventionnelle des boules tirées dans l'urne de Bernoulli. Celle-ci est cohérente avec l'égalitarisme démocratique des citoyens de la nation, et avec l'idée que la protection sociale à venir va concerner toutes les classes de la société, et non plus les seuls ouvriers (Kiaer 1895).

---

[8] Il introduit ainsi la notion de *rang* dans la statistique, à propos des *aptitudes innées.* Un siècle plus tard, les classements porteront sur les performances et sur les mérites, dans les opérations dites de *benchmarking*. Dans le premier cas, la statistique sert à décrire et analyser une totalité (notamment avec la courbe en cloche). Dans le second, elle sert à qualifier et à comparer des individus, afin d'orienter leur comportement.

[9] On disait alors « environnementaliste », l'environnement signifiant le milieu social ou géographique, par opposition aux conceptions biologisantes des eugénistes.

Mais par ailleurs, l'ancien système d'assistance issu de la Poor Law de 1835 continuait à fonctionner et faire débat. Géré par des bureaux locaux implantés dans 580 comtés, il distinguait l'aide à domicile des femmes, des enfants et des vieillards (*outdoor relief*), et l'aide aux hommes valides, contraints à travailler dans les *workhouses (indoor relief).* La question du poids relatif des deux formes d'aide est débattue dans les années 1890. Udny Yule, formé par K. Pearson mais allergique à sa vision biologique du monde social, intervient dans ce débat en analysant les statistiques de gestion des 580 bureaux d'assistance. Pour cela, il transporte la méthode de régression depuis le laboratoire de biométrie de Pearson, pour « expliquer » les variations du paupérisme par celles des modalités de cette gestion. En 1897, il est le premier à réutiliser, pour estimer une « droite de régression », la méthode d'*ajustement par les moindres carrés,* formulée vers 1800 par les astronomes Legendre, Gauss et Laplace. Par ce transfert depuis la biométrie, Yule anticipe ce qui sera nommé économétrie en1930. Sur le fond, Yule estime, avec des arguments statistiques discutables[10], que l'assistance à domicile (*outdoor*) contribuait à entretenir la pauvreté, une interrogation qui parcourt l'histoire sociale anglaise, depuis les lois de Speenhamland (1795)[11] jusqu'à nos jours, avec les débats actuels sur l'activation des aides sociales et sur le *workfare.*

Les trois configurations résumées par le tableau 2 ne forment pas un tout cohérent. Elles sont profondément marquées par des contingences et des histoires irréductibles les unes aux autres. Elles sont liées à des philosophies politiques très différentes. On ne peut les résumer en parlant seulement de rationalisation croissante ou d'ingénierie sociale. L'univers des techniques n'est pas univoque et extérieur aux passions du monde social. Il n'empêche que certains styles de raisonnement vont de pair avec certains formalismes. Celui de la régression linéaire, avec ses « variables explicatives » et ses « variables » expliquées », inauguré par Yule en 1895 en matière de politique sociale, va jouer un rôle essentiel au 20ème siècle pour orienter et évaluer les modalités des actions publiques, à travers les modèles économétriques.

---

[10] Il ne distinguait pas les estimations de la pauvreté issues des fichiers de gestion, d'éventuelles estimations indépendantes, issues d'enquêtes directes (Desrosières 2000).

[11] Karl Polanyi analyse en détail, dans *La grande transformation (1983),* les effets de la *Poor Law* de 1795, dite « loi de Speenhamland ».

DES MONOGRAPHIES AUX SONDAGES : DEUX CONFIGURATIONS SOCIO-TECHNIQUES

Un autre exemple de co-construction entre outils statistiques et politique sociale est fourni par l'histoire des enquêtes socio-économiques sur les budgets de famille menées depuis le 19ème siècle. Ces enquêtes existent depuis le début du 19ème siècle. Mais elles ont profondément changé de nature vers le milieu du 20ème siècle. Auparavant, elles ne portaient que sur les classes pauvres, principalement ouvrières. Elles visaient à analyser les conditions de reproduction de la force de travail. Elles ne se posaient pas la question de la représentativité. Les familles enquêtées étaient jugées « typiques ». Le Play et ses disciples ont fourni un modèle d'enquêtes dites « monographiques », largement utilisé jusqu'aux années 1900. Les célèbres « lois d'Engel » sur les rapports entre part des consommations alimentaires et niveaux de revenu ont été formulées dans cet esprit. Jusqu'aux années 1930, elles servaient notamment à pondérer les indices de prix des consommations *des familles ouvrières,* pour éviter que l'inflation ne détériore leurs niveaux de vie. Il ne venait pas à l'esprit des enquêteurs de s'intéresser aux budgets des familles aisées et bourgeoises.

Ces enquêtes changent complètement de nature et de finalité, à partir des années 1940, sous l'effet conjugué de la mise en place du *Welfare State,* puis des politiques macroéconomiques keynésiennes. Dès lors, elles concernent l'ensemble de la population, pour, d'une part, décrire les inégalités entre classes, et, d'autre part, quantifier la consommation globale. Or la méthode des sondages représentatifs, remplaçant progressivement celle des monographies, apparaît dans ce contexte. Ce tournant est bien illustré par le projet précurseur du Norvégien Anders Kiaer qui, dès 1895, propose de faire un « dénombrement représentatif » portant sur un « échantillon raisonné » (mais non encore « aléatoire »), portant sur « toutes les classes de la société ». Il présente son projet (en français) devant l'Institut international de statistique (IIS) en associant étroitement des arguments techniques, sociaux et politiques.

Ses justifications de l'enquête sont significatives du basculement d'une période où les rapports entre classes étaient pensés en termes d'ordres et de places, et donc *incommensurables,* à une autre où les individus des diverses classes peuvent se comparer entre eux à une aune commune, où le thème de l'inégalité, non concevable dans l'autre système, devient fondamental, et où les problèmes de pauvreté ne sont plus pensés en termes de bienfaisance et de voisinage, mais de lois sociales votées par des parlements. Kiaer observe que les enquêtes antérieures portaient sur les seuls ouvriers (ou les pauvres), puisqu'il n'était pas encore imaginable de mettre en équivalence, à l'intérieur d'un tout supérieur, les diverses classes. Il est un des premier à poser ainsi le problème des « inégalités sociales », et cela est dit dans le premier texte d'un statisticien d'Etat portant sur la représentativité, en 1895:

> « ...les investigations concernant les revenus, les habitations et autre conditions économiques ou sociales, faites relativement aux classes ouvrières, n'ont pas été étendues d'une manière analogue à toutes les classes de la société. ...Même en n'envisageant que la question ouvrière proprement dite, on doit comparer la situation économique, sociale, morale, des ouvriers à celles des classes moyennes et des classes riches. Dans un pays où les classes supérieures sont très riches et les classes moyennes très aisées, les prétentions des classes ouvrières relatives à leurs salaires, à leurs habitations, se mesurent d'après une autre échelle que dans un pays où la plupart des personnes appartenant aux classes supérieures ne sont pas riches et où les classes moyennes se trouvent dans la gêne. Ainsi, pour apprécier les conditions de la classe ouvrière, il faudra aussi connaître, outre celles-ci, les éléments analogues dans les autres classes. Mais il faut faire un pas de plus et dire que, puisque la société ne consiste pas seulement dans la classe ouvrière, on ne doit, dans les investigations sociales, négliger aucune classe de la société. » [Kiaer, 1895, p. 177.]

Cette enquête va être utile pour la création d'une caisse de retraite et d'assurances sociales, garantissant une péréquation sociale et un traitement statistique de risques divers:

> « il s'opère dans notre pays un dénombrement représentatif ayant pour but d'élucider diverses questions concernant le projet de création d'une caisse générale de retraite et d'assurance contre l'invalidité et la vieillesse. Ce dénombrement s'opère sous les auspices d'un Comité parlementaire chargé de l'examen de ces questions et dont je suis l'un des membres ». [Ibid., p. 177.]

En 1897, le débat tourne sur ce que sa « méthode représentative » apporte par rapport à la « méthode typologique » alors préconisée, au sein de l'IIS, par les statisticiens leplaysiens. Kiaer insiste sur l'aspect territorial, en évoquant une miniature du territoire total, montrant non seulement des types, mais aussi la « variété des cas qui se trouvent dans la vie ». Il n'aborde pas encore la question du tirage aléatoire, mais en revanche insiste sur le contrôle des résultats par la statistique générale:

> « La terminologie employée dans le programme de l'IIS, les procédés des études typologiques, n'est pas conforme à mes idées. Je montrerai la différence qui existe entre les investigations par types et les investigations représentatives. Par

investigation représentative je comprends une exploration partielle où l'observation se fait sur un grand nombre de localités éparses, distribuées sur toute l'étendue du territoire, de manière que l'ensemble des localités observées forme une miniature du territoire total. Ces localités ne doivent pas être choisies arbitrairement, mais d'après un groupement rationnel basé sur les résultats généraux de la statistique. Les bulletins individuels doivent être arrangés de manière que les résultats puissent être contrôlés à plusieurs égards à l'aide de la statistique générale. » [Kiaer, 1897, p. 180.]

En opposant sa méthode, qui décrit la « variété des cas », à celle qui ne montre que des « cas typiques », il souligne une mutation analogue à celle que Galton a opérée par rapport à la vieille statistique de la moyenne de Quetelet. En portant désormais l'attention sur la *variabilité* des cas individuels, avec les notions de variance, de corrélation et de régression, les eugénistes anglais ont fait passer la statistique du stade de l'examen de *touts*, résumés par la moyenne (holisme), à celui de l'analyse de distributions d'individus à *comparer*:

« L'IIS a recommandé l'investigation par types choisis. Sans contester l'utilité de cette forme d'investigation partielle, je pense qu'elle présente certains désavantages, comparée aux investigations représentatives. Même si l'on connaît les proportions dans lesquelles les différents types entrent dans le total, on est loin d'arriver à un résultat plausible pour l'ensemble; car le total comprend, non seulement les types, c'est-à-dire les rapports moyens, mais toute la variété des cas qui se trouvent dans la vie. Il est donc nécessaire, afin que l'investigation partielle donne une vraie miniature de l'ensembl,e qu'on observe non seulement les types, mais toute espèce des phénomènes. C'est cela qui pourra se faire, sinon complètement, à l'aide d'une bonne méthode représentative qui ne néglige ni les types, ni les variations. » [Ibid., p. 181.]

RÉGRESSION LOGISTIQUE OU ANALYSE DES CORRESPONDANCES : DEUX POLITIQUES DES STATISTIQUES

Les liens réciproques entre, d'une part, les formalismes et les algorithmes, et d'autre part, leurs usages sociaux et politiques, peuvent être illustrés par des controverses qui, entre les années 1970 et 1990, ont opposé certains spécialistes des sciences sociales quantitatives ayant à analyser des variables discrètes. Les uns (plutôt économistes) mettaient en œuvre des méthodes de régression logistique issues de l'économétrie. Les autres (plutôt sociologues) utilisaient l'analyse des correspondances, inventées par le Français Jean-Paul Benzecri.

La *régression logistique* est une extension de l'ancienne idée d'« élimination des effets de structure », ou : « une variable peut en cacher une autre ». Cette question avait été traitée par la régression multiple et les calculs de corrélation partielle, par Yule, depuis le début du siècle. Un problème se pose lorsque les variables à traiter sont discrètes, c'est-à-dire constituées de classes d'équivalence, et non d'une quantification continue. Les modèles de régression logistique (du type *logit*) permettent d'utiliser des formules de régression linéaire par des transformations logarithmiques ad hoc. Mais, ce faisant, on raisonne comme les spécialistes des sciences de la nature, par exemple Ronald Fisher dans ses expériences agronomiques. On distingue des « effets purs » de variables agissant *de façon homogène sur tout l'espace étudié*. L'idée que les lois et leurs effets sont transportables et reproductibles, pourvu que soient respectées les conditions *ceteris paribus*, est sous-jacente à cette façon de traiter les variables sociales, et elle est issue des sciences de la nature.

Il ne s'agit pas ici de critiquer cet usage, comme cela a été fait souvent, depuis le sociologue durkheimien François Simiand et, plus récemment, Jean-Claude Passeron, qui revendique la possibilité d'un « espace non-poppérien du raisonnement », basé sur l'historicité des sociétés humaines. « Historiciser » signifie étudier, dans un contexte historique donné, la cohérence, formelle et sociale, et l'efficacité propre d'un montage de définitions, de tableaux, de graphiques et de calculs. Ces montages ne peuvent être compris que du point de vue de leur insertion dans un réseau plus vaste d'argumentation et d'action et non pas seulement en tant que porteur d'une connaissance supplémentaire, une brique dans l'édifice de la science. L'élimination des effets de structure a été raillée par Simiand, qui formulait à leur sujet une critique spectaculaire : « Cette méthode conduit à étudier et comparer les comportements d'un renne au Sahara et d'un chameau au Pôle Nord ». Cette boutade a été reprise par ceux qui critiquent la transposition du modèle des sciences de la nature aux sociétés humaines. Or l'élimination des effets de structure a été considérablement sophistiquée, depuis 1980, par l'usage des modèles de régression logistique (*logit*), qui permettent de séparer et de quantifier finement les « effets purs » des diverses variables « explicatives ». La question n'est donc plus de savoir si ceux qui le font ont raison ou tort, mais *pourquoi* ils le font ? Comment la régression logistique est-elle intégrée dans une plus longue chaîne d'arguments, dans laquelle on peut conjecturer que le *jugement, l'action et la décision* (et non pas seulement la description) occupent une place centrale. Les débats des épistémologues portent sur ce qu'*il faut faire* pour faire de la « vraie science ». Ceux des sociologues des sciences portent sur *ce que font* les scientifiques, les objets qu'ils construisent, et pourquoi, sans chercher d'abord à séparer le bon grain de l'ivraie.

Le modèle de la régression logistique est hybride en ce qu'il met en œuvre des *variables* dites « discrètes », c'est-à-dire découpant exhaustivement l'univers en *classes* disjointes. Les acteurs de son théâtre sont ces variables : ce sont elles qui agissent, ont des effets, purs ou brouillés par ceux de variables concurrentes. Dans les comptes rendus, elles constituent les *sujets des verbes*, et, à ce titre, elles se rattachent au langage des sciences de la nature. Pourtant, au lieu de refléter des mesures, elles rassemblent des classes, constituées sur le modèle des sciences juridiques ou politiques. Mais ces classes ne parlent pas en tant que telles. Elles laissent la parole aux variables : le sexe, l'âge, le diplôme, le revenu, la classe sociale, la région, la taille de la commune. Ceux qui, à l'image de Karl Pearson et de sa biométrie, sont les plus attirés par le modèle des sciences de la nature, sont gênés par ces variables discontinues. L'âge et le revenu pourraient, à la rigueur, être rapatriés dans le camp des « vraies » variables (i.e. continues), mais les autres sont toujours suspectes d'être arbitraires et « conventionnelles » : que se passerait-il si on « changeait de nomenclature » ?

Mais le cœur de ces méthodes reste la question des *effets* de certaines variables sur d'autres. Cette interrogation ne trouve sens que dans une perspective d'*action* et de transformation du monde. Sur quoi faut-il agir pour atteindre tel but ? La variable résume alors un objectif (un indicateur social, un critère de convergence fixé par un traité), ou un moyen d'action *de portée générale*. La variable est faite pour être inscrite sur le cadran du tableau de bord de l'homme d'action. La science sociale est une science expérimentale appliquée. Mais elle doit *composer* avec les classes d'équivalence produites historiquement par les États de droit : catégories administratives, salariales, scolaires, familiales, fiscales (différentes d'un pays à l'autre, pour le malheur de la construction d'une statistique européenne). Pour cette raison, les critiques qui, de Simiand à Passeron, ont visé ces méthodes, ont en partie manqué leur but, et n'ont eu aucun effet. Elles ne s'en prennent qu'à leur dimension *cognitive*, au lieu de décrire leurs *usages et leurs effets sociaux*, qui ne sont intelligibles que dans une sociologie beaucoup plus vaste des moyens dont dispose une société pour se représenter et agir sur elle-même.

L'*analyse des correspondances*, issue des travaux de Jean-Paul Benzecri, combine, elle aussi, des aspects classificatoires et métrologiques. Elle prolonge d'une certaine façon l'analyse factorielle des psychomètres du début du 20ème

siècle, qui poursuivaient une démarche typique de la métrologie symptomatique des sciences de la vie. L'intelligence générale (ou « facteur *g* ») de Charles Spearman était une variable latente, « moyenne » des résultats de *n* épreuves scolaires subies par *p* élèves. Elle était déterminée comme l'axe principal d'inertie du nuage des *p* points représentant les performances des élèves dans l'espace à *n* dimensions des épreuves. L'unidimensionnalité de ce nuage a été ensuite critiquée par Léon Thurstone, qui cherchait à explorer des axes orthogonaux, décrivant plus fidèlement la complexité de l'espace des aptitudes. Sans ordinateurs, les psychomètres acquéraient une grande dextérité pour opérer des « rotations d'axes », dans des espaces à beaucoup de dimensions. L'analyse des correspondances de Benzecri, pour sa part, porte sur des tableaux de contingence, additifs en lignes et en colonnes. Elle vise à rechercher les axes les plus explicatifs d'un tel tableau, et à projeter les variables lignes et colonnes sur des plans, établissant ainsi une cartographie optimum du tableau étudié.

Bien qu'elles soient toutes deux descriptives, les méthodes françaises d'*analyse des correspondances*, et les méthodes anglo-saxonnes de *data analysis* de John Tukey, n'ont pas les mêmes philosophies. Ces dernières distinguent l'analyse *exploratoire,* qui, par l'examen et la visualisation simple d'un fichier, permet de formuler des hypothèses ou des esquisses de modèles probabilistes, testées ensuite par une *analyse confirmatoire* qui retrouve les techniques classiques de la statistique mathématique inférentielle. En revanche, l'analyse des correspondances rejette tout modèle probabiliste. Elle est avant tout une technique descriptive. Elle ne vise pas à confirmer ou infirmer une théorie préalablement formulée. De ce point de vue, elle renoue avec l'ancienne tradition des sociologues et des économistes historicistes du 19ème siècle, qui recherchaient des régularités à partir des données observées.

Portant sur des tableaux de contingence distribuant des individus selon des classifications conventionnelles, l'analyse des correspondances est adaptée à une conception des sciences sociales issue des sciences politiques et du droit. Elle distribue ces classes selon des systèmes de proximités, possédant des configurations de propriétés voisines. Dans ce cas, les acteurs du théâtre ainsi mis en scène sont des *groupes* (ou des *individus*), et non plus des *variables*. Les sujets des verbes sont, dans les phrases des interprétations, ces groupes (qui peuvent être définis par le sexe, l'âge, la classe sociale). Ceux-ci ont une existence autonome par rapport à la nomenclature exhaustive (à la différence des méthodes de régression logistique). Ces méthodes peuvent servir de façon classificatoire *a posteriori*, en regroupant (de façon ascendante) des individus, ou en découpant (de façon descendante) l'ensemble initial, après définition d'une distance, minimisée à l'intérieur des classes et maximisée entre les classes. L'analyse statistique engendre ainsi de nouvelles formules *d'équivalences conventionnelles*, réutilisables pour l'action, et n'ayant d'autre portée que dans l'usage local qui en est ainsi fait.

Mais, dans sa version cartographique, très utilisée, l'analyse des correspondances retrouve la perspective métrologique et les variables latentes. Les « axes d'inertie », déterminés par diagonalisation des matrices de variance covariance, engendrent un nouvel espace, dans lequel les individus et les groupes ont des « coordonnées ». Il est tentant d'*interpréter* celles-ci, et de les traiter comme des mesures continues de « quelque chose » qui, bien que non directement visible, existerait dans la nature[12]. Une statistique réaliste peut toujours contribuer à *engendrer du réel*, par la seule efficacité de ses procédures de calcul et d'objectivation.

Ainsi, chacune à leur façon, la régression logistique et l'analyse des correspondances opèrent une hybridation entre les optiques métrologiques et classificatoires. Elles constituent aujourd'hui deux des méthodologies statistiques les plus utilisées. On ne peut cependant pas les mettre en concurrence, tant leurs langages et leurs usages sont différents. Elles sont utilisées dans des contextes institutionnels distincts, ce qui rend difficile une confrontation sociologique de leurs usages. Les produits des régressions logistiques sont présentés comme des *résultats associant des effets à des causes*, portant sur des variables décontextualisées et supposées de portée générale, à la façon dont les sciences expérimentales déroulent les étapes de leurs investigations. De ce point de vue, ils semblent au cœur de la démarche scientifique qui prétend progresser en accumulant de tels résultats.

En revanche, l'analyse des correspondances est rarement présentée (à la différence de la *data analysis* anglaise) comme préalable à une « analyse confirmatoire », vérifiant des hypothèses théoriques dont elle serait une des sources. Elle est plutôt un élément parmi d'autres d'un ensemble de descriptions historiques de la complexité et des dimensions d'un univers social. Les « variables » ne figurent pas en tant que telles, mais à travers les classes qu'elles distinguent. Ce sont les configurations singulières de ces classes et de leurs propriétés qui font l'objet du commentaire du sociologue. La généralisation

---

12 Certaines interprétations de Benzecri, associant parfois la structure des axes à un dessein divin, rappellent celles de Quetelet, pour qui l'« homme moyen » ne pouvait être que le produit de la volonté divine.

éventuelle procède d'une rhétorique différente de celle des sciences de la nature ou de la vie. C'est la juxtaposition de configurations similaires qui fournit un argument. La structure bi-dimensionnelle de l'espace des catégories sociales françaises, ainsi analysée par Pierre Bourdieu (1979), a été confirmée par des analyses de correspondances portant sur divers comportements de ces catégories : structure des consommations, pratiques culturelles, distribution spatiale dans les quartiers urbains, intermariages, comportements électoraux (Desrosières et Thévenot 2002). Ces configurations sont historiques en ce qu'elles dépendent de taxinomies, plus ou moins durcies et elles-mêmes historiques, et de pratiques dont le sens évolue.

Ces différences d'usage reflètent le relatif émiettement des sciences sociales, qui tirent leur légitimité d'un patchwork de modèles de scientificité. Elles auraient à gagner à *expliciter* ce mélange et sa portée sociologique, en termes d'insertion de leurs discours dans des pratiques sociales différentes, plutôt qu'à chercher à faire triompher l'un ou l'autre de ces modèles. L'histoire montre que ces débats en apparence épistémologiques, sont en général sans issue, car chacun de ces modèles a un usage social déterminé. Les remarques qui précèdent sont des hypothèses, qui demandent à être validées par une sociologie de la statistique. Celle-ci étudierait les usages sociaux des méthodologies statistiques, selon les disciplines, les institutions et les pays.

LE BENCHMARKING EST IL SOLUBLE DANS L'ÉCONOMÉTRIE ?

Au cours des trente dernières années, les usages des produits des institutions statistiques ont évolué dans deux directions différentes, dont on peut esquisser une sociologie. D'une part de nouveaux modes de gestion des entreprises puis des administrations ont pris appui sur des *indicateurs* de performances et sur des *benchmarkings*, qui sont supposés coordonner et orienter les comportements des acteurs, en les alignant sur des critères quantifiables. D'autre part, les développements conjoints de la théorie microéconomique, des outils de l'économétrie (notamment sur données individuelles) et de l'informatique désormais à la portée de tous, ont été à l'origine de recherches permettant de tester et d'évaluer *ex ante* et *ex post* des politiques sectorielles. Ces deux types d'usages peuvent éventuellement être associés, mais, le plus souvent, qu'on le regrette ou non, ils sont mis en oeuvre par des acteurs différents et dans des rhétoriques différentes, qu'il importe d'analyser.

A la différence des activités marchandes, les politiques publiques ne disposent pas de critères comptables tels que la « part de marché » ou la rentabilité, pour juger leur capacité à satisfaire les besoins des usagers, ou simplement leur efficacité. La notion traditionnelle de service public supposait un engagement fort de ses membres, contrôlé par des logiques de subordination hiérarchique. Les Etats français et allemand en ont longtemps fourni des exemples. Mais depuis les années 1980, ce sens civique du service public a été jugé insuffisant pour contrôler démocratiquement et efficacement les activités financées par des ressources publiques. Des indicateurs quantifiés ont été imaginés. Ils jouent un rôle comparable aux comptabilités analytiques, aux comptes d'exploitation et aux bilans des entreprises marchandes[13]. Les indicateurs ne sont pas uniquement monétaires, puisque les effets de ces actions (l'école, la santé publique, la sécurité) ne sont pas exprimables dans l'espace d'équivalence familier qu'offre la monnaie. Ces efforts menés par les Etats européens et l'Union européenne visent à négocier et à construire de *nouveaux espaces d'équivalence*, en *convenant* des procédures de quantification des fins et des moyens de l'action. Deux exemples sont évoqués : celui, français, de la *Loi organique relative aux lois de finances* (LOLF), et celui, européen, de la *Méthode ouverte de coordination* (MOC)[14]. Si les contextes historiques et politiques de ces deux instruments de gouvernement des politiques publiques, sont différents, ils ont en commun de confier un rôle central à des *indicateurs statistiques.* Ces outils sont peu évoqués dans les débats publics, alors qu'ils constituent les espaces et les langages qui délimitent et structurent les débats.

La LOLF organise une nouvelle façon de structurer le Budget de l'Etat, selon les objectifs à atteindre et non plus seulement selon les moyens attribués. Elle implique que ces objectifs soient explicités et *quantifiés*, afin que le Parlement puisse vérifier la réalisation des objectifs et les performances des services. Cette idée de quantification des fins et des moyens de l'action publique semble évidente dès lors que le Parlement souhaite jouer son rôle constitutionnel de vote et de suivi de l'exécution du Budget. Elle implique cependant un important travail d'objectivation et de mise en équivalence d'activités disparates. Ces

---

[13] La comptabilité nationale ne jouait qu'en partie ce rôle, puisqu'elle se plaçait au niveau macroéconomique, dans une perspective de politique keynésienne ou de planification indicative, sans entrer dans le détail des diverses actions publiques.

[14] Des précédents historiques, certes différents, pourraient être étudiés dans cette perspective : les expériences de planification économique des pays socialistes, ou la « rationalisation des choix budgétaires » (RCB), menée en France dans les années 1970, et inspirée du « Planning, Programming, Budgeting System » (PPBS) américain des années 1960, poursuivie ensuite sous le nom d' « évaluation des politiques publiques ».

activités doivent être parlées, discutées, nommées, qualifiées, comparées, classées, évaluées. L'indicateur à retenir n'est jamais évident. Un ordre social et institutionnel ancien est soudain décrit, explicité. Ceci ne peut se faire, en théorie, qu'en impliquant fortement les personnes concernées. Mais, souvent, la notion même d'indicateur quantitatif suscite des réticences. Ces procédures conduisent à « comparer l'incomparable ». Elles apparaissent parfois absurdes, et ceci d'autant plus que les acteurs sont personnellement plus impliqués dans leurs tâches. Le fait de créer des catégories, en principe pour simplifier le monde et le rendre lisible, tout à la fois le modifie, et en fait un autre monde. Les acteurs, changeant de système de référence, ne sont plus les mêmes acteurs, puisque leurs actions sont désormais orientées par ces indicateurs et ces classifications, qui deviennent des critères d'action, et d'évaluation de celle-ci.

En principe, la LOLF doit permettre au Parlement de connaître et évaluer les actions des services publics, en vue d'un rééquilibrage des pouvoirs législatif et exécutif. Cependant, le fait que ceci impliquait l'invention et la mise en place d'un grand nombre d'indicateurs quantifiés n'a pas beaucoup attiré l'attention des commentateurs. Ceci semblait une question technique, à résoudre par des techniciens. Pourtant, les discussions de plus en plus précises montrent que ce moment de la quantification (au sens d'*action de quantifier*) est décisif pour la suite des événements, sans pourtant que les questions évoquées ci-dessus aient été étudiées avec quelque généralité. Les difficultés et les effets pervers apparaissent *au coup par coup*, en faisant l'objet de dénonciations ou de boutades. Ainsi la police et la gendarmerie, responsables de la sécurité routière, ont toutes deux choisi un indicateur de performance portant sur la part de tests d'alcoolémie positifs parmi les tests effectués. Mais la première a souhaité évaluer son action par une *augmentation* de cette part (« Plus on en attrape, plus on dissuade »), tandis que la seconde visait en revanche à la *diminuer* (« Moins on en attrape, mieux on a dissuadé »). Ces deux choix ont chacun leur logique ! Dans d'autres contextes, certes différents, de tels effets ont été observés. La planification centralisée des ex-pays socialistes a échoué parce qu'il était impossible de fixer des indicateurs fiables de réalisation des objectifs du Plan, en raison des effets pervers induits par ces indicateurs, par rétroaction sur le comportement des acteurs. Les indicateurs et les classifications sont tout à la fois des *contraintes* et des *ressources* qui, par leur existence même, changent le monde. De plus, ces instruments de gestion sont ambigus et polysémiques. Ils circulent d'un monde à un autre avec des interprétations et des usages en partie différents.

La *Méthode ouverte de coordination* (MOC) est utilisée par l'Union européenne pour harmoniser des politiques sociales (emploi, éducation, assistance) ne relevant pas des domaines économiques et monétaires. Le premier exemple en a été la *Stratégie européenne pour l'emploi* (Sommet d'Amsterdam, 1997). Le principe de la MOC (Sommet de Lisbonne, 2000) est que, de façon intergouvernementale, les Etats se fixent des objectifs communs, exprimés par des indicateurs quantifiés, par rapport auxquels les Etats seront ensuite classés et évalués, comme un palmarès (Bruno 2006). Les résultats de *benchmarking* sont en principe indicatifs, mais le simple fait qu'ils soient publiés constituent un fort stimulant pour orienter les politiques nationales dans les directions indiquées lors des Sommets. Par exemple, un objectif de taux d'emploi de 70% a été fixé à Lisbonne en 2000. Ainsi la LOLF et la MOC confèrent un rôle clé aux indicateurs statistiques, l'une pour la présentation et le suivi du Budget de l'Etat, l'autre pour le pilotage des politiques européennes.

La façon dont les Etats membres de l'Union conviennent des méthodes de cette quantification est essentielle, mais mal connue. Ce travail est divisé en deux parties. Les autorités politiques décident du choix des indicateurs et les définissent de façon succincte avec des mots. Puis ils transmettent une commande de quantification aux statisticiens d'Eurostat (l'Office statistique de l'Union européenne) et des Instituts nationaux de statistique (INS). Les responsables politiques laissent aux statisticiens le soin de régler les « détails », comme par exemple les définitions précises des notions de *taux d'emploi*, de *revenu disponible d'un ménage.* Les statisticiens ne peuvent éviter, compte tenu des différences institutionnelles entre les pays, de laisser dans le flou certaines spécifications importantes des procédures d'enquête, de codage et de quantification (Nivière 2005), et ne peuvent pas les harmoniser complètement. Cette méthode est dite « ouverte » car elle n'est pas impérative, et laisse les Etats libres de l'adapter à leurs particularités institutionnelles, notamment en choisissant comme sources des enquêtes directes ou des registres administratifs.

Les indicateurs ainsi produits sont flous, non exhaustivement définis. Ils peuvent ainsi servir dans plusieurs univers qui auparavant s'ignoraient, et peuvent désormais se comparer. Le langage naturel a des propriétés analogues : c'est parce que les locuteurs ne passent pas leur temps à expliciter le sens et le contenu des mots prononcés que la communication est possible. Les objets produits par la statistique publique, le taux de chômage, l'indice des prix, le PIB, sont dans le même cas. Une explicitation complète de leur mode de construction et de leur contenu risquerait d'affaiblir leur efficacité argumentative, parce qu'elle dévoilerait des conventions ou des approximations non soupçonnées par l'utilisateur, et aussi pour des raisons d'économie des échanges et des démonstrations dans lesquels ces arguments statistiques trouvent place. Ceci reste en général implicite, sauf en cas de controverse. Cependant, cette idée de *flou* ne peut que choquer, à juste titre, des professionnels soucieux de définir et de standardiser leurs objets. Ils sont pris entre deux exigences contradictoires. D'une part, ils souhaitent, en bons ingénieurs, spécifier leurs procédures. Mais d'autre part, les négociations les incitent à tolérer des compromis sans lesquels les indicateurs demandés pour le benchmarking seraient impossibles à fournir. L'équilibre que, de fait, ils cherchent à maintenir entre ces deux exigences, est peu formalisé[15].

Le *New Public Management* (NPM) a transféré, du monde des entreprises vers le secteur public, des instruments de gestion dont les particularités ont été soulignées pour les cas de la LOLF et de la MOC. Ce sont des indicateurs quantitatifs dont la production et l'usage échappent en partie à l'expertise des statisticiens et des économistes. En amont, les sources peuvent en être variées, sinon hétéroclites : registres administratifs, enquêtes d'opinion. Leur cohérence d'ensemble est mal assurée. Ce sont par exemple des pourcentages dont le numérateur et le dénominateur proviennent de sources différentes. Il est vrai que, cinquante ans plus tôt, au temps de la comptabilité nationale naissante, une critique comparable pouvait être faite à ses tableaux, qui rassemblaient, elle aussi, des sources diverses. Cependant, des contraintes de cohérence résultaient alors du système des équilibres comptables entre ressources et emplois, par agents et par opérations. Des recoupements et vérifications étaient possibles dans ce qui constituait un *système interdépendant*. Les inventeurs de la modélisation macroéconométriques, Ragnar Frisch et Jan Tinbergen, prenaient appui sur cette cohérence pour bâtir un système d'équations associant ces contraintes comptables *a priori* à des régularités statistiques observées.

Ces contraintes de cohérence sont plus difficiles à détecter dans le cas des indicateurs du NPM (Armatte 2005). En amont, la technicité des méthodes de sondage, ou celle du *data editing* impliqué par le retraitement des fichiers administratifs, sont souvent éludées au profit de la production rapide à flux tendu d'un grand nombre d'indicateurs. De plus, les *effets incitatifs* supposés des indicateurs de performance ont pour effet automatique d'éloigner leur quantification de l'idéal d'objectivité métrologique qui est en principe celui du

---

15 Cette tension est perceptible à propos des *méta-données* (les données sur les données). Elles sont demandées et fournies, mais donner trop de détails pourrait introduire un doute insidieux, non souhaité. L'argument statistique est plus efficace s'il peut être invoqué dans sa nudité, sans notes en bas de page.

statisticien. Le fait que les indicateurs ont des implications directes sur les évaluations des performances des acteurs induit de façon chronique une « politique des indices », dont l'amélioration devient l'objectif premier. Des effets analogues avaient été une des causes principales de l'échec de la planification des pays socialistes, qui était assise sur des objectifs quantifiés.

Un autre problème soulevé par la politique des indicateurs est celui de la *longueur de la liste* des indicateurs offerts. Celle-ci est toujours problématique et remise en cause. Tout d'abord est proposé « un petit nombre d'indicateurs très synthétiques » (par exemple pour l'emploi). Mais alors la critique fuse : « C'est beaucoup trop simpliste. Il faut fournir une batterie d'indicateurs, en tenant compte notamment de la diversité des sources (par exemple registres et enquêtes) ». Mais la contre-critique jaillit : « On ne peut rien faire de tous ces chiffres. Donnez nous un indicateur résumant le problème ! ». Ce dialogue récurrent montre l'intérêt qu'il y aurait à étudier l'*économie de l'argumentation statistique*, en diversifiant les types d'interaction et les registres des rhétoriques mises en oeuvre.

Le développement de cette « culture des indicateurs » entre parfois en tension avec celle des économètres, habitués à traiter les fichiers de données avec d'autres exigences, notamment en cherchant à modéliser leurs relations, alors que les indicateurs sont présentés sous forme de listes, plus ou moins longues et cohérentes, selon la phase du dialogue classique évoqué ci-dessus. D'une part, les économètres sont mal à l'aise face à ce qui leur apparaît comme un bric-à-brac. Mais aussi d'autre part, les fabricants d'indicateurs peuvent être tentés de boucher certains trous dans leurs listes, en évaluant des données manquantes par des *proxys* issus de modèles économétriques. Un exemple intéressant est fourni par les estimations de variables portant sur des *petits domaines géographiques,* à partir d'enquêtes par sondage portant sur des échantillons trop petits pour ce faire, et qui sont complétées par des modèles utilisant des régularités *nationales,* selon un jacobinisme statistique typique d'un pays comme la France. Une telle méthode rend difficile l'évaluation directe d'une politique spécifique *locale,* et plus généralement de « benchmarker » des efforts originaux menés par des responsables de collectivités locales. Cet exemple[16] est un cas intéressant d'interaction entre méthodologie statistique et culture socio-politique : à quelles conditions le benchmarking est il soluble dans l'économétrie ?

---

[16] Je remercie Jean Laganier, statisticien à l'INSEE, pour m'avoir signalé ce problème.

DEUX PISTES, PARMI D'AUTRES, POUR UNE SOCIOLOGIE DE LA STATISTIQUE PUBLIQUE

La statistique peut être historicisée avec plus ou moins de recul. Elle l'a été ci-dessus d'abord d'un point de vue macrohistorique en stylisant cinq formes d'Etat, puis à travers divers exemples de questions plus particulières ou locales. Mentionnons, pour conclure, deux piste de recherche allant dans ces deux directions. L'une porte sur les effets contradictoires du recours croissant à des indicateurs quantitatifs dans la conduite des politiques publiques. L'autre examine une tension récurrente, au sein même de la statistique publique (au moins en France), entre statisticiens, comptables nationaux et économètres.

L'usage massif d'indicateurs par le *New Public Management* a eu des effets paradoxaux . En diffusant largement ces outils et en leur conférant une sorte d'évidence peu interrogée, il en a retiré l'exclusivité aux professionnels, statisticiens ou économistes, qui, auparavant, avaient le monopole de leur production et de leur interprétation. En amont, leur construction est dispersée entre des acteurs souvent intéressés directement à leurs définitions et à leurs évaluations. L'informatique permet de constituer de gigantesques entrepôts de données (*data warehouse*), qui peuvent être explorés par les techniques de *data mining*. En aval, leur usage n'est pas toujours intégré dans des modélisations susceptibles d'en contrôler la cohérence et les qualités. Parallèlement, des professionnels continuent, de leur côté, à mettre en œuvre des techniques sophistiquées de quantification (sondages complexes, *data editing*) et d'analyse (économétrie, analyse des données). Le fait que les indicateurs occupent une place croissante dans la gestion publique commence à être bien observé et commenté par les spécialistes de sciences politiques. En revanche, les statisticiens et les économistes sont souvent mal à l'aise face à ce foisonnement qui leur échappe en partie.

Par ailleurs, au sein même de ces professionnels, d'autres tensions sont perceptibles. Elles opposent trois traditions en partie distinctes, respectivement statisticienne *stricto sensu*, comptable, et économètre. On peut comparer les formes de réalisme qui les caractérisent. La première, celle du *statisticien pur*, de culture probabiliste, est issue de la théorie des erreurs de l'astronomie du 18e siècle. Les observations, nombreuses, sont indépendantes les unes des autres. La réalité et la consistance de l'objet sont avérées par la distribution normale des observations entachées d'erreurs. Un intervalle de confiance est présenté, en termes probabilistes. Cette métrologie a été transférée aux sciences sociales, notamment à travers la méthode des sondages. Les unités statistiques sont homogènes, les distributions des variables étudiées ne sont pas trop éloignées de la normalité, la loi des grands nombres peut s'appliquer. L'idée centrale de ce transfert est que, de même que pour les distributions d'observations astronomiques, les moments calculés (moyennes, variances, corrélations) ont une consistance qui *reflète une réalité macrosociale sous-jacente,* révélée par ces calculs : c'est là le cœur du réalisme métrologique.

Le *réalisme comptable* est tout autre. La comptabilité est déjà une agrégation, en termes monétaires, d'éléments hétérogènes, dont certains sont mesurés avec certitude (l'encaisse, du moins dans le cas où la monnaie est fiable et stable), et d'autres sont évalués de façon incertaine, et associés à un degré de probabilité subjective. Les choix de ces valeurs sont guidés par des considérations (éventuellement contradictoires) de prudence et de communication avec d'autres acteurs. Le réalisme de l'ensemble, étayé par l'entre-définition des variables et par leur inscription dans des tableaux équilibrés, est plus d'ordre pragmatique (au sens où on dit qu'une personne est « réaliste ») que d'ordre métrologique. En tous cas, ces deux ordres de réalisme sont combinés, et cette combinaison constitue le cœur d'une pratique de construction et d'usage de données chiffrées différente de celle du statisticien. Les comptables nationaux ont en partie héritée de cette tradition de la comptabilité en partie double, avec ses contraintes d'équilibres par agents et par opérations.

Enfin les jugements de réalité de l'*utilisateur économètre* sont encore d'un autre type. Dans ce cas, les divisions technique et sociale du travail, entre la production et l'usage des statistiques, ont produit leurs effets sociaux et techniques. La banque de données est une boîte noire dont l'amont et l'aval peuvent être clairement distingués, dès lors que l'amont est perçu comme satisfaisant des normes de qualité, aujourd'hui de plus en plus explicitées et garanties, alors qu'elles étaient naguère plus implicites. Le crédit accordé par l'utilisateur à la phase de production des données est une condition de l'efficacité sociale de l'argument statistique. Dès lors, l'épreuve de réalité est fournie, en aval, par la cohérence des résultats, des constructions et des modèles issus de la banque de données.

Mais, en prenant du recul par rapport à ces trois formes de réalisme, ici distinguées à des fins analytiques, on peut observer que la réalité ultime n'est jamais directement accessible, mais ne l'est qu'à travers des appareils de perception variés. En revanche, ces trois postures s'opposent à une quatrième qui, s'attachant à reconstituer la chaîne des *conventions* de codage et de mesure, remet de fait en question la réalité des objets. Cette attitude, que l'on peut qualifier de *nominaliste*, ou de *constructiviste*, ne résulte pas, en général, d'un choix philosophique théorique[17], mais surgit dans des situations de controverses, de crises, d'innovations, de changement des contextes économiques, sociaux et administratifs, ce qui correspond bien à la situation des années 1990 et 2000. Une sociologie de la statistique doit s'attacher à reconstituer l'écheveau, tout à la fois social et épistémologique, des manières d'envisager la réalité des objets qu'elle crée et diffuse.

17 Ian Hacking (2001), analyse finement les usages sociaux des argumentations constructivistes et réalistes, sans se laisser enfermer dans le choix entre l'une ou l'autre de ces positions.

Chapitre 2
L'administrateur et le savant : les métamorphoses du métier de statisticien[18]

Les statisticiens travaillant dans les offices statistiques publics ne constituent qu'une fraction de la profession de statisticien : depuis le début du XXe siècle, ce métier est exercé aussi dans la plupart des grands secteurs, scientifiques et économiques. Ils en constituent pourtant, d'une certaine manière, le coeur historique, puisque leur activité remonte au moins au XVIIIe siècle. Le terme même de "statistique" trouve son étymologie dans la notion "d'état", au double sens de *pouvoir central* d'une nation, et de *liste systématique* utile à l'administration (par exemple l'*état civil*). Des bureaux spécialisés ont été créés dans la plupart des pays entre les années 1830 et 1850. Leur désignation varie d'une langue à l'autre : en anglais, on parle de "official statistics", ou de "government statistics", alors qu'en français, la "statistique publique" fait référence à la notion spécifique de "service public", dont la connotation est partiellement différente. Ces nuances, de même que l'examen de l'histoire de ces bureaux, suggèrent que leur place relative et leur rôle dans l'Etat et dans la société de chaque pays ne sont pas partout les mêmes. Pourtant, il est clair aussi que, sur le long terme, la diffusion et la généralisation des techniques statistiques et des compétences professionnelles ont tendu à unifier la profession, au delà des particularités nationales.

Mais, au sein même de cette unification tendancielle scientifique et technique, d'autres nuances ont existé et existent encore : les outils mis au service de projets partiellement différents par des professionnels de traditions et de cultures variées, ne sont pas exactement identiques d'un pays à l'autre. Des controverses surgissent parfois, qui font apparaître de telles différences

---

18 Texte publié dans le *Courrier des statistiques,* n° 87-88, décembre 1998, pp. 71-80.

d'interprétation et d'usage entre des outils pourtant en apparence bien standardisés. La construction européenne, et l'effort de rapprochement et d'harmonisation qu'elle implique, en offrent des exemples : l'instauration d'un "espace public" commun de débat, de négociation et de décision pousse à expliciter et à assumer ces divergences pour les dépasser. La statistique est un élément essentiel de cet espace public à construire.

Ces différences ont des racines historiques fort anciennes. Elles poussent à s'interroger : qui étaient les statisticiens du passé ? Quelles étaient leurs cultures et leurs motivations ? Comment se répartissaient-ils en écoles et en traditions distinctes ? Quelles étaient leurs influences mutuelles ? La profession tend elle à être mieux intégrée, aujourd'hui et demain ? L'histoire de la statistique en tant que pratique administrative et en tant qu'outil scientifique, est un domaine de recherche fort actif depuis les années 1970, au moins dans quelques pays. Elle offre des éléments de réponse et de réflexion à propos de ces questions. La charnière importante de cette histoire est liée à l'enchaînement de la grande crise des années 1930 et de la seconde guerre mondiale. La succession de ces deux événements a entraîné une transformation radicale de la profession, avec la diffusion ou la mise au point d'outils complètement nouveaux, au moins dans la statistique publique, comme la méthode des sondages, la comptabilité nationale, l'économétrie et, peu après, les ordinateurs. La période antérieure peut sembler exotique à nos yeux d'aujourd'hui, alors que, dans la période ultérieure, le statisticien moderne reconnaît son paysage familier.

Le rappel de cette première période est cependant utile, si on la lit comme l'intégration lente, plus que séculaire, entre deux traditions d'origines très différentes. La première est administrative. Elle est issue des sciences de l'Etat et du droit, de la *Staatenkunde* allemande, depuis Conring et Achenwall. Elle est plus taxinomique que métrologique : elle vise plus à *classer* des faits de façon systématique, qu'à les *mesurer*, ce que fait en revanche l'autre tradition, qualifiée "d'anglaise". Celle-ci, plus inspirée des sciences de la nature, des progrès des théories de la mesure et du calcul des probabilités, trouve en effet une racine lointaine dans l'*arithmétique politique* anglaise de Graunt et Petty. Cette opposition classique entre les deux traditions, allemande et anglaise, de la statistique du XVIIIe siècle, a le mérite de mettre en scène les deux grands acteurs dont le rapprochement et l'interaction ultérieurs conduiront au profil professionnel du statisticien actuel : l'*administrateur* et le *savant*. Fondant sa légitimité spécifique sur une combinaison originale des deux autorités, par ailleurs très différentes, de l'Etat et de la science, la statistique publique s'est construite en mettant en place des systèmes d'enregistrement, de description et d'analyse du monde social. Ceux-ci sont de plus en plus intégrés, c'est-à-dire inscrits dans un réseau dense d'objets, de standards, de langages, mathématiques, informatiques ou simplement verbaux, de règlements administratifs, de routines d'enregistrement, de codage et de tabulation, dans lesquels les deux traditions d'origine sont désormais tellement imbriquées qu'elles ne sont plus visibles.

Les controverses du passé ont souvent porté sur les modalités et les significations de ce mariage. Le fait que celui-ci ait été si long à réussir, dans des formes d'ailleurs en partie différentes d'un pays à l'autre, montre que cette construction impliquait un ample travail social, technique et culturel. Le rappel de celui-ci est riche d'enseignement pour une anticipation du futur du métier, notamment au moment où certains pays cherchent à coordonner et harmoniser leurs systèmes statistiques. Si la confrontation et le rapprochement des outils scientifiques, probabilistes, statistiques ou informatiques, sont des comportements évidents pour le savant, en revanche l'harmonisation des structures institutionnelles et de leurs implications statistiques pose des problèmes redoutables à l'administrateur. Les questions actuelles sont donc bien toujours à l'intersection de ces deux traditions séculaires.

QUATRE DIMENSIONS DE LA DIVERSITÉ DES IDENTITÉS PROFESSIONNELLES DES STATISTICIENS

Il se trouve que deux types sociaux bien distincts et assez éloignés l'un de l'autre correspondent à ces deux faces du métier de statisticien. D'une part, le fonctionnaire, le "civil servant" anglais, gère des circuits administratifs régulés par la loi, des règlements et des routines inscrites dans l'Etat. D'autre part, le scientifique "académique", le "professional" anglais, est doté d'un savoir et d'une expertise spécialisée. Le métier de statisticien combine, selon des modalités et des proportions variables d'un pays à l'autre, ces deux types sociaux. Mais il y ajoute souvent aussi d'autres compétences et expertises, par exemple en économie, en sociologie, en droit. Celles-ci peuvent, dans certains pays, contribuer fortement à constituer son identité de base, en l'incitant notamment à réaliser des analyses et des études, en aval de la production pure du chiffre. C'est par exemple le cas du "statisticien-économiste" à la française, issu d'une "grande école", l'ENSAE, qui accorde dans son cursus un poids important à la statistique, aux mathématiques et à l'économie, et à leur enfant commun, l'économétrie. Cette diversité des compétences et intérêts "complémentaires" fournit une première dimension de l'espace des identités professionnelles des statisticiens publics.

Les dosages variables d'un pays à l'autre de ces diverses figures ne peuvent être compris que par référence aux conceptions différentes de l'Etat et de l'administration, et de leurs relations à l'expertise scientifique et technique. Cette expertise peut être soit plutôt inscrite dans l'Etat, à travers des corps techniques d'ingénieurs, dont l'Ecole polytechnique française fournit le prototype historique depuis 1794, soit fournie par des experts universitaires, à travers des relations plus épisodiques, souvent contractuelles, comme c'est en général le cas en Grande-Bretagne ou aux Etats-Unis. Cette question des rôles relatifs de l'administration et de l'université en tant que creuset et vivier normal de l'expertise fournit un deuxième fil conducteur pour lire les histoires différentes du métier de statisticien, d'un pays à l'autre.

Un troisième fil de lecture important résulte du caractère plus ou moins *centralisé* de l'Etat, et ceci à deux points de vue bien distincts. La centralisation *territoriale* est liée au caractère fédéral ou unitaire de l'Etat. Dans le premier cas, par exemple en Allemagne ou en Suisse, une tradition de statistique régionale et même municipale existe de très longue date, avec une histoire assez distincte de celle de la statistique nationale. Dans les pays unitaires en revanche, comme la France, cette autonomie d'un profil de statisticien "local" est encore peu développée. Cette composante contribue à enrichir la diversité des configurations possibles des identités des statisticiens publics. Par ailleurs, la centralisation *administrative* correspond à l'intégration plus ou moins grande des divers types de statistiques, économiques, sociales, démographiques. Dans ce cas, la palette est encore différente, depuis des pays où la statistique est, de longue date, "décentralisée" (cas des Etats-Unis, et de la Grande-Bretagne jusqu'à une période récente), jusqu'à d'autres où toutes les statistiques nationales ou presque sont produites par un seul institut (cas de l'Allemagne ou du Canada), avec des situations intermédiaires (cas de la France). Ces paysages institutionnels différents ne sont pas sans conséquences sur les profils professionnels spécifiques de ces divers pays, la centralisation administrative ancienne favorisant une unification des cultures et des méthodologies particulières à chaque domaine.

Enfin, un quatrième fil de lecture, en partie lié au précédent, est celui de la *mobilité* et des trajectoires professionnelles possibles, d'une part entre les divers segments territoriaux ou administratifs de la statistique publique, et, d'autre part, entre celle-ci et d'autres activités, dans le monde des sciences, des autres administrations ou des entreprises . Cette diversité des horizons éventuels peut induire de grandes différences dans les motivations et les identités professionnelles des statisticiens des différents pays. Là encore, seule l'histoire longue des traditions administratives, et notamment celles des bureaux de statistique, peut faire comprendre des variations que l'on ne peut réduire à une rationnalité abstraite, en termes "d'optimum" ou d'efficacité maximale.

Dosage des formations et des intérêts "complémentaires" par rapport à la technique statistique *stricto sensu*, rôle relatif de l'administration et de l'université, centralisation territoriale et administrative, horizons de mobilité éventuelle, telles peuvent être quatre dimensions différentes (mais non indépendantes) de l'univers des statisticiens officiels. On cherchera ici à retracer quelques étapes de leurs genèses historiques, et à conjecturer ce qu'elles pourraient devenir dans les prochaines années ou décennies.

DES STATISTICIENS PLUS MILITANTS QUE TECHNICIENS

Les deux traditions, allemande et anglaise, évoquées ci-dessus, se rencontrent et se mêlent, notamment en France, au début du XIXe siècle. Mais, tout en perdant leurs colorations nationales d'origine, elles se perpétuent pourtant dans des façons d'envisager et de faire la statistique, entre lesquelles les controverses se poursuivent tout au long du siècle. De la première dérive une pratique descriptive, taxinomique et compilatoire, souvent fastidieuse car s'interdisant tout calcul, y compris celui d'une moyenne. Elle est représentée notamment par le Français Alexandre Moreau de Jonnès, créateur et directeur de la *Statistique Générale de France* (SGF), de 1833 à 1851. A l'opposé, les "arithméticiens politiques" à l'anglaise étaient devenus des virtuoses de "l'algèbre", c'est-à-dire d'estimations et de généralisations, à partir d extrapolations, de règles de trois et autres calculs plus ou moins sophistiqués, illustrés par exemple par les évaluations des "richesses économiques" de Lavoisier. Laplace avait, dès 1785, évalué la population française par la méthode du "multiplicateur des naissances", à partir d'un "sondage" sur quelques paroisses, en produisant une "erreur à craindre", c'est-à-dire un intervalle de confiance étayé par un raisonnement probabiliste, en termes de paris.

Ainsi, dès cette époque, un premier rapprochement entre l'administrateur et le savant a eu lieu. Mais il reste sans suite pour longtemps. Il ne suffit pas en effet qu'un outillage cognitif (ici : le calcul des probabilités) soit disponible pour devenir socialement efficace. En effet, dès les années 1820, la méthode de

Laplace est englobée dans la réprobation adressée aux "calculs acrobatiques" des arithméticiens politiques. A ce moment, la statistique officielle a encore à se faire accepter, en construisant patiemment sa légitimité et sa crédibilité. Celles-ci sont, tout au long du XIXe siècle, supposées liées à l'exhaustivité et à la systématicité de procédures administratives standardisées. L'instrument roi est alors le *recensement*, non seulement celui de la population, mais aussi celui des fermes, des établissements et entreprises, quand cela semble socialement possible (par exemple aux Etats-Unis et en Allemagne). Dans cette perspective, les procédures d'échantillonnage, pourtant déjà essayées, sont condamnées : la notion d'*approximation* est provisoirement rejetée en dehors de la culture statistique.

Pourtant, à partir des années 1830, un puissant mouvement d'innovation et d'institutionnalisation de la statistique se développe à travers toute l'Europe. Il est impulsé par l'homme-protée de la statistique de ce temps, l'astronome belge Adolphe Quetelet (1769-1874), dont le bicentenaire est solennellement fêté en Belgique en 1996. Bien mieux que n'avait pu le faire la tentative sans suite de Laplace, Quetelet a su réaliser une première synthèse, cognitive et institutionnelles, entre les deux figures de l'administrateur et du savant. Formé à Paris dans les années 1820 à la théorie probabiliste des erreurs de mesure, développée par Legendre, Laplace et Poisson, il milite en même temps pour la construction d'un observatoire astronomique à Bruxelles, et pour l'organisation d'un recensement de la population... Il cherche à importer dans le monde de la statistique officielle des outils et des normes qui lui sont encore étrangers, et qui viennent des sciences de la nature : régularités et permanences des observations dès lors qu'elles sont synthétisées par des *moyennes*, généralité de la distribution statistique alors connue comme "loi des erreurs" (la future "loi normale"), possibilité de prévoir le futur à partir du passé en prenant appui sur des régularités observées.

Ce transport de thématiques, depuis l'astronomie, vers une statistique alors encore compilatoire et étroitement administrative, va profondément transformer celle-ci, et, plus tard, l'ensemble des sciences sociales : les intuitions fondatrices de la démographie, puis de la sociologie et de l'économie quantitative, sont inscrites dans ces quelques idées de Quetelet. Si celles-ci ne sont pas complètement nouvelles (elles avaient déjà été soutenues par l'Allemand Sussmilch), c'est Quetelet qui en a réussi la promotion, et surtout qui a utilisé habilement la liaison désormais établie entre les deux univers, scientifique et administratif, pour encourager la création de bureaux, de conseils et de sociétés de statistique un peu partout, et pour créer un véritable réseau international de statisticiens, dont l'IIS, les conférences de l'ONU ou Eurostat sont les descendants directs. Le premier "Congrès international de statistique", organisé par Quetelet à Bruxelles en 1853 marque le début de l'émergence et de l'unification relative de la profession de "statisticien".

Les contacts internationaux, dès lors réguliers jusqu'à 1878, permettent la constitution et la diffusion d'un langage commun, de normes à la fois techniques et sociales de l'exercice du métier. Il faut pourtant noter que cette unification ne repose pas encore du tout sur des outils formels, mathématiques et probabilistes, comme ce sera le cas plus tard, à partir des années 1910. Cette première professionnalisation repose plus sur une communauté de pratiques administratives et sur un message politique relayé par des "militants de la statistique", réformateurs sociaux, médecins, ingénieurs, regroupés avec les statisticiens officiels dans des "sociétés de statistique" alors très actives. Mais ces sociétés discutent des *résultats* d'une statistique conçue davantage comme un ensemble de procédures d'enregistrement et de tabulation, que comme un corpus de *méthodes d'analyse* définies indépendamment de la nature des variables analysées, ce qu'elle deviendra plus tard.

LES TRAITÉS ET LES USAGES SOCIAUX DE LA STATISTIQUE

Une bonne façon de reconstituer ce qu'était la "profession de statisticien" au XIXe siècle est d'étudier la série des *traités* et *manuels* publiés tout au long de la période. Une analyse statistique fine du contenu thématique de ceux-ci a été menée par Michel Armatte (1995). L'histoire des statistiques nationales et de leurs bureaux occupe une part importante dans ces traités, mais cette part décroît au fil du siècle. Des questions d'organisation, puis des présentations thématiques des divers types de statistiques spécialisées sont développées en détail. En revanche les méthodes d'analyse sont en général réduites à un commentaire presque répétitif des idées de Quetelet sur les moyennes et sur les régularités statistiques. Vers la fin du siècle, réapparaissent des techniques de *représentation graphique*, déjà promues vers 1800 par l'Anglais Playfair. Le statisticien de ce temps est un organisateur doublé d'un militant, qui ne dispose pas encore de l'outillage formel qui, plus tard, établira et garantira son identité professionnelle. Du coup, celle-ci doit être continuellement réaffirmée par un discours volontariste et par un combat incessant contre des refus, implicites ou explicites, de la méthode statistique. Ces refus peuvent prendre la forme du silence, de la critique de la "réduction des singularités", ou de la dérision, avec par exemple la boutade, indéfiniment reprise, sur le statisticien "comptant les veuves traversant le Pont Neuf à Paris".

La légitimité sociale des statisticiens, quand elle parvient à s'imposer, ne provient donc pas de méthodologies formelles encore inexistantes, mais de leur capacité à s'insérer dans des projets socio-politiques plus vastes en s'y affirmant comme des *points de passage obligés*. Une combinaison étroite et réciproque entre un *langage* pour penser et décrire les problèmes de la société, des *modes d'action* spécifiques pour traiter ceux-ci, et des *indicateurs statistiques* adéquats, fournit au statisticien un moyen de jouer un rôle actif et notable. Deux exemples historiques de telles combinaisons illustrent bien cette nécessité de construire et d'entretenir de tels réseaux socio-cognitifs. L'un est centré sur le mouvement hygiéniste, l'autre sur le travail salarié.

Entre les années 1830 et 1860, les questions de pauvreté ouvrière, de santé publique, de délinquance et de prostitution sont soulevées par le mouvement "hygiéniste" en France, et par le "*Public health movement*" en Angleterre. Elles sont traitées par des politiques locales d'assainissement urbain et de prévention sanitaire, à travers des statistiques territorialisées et des calculs de moyennes, issus de la *statistique morale* impulsée par Quetelet, en France avec les médecins Villermé puis Jacques Bertillon, en Angleterre avec Florence Nightingale et William Farr, également médecin et créateur en 1837 du *Général Register Office* (GRO) ancêtre de l'actuel OPCS britannique. Le GRO établit alors sa légitimité sur cette combinaison spécifique de variables locales et d'arguments épidémiologiques.

Entre les années 1875 et 1895, période de l'antépénultième grande crise économique, avant celle des années 1930 et celle ouverte vers 1975, les questions de législation et de codification du travail salarié sont à l'ordre du jour. Partout et en quelques années sont créés, presque sur le même modèle, des "offices du travail". Ceux-ci inventent un langage nouveau, préparent des lois (accidents du travail, retraites ouvrières, assurance chômage, limitation de la durée du travail), et mettent en place des statistiques nouvelles : effectifs salariés, gains horaires et taux de salaire, indices des prix des consommations ouvrières, budgets de famille, chômage, journées de grève, syndicalisation. Avec des nuances de détail, ces combinaisons entre langages, modes d'action et indicateurs statistiques sont développées à peu près simultanément en Angleterre (Giffen, Bowley et le *Board of trade*), en France (March et la SGF), en Allemagne (Engel et le *Verein für sozialpolitik*), aux Etats-Unis (Caroll Wright et le *Massachussets Bureau of Labour*, ancêtre du BLS). Une professionnalisation orientée vers une *économie du travail* alors naissante structure les travaux des statisticiens de la période 1880-1914 (La création du Bureau international du travail, le BIT, en 1920 à Genève, résulte directement de ce mouvement). Mais si ce réseau de statisticiens, poussés par la situation économique et sociale du moment, organise l'enregistrement et l'usage de données statistiques de type nouveau, ce n'est pas de lui que proviendront les innovations radicales portant sur les *outils d'analyse*, qui conduiront plus tard à la statistique mathématique.

ECHANGES INTERNATIONAUX ET DIFFUSION DES INNOVATIONS

En 1876 se réunit à Budapest le dernier des *Congrès internationaux de statistique*, initiés par Quetelet en 1853. Une crise surgit à ce moment. Elle résulte de l'ambiguïté du statut de ces réunions. Les participants les plus actifs y sont les délégués des offices statistiques nationaux. Ils discutent de l'harmonisation et de la standardisation des recensements, des statistiques du commerce international, des professions, de la santé... Sont-ils des délégués de leurs gouvernements négociant des accords internationaux, ou des savants confrontant leurs méthodes et leurs résultats, comme le font ceux des autres disciplines scientifiques ? L'Empire allemand, créé en 1871, ne souhaite pas laisser dépendre certaines activités de son administration d'une telle instance savante internationale, ou les Français jouent un rôle important. Il décide d'interdire à ses statisticiens d'y participer, ce qui interrompt provisoirement ces rencontres auparavant régulières.

Cette crise pourra se résoudre, en 1885, avec la création de l'*Institut international de statistique* (IIS). Celui-ci réunit, en principe, des hommes de science et non des délégués de gouvernements. Il n'est pas une instance de négociation et de décision, mais il s'inspire du modèle des *sociétés savantes*, dont les plus connues sont alors la *Royal Statistical Society* de Londres et la *Société statistique de Paris*. Celles-ci réunissent, on l'a vu, des statisticiens officiels et des notables réformateurs, militants infatigables de la cause statistique. A plus long terme, les questions soulevées par la crise de 1876 seront résolues par la création des grandes organisations mondiales ou internationales : Société des nations, Bureau international du travail (BIT), puis, plus tard, ONU, OCDE, Communauté européenne, qui deviendront les lieux normaux de l'harmonisation administrative. L'IIS pourra alors se spécialiser dans la confrontation et l'harmonisation savantes, à partir du moment où le métier de statisticien sera défini non seulement par des compétences administratives, mais aussi et de plus en plus par des outillages techniques. Les trois principaux de ceux-ci apparaissent précisément dans les années 1890 : les "dénombrements représentatifs" (ancêtres des sondages), les "machines à statistique" (ancêtres des ordinateurs), la régression et la corrélation (ancêtres de la statistique mathématique). Les deux premières de ces innovations sont directement liées à l'activité des statisticiens officiels, mais la troisième, en revanche, ne l'est pas, puisqu'elle provient d'un tout autre monde, celui de la biométrie et de l'étude de l'hérédité.

Les *dénombrements représentatifs* sont présentés par le directeur du Bureau norvégien de statistique, Kiaer, devant le congrès de l'IIS de 1895. Explicitement justifiée par la préparation de lois sociales nouvelles, cette méthode vise à décrire les conditions de vie de toutes les classes de la population, et non plus seulement celles des ouvriers et des pauvres, comme le faisaient les enquêtes antérieures du XIXe siècle. L'étude d'un échantillon permet de multiplier les questions. Pourtant, au sein de l'IIS, cette méthode n'est pas unanimement acceptée. Elle est confrontée non seulement au *recensement exhaustif*, alors de règle, mais aussi à la *monographie*, très prisée par des statisticiens inspirés des ingénieurs français Le Play et Cheysson. Mais personne (à l'exception isolée de l'Allemand Bortkiewicz) ne critique Kiaer pour la façon dont il justifie la fiabilité de sa méthode. Le statisticien norvégien ne recourt pas au calcul des probabilités, mais il compare les mesures résultant de l'échantillon à celles issues d'un recensement, pour quelques questions communes aux deux opérations. La notion probabiliste "d'intervalle de confiance" sera explicitée par l'Anglais Arthur Bowley en 1906.

Les *machines à statistiques* sont des appareils électromécaniques fondés sur le balayage de *cartons perforés*, interdisant ou autorisant, selon les cas, le passage d'un courant électrique. Mises au point par l'ingénieur américain Hollerith pour le recensement des Etats-Unis de 1890, elles se diffusent rapidement dans les pays européens. A la *Statistique générale de la France*, l'ingénieur en mécanique et futur directeur Lucien March les complète d'une machine de son invention, le *classi-compteur imprimeur*, qui n'utilise pas les cartes perforées, mais peut éditer directement des tableaux statistiques à double entrée. L'apparition de ces machines transforme profondément le métier de statisticien et les modes de travail des bureaux de statistique, qui sont désormais de véritables ateliers industriels, impliquant un personnel nombreux et habile. Alors que les statisticiens encadrant ces bureaux et ces ateliers sont presque tous des hommes, le personnel affecté à ces machines est quasi exclusivement féminin.

Si les statisticiens officiels innovent en matière de technique d'enquête et de traitement mécanique de l'information, ils ne le font pas pour les *méthodes d'analyse*, encore réduites, pour eux, aux idées de Quetelet sur les moyennes et la "loi des erreurs". L'analyse des *distributions*, autres que celle de la loi normale, ou des liens entre deux ou plusieurs variables observées pour une même population, est développée, à partir des années 1880, par des savants anglais, Francis Galton et Karl Pearson. Ceux-ci, inspirés des idées de Darwin sur l'évolution des espèces, cherchent à caractériser des attributs des individus, tailles ou aptitudes, par leurs distributions *différentielles* (et non plus seulement par leurs moyennes), et par l'hérédité éventuelle de celles-ci. Cette étude des relations entre les attributs des parents et des enfants les conduit à formuler les notions de "régression (vers la moyenne)", dans le cas où, implicitement, une variable en "explique" une autre, et de "corrélation", si, *a priori*, cette causalité n'est pas postulée, mais éventuellement recherchée. Dans la foulée, sont formulés aussi la "méthode des moments" pour ajuster une distribution à une loi théorique, les calculs de "fractiles", le test du chi-deux.

Inscrites initialement dans un projet social d'inspiration darwinienne et eugéniste de "sélection des meilleurs", ces techniques fondent une discipline scientifique : la biométrie. Leur contexte intellectuel et politique est éloigné de celui des statisticiens officiels, qui sont plus enclins à observer et analyser l'environnement socio-économique des individus que leurs attributs biologiques. Le transfert de ces outils d'un monde à l'autre sera fait par l'Anglais Udny Yule, élève de K. Pearson mais peu attiré par les idées eugénistes de celui-ci. En France, Lucien March, bien qu'influencé par ces idées, importe les outils techniques de la corrélation et de la régression débarrassés de leurs usages biométriques, en les transformant substantiellement, pour les appliquer aux séries temporelles de l'économie du travail. Un autre membre de la SGF, Marcel Lenoir, réalise en 1913, une des toutes premières études "économétriques", sur la "formation et le mouvement des prix", contemporaine de celles de l'Américain Moore (le mot "économétrie" n'apparaît qu'en 1930, mais l'idée est déjà présente dans le travail de Marcel Lenoir et de Moore).

Les hommes de science qui, entre 1880 et 1930, fondent les bases mathématiques de l'analyse statistique, sont pour la plupart extérieurs au monde des bureaux et des sociétés de statistique. Certains sont les créateurs anglais de la "biométrie" : Francis Galton, Karl Pearson, Ronald Fisher, Gosset (connu sous son pseudonyme : Student), Egon Pearson (le fils de Karl), qui, avec le mathématicien polonais Jerzy Neyman, bâtit la théorie des tests, dans les années 1920. D'autres Anglais sont plus intéressés par l'économie et par la société : Edgeworth, Bowley, Yule. Ce sont eux qui transmettent ces outils vers les statisticiens officiels. La rencontre entre ces deux mondes peut être symbolisée par le congrès de l'IIS tenu à Paris en 1909, où interviennent notamment Bowley, Yule et March. Pour la première fois, ces techniques statistiques sont longuement présentées et discutées devant le public des statisticiens officiels. L'IIS devient un forum de débats savants et non plus seulement une conférence internationale de membres des administrations statistiques. Les débats sur les techniques de l'enregistrement et de la classification statistique ont lieu dorénavant au BIT, à la SDN ou à l'Organisation mondiale de la santé (OMS).

Ainsi se dessine un clivage entre deux types de compétences. La statistique mathématique est de plus en plus formalisée et *autonome par rapport aux objets traités*. Elle commence, dans les années 1920 et 1930, a être enseignée dans quelques départements spécialisés des universités, en Grande-Bretagne, aux Etats-Unis et en France, où un "Institut de statistique de l'université de Paris" (ISUP) est créé en 1923 à l'initiative de Lucien March et de trois mathématiciens probabilistes, Borel, Fréchet et Darmois. Par ailleurs la construction des "données" statistiques pose des problèmes de définition des variables, de nomenclatures, d'aménagement des fichiers administratifs, de mise en cohérence de sources d'origines variées: contrairement à ce que suggère un terme malencontreux, les "données" sont bien peu "données". Elles exigent un lourd travail, et des savoir-faire plus difficiles à formaliser et à enseigner que la statistique mathématique. Plus que dans des cours universitaires ou dans des manuels, ce métier s'acquiert sur le tas, dans le travail quotidien des bureaux, ou dans des rencontres internationales techniques, par exemple au BIT à Genève (ces rencontres préfigurent, à une petite échelle, ce que seront plus tard les conférences internationales d'harmonisation des comptabilités nationales). En effet, ces activités ne concernent, jusqu'aux années 1940, qu'un petit nombre de statisticiens, issus de bureaux aux effectifs encore faibles par comparaison avec ce qu'ils seront après 1945. Il en est d'ailleurs de même pour les enseignants et les étudiants des départements universitaires de statistique. Les statisticiens professionnels de ces deux mondes qui commencent à s'éloigner l'un de l'autre sont encore très peu nombreux.

L'IDENTITÉ PROFESSIONNELLE DES STATISTICIENS, AVANT 1940

Avant que n'intervienne le grand tournant des années 1940, quelle identité professionnelle ont déjà acquis les statisticiens officiels ? Comment se situent ils par rapport aux quatre dimensions de différenciation évoquées ci-dessus ? Comment sont-ils insérés dans les sociétés de leurs temps ?

Les bureaux de statistique sont encore de petites institutions fragiles et peu légitimes. Le métier réside plus dans des savoirs-faire administratifs que dans une compétence scientifique de haut niveau. Les valeurs professionnelles sont centrées sur une rigueur austère, un travail très lourd, minutieux et ingrat. Ces statisticiens, dont la production est parfois énorme compte tenu de la faiblesse de leurs moyens humains et matériels, sont souvent aussi de tempérament introverti, et peu doués pour la communication et la mise en valeur de leur travail. Alfred Sauvy a décrit de façon savoureuse l'ambiance de travail de la SGF dans les années 1920 et 1930. Il est alors interdit à un jeune statisticien, Dessirier, d'effectuer des études et prévisions conjoncturelles, "incompatibles avec la situation officielle de celui-ci", et, précise son directeur : "de graves inconvénients pourraient résulter de prévisions économiques et financières, formulées par un fonctionnaire en activité, ce qui permettrait de leur attribuer un caractère presque officiel" (Michel Huber, directeur de la SGF, 31 octobre 1929).

Pourtant, dans certaines circonstances historiques, des statisticiens ont participé activement à des mouvements plus généraux de réformes sociales et économiques. On en a vu ci-dessus deux exemples, avec les statistiques de l'hygiène publique, puis celles du travail. La construction et l'usage des comptabilités nationales en fourniront plus tard un troisième cas spectaculaire. La question des intérêts et compétences complémentaires par rapport aux compétences purement statistiques est liée à ces modes d'insertion, ainsi qu'aux formes de la décentralisation, administrative et territoriale. Une statistique fortement centralisée tend à accroître et accumuler une compétence spécifique, indépendante du secteur ou de l'espace auxquels elle s'applique. Ce qu'elle gagne en professionnalité, elle le perd éventuellement en insertion dans des terrains d'usage. Ce qu'elle gagne en *syntaxe* de la statistique (grammaire des formalismes et des outils), elle peut le perdre en *sémantique* (sens et interprétation de ces outils) et en *pragmatique* (actions étayées et justifiés par ceux-ci). Cet équilibre délicat entre les trois composantes de la pratique professionnelle est au coeur de la dynamique historique de la statistique officielle. Avant 1940, l'accumulation purement scientifique étant encore faible, les statisticiens pensent souvent devoir surenchérir dans l'austérité technique et dans l'autolimitation de leurs interventions, afin de garantir une légitimité fragile ou perçue comme telle.

La spécificité de la statistique de ce temps dépend aussi de l'existence et de l'influence des pôles universitaires de création et d'accumulation de savoirs. Quand ces pôles existent (par exemple en Grande-Bretagne ou aux Etats-Unis), ils fournissent un vivier d'innovation et d'expérimentation. Ceci peut être utile pour les bureaux de statistique, mais peut aussi les cantonner dans un rôle plus administratif de mise en oeuvre d'outils conçus ailleurs. Quand les centres universitaires sont moins influents et qu'une partie du potentiel scientifique est inclue dans l'administration elle-même (cas français), il en résulte un autre profil de statisticien professionnel. Ceci est encore peu visible avant 1940, mais le deviendra fortement plus tard. Il est probable cependant que, dans un contexte anglo-saxon, les recherches des Français Lucien March et Marcel Lenoir auraient été capitalisées, transmises et enseignées tout autrement qu'elles ne l'ont été en France, où elles ont été presque oubliées. L'articulation entre statistique officielle et université est ainsi une question ancienne et essentielle, même si ses modalités ont été complètement transformées depuis 1945.

L'identité des statisticiens est aussi définie par leur mode le recrutement et leur horizon de mobilité professionnelle. Avant 1940, plusieurs cas peuvent être observés. En France, depuis 1900, un recrutement épisodique (en moyenne un à trois statisticiens ou "aides-statisticiens" par an) est assuré par voie de concours à base mathématique. Quelques polytechniciens, issus de la grande école scientifique française, entrent de temps en temps par ce concours : Sauvy est l'un d'entre eux, en 1923. En Grande-Bretagne, où la statistique est décentralisée (*Census, Board of trade*, ...), le recrutement est plus lié aux spécialités de chaque bureau. Aux Etats-Unis, la statistique est aussi décentralisée, mais le recrutement est compliqué par une tradition ancienne et importante de "patronage" politique, exercé par des réseaux liés aux deux grands partis. Un des objectifs permanents de la professionnalisation de la statistique officielle est de parvenir à se dégager de ces recrutement par clientèle politique. Par ailleurs, dans les pays où la statistique est encore faible, les possibilités de mobilité ne sont pas grandes, sauf éventuellement pour les postes les plus élevés de direction. Un des enjeux de la professionnalisation de l'après-guerre sera, paradoxalement, de permettre aux statisticiens d'aller occuper des postes importants dans d'autres secteurs d'activité. Cela a été le cas notamment en France.

LE GRAND TOURNANT DE LA STATISTIQUE OFFICIELLE : 1930-1950

Les petits ateliers, dispersés et peu légitimes, d'une statistique administrative remontant souvent aux années 1830 à 1850, changent complètement de nature un siècle plus tard, à partir des années 1930 aux Etats-Unis, et des années 1940 et 1950 en Europe. De leur côté, les pays ex-communistes, dits aujourd'hui "en transition", ont connu une autre histoire liée à celle de la planification centralisée, terminée vers 1990, mais dont certaines conséquences subsistent. Enfin, dans les autres continents, des services statistiques se développent, soit de façon autonome, soit avec la coopération des organisations internationales, des pays européens ou des Etats-Unis, selon des modalités de plus en plus unifiées, sous l'effet de la diffusion des grands outils techniques et administratifs nés ou développés entre les années 1930 et 1950. Les sondages, la comptabilité nationale, la statistique mathématique, l'économétrie, l'informatique, la coordination des modes d'enregistrement et des nomenclatures entre les diverses administrations, toutes ces transformations tendent à constituer de grandes institutions, en partie comparables, reconnues comme productrices de langages communs légitimes pour étayer des décisions économiques et politiques, et pour fournir au débat social un large éventail de points de repère cohérents, inconcevable au XIXe siècle et même au début du XXe siècle.

Les conditions rendant ces transformations possibles n'étaient pas seulement techniques. Ainsi par exemple, les idées et même les formalismes des sondages ont existé bien avant 1930, de même que la mécanographie ou certains outils de la statistique mathématique. Il fallait aussi que la mise en place de ces institutions soit socialement et politiquement cohérente avec les conceptions du rôle de l'Etat et de l'administration. Dans beaucoup de pays, ce sont les deux guerres mondiales et la crise des années 1930 qui ont complétement changé ces conceptions. La nécessité de mobiliser et de coordonner de façon intensive et urgente toutes les ressources humaines et économiques d'une nation, en cas de guerre, conduisent à une accélération, provisoire ou définitive selon les cas, des activités statistiques. Ainsi, en France, entre 1914 et 1918, le cabinet du ministre de l'armement Albert Thomas regroupe des savants éminents, mathématiciens, statisticiens, économistes, sociologues. Mais ce nouveau réseau institutionnel ne survit par à la fin de la guerre, et la SGF reste la petite institution d'une centaine de personnes qu'elle était avant. En revanche, en 1941, est créé un très gros *Service national de la statistique* de plusieurs milliers de personnes, qui deviendra l'INSEE en 1946. Dans ce cas, les conséquences de la situation de guerre, d'occupation, puis de reconstruction après 1945 sont directes : ce qui était impossible avant 1940, devient impératif et tous les obstacles sont balayés.

En Grande-Bretagne, où la question de la coordination était posée sans succès depuis un siècle, est créé, en 1941, à l'initiative de Churchill, le *Central statistical office* (CSO), qui a vocation à coordonner et, plus tard, à regrouper les bureaux statistiques spécialisés, ce qui sera réalisé avec la fusion, en 1989, avec le *Business statistical office* (BSO), puis, en 1996, avec l'*Office of population census and surveys* (OPCS). Aux Etats-Unis, c'est la crise de 1929 et la politique nouvelle impulsée par Roosevelt à partir de 1933, qui sont à l'origine de ce que deux statisticiens historiens de cette période, Duncan et Shelton, ont qualifié de "révolution des statistiques officielles américaines". Les quatre éléments majeurs de cette "révolution" sont, selon eux, les enquêtes par sondage, la comptabilité nationale, la coordination statistique, et, dès les années 1940, les premiers "calculateurs électroniques".

Les *enquêtes sur échantillon* avaient été imaginées par Laplace, puis rejetées, puis réinventées par Kiaer et interprétées en termes de probabilités par Bowley en 1906. Mais leur usage était resté limité. En 1925 encore, le congrès de l'IIS hésitait entre la "méthode aléatoire" et celle du "choix judicieux", une sorte d'ancêtre de la méthode des quotas, proposée par l'Italien Corrado Gini. Mais, en 1934, Jerzy Neyman, dans un article fondateur, balaie ces doutes, en montrant l'optimalité du "choix aléatoire" et en développant la théorie de l'échantillonnage stratifié. Par ailleurs, la méthode acquiert la notoriété dans le grand public à la suite des sondages de Gallup, en 1936, à propos des élections présidentielles américaines. Le *Bureau of Census* américain recrute des jeunes universitaires de haut niveau, Dedrick, Hansen, Stephan. Ceux-ci expérimentent les enquêtes sur échantillon pour mesurer le chômage, en 1937, puis pour mesurer les budgets des ménages, dans les années 1940. Les pays européens les adoptent peu après.

De façon en partie indépendante, les statisticiens russes de la fin du XIXe siècle avaient déjà fait des enquêtes comparables, grâce à un système très avancé de statistiques locales organisées dans des districts administratifs, les *zemstvos*. Ce système avait été conçu par un économiste statisticien universitaire, A. I. Tchuprov (1842-1902). Parmi les élèves de celui-ci, son fils A. A. Tchuprov (1874-1926), V.G. Groman, plus tard responsable de l'Office central statistique et du Gosplan de l'URSS dans les années 1920, A.V. Peshekhonov (1867-1933) et A.G. Kovalevsky, étudient et formalisent les méthodes probabilistes, dès 1910, notamment sous l'influence du mathématicien Markov.

En 1924, Kovalevsky établit la théorie de l'échantillon stratifié et de l'allocation optimale par strate, dix ans avant l'article de Neyman (Tassi, 1988). Des enquêtes par sondage sont menées en URSS dans les années 1920, mais leurs pionniers disparaissent ensuite, notamment dans les purges des années 1930.

L'IMPULSION DE LA COMPTABILITÉ NATIONALE

Le deuxième élément majeur du renouvellement de la statistique officielle résulte de l'entrée en scène d'un nouveau type de statisticien, le *comptable national*, toujours à l'affût de données encore inemployées, pour remplir les cases de ses tableaux cohérents et exhaustifs. Les premières évaluations du *revenu national* étaient centrées sur la formation et l'estimation des revenus, dans la perspective de l'économie du travail du début du siècle : leurs origines selon les secteurs d'activité, et leurs distributions selon les classes de la société, constituaient le centre des recherches de Bowley en 1919. Puis, dans les années 1920 et 1930, l'analyse des cycles incite Mitchell et Kuznets (au NBER américain) et Clark (en Grande-Bretagne) à construire des séries temporelles et à faire apparaître les *usages* des biens produits (investissement, consommation finale, ou consommation intermédiaire par les entreprises), et non plus seulement les revenus qu'ils engendrent. Enfin, la perspective ouverte par Keynes dans la *Théorie générale* (1936) et les problèmes soulevés par le financement de la guerre conduisent à la généralisation de la décomposition du produit national dans les trois composantes de son usage final : consommation, investissement, dépense gouvernementale (Patinkin, 1976).

Cette nouvelle façon d'utiliser et de combiner des statistiques d'origines très variées a des conséquences importantes sur les pratiques professionnelles des statisticiens et sur les idées qu'ils s'en font. La nécessité d'intégrer ces données dans des tableaux comptables équilibrés *a priori* transforme les conceptions de l'*exactitude* du chiffre et de l'*approximation*, et ceci autrement que ne l'avait déjà fait la méthode des sondages et des "*intervalles de confiance*". La confiance accordée aux estimations est désormais liée à cette cohérence comptable. L'articulation entre ces deux philosophies distinctes de l'approximation sera un des défis des statisticiens et des comptables nationaux des années 1950 et 1960. Par ailleurs l'usage de ces tableaux pour la prévision économique globale, à court ou moyen terme, dans un cadre théorique plus ou moins keynésien, et pour la fixation des politiques macroéconomiques, confère aux statisticiens une visibilité et une responsabilité toutes nouvelles. Leurs estimations sont largement publiées, diffuses, utilisées et discutées, alors que celles de leurs prédécesseurs restaient souvent confidentielles. Enfin l'existence de ce corpus de données transforme les relations entre la statistique officielle et le monde universitaire, puisque celui-ci devient un large consommateur de ces tableaux et de ces séries.

Cependant les offices statistiques des divers pays diffèrent entre eux selon l'ampleur relative des travaux d'analyse et de modélisation auxquels ils procèdent eux-mêmes et de ceux qui sont menés dans des centres universitaires. Dans le premier cas, le statisticien peut se considérer comme un économiste à part entière et privilégier cette partie de son activité. Dans le second cas, en revanche, il se perçoit comme un professionnel de la production des chiffres, qu'il transmet ensuite à des utilisateurs variés et le plus souvent inconnus, par le biais de banques de données. Il s'investit alors surtout dans la méthodologie statistique : procédure d'enregistrement et d'enquête, plans de sondage, appariement et traitement de fichiers, rédaction de "dictionnaires de données statistiques" et, plus généralement, production et diffusion de "méta-information", ou "information sur l'information".

Ces deux conceptions du métier sont bien sûr tendancielles et, le plus souvent, leur combinaison et leur complémentarité sont organisées dans le cadre des offices de statistique publique. Mais, en leur sein même, les deux sensibilités et les deux motivations professionnelles coexistent et entrent parfois en controverses. Là où le comptable national peut être tenté de "faire flèche de tout bois au mieux", pour remplir des tableaux exhaustifs, définis *a priori*, et orientés vers leurs usages dans des modèles plus vastes, le statisticien "pur" bataillera pour maintenir ses standards de fiabilité, dans des mesures construites plutôt à partir d'une exigence méthodologique défendue avec vigueur. De tels débats ont souvent eu lieu dans les offices statistiques, dans les années 1950 et 1960. Ils sont depuis lors plutôt apaisés, notamment du fait de l'essor des techniques de modélisation microéconométrique, pour lesquelles les questions de "fiabilité des données" se posent encore autrement, en portant sur la structure des données individuelles plus que sur les estimations agrégées.

LE STATISTICIEN ET LA RÉALITÉ : QUATRE CAS POSSIBLES

La question du traitement du réalisme et de la fiabilité des données statistiques peut fournir un indice et une grille de lecture des motivations professionnelles des statisticiens, et de la place qu'ils s'assignent dans la chaîne de production des savoirs. On peut, à titre d'hypothèse, présenter quatre attitudes possibles. Le plus en amont, le statisticien le plus proche d'une perspective historique ou sociologique, est sensible au caractère construit, conventionnel et négocié, de la définition et du codage de certaines variables : population active, chômage, production. Un second statisticien, plus inspiré des sciences de la nature et de leur métrologie, raisonne en termes de "fiabilité" : la réalité existe antérieurement à sa définition et à sa mesure. Celle-ci est entachée d'erreurs, qui peuvent être "encadrées", notamment par le calcul des probabilités et ses intervalles de confiance. Un troisième, typiquement le comptable national, est attentif à la cohérence d'ensemble d'une structure comptable théoriquement équilibrée. Les ajustements sur les variables élémentaires sont jugés à l'aune de l'ajustement global du tableau, en accordant *a priori* une confiance plus ou moins grande aux diverses données de base. C'est l'utilisation dans le modèle global qui fournit, dans ce cas, l'épreuve décisive. Enfin un quatrième cas pourrait être le statisticien microéconomètre. Pour lui, l'épreuve de réalité des données est fournie par l'inscription des distributions et des relations entre les données individuelles dans des modèles descriptifs et explicatifs. La réalité est alors jugée à travers la consistance et le caractère prédictif de ces modèles. Cette réalité est, à la limite, identifiée au fichier des données lui-même. Le statisticien décrit ici (de façon stylisée) peut être microéconomiste, mais aussi démographe ou sociologue quantitativiste.

On pourrait bien sûr comparer les pertinences scientifiques et les usages pratiques de ces quatre attitudes, schématisées de façon trop sommaire. Le statisticien "réel" est toujours un mélange de celles-ci. Cependant ces figures permettent aussi d'analyser la division sociale du travail au sein de la longue chaîne de production des données et de leurs usages, et de caractériser quatre profils professionnels assez différents : le statisticien sociologue constructiviste, le statisticien méthodologue spécialiste des enquêtes et des sondages, le comptable national, le spécialiste des modèles macroéconomiques, le microéconomètre, le spécialiste de sociologie quantitative, etc... Ce découpage pourrait être articulé avec d'autres, plus fonctionnels, utilisés couramment dans les offices statistiques. Ainsi, aux Etats-Unis, sont distingués : les statisticiens mathématiciens, les statisticiens d'enquête spécialistes de la collecte des données, et enfin les statisticiens "analystes", spécialistes en démographie, en économie, en sociologie... Divers autres découpages fonctionnels sont possibles. Le langage du rapport à la réalité et à la fiabilité offre une manière possible de les comparer et de les inscrire dans le réseau complexe, social et cognitif, de la production statistique.

EXTENSION NATIONALE, COORDINATION, INFORMATISATION

Un aspect important du tournant de l'après-guerre a été le fait que la statistique a été de plus en plus pensée, construite et utilisée pour un *territoire national*, considéré comme un espace statistique unique, à la fois pour la définition et la standardisation des variables, et pour le domaine couvert par les mesures. Le produit "national" brut, l'indice des prix, le taux de chômage, le taux de fécondité, toutes ces mesures sont d'abord affichées et circulent comme variables nationales, avant d'être, éventuellement, régionalisées ou localisées. L'usage de la méthode des sondages sur des échantillons construits précisément pour être représentatifs au niveau national a accentué cet aspect des statistiques produites à partir des années 1950. Bien sûr cette tendance est variable d'un pays à l'autre, sans doute plus marquée en France qu'en Allemagne, où les *länder* conservent une autonomie, à travers des offices statistiques distincts de l'Office fédéral de Wiesbaden. Cette existence éventuelle d'une statistique locale induit un profil de statisticien original, ancré dans une communauté locale et sensible à ses besoins spécifiques. Chaque pays a, de ce point de vue, une tradition particulière. Pourtant, même avec des décalages, les mêmes évolutions historiques ont été observées partout.

Pendant les premières décennies de l'après-guerre, les statisticiens ont cherché à *coordonner* de plus en plus des productions disparates, soit entre des secteurs administratifs, soit entre des régions. Coordination des domaines étudiés, des formulaires d'enquêtes, des nomenclatures, des définitions des variables utilisées dans des bureaux différents, cette tendance générale a été soutenue, tout d'abord, par la construction des comptabilités nationales: le caractère cohérent et complet de celles-ci implique nécessairement la coordination statistique. Par ailleurs, les premier usages des grands ordinateurs induisaient aussi une standardisation précise des procédures de codage, des nomenclatures, des fichiers et des tabulations. Des spécialités professionnelles se sont alors développées, plus ou moins liées entre elles : art de transformer un fichier administratif conçu à des fins de gestion en un fichier statistique, notamment en l'informatisant, art de traduire des langages techniques et administratifs *a priori* indépendants entre eux en un langage commun, création d'*espaces conventionnels d'équivalence* entre des réalités initialement incommensurables, ce qui est bien, au bout du compte, l'art suprême du statisticien, celui qui résume tous les autres.

Depuis une ou deux décennies, d'autres tendances, en apparence presque opposées, sont apparues. Les efforts de totalisation et de standardisation nationales ont rencontré des affirmations d'autonomies, singulières ou locales, soit d'agents économiques, soit de territoires particuliers. A l'idée antérieure de coordination par standardisation s'ajoute désormais celle de mise en réseau de concepts différents. Les transformations des techniques informatiques facilitent bien sûr cette évolution. Les micros s'ajoutent aux gros ordinateurs. Les utilisateurs ont la possibilité de moduler et de diversifier leurs usages. La mise en cohérence générale est moins impérative qu'elle ne semblait l'être dans les années 1960. Dans certains pays comme les Etats-Unis, la production statistique est tellement abondante et diversifiée, de très longue date, que l'idée d'une coordination générale a toujours paru utopique. Malgré des efforts répétés de certains statisticiens américains, elle a toujours été très partielle. Cependant une grande marge de liberté existe entre les divers pays, selon leurs traditions nationales, pour coordonner ou unifier plus ou moins leurs systèmes statistiques. Un des enjeux futurs des métiers de statisticien sera de s'ajuster à cette diversité.

La construction européenne en offre un exemple vivant. L'harmonisation est une nécessité évidente. Eurostat comme les autres organisations économiques de coopération européenne, et les offices statistiques des divers pays, membres ou non de l'Union Européenne, ont accompli de grands efforts pour harmoniser leurs productions, sur le modèle initial de la construction d'un système commun de comptabilité nationale, mis en chantier depuis les années 1960. Une question est aujourd'hui très débattue, celle du choix entre harmonisation "en amont" (toute la procédure d'enregistrement et de collecte) ou "en aval" (seulement les définitions des variables, chaque pays les mesurant à sa façon). Elle renvoie, d'une certaine manière, aux diverses attitudes possibles par rapport à "la réalité", évoquées ci-dessus, et aussi à la façon de penser la coordination et la standardisation éventuelle d'un ensemble *supranational*. L'harmonisation "en amont" est sans doute prônée par le statisticien le plus proche du modèle métrologique des sciences de la nature, mais elle suscite la réticence du statisticien constructiviste. Le comptable national incline spontanément vers une harmonisation "en aval", inscrite depuis toujours dans sa démarche : définition théorique d'une grandeur, *puis* recherche de sources, ou mise en place d'une mesure. Le microéconomiste n'est pas à l'aise avec cette question, car les différences entre conventions de mesure introduisent des perturbations mal contrôlables dans l'interprétation de ses modèles.

L'ADMINISTRATEUR ET LE SAVANT : LES DEUX FACES COMPLÉMENTAIRES DU MÉTIER DE STATISTICIEN

On le voit sur ces exemples de problèmes récents, le statisticien officiel est toujours confronté aux questions de *sémantique* (interprétation) et de *pragmatique* (usage) de son travail, autant que par celles de *syntaxe* (cohérence interne). Si les programmes de formation systématique à la statistique, comme le programme TES européen, insistent à juste titre sur les questions syntaxiques, le statisticien immergé dans l'action est continuellement confronté aux deux autres types de question. La diversification des facettes du métier de statisticien passe sans doute par une meilleure prise en compte de l'existence et de la complémentarité de ces diverses positions par rapport aux outils techniques, à leur réalisme et à leurs usages. Ces outils sont souvent issus, en amont, de réseaux d'enregistrement et de codage extérieurs au système statistique. En aval, ils circulent dans d'autres réseaux , d'interprétations et de décisions, très différents les uns des autres. Les enjeux de l'avenir du métier de statisticien se situent à ces deux frontières des réseaux amont et aval. De ce point de vue, la face apparemment ancienne du métier, celle de "l'administrateur", est celle qui est sensible à l'insertion du professionnel dans ces mondes divers qui entourent de tous les côtés celui de la statistique officielle. Elle reste, de ce fait, aussi importante que sa face "savante", qui constitue aujourd'hui le coeur de l'identité professionnelle du statisticien.

Il serait nécessaire d'étudier plus en détail les différences entre les systèmes statistiques des divers pays européens, notamment du point de vue des quatre critères évoqués ci-dessus : formations et intérêts complémentaires des statisticiens, relations administration-université, centralisation, mobilité professionnelle. Pour cela, l'information manque encore, et il serait intéressant et utile qu'une investigation comparative sur ces sujets soit entreprise. Elle devrait porter non seulement sur les aspects techniques des activités des offices statistiques, mais ausi sur les diverses dimensions de leur insertion dans la société, dans les réseaux amont des enregistrements comme dans les réseaux aval des usages.

SOURCES

Les recherches sur l'histoire de la statistique, dans ses deux dimensions "savante" et "officielle", sont maintenant assez nombreuses. Sur l'histoire technique de la statistique avant 1900, la meilleur synthèse est celle de Stigler

(1986). Sur son histoire sociologique et philosophique, on peut lire Porter (1986) et Hacking (1990). Sur l'histoire de l'économétrie : Morgan (1990). Tous ces livres sont en anglais. En français, deux synthèses ont été tentées par Armatte (1995) et Desrosières (2000).

Sur l'histoire des statistiques officielles dans quelques pays, sont disponibles notamment (liste non exhaustive) :

- *Grande-Bretagne* : Davidson (1985), Nissel (1987), Szreter (1996), Ward and Doggett (1991), Schweber (2006).
- *France* : INSEE (1987), Fourquet (1980), Volle (1982), Desrosières (2000), Armatte (1995).
- *Allemagne* : Saenger (1935), Tooze (2001), Labbé (2008).
- *Italie* : ISTAT (1976), Prévost (2009).
- *Luxembourg* : Als (1990).
- *Russie* : Blum (1994), Mespoulet (2001 et 2008).
- *Suisse* : Jost (1995).
- *Etats-Unis* : Duncan and Shelton (1978), Anderson (1988).
- *Canada* : Statistique Canada (1993), Beaud et Prévost (2000), Worton (1998), Curtis (2001).

Chapitre 3
Naissance d'un nouveau langage statistique entre 1940 et 1960[19]

Les mobilisations de toutes sortes liées à la seconde guerre mondiale puis à la guerre froide se sont traduites, dans nombre de pays, par un accroissement du rôle de l'État et l'apparition d'un nouveau langage pour formuler son action, empreint des idées de mesure, d'organisation, de contrôle, de rationalisation, d'optimisation, de planification. Dans le domaine économique, une expression marquante de ces transformations a été la mise en place de systèmes d'investigation et d'analyse statistique complètement nouveaux, aux plans scientifique et technique, bien sûr, mais aussi en matière organisationnelle, juridique et politique : on ne saurait isoler tel ou tel de ces aspects.

Une particularité, rétrospectivement frappante, de cette période est que l'accent est alors plus mis sur les avantages de *l'organisation rationnelle et contrôlée* que sur ceux du caractère *marchand et concurrentiel* de l'économie. Ceci permet de contraster fortement les thèmes dominants de cette période tant avec la conception libérale classique, qui prévalait au début du siècle, qu'avec les « dérégulations » qui vont survenir à partir des années 1970. Bien sûr, les modalités de cette éclipse provisoire (et souvent apparente seulement) du « marché » comme référentiel technique et politique sont différentes selon les sous-périodes (avant ou après 1950), ou selon les pays et les régimes politiques, mais elle constitue néanmoins un trait marquant, *et spécifique*, de la période qui ici nous occupe.

Ainsi, les formes de l'intervention économique des États ont beaucoup évolué entre les années 1930 et 1950, dans les contextes successifs de la grande crise

---

[19] Texte publié dans le *Courrier des statistiques*, N° 108, décembre 2003, pp. 41-52.

économique, de la seconde guerre mondiale, puis des politiques économiques coordonnées par l'État, menées après 1945. Bien que différentes selon les pays, ces actions de l'État sont en général analysées selon des perspectives uniformisantes, issues soit des sciences politiques (par exemple en termes de « conversion » des institutions et des acteurs : Margairaz 1991), soit de l'histoire de la pensée économique, en insistant alors sur la diffusion des idées keynésiennes. Mais, dans les deux cas, la mise en place d'un appareil de description statistique de l'économie est soit ignorée, soit mentionnée cursivement comme une sorte de nécessaire évidence technique, ne justifiant pas de développements particuliers. Or c'est souvent en examinant cette face cachée de l'action de l'État que constitue l'organisation d'une statistique publique qu'apparaissent des différences significatives entre les pays, à condition d'envisager simultanément, comme une *co-construction mutuelle*, ces trois thématiques liées que sont la représentation du monde économique à travers une « théorie », le type d'intervention légitime de l'État, et les « mesures statistiques » de « variables », sur lesquelles porteront précisément les « mesures politiques » de l'action de l'État. En un mot, il s'agit d'inventer et de fabriquer les objets que les optimisateurs optimiseront.

C'est de ce point de vue que l'on peut parler d'un *langage commun*, qui, à certaines époques, est tacitement accepté et utilisé par les acteurs sociaux, au cours de leurs conflits et de leurs négociations : le « taux de chômage » et le « niveau d'inflation » (ou encore, dans le cas de la France, la « part des prélèvements obligatoires » ou le « taux de fécondité ») sont des variables « socialement jugées sociales », c'est-à-dire qu'il est supposé que la puissance publique peut et doit agir sur elles par des actions coordonnées et justifiables par une forme de théorie économique. Cette hypothèse[20] sera ici mise en œuvre pour le cas français, en examinant la genèse de notre système de statistiques économiques (et notamment industrielles) dans les années 1940 et 1950[21].

---

[20] Le cadre de cette perspective de recherche est décrit dans Armatte et Desrosières [2000]. Une comparaison des liens entre planification et modélisation macroéconométrique dans deux pays (France et Pays-Bas entre 1945 et 1980) est présentée dans Desrosières [1999]. Une autre comparaison, relevant d'une problématique comparable, et portant sur la mise en place des statistiques de l'industrie pétrolière de la mer du Nord, par la Norvège et la Grande-Bretagne depuis les années 1960, est développée par Sangolt [1997].

[21] Deux ouvrages pionniers ont déjà exploré en détail ces questions : celui de Fourquet [1980] sur l'histoire de la comptabilité nationale et du Plan, celui de Volle [1982] sur l'histoire de la statistique industrielle. Tous deux couvrent à peu près la même période, des années 1930 aux années 1970. Par ailleurs, beaucoup d'informations sont présentées dans les deux volumes « *Pour une histoire de la statistique* » publiés par l'Insee en 1987, et dans un ouvrage réalisé pour le cinquantenaire de celui-ci [Insee 1996]. Enfin une thèse (non publiée) a été consacrée à l'histoire de l'Insee dans les années 1940 et 1950 [Touchelay 1993].

« Remplacer la France des mots par la France des chiffres »

Francis-Louis Closon (1910-1998), ancien responsable de la résistance gaulliste et premier directeur de l'Insee, de 1946 à 1961, était, à sa façon, conscient de cet enjeu de promotion d'un langage commun quand il affirmait que sa mission était de « remplacer la France des mots par la France des chiffres » [Touchelay 1993]. Il entendait par là substituer la raison, l'objectivité des faits dûment mesurés, aux passions et subjectivités qui, auparavant, divisaient la société. Cette idée que la statistique peut contribuer à pacifier un monde ravagé par les effets du verbe et de la démagogie était alors très répandue. Dans les années 1930, aux États-Unis, le sociologue William Ogburn avait activement milité pour l'introduction des méthodes quantitatives en sociologie, en opposant celles-ci aux stériles « controverses idéologiques ». Le même argument est indéfiniment repris, dans les années 1950 et 1960, pour justifier la quantification des sciences sociales, et l'usage de celles-ci, ainsi transformées et débarrassées de leur gangue philosophique d'origine, dans le débat et la décision politiques. En France, Alfred Sauvy a été, entre 1930 et 1990, un inlassable diffuseur de cette conception d'une statistique qui « balaie les idées reçues » et leur substitue l'« implacable évidence des faits ». Cette idée, déjà en germe depuis les projets de « mathématique sociale » de Condorcet s'était précisée avec l'efficace promotion du thème de l'« homme moyen », si « raisonnable et prévisible », par Quetelet et ses disciples du 19e siècle. Elle avait ensuite cheminé, notamment au fil des crises économiques successives, qui, chacune à leur manière, remirent en cause les façons antérieures de penser et décrire le monde social, et d'agir sur lui.

Ainsi, à chaque grande crise économique mondiale a correspondu une transformation des modes d'intervention de l'État, et, du même coup, des statistiques produites. La crise des années 1870-1890 avait conduit les États à réguler le marché du *travail* : l'emploi, les salaires, le chômage, les débuts de la protection sociale étaient alors au centre des activités des petits « bureaux de statistique ». À partir des années 1930, devient légitime l'idée que l'État peut et doit réguler l'équilibre *global* des marchés des biens et services produits et consommés. Théorisée par Keynes, la mise en œuvre de cette nouvelle façon de penser le monde économique et d'agir sur lui est liée à l'institutionnalisation d'un langage nouveau de description de ce monde et de ses fluctuations : celui de la *comptabilité nationale*. Alors qu'auparavant avaient, au mieux, été faites des estimations épisodiques (en général dans un cadre universitaire) d'un « revenu national », l'élaboration régulière et routinisée de comptes nationaux, effectuée dans un cadre administratif, va devenir une norme.

Cette institutionnalisation, résultant d'une décision politique, peut être datée pour les divers pays. Aux *États-Unis*, en 1932, le Sénat affecte Kuznets (venant du NBER, un centre de recherche académique) au Département du Commerce pour construire des « estimations du revenu national » pour 1929-1931. En *Grande-Bretagne*, le passage de travaux individuels à faibles moyens (ceux de Clark dans les années 1930) vers une systématisation à grande échelle des comptes nationaux (due à Stone) date de 1941 et est lié à l'effort de guerre : la création du *Central Statistical Office* par Churchill symbolise cette exceptionnelle concentration de moyens. Aux *Pays-Bas*, le premier modèle macroéconométrique est construit et utilisé par Tinbergen en 1936 ; puis, dans les années 1940, marquées par la guerre, l'occupation allemande puis la reconstruction, un système de comptabilité nationale est utilisé pour une gestion quasi-dirigée, plutôt que pour une modélisation économétrique, qui ne réapparaîtra que vers 1955 [Bogaard 1998].

Les innovations institutionnelles et techniques de la période 1940-1944

En France, l'histoire de l'institutionnalisation de la statistique économique est complexe. Elle entremêle plusieurs fils différents que l'on peut, pour simplifier, faire remonter à la période de Vichy, entre 1940 et 1944. Auparavant, le petit bureau de la « Statistique générale de la France » (SGF) n'était pas parvenu à mettre en place une statistique industrielle[22], comme l'explique Alfred Sauvy [1972], membre de ce bureau de 1922 à 1945. C'est au deuxième semestre de 1940 que sont créées deux institutions, indépendantes l'une de l'autre, symbolisées par les deux noms de Jean Bichelonne (1904-1944) et de René Carmille (1886-1945). La première est le « bureau de statistique » du ministère de la Production industrielle, dépendant d'un ministre ultra-collaborateur, Bichelonne (polytechnicien du corps des Mines), qui sait que sa statistique sera utilisée dans un projet d'organisation économique « européenne », dirigée par l'Allemagne nazie [Bloch-Lainé et Gruson 1996 ; Tooze 2001]. La seconde est le « Service national de statistique » (SNS), créé par un ingénieur militaire, Carmille, à la fois, dans son esprit, pour jeter les bases d'une organisation

---

22 L'accent sera mis ici, dans la statistique économique, sur la statistique *industrielle* : l'histoire des statistiques des autres secteurs, notamment le secteur *agricole*, est fort différente.

statistique de type nouveau utilisant les moyens de la mécanographie moderne, et aussi pour reconstituer des bureaux de mobilisation clandestins de l'armée, démantelés par l'armistice de juin 1940[23].

La statistique industrielle de Bichelonne est directement liée à une organisation d'économie dirigée, alors présentée comme une nécessité des urgences immédiates (les réquisitions allemandes, les pénuries de matières premières) mais aussi comme une conséquence de la faillite, dans les années 1930, du « laisser faire » économique, non interventionniste, qui prévalait auparavant : cet aspect « moderniste » du projet de Bichelonne a pu, à la fin de 1940, attirer quelque temps un homme comme Claude Gruson (1910-2000), qui deviendra le deuxième directeur de l'Insee (1962-1967), comme il l'a raconté lui-même. Cette statistique est orientée vers les flux de matières et leur répartition centralisée : production, consommations intermédiaires (c'est-à-dire les livraisons d'une branche industrielle à l'autre), stocks. Surtout, sa collecte est confiée à des *organisations patronales*, les « syndicats de branches », qui travaillent avec les services administratifs dans le cadre de « comités d'organisation » (C.O.) par branches, coiffés par un « Office central de répartition des produits industriels » (OCRPI). Cette organisation va contribuer à asseoir la légitimité, faible avant 1940, des syndicats patronaux de branches. Ceux-ci constitueront, après 1945, le CNPF. Par ailleurs, les personnels et les rouages des « comités d'organisation » seront tout prêts pour constituer les « commissions de modernisation » du Commissariat au Plan, créé par Jean Monnet en 1945. Enfin, la « délégation » de la collecte des statistiques industrielles aux « syndicats de branches » perdurera, en partie, jusqu'à nos jours[24]. Elle explique en partie la partition relative, spécifique à la France, de la statistique économique, entre, d'une part, une « statistique de *branche* » portant sur la production et la consommation des *biens et services*, qui conduit au calcul d'une *valeur ajoutée*, et, d'autre part, une statistique de *secteur* (d'origine fiscale), qui porte sur les données comptables des *entreprises*, et permet de calculer le *partage de la valeur ajoutée* entre salaires, profits et impôts. Dans la mesure où les grandes entreprises peuvent produire des biens très différents, l'articulation de ces deux formes de statistique est un problème complexe, technique bien sûr, mais aussi politique, du fait du rôle des syndicats de branches évoqué ci-dessus.

---

23 L'histoire complexe du SNS et du rôle de Carmille est décrite notamment dans une thèse de Fabrice Bardet [2000] sur l'histoire des directions régionales de l'Insee.

24 Cette histoire est racontée avec beaucoup de détails par Volle [1982].

De son côté, le *Service national des statistiques* (SNS) créé par Carmille en 1941, n'a pas un rôle direct de production de statistiques économiques (puisque celles-ci, qui jouent un rôle clé dans la « collaboration » avec l'Allemagne, sont aux mains du ministère de Bichelonne), mais, en revanche, il met en place une infrastructure de statistique publique (7 000 employés en 1944) complètement nouvelle par rapport à l'ancienne SGF (une centaine d'employés en 1939), et dont héritera l'Insee créé en 1946. Une vingtaine de *directions régionales* sont instituées, initialement à partir des bureaux de mobilisation de l'armée. Elles sont dotées d'un matériel mécanographique moderne, qui remplace les anciens « classi-compteurs-imprimeurs » utilisés par la SGF depuis 1901. Une *École d'application de la statistique* (devenue l'Ensae en 1961) est créée, sur le modèle des autres écoles d'application de l'École polytechnique, comme les « mines » et les « ponts et chaussées ». Des corps de fonctionnaires spécifiques à la statistique (les « administrateurs » et les « attachés ») sont constitués. Toutes ces innovations institutionnelles ont perduré jusqu'à aujourd'hui.

Carmille avait le projet (déjà formulé en 1936) de réorganiser la statistique publique à partir des nombreux fichiers et répertoires que gèrent les diverses administrations, en s'appuyant sur les possibilités de traitement rapide et systématique offertes par les *machines mécanographiques* à cartes perforées, et en raccordant entre eux ces fichiers par des *identifiants* stables et communs, par exemple pour les individus et les entreprises. Ce faisant, Carmille anticipait d'une trentaine d'années ce qui deviendra courant quand l'informatique de gestion sera largement implantée. Ainsi, il conçoit et met en forme le numéro (à 13 chiffres) affecté à sa naissance à tout individu, connu et utilisé par tout le monde sous le nom de « numéro de sécurité sociale »[25]. Il imagine aussi un « fichier des établissements industriels et commerciaux », qui ne verra le jour qu'en 1947.

Par ailleurs Carmille n'est pas seulement l'« homme des gros fichiers mécanographiques », comme par exemple Sauvy le dépeignait après la guerre. Il connaissait (sans doute par Stoetzel) la nouvelle méthode des « enquêtes par sondage » développées aux États-Unis dans les années 1930. Il charge en 1942 une commission de mathématiciens, statisticiens et sociologues (composée de Jean Stoetzel, Jacques Chapelon, Paul Lévy, François Divisia, Michel Huber et Sassi) de lui préparer un rapport sur cette nouvelle technique. Celle-ci est déjà

[25] Son nom officiel est aujourd'hui le « numéro d'inscription au répertoire » (NIR). Son usage fera l'objet de nombreux débats à partir de 1970, quand précisément se diffusera l'informatique de gestion des gros fichiers.

expérimentée au SNS en 1943, puis elle sera développée à l'Insee à la fin des années 1940 par Pierre Thionet et Raymond Lévy-Bruhl, pour décrire l'emploi et les budgets de familles [Armatte 1996].

Bichelonne et Carmille meurent tous deux en Allemagne en hiver 1944-1945, mais dans des conditions fort différentes. Bichelonne fait partie du groupe des politiciens et hauts fonctionnaires qui accompagnent Pétain à Sigmaringen, après la libération du territoire français. En revanche, Carmille, proche, à partir de novembre 1942, de l'« Organisation de résistance de l'armée » est arrêté par la Gestapo dans son bureau du SNS en février 1944. Il meurt en janvier 1945 à Dachau.

Ainsi, pendant la période de la seconde guerre mondiale (et de l'occupation, dans le cas français) a eu lieu une transformation irréversible de l'appareil de la statistique publique. Une évolution comparable à certains égards a aussi eu lieu en Grande-Bretagne, avec la création du *Central Statistical Office* en 1941, mais elle ne conduira pas à une unification aussi complète du système statistique, qui ne sera faite que dans les années 1990. Il faut aussi noter que la première guerre mondiale avait, elle aussi, entraîné une concentration et un accroissement de la production de statistiques industrielles, notamment autour du cabinet du ministre de l'Armement, Albert Thomas, où travaillaient le mathématicien Emile Borel ainsi que le sociologue et statisticien François Simiand. Mais, dès 1919, cette concentration des activités statistiques est complètement interrompue, malgré les efforts de Simiand [Desrosières 2000, chap. 5]. En revanche, après 1945, les conditions sont tout autres : sont créés successivement, en 1945 le Commissariat au Plan (Jean Monnet), l'Institut national d'études démographiques (Alfred Sauvy), la Sécurité sociale (Pierre Laroque), puis, en 1946, l'Insee (Francis-Louis Closon), qui reprend l'infrastructure du SNS, et, en 1950, le service des études économiques et financières (SEEF) du ministère des Finances, qui sera le creuset de la comptabilité nationale française (Claude Gruson, sous la houlette de François Bloch-Lainé). C'est dans ces différents lieux que sera élaboré et utilisé un « langage nouveau » de la gestion experte du monde social, qui prévaudra jusqu'aux années 1980 environ, et dont Monnet, Sauvy, Laroque, Closon, Bloch-Lainé et Gruson sont comme les pères fondateurs.

Le « triangle » INSEE-Plan-SEEF (puis DP)

À partir des années 1960, cette combinaison d'une interprétation « moderniste » du monde social, d'une politique keynéso-planificatrice, et d'un langage statistique et comptable qui fournissait les indicateurs et les tableaux de bord de celle-ci, a été souvent résumée par l'évocation du « triangle » formé par l'Insee, le Plan, et la direction de la prévision (DP) du ministère des Finances. Or la DP a été créée en 1965 par transformation du SEEF, une partie de celui-ci ayant été, en 1961, rattachée à l'Insee, dont Gruson devint alors le directeur. Ainsi, le « triangle » est né et s'est développé entre la fin des années 1940 et le début des années 1960. Chacun des pôles de celui-ci a eu une histoire propre, mais des échanges, de personnes et de thématiques, ont été intenses entre les trois institutions.

Le premier directeur de l'Insee, on l'a dit, a été Francis-Louis Closon, de 1946 à 1961. Il hérite alors de la lourde machinerie du SNS léguée par Carmille. « Machinerie » au sens propre, puisque cet héritage est notamment constitué d'un équipement mécanographique nouveau et important, réparti dans des établissements régionaux, eux aussi nouveaux, et chargé de gérer divers fichiers administratifs. Cet appareil administratif de 7 000 personnes en 1944, est réduit à 2 500 vers 1950, pour remonter peu à peu à 7 000 dans les années 1960. Il est encadré le plus souvent par d'anciens militaires, puisque les cadres formés à la statistique et issus de la nouvelle « école d'application » sont encore jeunes et peu nombreux. Mais ceux-ci, plutôt réticents à la gestion des gros fichiers, promeuvent la nouvelle « méthode des sondages », dont ils deviennent des spécialistes, dans les années 1950 : des enquêtes sur des échantillons encore de petite taille (faute de crédit) sont faites sur les budgets de famille, l'emploi, la mobilité sociale, l'écoute de la radio.

Le statisticien et sociologue Jean Porte (1916-1996) conçoit et utilise, à partir de 1950, une « nomenclature des catégories socioprofessionnelles » (CSP), outil empirique d'analyse des classes sociales, largement utilisé depuis dans les trois milieux de l'administration, de la recherche universitaire, et des bureaux d'études privés. Ces CSP constituent, pour la sociologie, le cœur du langage commun diffusé par l'appareil statistique, de la même façon que les agrégats de la comptabilité nationale le sont pour la macroéconomie. De même, à partir de 1950 environ, l'ensemble des négociations salariales entre les « partenaires sociaux » (une nouvelle expression datant de cette époque) est orienté par l'« indice des 213 articles », un indice des prix de détail calculé par l'Insee. La principale caractéristique de cet indice est d'être *descriptif*, c'est-à-dire pondéré par les composantes effectivement mesurées d'un « panier moyen de la ménagère » (issu des toutes nouvelles « enquêtes sur les budgets de famille »), et non plus *normatif*, c'est-à-dire pondéré par des consommations définies *a priori*, supposées refléter des « besoins incompressibles » et négociées autour d'une table, comme il l'avait été dans les années 1940. Par ailleurs, les tentatives de pression gouvernementale (en 1957) pour bloquer les prix de produits « figurant dans l'indice » sont combattues, ce qui contribue à asseoir la légitimité d'une institution qui, tout en étant une administration, parvient à diffuser l'idée que son efficacité même suppose une telle autonomie. La dialectique subtile entre, d'une part, cette revendication d'autonomie, et, d'autre part, la nécessité vitale d'être « utile », en participant activement aux débats et aux décisions, peut être retenue comme ressort narratif des relations complexes entre les « statisticiens », les « comptables nationaux », les « prévisionnistes », et les « planificateurs », qui s'activent et échangent souvent leurs positions entre les trois pôles du « triangle ».

L'histoire de la comptabilité nationale française et du SEEF entre les années 1940 et 1970, a fait l'objet de plusieurs ouvrages : un livre très vivant de François Fourquet [1980], puis une thèse détaillée d'Aude Terray [2002], et enfin un grand livre de synthèse d'André Vanoli [2002]. Les deux premiers livres sont appuyés notamment sur des interviews des principaux protagonistes de cette histoire, à commencer par Claude Gruson. Un aspect significatif de ces récits est que la mise en place d'un outil technique, apparemment aussi austère qu'un système de tableaux de chiffres équilibrés en lignes et en colonnes, y est présentée comme une opération politique visionnaire de grande portée, en même temps qu'une aventure humaine, caractéristique des années 1950. Or on ne dispose pas de récit comparable pour d'autres pays. Cette différence historiographique est-elle due seulement, par exemple, à la personnalité de François Fourquet, un historien membre du CERFI, un centre de recherche créé par Félix Guattari, très actif dans les années 1970, et influencé par la psychanalyse et par les débats autour de l'« anti-oedipe » ? Que penser de cette rencontre improbable entre les idées fortes de deux décennies du 20e siècle : le modernisme techno-planificateur des années 1950, et le courant anti-institutionnel et « désirant » des années 1970 ? De fait, le livre de Fourquet résultait d'un contrat de recherche commandé par le Commissariat au plan. Il apportait, dès 1980, un regard très pertinent non seulement sur les années 1950, mais aussi sur la spécificité française de cette histoire. À la même époque, les Néerlandais avec Tinbergen et Theil, les Américains avec Klein et Goldberger, élaboraient des modèles macroéconométriques (alors inconnus en France) dont la présentation était plus austère et technique et moins romanesque. Mais ces travaux néerlandais ou américains ne sont pratiquement pas connus et mentionnés en France dans les années 1950[26].

Cette combinaison « sociotechnique » originale peut être vue comme un avatar de la longue histoire des ingénieurs d'État à la française, dans une lignée, inspirée de Condorcet, Saint-Simon et Auguste Comte, incluant Michel Chevalier, Le Play, Cheysson, Gibrat, Dautry, Louis Armand, Massé, Boiteux, Allais... Dans cette lignée, le protestant Gruson incarne une figure prophétique particulière, qui cherche à réunir la technicité de l'ingénieur et une sorte de « corporatisme démocratique » que reflètent les « Commissions du Plan », qui rassemblent des représentants désignés et non élus des « partenaires sociaux ». Les débats de ces commissions sont idéalement supposés pouvoir mimer et anticiper les conflits réels dans la société, et fournir un cheminement communément accepté par les divers acteurs de celle-ci. Ce mécanisme de concertation prend appui sur les tableaux de la comptabilité nationale qui, de leur côté, sont censés garantir la cohérence globale des projets.

Lors d'une conférence internationale tenue en 1963 à Washington, sur la « planification quantitative de la politique économique », le représentant du Plan français, Bernard Cazes, expose l'architecture complexe de cette concertation et de ces commissions, alors que ses collègues néerlandais, américains et japonais présentent des modèles économétriques [Hickman 1965]. Pour les planificateurs français d'alors, les itérations entre, d'une part, les débats dans les commissions, et, d'autre part, la mise en cohérence des projets grâce à la comptabilité nationale, constituaient une meilleure procédure sociale et politique qu'une modélisation économétrique en chambre, réalisée uniquement par des techniciens[27]. Ainsi la planification concertée expérimentée en France dans les années 1950 et 1960 peut être vue comme une tentative originale pour résoudre la tension entre le débat social et politique, normalement inscrit dans le cadre du Parlement, et la technicité de l'expertise. Cette solution se distingue nettement de propositions plus abstraites formulées, à la même époque, par exemple par le Néerlandais Tinbergen ou par le Norvégien Frisch, qui imaginent une séparation théorique entre une « expression des objectifs » par « les politiques », et une recherche optimisatrice de « réalisation à moindre coût » de ceux-ci par « les

---

[26] Ni François Fourquet ni Aude Terray n'y font allusion. En revanche, André Vanoli, dont le livre donne une vision *mondiale* de l'histoire de la comptabilité nationale, les évoque.

[27] La modélisation macroéconométrique ne sera développée en France qu'après la fin des années 1960 [Boyer 1987 ; Desrosières 1999], peu avant qu'elle ne commence à susciter de plus en plus de scepticisme dans le monde anglo-saxon, à partir de la crise pétrolière et de ses conséquences.

techniciens ». La démarche française semblait avoir pour elle de s'appuyer sur une pratique sociale effective, même si celle-ci était limitée à quelques dizaines (ou, au mieux, quelques centaines) de « partenaires sociaux » et d'« experts », entre lesquels une procédure d'interaction itérative était imaginée. Les projets de « planification démocratique » développés dans les années 1960 par certains syndicats ou responsables politiques comme Pierre Mendès-France ou Michel Rocard (qui faisait partie du SEEF à cette époque) étaient sous-tendus par cette expérience spécifique à la France.

L'État, les patrons et la statistique économique

L'environnement sociopolitique évoqué ci-dessus est bien connu des historiens et politologues spécialistes de la période. En revanche, est moins connue la façon dont les enregistrements statistiques et comptables impliqués par cette machinerie planificatrice étaient rassemblés et mis en forme. Il se trouve que, tout particulièrement entre 1945 et la fin des années 1950, l'économie française était, pour une part importante, directe ou indirecte, pilotée ou orientée par l'État, à travers le secteur public, les entreprises nationalisées, la distribution du crédit contrôlée par la Direction du Trésor : une large proportion des équipements collectifs et des investissements productifs était financée par l'État. Ceci résultait notamment des modalités de distribution de l'aide Marshall. Ainsi l'historiographie classique des deux premiers Plans (1945-1955) insiste essentiellement sur ce dernier aspect de répartition des crédits publics, plus que sur les modalités de la concertation articulée avec la comptabilité nationale, qui ne se développe vraiment qu'après 1955 [Rousso 1986 ; Cazes et Mioche 1990].

Ceci constitue un changement important du contexte des relations entre l'État et le monde des entreprises, même si, historiquement, la tradition dite « colbertiste » d'action directe ou indirecte de l'État dans le domaine industriel (via notamment les ingénieurs des grands corps techniques issus de l'école polytechnique) avait entretenu une pratique spécifiquement française de relation entre les deux univers, au moins dans certains secteurs (armement, mines, travaux publics, chemins de fer...). Mais d'autres secteurs, peu organisés, d'entreprises plus petites produisant des biens de consommation, étaient vus par l'administration, avant 1940, comme profondément réticents à toute interaction (y compris pour la collecte de statistiques) avec l'État. C'est dans ces secteurs que les grèves de juin 1936 et les « accords Matignon » avaient constitué un choc violent. Mais, précisément, le système quasi-corporatiste organisé entre 1940 et 1944 autour des C.O. et de l'OCRPI, qui donne une forte assise à des syndicats patronaux auparavant inexistants, change profondément cette situation : le ministère de l'Industrie restera longtemps une caisse de résonance de ce nouveau patronat organisé (comme celui de l'Agriculture le sera pour la FNSEA, celui du Travail pour les syndicats de salariés, ou celui de l'Éducation pour la FEN). Nombre de traits de la statistique économique de l'après-guerre résultent de ce qui précède. Deux exemples importants peuvent en être cités : l'adoption, en 1947, d'un *Plan comptable général*, et le vote, en 1951, d'une *Loi sur l'obligation, la coordination et le secret en matières de statistiques*.

La normalisation, au moins partielle, des comptabilités des entreprises (comptes d'exploitation et bilans) est une condition importante pour la construction d'une statistique industrielle. La France est un des rares pays où des systèmes de normes comptables ont été formulés et fortement encouragés par l'État. Ainsi, un épisode significatif du contexte « planificateur » au sens large de la politique économique, très important pour la suite de l'histoire des statistiques économiques françaises, est l'adoption, en 1947, d'un « Plan comptable général » (PCG) relativement standardisé et adapté aux besoins de l'administration. Ce PCG résultait d'une concertation entre les entreprises, les experts comptables et les administrations. Il sera remanié plusieurs fois ensuite, et reste une spécificité française : dans le monde anglo-saxon, l'État ne joue pas un tel rôle de normalisation. Les grandes lignes du PCG, utilisées notamment dans les déclarations fiscales servant à calculer l'impôt sur les « Bénéfices industriels et commerciaux » (BIC), permettront aux comptables nationaux du SEEF d'utiliser ces données d'origine fiscale pour élaborer les « comptes de secteur » (c'est-à-dire le calcul des composantes de la valeur ajoutée des entreprises : salaires, profits et impôts). De plus cette utilisation était juridiquement facilitée par le fait que le SEEF et la Direction générale des impôts appartenaient au même ministère, et que leurs responsables étaient sociologiquement proches. Une telle conjonction de circonstances a été rarement réunie dans les autres pays, où les deux mondes de la « comptabilité d'entreprise » et de la « comptabilité nationale » sont beaucoup plus éloignés l'un de l'autre qu'en France. La continuité, sociale et cognitive, entre ces deux mondes, a été longtemps une spécificité du système statistique français. Elle est aujourd'hui menacée par la mondialisation de l'économie, qui donne un poids essentiel aux pratiques des grands cabinets anglo-saxons d'expertise comptable.

Une autre condition importante pour qu'une statistique industrielle soit possible est que les patrons des entreprises acceptent de répondre à des questionnaires statistiques. Jusqu'à 1940, cela n'allait pas de soi. Dans les années 1890, alors que s'organisait une « statistique du travail », résultant de ce qui était alors « socialement jugé social » (relevant donc d'une action publique), la SGF avait tout d'abord envisagé de questionner directement les chefs d'entreprise. Pourtant, cette idée avait été abandonnée, par crainte d'un refus général[28]. Mais les événements des années 1940 changent tout : les entreprises prennent l'habitude de répondre aux enquêtes, et notamment celles qui leurs sont adressées par leurs « syndicats de branches », à qui l'administration a délégué cette tâche. Mais, vers 1950, dès lors que les questions de pénurie et de répartition centralisée se posent de moins en moins, le problème des refus de répondre resurgit. La solution imaginée est une sorte de compromis, par un échange habile de l'*obligation* de réponse contre la garantie du *secret*, défini par quelques règles simples d'interdiction de publication d'informations permettant d'identifier précisément une entreprise. Cette loi du 7 juin 1951, sur l'obligation, la coordination et le secret des statistiques, est, jusqu'à aujourd'hui, un des piliers du système statistique français.

Il est intéressant de comparer cette loi de 1951 avec celle qui sera votée en 1978, portant sur la « confidentialité » des fichiers informatiques, à l'occasion de la création de la « Commission nationale de l'informatique et les libertés » (CNIL). Malgré les apparences, elles sont profondément différentes, tant le contexte sociotechnique a changé entre ces deux dates. En 1951, si la loi concerne apparemment toutes les enquêtes, sans distinction explicite entre entreprises et individus, sa formulation montre que le législateur pense essentiellement aux entreprises. Ainsi est prévue une formule d'« agrément », autorisant les syndicats de branches « agréés » à continuer à envoyer et rassembler les questionnaires statistiques (en laissant toutefois la liberté aux entreprises de répondre directement au ministère, si, ne faisant pas toute confiance au syndicat, elles le souhaitent). Cette clause d'agrément était bien sûr une condition essentielle pour que le CNPF appuie la loi, puisque cet agrément fournissait un pouvoir important aux syndicats dits « professionnels ». Elle est encore d'actualité, et continue à faire débat dans les années 1980 et 1990 [Volle 1982].

Il faut noter que ce n'était pas principalement l'évolution des *techniques* (alors, au mieux, une mécanographie proche de celle de Carmille) qui avait induit cette loi de 1951. Tout autre sera la situation des années 1970, quand la diffusion de la grosse informatique de gestion fera craindre des « appariements

---

28 Une voie détournée avait été imaginée, celle de l'interrogation des individus sur leurs professions et sur les établissements les employant, *dans le cadre du recensement quinquennal de la population*. Cette solution, utilisée jusqu'au recensement de 1936, est à l'origine d'une importante série statistique sur la « population active », de 1896 à 1936.

de fichiers » et des usages indus du « numéro de sécurité sociale ». Le débat portera alors sur les enquêtes auprès des individus et des ménages, et sur les craintes à propos de leur « confidentialité », alors que ces enquêtes n'étaient manifestement pas dans l'esprit du législateur de 1951. Pour celui-ci, l'important était de garantir la possibilité de rassembler des informations cohérentes et exhaustives sur l'appareil productif, et de donner ainsi un contenu au langage commun d'une planification « concertée » qui n'était possible que si ses « partenaires » *faisaient confiance* à l'institution qui les interrogeait. La loi sur « l'obligation et le secret » était une brique essentielle de cette construction, de même que la bagarre menée peu après, en 1957, pour défendre le « secret » des marchandises « suivies par l'indice des prix de détail » contre les immixtions d'un ministre soucieux de cet indicateur mensuel, alors aussi important que l'est aujourd'hui celui du chômage.

La loi de 1951 a permis que se perpétue le système des enquêtes de branches, qui étaient nées dix ans plus tôt dans le contexte d'extrême pénurie, de réquisitions allemandes et de répartition autoritaire des matières premières. Sa survie n'allait pas de soi, dès lors que les circuits économiques redevenaient plus normaux. Un nouvel équilibre de compromis a été trouvé entre les administrations (d'une part le ministère de l'Industrie, et d'autre part l'Insee), les syndicats patronaux, et les entreprises. Si les statistiques de production continuent à être rassemblées par les syndicats de branches, la tutelle du ministère de l'industrie sur ceux-ci est marquée, dans la mesure où les entreprises dépendent encore étroitement de l'administration, à travers les contrôles des prix et des changes, la fiscalité et le crédit. Par ailleurs, une infrastructure technique et administrative est peu à peu construite par l'Insee, dès sa création. En 1947, est créé un « *fichier des entreprises et des établissements* », devenu depuis le fichier interadministratif SIRENE, toujours géré par l'Insee, et outil indispensable pour le lancement et la coordination des enquêtes auprès des entreprises. Opérationnel dès les années 1950 en France, un tel fichier n'avait pas encore d'équivalent, beaucoup plus tard, en Allemagne et dans des pays anglo-saxons où l'État n'était pas supposé pouvoir jouer un tel rôle dans la régulation de l'économie. La même différence est visible dans le cas de l'observation de la conjoncture économique et de son commentaire.

La construction et le suivi de « baromètres » de la *conjoncture* étaient devenus des pratiques courantes, dans de nombreux pays, dès les années 1920, en général dans des universités ou des bureaux d'études privés (États-Unis avec les « baromètres de Harvard », ou les « graphiques de Babson »), dans des institutions ad hoc (Allemagne avec Wagemann, Russie avec Kondratieff et

Slutsky), ou même dans le bureau de la statistique officielle (Pays-Bas, avec Tinbergen)[29]. En France, à la SGF, Dessirier et Sauvy n'étaient pas parvenus, dans les années 1930, à convaincre leur directeur, Michel Huber, d'organiser une telle pratique, jugée par lui dangereuse pour l'image d'« objectivité » qu'un bureau statistique doit donner, notamment lors de ses relations avec le gouvernement, que l'analyse de la conjoncture « risque de gêner ». Là encore, tout change après 1945. Le nouveau « langage commun » entre les « partenaires sociaux » implique qu'un consensus sur le diagnostic conjoncturel soit appuyé sur des enquêtes d'opinion auprès des chefs d'entreprise. L'organisation de celles-ci par l'Insee, puis la diffusion de leurs résultats, ne sont plus jugées dangereuses comme elles l'étaient encore vingt ans plus tôt. Pour cela, Closon noue et entretient des contacts réguliers avec le CNPF et avec des chefs d'entreprise. Il avance l'idée, habilement pédagogique, de l'enquête de conjoncture. En recueillant l'opinion des patrons à la fois sur leur situation propre et sur leur perception de la situation générale de l'économie française, il les habitue à faire le va-et-vient entre leur cas particulier et l'analyse globale que permet la statistique, ce qui contribue à diffuser et légitimer le « langage commun ». Alors qu'auparavant, les patrons voyaient en la statistique une inutile formalité, sinon un indiscret contrôle du « moloch étatique », leur est désormais suggérée l'idée que l'analyse de la « conjoncture générale » a un sens pour eux. La première enquête de conjoncture est lancée en mai 1951, en partie inspirée de celle réalisée par la revue *Fortune* aux États-Unis depuis 1947.

LE CENTRE ET LES RÉGIONS : LES LIMITES DE LA DIFFUSION DU NOUVEAU LANGAGE

Un autre facteur de diffusion du nouveau langage de l'information économique, a été le maintien, après quelques hésitations entre 1945 et 1948 dans les premiers temps de l'Insee, des *directions régionales* (DR) qui avaient été créées par Carmille (en 1941) pour le SNS [Bardet 2000]. Là encore, le rôle initial (camouflage de bureaux de mobilisation militaire) avait bien sûr disparu, et l'autre orientation forte du projet de Carmille (fonder la statistique sur une exploitation mécanographique des fichiers administratifs) était discutée, notamment par les jeunes statisticiens adeptes de la méthode des sondages. Ces DR étaient seulement, dans les années 1940, des ateliers de production, qui suivaient les consignes d'une direction générale, lyonnaise, puis parisienne.

29 L'histoire des baromètres économiques est racontée en détail par Armatte [1992], et celle de l'*Institut de Conjoncture* allemand, créé par Wagemann, l'est par Tooze [2001].

Mais, peu à peu, dans les années 1950, émergent des usages régionaux et locaux de statistiques décomposées selon des découpages territoriaux. Ainsi le recensement de population est de plus en plus utilisé pour les études de marché de la distribution. Mais la limite de cette extension des usages de la statistique et de la nouvelle façon d'exprimer les rapports sociaux qu'elle véhicule est technique : les échantillons des enquêtes par sondage sont conçus pour être représentatifs au niveau *national*, mais non au niveau régional, ni a fortiori local.

Pourtant cette difficulté en apparence technique reflète en fait des questions plus essentielles, comme celle du rythme et des modalités de la diffusion du nouveau « langage commun » dans la société française en dehors du centre parisien, et, plus généralement, celle de l'existence d'instances régionales de délibération et de décision susceptibles de raisonner dans ces termes nouveaux. En effet la question de la représentativité des échantillons pourrait être facilement résolue, dès lors que des crédits régionaux spécifiques seraient alloués pour augmenter la taille de la partie régionale de l'échantillon, et la rendre ainsi représentative. Or, dans les années 1950, le mouvement de « modernisation » de la société est encore très centralisé. Si de nouveaux responsables administratifs et politiques *nationaux* sont, dès cette époque, convertis au nouveau langage diffusé par le « triangle », notamment dans le cadre des enseignements de l'ENA et de quelques autres grandes écoles parisiennes, en revanche une « conversion » analogue des acteurs économiques et sociaux *régionaux et locaux* sera relativement plus tardive, d'au moins une vingtaine d'années. La loi de décentralisation de 1982 sera un moment important de cette évolution : l'histoire des DR de l'Insee reflètera ces changements.

Ces remarques sur les décalages, dans la diffusion du « nouveau langage », entre les niveaux nationaux et régionaux, visent, dans un texte portant essentiellement sur *les années 1940 et 1950*, à relativiser fortement l'idée que, dès cette époque, l'idiome des rationalisateurs modernistes était déjà triomphant. Il s'en faut de beaucoup : la décennie des années 1950 ne peut, de ce point de vue, être isolée des trois suivantes, qui verront se diffuser, successivement, des formes beaucoup plus élaborées de la foi dans le progrès et dans la rationalité statistique et macroéconométrique, puis des doutes par rapport à celle-ci, en mai 1968, et, ensuite, lors de la crise des années 1970 à 1990, qui démantèlera de larges pans du « langage commun » de l'après-guerre, notamment en remettant au premier plan les « incitations du marché », provisoirement moins évoquées dans les deux décennies ici étudiées.

Langage commun, objets frontières et outils de totalisation

La notion d'« objet frontière » (*boundary object*) a été proposée par des sociologues américains, notamment par des féministes, pour exprimer le fait que certains objets, tant matériels ou techniques que formels ou théoriques, peuvent être vus comme des artéfacts médiateurs entre des « communautés de pratiques » par ailleurs étrangères les unes par rapport aux autres. [Bowker et Star 1999] : *« Les objets frontières sont ces objets qui « habitent » (*inhabit*) plusieurs communautés de pratiques et satisfont les besoins informationnels de chacune d'entre elles. Ils sont ainsi assez plastiques pour s'adapter aux besoins locaux et aux contraintes des différentes parties qui les utilisent, et cependant assez robustes pour maintenir une identité commune à travers ces différents sites. Ils sont faiblement structurés pour ce qui est de leur usage commun, mais deviennent fortement structurés quand ils sont utilisés dans un site particulier. Ils peuvent être aussi bien abstraits que concrets. »* [Bowker et Star, 1999, p.297].

Les promoteurs de ce concept insistent sur le caractère souvent flou, non exhaustivement défini, de ces objets, ce qui leur permet précisément de servir à la fois dans plusieurs univers qui auparavant s'ignoraient. Ceci suggère de rapprocher cette idée de celle de « langage commun » utilisé ci-dessus. Le langage naturel a des propriétés analogues : c'est parce que les locuteurs ne passent pas leur temps à expliciter le sens et le contenu des mots prononcés que la communication est possible. Les objets produits par la statistique publique (le taux de chômage, l'indice des prix, le PIB...) sont dans le même cas. Une explicitation complète de leur mode de construction et de leur contenu risquerait de ruiner leur efficacité argumentative, non pas seulement parce qu'elle « dévoilerait » des conventions ou des approximations non soupçonnées par l'utilisateur, mais tout simplement pour des raisons d'« économie » du cours des échanges, des débats, des démonstrations dans lesquels les arguments statistiques trouvent place.

Plus profondément même, le travail statistique suppose l'*addition*, et donc l'agrégation de choses dont l'incommensurabilité éventuelle ne peut être surmontée qu'au prix de *conventions d'équivalence.* Ainsi formulée, la démarche est (ou semble) consciente, voulue, assumée. Mais l'idée d'« objet frontière » suppose une forme de « naturalisation » de l'objet résultant de la mise en équivalence, qui fait disparaître son caractère conventionnel, ce qui lui permet de circuler d'une « communauté de pratique » à une autre, en oubliant ces conventions originelles.

L'analyse fine de l'histoire d'un système statistique montre les opérations concrètes, souvent lourdes et coûteuses, qu'implique la mise en place d'une telle machinerie administrative et cognitive. La notion d'« objet frontière » s'applique bien aux outils techniques et juridiques, conçus et façonnés dans les années 1940 et 1950, en vue, *notamment mais non uniquement,* de sous-tendre un système d'information statistique. En effet plusieurs d'entre eux (le Plan comptable général, le fichier des entreprises, la loi de 1951, la nomenclature des CSP, l'indice des prix...) servent à des usages nombreux, sont mis en avant dans des contextes différents par des acteurs qui n'ont rien en commun, sinon la référence à ces objets. D'une certaine façon, la « planification à la française », concertée et indicative, débattue, dès les années 1950, dans des « commissions de modernisation » rassemblant des « représentants des partenaires sociaux », est une sorte d'orchestration de ces « objets frontières » [Hickman 1965, Desrosières 1999]. La « comptabilité nationale » est, de ce point de vue, un « super objet frontière » qui a eu, à un moment pour certains (des années 1950 à 1970), l'ambition de potentiellement englober tous les autres.

Ainsi l'histoire de la statistique publique française dans les années 1940 et 1950 peut sembler peu spectaculaire en termes de « techniques de pointe », si l'on s'en tient à une « histoire des sciences et des techniques » *stricto sensu*. En effet, n'y sont pas encore à l'œuvre ni l'informatique, ni la statistique mathématique sophistiquée (sauf toutefois en matière d'enquêtes par sondage), ni les modèles économétriques. Mais, dans la perspective d'une sociologie des sciences où la distinction entre « objets techniques » et « objets sociaux » n'est plus pertinente, les innovations décrites ci-dessus se révèlent essentielles pour faire tenir ensemble des objets qui, ainsi rassemblés par la statistique, contribuent à faire exister une autre société.

Chapitre 4
Le territoire et la localité : deux langages statistiques[30]

La statistique a été, d'abord, une description générale de l'Etat, attachée à un territoire unifié par une autorité souveraine et par des institutions spécifiques, avant d'être, plus tard, une description quantifiée de la société vivant dans cet espace, dans les domaines démographiques, sociaux et économiques. Ce lien entre la statistique administrative et le territoire relevant d'un Etat fournit les définitions naturelles du champs couvert par les enregistrements et les mesures statistiques. En revanche la production d'informations couvrant des espaces ne correspondant pas à celui des nations pose des problèmes particuliers de construction et d'interprétation : que ce soit pour des comparaisons entre pays ou pour l'examen de zones plus petites que le territoire de l'Etat, les mesures perdent en partie la limpidité qui est la leur dans le cas des statistiques nationales. Ces dernières sont en effet liées, d'une manière ou d'une autre, à l'action de collectivités et d'institutions stables, constituées pour des domaines de compétence et des territoires bien délimités. C'est évident pour celles de ces informations qui sont directement issues, comme des sous-produits, de l'activité administrative elle-même. Mais c'est vrai aussi pour les recensements et les enquêtes nationales organisés par les offices statistisques, dans la mesure où ces opérations coûteuses sont conçues précisément pour éclairer et étayer l'action de ces collectivités.

Cette spécificité de l'information statistique publique doit être soulignée, dans le cadre d'une recherche portant précisément sur les transformations récentes des pratiques cognitives mises en oeuvre par les services publics locaux, sous l'effet notamment de la décentralisation politique et administrative, puis de la

---

30 Texte publié dans le *Courrier des statistiques*, N° 65, mars 1993, pp. 49-59

déconcentration de l'Etat, intervenues depuis les années 1970. Pour autant que ces services sont encore construits et gérés selon des normes nationales mises en oeuvre à travers des découpages territoriaux, la statistique locale peut n'apparaître souvent que comme l'application, pour un territoire donné, d'un système d'action et de description à vocation nationale, et non pas comme une information spécifique à un lieu particulier et original. Ainsi se dessine une tension entre d'une part le *territoire*, espace d'équivalence associé à une action institutionnelle et susceptible d'être découpé, et d'autre part la *localité,* comme support d'une vie sociale, économique et politique aux composantes et interactions multiples, dont les habitants peuvent souhaiter des descriptions synthétiques informant des actions variées.

Cette dualité est peu connue des statisticiens travaillant au niveau national, puisque, pour eux, l'homologie entre les espaces de définition, d'enregistrement et d'analyse des objets est complète et évidente, et donc invisible et oubliée. En revanche les statisticiens régionaux doivent en permanence s'accommoder de cette difficulté, et composer entre deux langages différents : celui de la totalisation territoriale, arithmétique, d'une variable homogène, et celui de la totalisation locale, compréhensive et pratique, d'informations hétérogènes, dont les combinaisons sont aussi différentes que les acteurs potentiellement intéressés par ce type de connaissance. C'est cette tension particulière à l'information statistique locale que l'on cherchera à analyser ici, tout d'abord à travers une mise en perspective historique et comparative, puis en évoquant des expériences contrastées menées, entre les années 1970 et 1990, par la statistique publique française : les "systèmes locaux d'information" (SLI), les découpages du territoire en "zones d'emploi", et, plus récemment, des essais de description des quartiers urbains, dans le cadre de la politique de la ville.

UNE TENDANCE HISTORIQUE À LA DÉLOCALISATION

L'histoire même du mot *statistique* et de la pratique qu'il a désignée reflète le glissement du local vers le territorial, au sens suggéré ici. Dans l'Allemagne du XVIIIe siècle, où est née la *statistik,* celle-ci constituait une description systématique, selon un canevas préétabli, des divers aspects de la vie d'un Etat (lois, coutumes, religions, climat, activités économiques), et n'était pas associée aux idées de quantification et de mesure. Proche à la fois de ce que sont aujourd'hui la géographie et les sciences politiques et administratives, son ambition et ses méthodes ressemblaient plus aux essais contemporains de descriptions monographiques locales, qu'à des tableaux statistiques ventilant un territoire global dans un découpage fixe et selon des critères standardisés (Bourguet 1988). L'absence d'un Etat regroupant toute l'Allemagne rendait impensable une telle vision d'ensemble, et *a fortiori* une quantification générale et homogène. Jusqu'aux années 1830, le mot *statistique* conserve en partie, y compris en France, le sens de *monographie locale*, notamment pour des notables et érudits de province qui perpétuent une tradition de compilation descriptive de leur région, issue de la philosophie des Lumières, tradition qui perdure au moins pendant la première moitié du XIXe siècle (Brian 1991).

Le tournant de sens du mot statistique (et du local vers le territorial) peut être situé assez précisément pour la France : il commence vers 1800 avec l'échec de l'enquête des préfets, lancée par Chaptal, le ministre de l'Intérieur du Consulat. Ce nouveau régime politique, issu du 18 brumaire, vise à asseoir fermement l'autorité de l'Etat et de l'administration, et notamment celle des représentants locaux du pouvoir central, que sont les préfets tout juste nommés. Chaptal cherche aussi à prendre une juste mesure de la situation du pays après dix ans de tourmente révolutionnaire. Il espère pour cela pouvoir mobiliser les traditions d'enquête et les connaissances accumulées par les notables locaux du XVIIIe siècle, qui ont participé à la Révolution et en ont été les bénéficiaires. A la différence de l'Ancien Régime, sous lequel l'information détenue par les intendants était secrète et réservée au gouvernement royal, l'Etat issu de la Révolution se veut, au moins en principe, transparent, et capable de rassembler et de rendre publics les savoirs des érudits et des savants statisticiens au sens ancien, afin de les rendre utiles à la nation entière. En essayant de créer ainsi un espace public national de visibilité, Chaptal invente, ou au moins prépare, une statistique qui, à la fois, est liée à l'Etat, et renvoie à la société une image d'elle-même mise en forme par le nouveau découpage administratif et politique : le département.

Celui-ci a été créé en 1790 par l'Assemblée Constituante, selon une logique diamétralement opposée à celle des provinces anciennes (Ozouf-Marignier 1986). Celles-ci provenaient d'une agrégation progressive par le bas, à travers les aléas de l'histoire, des batailles et des traités. Elles étaient réputées pour leur hétérogénéité, de tailles comme de structures coutumières, fiscales ou administratives. Les départements en revanche résultent d'un découpage rationnel, par le haut, du territoire national (certains avaient même songé à de simples carrés identiques, limités par les méridiens et les parallèles). Les préfets, nommés par l'Etat, ne doivent pas être originaires du département qu'ils administrent, et ne peuvent y rester qu'un temps limité, précisément pour éviter qu'ils ne deviennent des êtres locaux. Dès leur nomination, en 1800, ils sont chargés de rassembler des informations sur leur nouveau territoire, selon un canevas préparé par Chaptal, inspiré de la statistique allemande du XVIIIe siècle, comportant à la fois des questions qualitatives (géographie, climat, coutumes, moeurs, ...) et quantitatives (population, bétail, productions agricoles et industrielles, ...). Les *Mémoires départementaux* ainsi dressés sont rassemblés par une administration nouvelle, le Bureau de statistique générale, ancêtre lointain de l'INSEE.

Mais, pressé de demandes de synthèse par son ministre, ce Bureau se voit incapable de *totaliser* cette information volumineuse et foisonnante, faute de méthodes standards de définition, d'enregistrement et de mesure des objets décrits. Les Mémoires des préfets constituent un fouillis inutilisable, qui remplit des placards et n'apporte rien à l'autorité centrale : le "local" rassemblé à Paris ne contribue en rien à fabriquer du "territoire". Les "statistiques des préfets" s'endorment dans les archives, jusqu'à ce que des historiens du XXe siècle, Jean-Claude Perrot et Marie-Noëlle Bourguet, ne les ressuscitent pour en faire une lecture anthropologique, toute différente des sommations, alors impossibles, d'une statistique de type nouveau, essentiellement quantitative, qui naîtra, dans les années 1830, notamment sous l'influence de l'astronome belge Quetelet.

Cette statistique au sens du XIXe siècle vise précisément à rendre possible ce qui faisait défaut à l'enquête de Chaptal, par la standardisation des définitions et des modes d'observation des faits élémentaires, et l'exhaustivité des enregistrements à l'intérieur d'un espace clairement délimité. Ces deux exigences sont identiques à celles que requiert un système administratif, fondé sur le droit, et sur des règles égales pour tous et uniformes sur un territoire donné. Cette proximité entre les systèmes de valeurs de l'administration en général, et ceux des bureaux de statistique (uniformité des règles et exhaustivité des enregistrements) contribue à établir progressivement la légitimité de la connaissance statistique en combinant, d'une façon très spécifique, le langage de la science (la quantification) et celui de l'Etat de droit (la neutralité et l'universalité de la loi). L'exigence d'exhaustivité a même pour conséquence surprenante d'interdire l'usage, pendant tout le XIXe siècle, des techniques d'enquêtes par sondages sur des échantillons aléatoires de localités (paroisses), qui avaient pourtant déjà été imaginées et utilisées avec succès par Laplace au XVIIIe siècle, pour évaluer de façon indirecte la population du Royaume (Bru 1988). L'argument alors invoqué contre cette méthode, des années 1820 à 1900, était que, rien ne garantissant l'uniformité réelle (géographique, climatique, sociologique ...) du territoire, on ne pouvait traiter celui-ci comme une urne probabiliste unique, et extrapoler des mesures à partir d'un échantillon de communes. Le partage est ainsi net, entre d'une part une statistique couvrant le territoire par des recensements exhaustifs, publiés notamment selon le découpage départemental, et d'autre part des monographies, portant sur des localités ou même des familles "typiques" (enquêtes sur les budgets ouvriers menées par Le Play), sans qu'aucun lien ne soit établi entre ces deux techniques, qui sont supposées répondre à des questions complètement différentes : d'une part, les statistiques administratives et recensements pour le territoire vu comme espace de responsabilité de l'Etat, et, d'autre part, les enquêtes monographiques pour des espaces restreints et fluctuants, correspondant aux aires d'action ou d'influence d'acteurs variés, et désignées par le vocable flou (au moins par opposition au territoire) de "local" (Desrosières 1989).

Le paysage statistique ainsi dessiné va se modifier pendant la première moitié du XXe siècle, du fait notamment de l'évolution des responsabilités de l'Etat en matière sociale. Les questions de pauvreté, d'hygiène publique, de protection de la famille et de l'enfance sont peu à peu transférées de réseaux locaux de charité et d'assistance (auxquels correspondaient bien les descriptions monographiques) à des systèmes nationaux de protection sociale, institués et uniformisés par des lois votées par les Parlements. Ce mouvement commence, vers la fin du XIXe siècle, en Europe du nord : Scandinavie, Allemagne, Grande-Bretagne. Or c'est au même moment et dans les mêmes pays que le Norvégien Kiaer puis l'Anglais Bowley commencent à lever le tabou contre les enquêtes par sondages, précisément pour répondre aux questions nouvelles soulevées par la mise en place des législations sociales nationales (Desrosières 2000). La généralisation de cette méthode nouvelle très économique, dans les années 1930 aux Etats-Unis, puis dans les années 1940 et 1950 en Europe, accentue, dans un premier temps, la coupure entre l'information nationale et l'information régionale et locale. En effet les échantillons, établis pour être représentatifs nationalement, ne le sont pas pour une région, ni *a fortiori* pour une localité. La méthode des sondages permet de multiplier les enquêtes pour la France entière, mais accélère aussi la délocalisation de cette forme de savoir. La probabilité pour qu'une enquête par sondage trouve un financement pour un territoire donné est liée à l'existence d'instances de décision et d'action autonomes et spécifiques à celui-ci.

Pour un Etat relativement centralisé et uniformisé à de nombreux points de vue comme l'est la France, il est peu surprenant que l'information statistique se soit développée, après 1945, selon cette ligne, ce qui la distingue en partie de pays fédéraux comme l'Allemagne, le Canada ou les Etats-Unis, où des systèmes statistiques régionaux plus autonomes existent, selon des modalités variées. Les échelons régionaux de l'administration statistique française, mis en place à partir des années 1940 (Directions régionales de l'INSEE, puis bureaux statistiques de certains ministères, notamment celui de l'agriculture, le seul à disposer de statisticiens *départementaux*), sont initialement des services de production, effectuant sur le terrain les recensements et les enquêtes par sondages, pour le compte de la Direction générale qui les conçoit et les planifie. Ce n'est que dans un second temps, à partir de 1970 environ, que sont créés des services d'études et de diffusion orientés vers des utilisateurs régionaux et locaux de l'information, et non plus seulement vers la totalisation nationale.

A partir de ce moment, est perceptible la tension entre les deux perspectives, l'une de découpage du territoire, l'autre de description originale liée aux spécificités locales. Elle s'exprime selon des modalités mêlant subtilement des considérations sur les objets techniques et leurs contraintes, sur les réseaux d'utilisateurs, et sur les schèmes cognitifs permettant ou non à ceux-ci d'articuler ces objets, en partie extérieurs à eux, à leurs propres systèmes de description et d'action. Cette articulation est, on l'a vu, beaucoup plus évidente au niveau national, puisque les catégories de l'action et celles de la description y sont en partie les mêmes, ou sont du moins fortement liées les unes aux autres. Cette difficulté spécifique à la statistique locale peut être étudiée à travers le relatif échec des tentatives de mise en place entre 1975 et 1985, de "systèmes locaux d'information" (SLI), puis le développement de "zonages" du territoire, dont les plus typiques sont les "zones d'emploi", et les "zones d'attraction et de chalandise" définies à partir d'un *inventaire communal* des services publics et privés et des commerces disponibles localement.

Des interlocuteurs introuvables

Le système statistique français, mis en place pour l'essentiel après la seconde guerre mondiale (INSEE 1987), s'est d'abord construit, entre les années 1940 et 1960, autour d'outils nationaux de description et d'analyse, qui sont venus s'ajouter aux recensements de population anciens : enquêtes par sondages auprès des ménages, indices de prix, comptabilité nationale. Ces instruments étaient adaptés aux débats, aux négociations et aux décisions de portée nationale, et tout particulièrement à ceux des administrations et des instances de concertation mises en place après la guerre, dont le Commissariat du Plan est le prototype. Les divers interlocuteurs y sont bien identifiés, et le langage de l'information statistique contribue à rendre possible un espace public de débat en partie différent de celui du débat politique traditionnel.

Dans les années 1970 des efforts sont entrepris, dans la perspective des premières ébauches de décentralisation, pour transposer au niveau régional et local un tel espace de discussion et de décision, en prenant appui sur des objets stabilisés et dotés de mesures statistiques reproductibles. Ceci suppose une transformation importante de l'institution statistique : les Directions régionales de l'INSEE ne peuvent plus être seulement des ateliers de production pour des statistiques nationales, mais doivent inclure des services d'études et de diffusion orientés vers cet espace public régional et local à "informer", dans tous les sens de ce mot : renseigner, mais aussi mettre en forme, sinon créer. Cette "information", qui avait été relativement réussie au niveau national, était-elle transposable à des niveaux pour lesquels les interlocuteurs étaient beaucoup moins structurés et organisés qu'ils ne l'étaient nationalement ? Les tentatives d'insertion de l'information statistique régionale et surtout locale vont buter sur cette difficulté. Au sein même de l'institution, cette entreprise est portée par des "innovateurs" militants et volontaristes, partiellement en marge du coeur le plus légitime de celle-ci : ce coeur est constitué précisément par une association étroite entre des techniques bien formalisées (sondages, comptes nationaux) et des utilisations elles aussi bien établies, administrativement et politiquement.

Des tentatives sont faites, entre 1975 et 1985, pour mettre en place des "réseaux de correspondants de l'INSEE", puis des "systèmes locaux d'information" (SLI)[31]. En partie financées par la DATAR, ces expériences s'appuient sur un intense travail de terrain mené par des petites équipes très motivées, sur quelques zones géographiques, petites par rapport à l'espace régional ou même départemental, pour identifier ou constituer des réseaux d'interlocuteurs privilégiés, différents selon les cas : élus locaux, chefs d'entreprises, militants syndicaux ou associatifs. L'idée centrale est celle de "développement local", supposée unifier ou au moins orienter ces réseaux autour d'un projet commun, auquel l'information statistique fournit un point d'appui. Le contenu et l'interprétation de cette information ne doivent plus, selon les innovateurs, descendre du centre vers la base, mais être progressivement définis et remodelés par les interactions entre les statisticiens et ces utilisateurs privilégiés, que leur position sociale, économique ou politique place aux points importants des réseaux par lesquels passe le développement local. Mais ces

31 Cette expérimentation était impulsée par un ancien pasteur protestant, militant du PSU, Pierre Nardin. Elle était marquée par l'idée d'autogestion, en vogue dans les années 1970.

réseaux, s'ils existent, sont différents d'un lieu à un autre. C'est pourquoi le travail pour les identifier et les suivre n'est pas donné d'avance, ni transposable à partir d'une autre expérience. Les innovateurs militants de la statistique locale ne sont même pas sûrs que ces réseaux existent, et leur action est supposée à la fois les découvrir, les révéler à eux-mêmes et les constituer. En tous cas, les structures permanentes permettant de les inscrire dans la durée et de les généraliser, en les dépersonnalisant, n'existent pas.

L'interaction itérative imaginée ne réussit donc qu'épisodiquement, sinon accidentellement, au gré de l'action par nature non institutionnelle de personnalités dotées d'un fort pouvoir de conviction, dont le profil est éloigné de celui des ingénieurs administrateurs responsables de la construction d'un appareil statistique stable et permanent. Mais l'échec de l'expérience ne résulte pas seulement de ces différences de personnalités. Il est lié aussi au fait qu'il y a trop de distance, sinon d'incompatibilité, entre, d'une part, les outils cognitifs et les langages de description offerts par l'appareil statistique et, d'autre part, ceux qui sont spontanément utilisés par les membres éventuels des réseaux locaux. Le travail de standardisation et de diffusion du langage statistique avait été possible au niveau national parce qu'il rencontrait les catégories d'action et d'organisation des acteurs nationaux. Mais trop peu de ces sources sont disponibles à un niveau local fin (le recensement de la population, le répertoire des entreprises et des établissements industriels et commerciaux, certaines statistiques issues des caisses locales des diverses branches de la protection sociale, quelques fichiers administratifs) pour pouvoir satisfaire les inépuisables demandes des utilisateurs locaux, exprimées dans des langages très différents de ceux des outils nationaux.

Quand bien même des interactions denses s'établissent entre statisticiens et développeurs locaux, elles ont peu de grain à moudre du point de vue de ces derniers. Le caractère "local" d'une situation est précisément défini par le fait que son identification suppose des compte-rendus non généraux, c'est-à-dire non statistiques. En tous cas, une systématisation de l'expérience aurait supposé une transformation en profondeur des réseaux d'enregistrement et de mise en forme des actes conduisant à des "données" statistiques. Vers 1985, cette transformation était encore peu concevable. La direction de l'INSEE en prend acte, et décide d'interrompre une expérience qu'elle avait, pendant quelques années, laissé se dérouler de façon ambivalente, à la fois curieuse de ses résultats, mais mal armée techniquement et culturellement pour en assumer toutes les implications. Elle craint surtout un engagement des statisticiens au-delà de ce qu'elle estime être leur vocation spécifique. Dans une note d'avril

1985, Edmond Malinvaud, Directeur de l'INSEE, commente cette décision en ces termes :

"Qu'on nous reconnaisse la neutralité est bon. Qu'on nous présente comme indispensables est déjà suspect. Mais qu'on nous attribue la responsabilité de faire marcher des efforts de promotion du développement local (ou du développement social des quartiers) me paraît tout à fait abusif. Ce rôle actif n'a pas été dévolu à l'INSEE. Ses cadres n'ont, sauf exception, ni la compétence ni le charisme requis pour le tenir efficacement".

Mais la question du "charisme", soulevée par Malinvaud, ne peut être dissociée du montage d'objets et de sa solidité. Parce qu'un tel montage existe au niveau national, il n'est pas inconcevable que, dans ce cas, des statisticiens participent activement aux travaux du Plan ou à des commissions ministérielles d'experts : ils y ont alors leur place et leur langage propre. Rien de semblable ou presque n'existe localement ; seul un charisme particulier permet de tisser des liens nécessairement provisoires. Cette situation peut être comparée à celle de la "statistique des préfets" de 1800, évoquée ci-dessus : à cette époque n'existaient ni le langage ni les outils de totalisation, nationale ou locale. Les informations rassemblées par les préfets ne pouvaient s'articuler sur rien, ni s'intégrer dans aucun montage cohérent. Deux siècles plus tard, des espaces de comparabilité, de calcul et de négociation ont été construits, permettant de classer, de coder et de totaliser de nombreux faits sur lesquels interviennent des acteurs nationaux. Dès lors peut être décrit un *territoire*, c'est-à-dire un espace géographique de comparabilité, qui peut être le support d'analyse statistique et de *zonage*. Le statisticien déploie alors une compétence qu'il ne pouvait exercer sur un espace purement local, c'est-à-dire incommensurable à tout autre.

La carte et le territoire

L'idée d'utiliser l'espace géographique comme support pour accumuler et mettre en relation des observations sur le monde social, en lui conférant un pouvoir explicatif spécifique, peut être retrouvée loin dans l'histoire, depuis Montesquieu et son opposition entre les traits de la France du Nord et de celle du Midi. Au XIXe siècle, le nouveau découpage départemental acquiert une grande importance administrative. Il offre dès lors un cadre pour présenter de nombreuses statistiques. La cartographie permet d'exhiber des variations systématiques et des corrélations (visuelles, avant d'être calculées, ce qui ne sera fait qu'au début du XXe siècle). Les taxinomies territoriales (communes, départements, nations) sont stables, précises, faciles à interpréter et à commenter. Elles fournissent aux sciences sociales empiriques naissantes un point d'appui et un dénominateur commun permettant de relier à peu de frais des enregistrements portant sur les sujets les plus variés.

Les interprétations associées aux similitudes cartographiques peuvent être multipliées à l'infini, en renvoyant par exemple, selon les cas, au climat, à la géologie, à la religion, aux groupes sanguins, aux coutumes familiales et successorales, aux modes de faire-valoir agricole, au type d'habitat, aux pratiques alimentaires, à l'alcoolisme, au revenu moyen... C'est sur des statistiques territoriales qu'ont commencé à être avancés, discutés et critiqués des arguments quantitatifs dans les sciences sociales, avec Quetelet, Cournot, Jacques Bertillon, Durkheim. Mais cette cartographie est à la fois très parlante et muette. Elle montre des régularités suggestives, se prête complaisamment aux usages les plus variés, mais ne constitue pas par elle-même un paradigme auto-suffisant. C'est le prototype d'une taxinomie très solide parce qu'ancrée à la fois dans un socle immuable et naturel (la terre, le terrain, le territoire) et dans des pratiques administratives innombrables. Ces caractéristiques (qu'elle partage avec les découpages par sexe et âge) l'opposent aux taxinomies sociales, économiques, culturelles, réputées labiles et conventionnelles.

Pourtant, au-delà de cette stabilité, l'usage du découpage territorial comme grille d'enregistrement statistique suscite toujours des débats, des critiques et des contre-propositions, dans la mesure où les limites administratives sont elles-mêmes jugées arbitraires, sinon fictives, tranchant sans raisons valables des continuités d'un autre ordre. Ce débat est récurrent et sans fin : l'existence et la robustesse de découpages administratifs durant plusieurs siècles, permettant l'accumulation et la comparaison de nombreuses données, appuient vigoureusement des schèmes descriptifs et explicatifs variés. Mais, d'un autre point de vue, leur caractère historique, résultant de compromis négociés après d'obscures batailles, peut toujours être évoqué pour en critiquer les résultats. C'est l'éternelle querelle des "frontières naturelles" en géographie politique. Cette ambivalence d'un découpage, à la fois le plus naturel (ancré dans la terre) et le plus historique (issu de compromis), explique qu'il soit à l'origine de deux types d'usages : soit des cartographies systématiques accumulant et confrontant (en général visuellement) des variables statistiques distribuées dans une grille spatiale stable, soit des "zonages", c'est-à-dire des découpages *ad hoc*, obtenus par optimisation d'une variable particulière, par exemple en minimisant les déplacements domicile-travail entre plusieurs zones, qualifiées de "bassins d'emplois", ou de "zones d'emploi".

Le premier de ces usages de la cartographie statistique, appuyé sur une grille administrative fixe, a été très utilisé au XIXe siècle et au début du XXe siècle, quand la statistique mathématique et les moyens de calcul ne permettaient pas d'analyser directement les liens entre des enregistrements individuels. L'espace était alors un point de passage obligé pour accumuler et montrer des résultats. Mais si les découpages territoriaux perdent ensuite peu à peu de leur importance dans les publications statistiques, ce n'est pas seulement parce que de nouvelles techniques de calcul permettent de s'en passer. C'est aussi et surtout parce que de nouvelles taxinomies stables, bien unifiées sur tout le territoire national, permettant d'envisager celui-ci comme un espace homogène d'action et d'analyse, et comme une seule grande urne statistique et probabiliste, rendent possible des sondages nationaux. Ainsi se diffusent les catégories d'agents et d'opérations économiques de la comptabilité nationale, les grilles de qualification professionnelle, les niveaux de diplômes, les systèmes de protection sociale et leurs catégories d'ayant-droit. La statistique nationale, reflétant les formes de l'action administrative, économique et politique, se déterritorialise[32]. Les découpages géographiques, régionaux ou départementaux, occupent alors de moins en moins de place dans les publications statistiques nationales, ou, en tout cas, devennent une taxinomie à part, utilisée par des spécialistes particuliers, ceux de "l'action régionale", interférant peu, sauf exception, avec les autres domaines d'tudes. La tendance décrite ici est nette entre les années 1950 et 1975.

C'est vers la fin des années 1970 que ce paysage commence à changer. Se dessinent alors, notamment sous l'effet de l'augmentation du chômage, de nouvelles façons de concevoir les politiques économiques et sociales. Le niveau et surtout le contenu des activités sont perçus comme ne relevant pas seulement d'une régulation macroéconomique, mais aussi de la totalisation d'initiatives locales, liées à des spécificités historiques et sociologiques de certaines zones. Des exemples sont souvent cités : Cholet, Oyonnax, la région d'Emilie-Romagne en Italie. Le gouvernement encourage la création de Comités locaux de l'emploi, réunissant de façon volontaire des responsables économiques, syndicaux ou politiques, dans une perspective proche de celle déjà

---

[32] Une évolution analogue a eu lieu pour des objets autres que ceux décrits par les statistiques économiques et sociales. Ainsi les spécialistes des sciences politiques, comme André Siegfried, ont longtemps utilisé presque exclusivement des données assises sur la cartographie des circonscriptions électorales. Plus récemment en revanche, l'usage massif des sondages sur échantillons représentatifs a permis de mettre l'accent sur des variables "nationales" (sexe, âge, CSP, diplôme...) au détriment de variables purement géographiques, souvent inaccessibles avec des petits échantillons.

évoquée ci-dessus à propos des SLI. L'institution statistique est sollicitée pour définir et préciser le territoire sur lequel ces comités peuvent agir. Des "bassins d'emplois" sont ainsi découpés peu à peu, selon des procédures diverses selon les régions, comme des espaces à l'intérieur desquels les personnes actives se déplacent pour aller travailler (Ronsac 1982 ; Marpsat 1993).

De nouveaux découpages apparaissent donc, différents des limites administratives normales (tout en respectant cependant l'unité des communes). Les limites entre les zones sont tracées de façon à ce que les déplacements domicile-travail entre deux zones distinctes soient les moins nombreux possibles. Mais les Comités locaux d'emploi, à l'origine de ce nouveau découpage de l'espace, ne couvrent pas complètement celui-ci, et n'ont pas la stabilité et la pérennité des collectivités territoriales ancrées de longue date. Par ailleurs, les bassins d'emploi, construits sur le critère des déplacements domicile-travail, ont, pour les gestionnaires et les élus, un inconvénient majeur : ils chevauchent souvent les frontières établies des régions administratives. Pour ces raisons, des "Zones d'emploi" les remplacent. Celles-ci (environ 400) découpent tout le territoire en respectant les limites régionales, et constituent ainsi un nouvel outil d'accumulation et de comparaison d'informations : elles font l'objet de publications statistiques régulières, intégrées au fichier du recensement. Mais il ne leur correspond pas d'institutions administratives ni de collectivités locales.

Dans les années 1980, les politiques visant à réduire les inégalités sociales et à remédier aux conséquences les plus graves de la crise économique sont de plus en plus souvent définies sur des critères territoriaux et non plus seulement individuels : Zones d'éducation prioritaire (ZEP), développement social des quartiers (DSQ), aides à l'investissement dans les régions particulièrement atteintes par le chômage. Certaines de ces mesures sont prises par la Commission européenne, en vue de réduire les inégalités internes à la Communauté des douze, ce qui transforme radicalement l'espace de comparabilité : il faut désormais construire des outils de mise en équivalence pour un espace encore très peu homogène, administrativement et culturellement. De plus le souci de permettre à certaines zones de satisfaire aux critères et aux seuils définis par la Commission européenne peut pousser ceux qui, dans une région donnée, délimitent ces zones, à en tracer les frontières de façon à optimiser la surface du territoire pouvant prétendre à ces aides. La multiplication des politiques sociales et économiques territorialement sélectives, selon des critères *ad hoc* différents pour chacune d'entre elles, conduit à un relatif éclatement du territoire. Cette "stratégie de la peau de léopard" est dénoncée par des travailleurs sociaux qui interviennent sur une base locale, (par opposition au point de vue territorial des politiques centrales), et ont ainsi une appréhension synthétique des divers aspects de la pauvreté, que les actions spécialisées isolent les uns des autres (Jaïn 1992).

L'INNOVATION ET SA GÉNÉRALISATION : LE CAS DE LA VILLE

La tension entre les deux perspectives, locale et territoriale, devient visible quand sont envisagées des transformations des modes de gestion auparavant centralisés et routinisés. Les tentatives d'innovation peuvent être l'occasion d'un va-et-vient complexe entre des observations locales jugées exemplaires mais non encore totalisées, des essais d'extension à travers des mesures (statistiques) préparant des mesures (administratives), des expérimentations sur quelques sites, et enfin une loi ou un règlement de portée générale. La création des Zones d'éducation prioritaire ou la genèse du Revenu minimum d'insertion offrent des exemples d'un tel processus. (L'essai de construction des "Systèmes locaux d'information", évoqué ci-dessus, est un cas où l'innovation a finalement été jugée prématurée et non généralisable). Au début des années 1990, la "politique de la ville" suscite des expériences locales et des essais de généralisation. D'un côté des descriptions monographiques de quartiers en difficulté impliquent un point de vue synthétique, globalisant, typique de l'approche locale. De l'autre les efforts de comparaison et de totalisation, prenant appui notamment sur le recensement de la population, retrouvent une démarche territoriale, du moins pour des quartiers prédéfinis (selon des critères peu stabilisés) faisant l'objet de procédures spéciales, comme le "Développement social des quartiers" ou les "contrats de ville" (CGP 1993).

La croissance urbaine et les problèmes sociaux qu'elle suscite ont été, de longue date, à l'origine des développements, en partie liés entre eux, des politiques sociales et des sciences sociales empiriques, par exemple à Londres ou à Chicago, à la fin du XIXe siècle. Les transformations des relations entre la ville et son environnement, proche (la banlieue) et plus lointain (un monde rural plus ou moins atteint par l'extension des villes), ont fait l'objet de mises en formes statistiques, à travers les notions d'agglomération, puis des Zones de peuplement industriel et urbain (ZPIU). L'analyse comparative et historique des formes de l'urbanisation et des relations entre la ville et la campagne constitue une part importante et spécifique du point de vue territorial, suggéré ici par différence avec un point de vue purement local (Marpsat 1993). Des classifications typologiques des communes et des quartiers urbains prenant appui sur les structures socio-professionnelles et démographiques de la population, découpent des zones socialement homogènes (Tabard 1992 pour tout le territoire ; Mansuy et Marpsat 1991 pour les quartiers des villes).

Mais une politique globale de la ville, visant à relier, pour des quartiers bien délimités, les questions de la pauvreté, de l'urbanisme, de l'habitat, de la délinquance, suppose l'articulation d'informations finement localisées, que les cartographies générales établies pour des variables spécifiées ne suffisent pas à fournir. La mise en place de ces politiques transversales implique des institutions, et donc des systèmes d'information, *a priori* hétérogènes. Elle se heurte à des obstacles spécifiques : enchevêtrement des responsabilités (et notamment des découpages territoriaux de compétence), problèmes de confidentialité des données (dès lors que les zones décrites sont petites). Il est difficile et surtout coûteux de transposer localement la construction des espaces d'équivalence, de comparabilité et de transparence déjà construits à grands frais pour le territoire national. Cette transposition est un investissement lourd dont les coûts, multiples, ne se réduisent pas à la collecte et à l'enregistrement des données élémentaires dans des banques de données. La mise en cohérence des langages et des territoires de compétence des divers acteurs implique un va-et-vient très lourd entre des instances nationales, régionales, départementales, communales, et entre des institutions dont les zones d'action, administratives comme géographiques, se chevauchent et sont souvent matières à conflits et à négociations spécifiques.

Par ailleurs, si au niveau national, et notamment à celui de l'Etat, la possibilité et la légitimité d'un espace public de description et de visibilité décrit statistiquement ont été établies de longue date, il n'en va pas de même si les espaces à décrire sont très petits. Dans ce cas, les valeurs de transparence de la vie publique entrent en conflit avec celles de protection de la vie privée. Cette tension est réglée par une négociation entre d'une part l'INSEE et le Conseil national de l'information statistique (CNIS), dépositaires de l'exigence de visibilité impliquée par la notion d'information, et d'autre part la Commission nationale informatique et libertés (CNIL), responsable de l'application de la loi de 1978 sur la protection de la vie privée. Ainsi en France, selon les règles de la CNIL, les résultats des recensements concernant des zones urbaines de moins de 5 000 habitants ne peuvent pas être diffusés, du moins aux utilisateurs privés. (Des règles comparables mais en général moins draconniennes existent dans les autres pays : Castellan 1992). Cette réglementation est perçue comme très gênante par les utilisateurs de statistiques locales, qui en comprennent mal les causes. Cependant la CNIL établit une distinction entre utilisateurs publics et privés : les communes, collectivités territoriales et établissements publics qui ont à créer ou à gérer des équipements et des services publics, peuvent passer des contrats-types avec l'INSEE pour obtenir des données sur des zones d'au moins 2 000 habitants (ou même sur des îlots plus petits, mais pour des informations moins détaillées).

Les lois de 1982 sur la décentralisation, puis de 1992 sur l'administration territoriale (dite "Loi Joxe") ont profondément modifié le fonctionnement territorial des services publics. Au fonctionnement centralisé par circulaires d'application se substituent souvent des relations contractuelles entre partenaires autonomes, collectivités territoriales, mais aussi services de l'Etat à la gestion déconcentrée. Des relations locales transversales entre institutions pouvant relever d'administrations différentes sont organisées, par exemple dans les Commissions locales d'insertion (CLI) du RMI, ou pour l'animation des Zones d'éducation prioritaires. La politique de la ville est, de ce point de vue, un terrain d'expérience, où des montages en réseaux fondés sur les idées de partenariat et de contrat, plus ou moins solides et comparables d'une ville à l'autre, sont encouragés. La loi de 1992 organise notamment la coopération intercommunale, dans des formes partiellement contraignantes : une "communauté de communes", établissement public regroupant plusieurs communes, est créée par arrêté préfectoral dès lors que la demande en est appuyée par les deux tiers des communes représentant plus de la moitié de la population totale, on par plus de la moitié des communes représentant les deux tiers de la population. Cette procédure permet d'enrôler une commune qui ne le désire pas (Le Gléau 1992). Cette communauté a compétence pour l'aménagement de l'espace, et pour des questions d'environnement, de logement et cadre de vie, de voierie, et d'équipements culturels, sportifs et scolaires (préélémentaire et élémentaire).

Ces formes d'organisation nouvelles basées sur la transversalité, le contrat, le partenariat, une intercommunalité vivement stimulée, impliquent des négociations nombreuses et donc le recours public à des arguments de toutes sortes. Parmi ceux-ci, l'argument statistique joue un rôle central, car il est supposé favoriser l'accord entre des opinions et des intérêts divergents. C'est pourquoi se mettent en place des systèmes d'information et d'études locales, plus ou moins appuyés par l'INSEE, ou par les Caisses d'allocations familiales (Villac 1992), mais non entièrement standardisés. Ces travaux sont le produit d'initiatives et de réseaux locaux. Les cartographies générales du territoire sont un élément parmi d'autres de ces systèmes de description, qui résultent plus des particularités des diverses villes que d'une vision cohérente et homogène conçue et planifiée à Paris. Ainsi commence à se développer une information économique et sociale multiple, émanant d'acteurs différents, et non entièrement cohérente. Cette prolifération est, dans une certaine mesure, contraire à la culture statistique française ancienne. Aux Etats-Unis une telle diversité de statistiques, publiques et privées, existe depuis les années 1930, mais en revanche les institutions statistiques fédérales n'ont pas le poids et le prestige de leurs homologues français.

De ce point de vue les transformations socio-politiques et techniques prennent appui les unes sur les autres. D'une part, les centres de décision et d'information se multiplient en se diversifiant. Aux structures pyramidales se substituent des réseaux non exhaustifs, reliant de proche en proche, selon des modalités non totalisables, des acteurs aux définitions variables. Par ailleurs, la multiplication des modes d'enregistrement et de mise en forme des données, notamment grâce à la micro-informatique, permet que prolifèrent des systèmes d'information non entièrement cohérents. L'opposition entre le territoire et la localité se transforme donc en une tension entre, d'une part, l'harmonisation et l'unification des langages à travers les outils nationaux (dont le recensement est le plus important), et, d'autre part, le développement de systèmes d'informations locales partiellement connectés entre eux. Des circuits courts d'enregistrements et de statistiques peuvent être constitués, pour la gestion et l'évaluation, par des responsables de services publics directement en contact avec des usagers. Cette information fera ensuite éventuellement l'objet d'une totalisation au niveau d'une Zone d'emploi ou d'une région (voir par exemple, pour le cas de la formation permanente, Simonet et Turlot 1992).

La construction européenne ne peut qu'accentuer cette diversité, puisqu'il est exclu que soit jamais construite au niveau européen une organisation aussi intégrée et cohérente que l'est le système français actuel. Les analyses locales et régionales se développeront *en plus* des études comparatives territoriales. Celles-ci ont encore de beaux jours devant elles, comme le montrent l'usage de plus en plus large des comparaisons internationales ou interrégionales au sein de cet espace d'équivalence de type nouveau que constitue la Communauté des douze. Mais l'idée d'une standardisation complète des enregistrements statistiques au niveau européen est sans doute une utopie. Au-delà d'un socle de mesures harmonisées permettant de construire un territoire statistique de la nouvelle Union européenne, se maintiendront ou se développeront des descriptions valant soit pour les territoires nationaux, soit localement pour des espaces définis de façon spécifique.

Chapitre 5
Enquêtes *versus* registres administratifs : les deux sources de la statistique publique[33]

Que reflètent au juste les chiffres diffusés par les services statistiques publics ? Ceux-ci sont issus de deux types de sources : les *enquêtes directes* (recensements, sondages…) et les *registres administratifs* (fichiers de gestion, répertoires…). Les « avantages » et les « inconvénients » des unes et des autres sont le plus souvent analysés en termes utilitaires, de coût et d'adéquation aux besoins supposés des utilisateurs. En revanche, est peu évoqué le fait que ces deux sources sont le produit de formes d'activités et d'enregistrements dont les buts sont très différents : pour dire vite, les enquêtes visent en principe à décrire la société, tandis que les registres, conçus à des fins de gestion, reflètent plutôt les rouages de l'Etat et des institutions. Ainsi, selon le point de vue utilitaire, le plus courant, les enquêtes permettent de façonner précisément les questionnements en fonction des besoins ; mais elles sont coûteuses, en argent comme en temps (notamment pour les enquêtés). De plus, les enquêtes par sondage peuvent difficilement être ventilées territorialement, compte tenu des contraintes de représentativité des échantillons. En revanche, les sources administratives sont supposées moins coûteuses (puisque déjà collectées à d'autres fins) ; souvent quasi-exhaustives, elles peuvent donc être territorialisées ; mais, tributaires de définitions et de catégories réglementaires, elles diffèrent de celles dont les utilisateurs des statistiques ont besoin, et elles peuvent rendre difficiles les comparaisons, entre pays ou dans le temps.

La question de la répartition des sources des statistiques publiques est en général réduite à ces quelques idées. En particulier, dans un contexte marqué, d'une part, par les restrictions budgétaires et, d'autre part, par les réticences

[33] Texte publié dans *Genèses*, 58, mars 2005, pp. 4-27.

accrues des individus et des entreprises à répondre à des enquêtes, le recours à des sources administratives est fortement préconisé, notamment dans certains pays européens (Europe du nord et Pays-Bas)[34]. S'il existe en théorie deux grandes catégories de sources statistiques, la pratique des statisticiens a conduit à les rapprocher, voire à les combiner, pour répondre à des besoins différents les uns des autres selon qu'ils sont le fait de responsables politiques, d'acteurs économiques et sociaux ou de chercheurs. Les logiques de ces combinaisons entre les deux types de sources dépendent non seulement de la diversité des contraintes techniques et des besoins, mais aussi du positionnement institutionnel des organismes producteurs d'information. Ainsi par exemple, l'harmonisation européenne pousse à développer des enquêtes, puisqu'il est de plus en plus difficile de fournir des informations comparables à partir de sources administratives nationales hétérogènes. En revanche la réponse aux demandes localisées implique l'usage de telles sources, pour des raisons de coût et d'exhaustivité, en permettant notamment de moduler souplement les zonages géographiques.

On reprendra cette question, en examinant la portée des arguments usuels rappelés ci-dessus, puis en l'élargissant, au delà de ces arguments certes en partie pertinents, et en l'intégrant dans une réflexion plus vaste sur le contenu cognitif et sur le rôle social des productions des institutions statistiques. Avant de préciser mieux le contenu de ces deux types de sources, on qualifiera ici provisoirement d'*enquête* une collecte effectuée par un organisme spécialisé dans la statistique, et visant à produire une information *agrégée de portée générale*. En revanche, une *source administrative*[35] est issue d'une institution dont la finalité *n'est pas* de produire une telle information, mais dont les activités de gestion impliquent la tenue, *selon des règles générales*, de fichiers ou de registres *individuels*, dont l'agrégation n'est qu'un sous-produit, alors que les informations individuelles en sont l'élément important, notamment pour les

[34] En France, la loi de 1951 relative à l'obligation, à la coordination et au secret en matière de statistiques a été récemment modifiée dans ce sens. Si, auparavant, les administrations *pouvaient* transmettre des données individuelles aux services statistiques publics (sous réserve du respect des règles de protection de la confidentialité), elles y sont désormais *tenues* si ces derniers les leur demandent. Cette modification vise à faciliter l'usage des sources administratives.

[35] Le mot *register* est plus employé en anglais que ne l'est *registre* en français. On conviendra ici d'utiliser ce mot plutôt pour regrouper, d'une part, les *sources administratives* proprement dites, issues d'organismes autres que ceux de la statistique publique, et, d'autre part, les *répertoires*, gérés par celle-ci, tels que le Répertoire des entreprises (SIRENE) ou le Répertoire national d'identification des personnes physiques (RNIPP).

individus ou les entreprises concernés[36]. Les critères et les méthodes d'évaluation des qualités de ces deux types de sources, *du point de vue de leurs usages premiers*, sont différents. Le premier relève notamment de la théorie, bien constituée, des erreurs d'échantillonnage alors que, pour le second, aucune théorie des erreurs de portée générale n'existe encore (Platek et Sarndal 2001 ; Boydens 1999).

En dehors même du fait que la distinction entre les deux sources est moins évidente qu'il ne peut sembler à première vue, cette confrontation fait apparaître que les façons dont ces statistiques donnent forme au monde social sont fortement dépendantes des circuits d'enregistrement et de codage, dont la distinction « enquêtes *versus* registres » n'est qu'un aspect parmi d'autres. La condition préalable à la production d'une statistique est la construction, cognitive et politique, d'un *espace conventionnel d'équivalence*. Or cet espace est, pour les sources administratives, fortement déterminé nationalement. Les contextes institutionnels et réglementaires nationaux conditionnent ces sources de façon encore plus directe et évidente qu'ils ne le font dans le cas des enquêtes, ce qui n'est pas sans conséquence pour la *comparabilité internationale* des données statistiques, une exigence de plus en plus fréquente. Les changements de réglementation perturbent la continuité des séries. Une autre demande récurrente porte sur *l'évaluation des politiques publiques*[37], ce qui suppose de distinguer les fins et les moyens. Or les sources administratives portent plus sur les moyens et sur les actions publiques que sur l'état de la société. Il y a là une difficulté, dont par exemple les statistiques sur la délinquance fournissent un exemple bien connu.

Cette question, en apparence technique si elle est présentée seulement sous son aspect « utilitaire » à travers la liste des arguments classiques, peut sembler n'intéresser que les statisticiens publics. Elle est peu abordée par les statisticiens universitaires et par les chercheurs, économistes ou sociologues, utilisateurs des données statistiques, sinon, dans quelques cas, pour signaler des lacunes ou des biais éventuels des dites données, résultant de leur origine dans des fichiers

---

36 Dans les deux cas, les outils informatiques permettent désormais de traiter statistiquement des fichiers de données individuelles, dans des microsimulations ou des analyses de panels sur données micro. Mais dans ces traitements, les individus sont vus *seulement comme les éléments d'un tout*, et non en tant que tels, isolément.

37 Notamment, dans le cas français, pour l'application de la « Loi organique relative aux lois de finance » (LOLF, votée en 2001), qui vise à associer les actions publiques à des définitions explicites de leurs objectifs et à des évaluations de leurs résultats, les unes et les autres sous forme quantitative.

administratifs. Or, par cette entrée, on peut revisiter les statistiques publiques d'une façon inhabituelle, notamment en pensant *en même temps* leurs apports de connaissance et les circuits sociaux de leurs mises en forme et de leurs usages. Les récents développements des demandes de statistiques sont liés, par exemple, à trois types d'évolution de ces usages : la construction européenne, la décentralisation, et les réformes de la gestion des services publics instaurant des procédures d'évaluation quantifiée de leur efficience. Ces situations nouvelles sont des occasions de poser à nouveaux frais ces questions aussi anciennes que la statistique publique.

Une mise en perspective historique évoquera quelques cas où les deux types de sources ont coexisté, ou sont entrés en concurrence: les statistiques de population (état civil et recensements), les analyses de la pauvreté au 19ème siècle, la mesure du chômage, la distribution des revenus et des salaires, la délinquance. Puis la façon usuelle de les confronter sera analysée et critiquée ou au moins relativisée. Ainsi, les deux sources apparaissent différentes mais complémentaires. Une notion importante est celle de *répartition du travail de mise en forme* (construction et mise en oeuvre des catégories et des variables, codage). Ce travail peut être effectué soit *en amont* du système statistique (préformatage), soit *au sein* de celui-ci.

Enfin une réflexion sera menée en termes d'*usages* des statistiques, en reconstituant la circularité et les relations mutuelles entre façons de penser la société, actions sur celle-ci, et modes de description. Le paradoxe de cette démarche est de sembler remettre en question l'extériorité (épistémologique et sociale) de la description par rapport à l'action, qui constitue une hypothèse centrale de l'indépendance relative nécessaire de la statistique publique par rapport aux divers pouvoirs, économiques et politiques. Ainsi, la question de la dualité des types de sources n'est pas seulement technique. Elle est une façon, parmi d'autres, de faire ressortir une tension vitale, inhérente aux statistiques publiques, puisque, d'une part, leur déontologie revendique l'autonomie, mais que, d'autre part, leurs circuits de production et d'usages sont intimement inscrits dans ceux de l'action publique. De ce point de vue, les sources administratives seraient plus de nature à refléter *l'action déjà existante*, tandis que les enquêtes seraient seules capables d'exprimer des aspects nouveaux de la société. Il ne s'agit pas ici de fournir, de façon normative, les « bonnes réponses clé en main » à cette tension, mais d'expliciter celle-ci le plus clairement possible.

ENTRE ADMINISTRATION ET OBSERVATION : QUELQUES PRÉCÉDENTS HISTORIQUES

Les mesures de *population* constituent le cœur historique de la statistique publique, depuis le 18ème siècle. Les flux (naissance, mariages, décès) sont mesurés à partir de *l'état civil*, lui-même issu, depuis 1792, des *registres paroissiaux* instaurés par édit royal au 16ème siècle. En revanche, la population globale est mesurée à l'aide de *recensements*, depuis 1801. Etat civil et recensement : déjà semble constituée la dualité registre-enquête directe. Le recensement moderne combine un dénombrement (administratif) et une enquête socio-démographique. Au 19ème siècle, il pouvait déjà être vu comme une enquête menée par des spécialistes, que l'on nommera bientôt *statisticiens*. A partir des années 1830, le recensement quinquennal a constitué la principale (sinon la seule) activité propre des nouveaux *bureaux de statistique* qui se multiplient à travers l'Europe, à l'instigation d'Adolphe Quetelet. Toutes les autres statistiques publiées alors par ces bureaux étaient des compilations de tableaux fournis par les principales administrations de l'Etat, et sous-produits de leurs activités propres. A travers les recensements de population, les statisticiens se constituent peu à peu une spécificité, et posent les bases d'une professionnalité nouvelle et originale. Ils doivent même réaffirmer régulièrement leur différence par rapport à des administrations de contrôle, notamment celle des impôts, de façon à ne pas être confondus avec celle-ci. Ceci implique la progressive formulation d'une revendication d'autonomie pour cette institution nouvelle, le « Bureau de statistique ». Celle-ci repose notamment sur la construction d'un corps de connaissances générales indépendantes d'un usage gestionnaire. On retrouvera ensuite cette exigence pour les enquêtes. Cette revendication d'autonomie, institutionnelle et cognitive, caractérise la statistique publique, un espace distinct *à la fois* d'une administration classique et du monde académique de production de connaissances scientifiques. Cette double distinction constitue son originalité.

Le recensement est une opération administrative lourde et coûteuse, impliquant le concours de nombreux acteurs, bien au delà des seuls statisticiens. Jusqu'aux années 1930, il constituait presque la seule enquête directe effectuée par la statistique publique. A ce moment, la « relégitimation » de la méthode des sondages, discréditée tout au long du 19ème siècle, transformera complètement l'activité des INS, en leur ouvrant des possibilités très variées d'investigation directe (Desrosières 2000a). Trois cas historiquement importants et bien documentés, la pauvreté, le chômage et la délinquance, montrent bien que l'alternative « registres *versus* enquêtes » n'est pas seulement un problème pratique de disponibilité et de coût des sources, mais implique des mesures de natures et de significations très différentes.

En Angleterre au 19ème siècle, la *pauvreté* a été décrite, d'une part, à partir de la comptabilisation des bénéficiaires des aides distribuées par les *Poor law unions,* des bureaux de bienfaisance créés en 1835 et, d'autre part, grâce aux enquêtes de Booth, Rowntree et Bowley, entre 1880 et 1900. Les auteurs du temps, tels que Udny Yule (Stigler 1986), ne se posaient pas la question de la différence entre des mesures issues de l'activité de l'institution, et des mesures résultant d'observations directes. Pour eux, le réseau des *Poor law unions,* dont ils utilisaient les statistiques de gestion, était la boîte noire *en aval de laquelle* ils se situaient. D'une certaine façon, l'existence de cette institution faisait exister quantitativement la pauvreté, avant que, cinquante ans plus tard, des enquêtes la fassent exister *autrement,* en permettant notamment d'expliciter la notion de *seuil de pauvreté.*

Le *comptage* des pauvres implique au préalable leur *codage,* c'est-à-dire leur attribution à une classe d'équivalence. Ce travail peut être fait soit par une institution spécifique, à des fins pratiques autres que des fins de connaissance, soit par des enquêteurs-statisticiens, à partir d'une définition plus théorique et conforme à des besoins d'information. Un problème logique apparaît quand le mode de gestion de l'institution est utilisé en tant que « variable explicative » d'évaluations de la pauvreté elles-mêmes issues des mêmes données. C'est le cas dans les travaux de Yule (1895), qui utilisait la répartition entre les aides apportées dans des ateliers fermés (*indoor relief*) et à domicile (*outdoor relief*), pour « expliquer » (par une équation de régression) une pauvreté totale qui n'était autre que « l'aide totale ». Ce type de paradoxe est classique dans les travaux qui combinent registres et enquêtes.

Des questions analogues peuvent être soulevées à propos de l'émergence de la mesure du *chômage,* entre 1900 et 1950 (Salais *et alii* 1986). La diffusion des bureaux municipaux d'aide aux chômeurs (ancêtres de l'ANPE) a donné au chômage une existence sociale et une consistance rendant celui-ci mesurable, avant que, à partir de 1950, les « enquêtes sur l'emploi » ne permettent de mesurer celui-ci *autrement,* selon les trois critères du Bureau international du travail (BIT) : être sans emploi, immédiatement disponible, et effectuer des recherches. Les deux types de mesure ont ensuite coexisté, de façon jugée complémentaire, la première fournissant une information conjoncturelle (les demandes d'emploi en fin de mois, DEFM), la deuxième une mesure plus structurelle, en général annuelle. Plus tard, il en est résulté un mixte composite, combinant ces deux informations en une troisième (par recalage annuel de la série mensuelle issue des DEFM sur le résultat de l'enquête sur l'emploi). Cette troisième évaluation est différente des deux premières. Elle est utilisée socialement comme indicateur du chômage.

Les statistiques sur *les revenus et les salaires* sont anciennes. Les travaux de Pareto et Bowley sur les *revenus* s'appuyaient essentiellement sur des sources fiscales, puisqu'il était admis que des enquêtes directes étaient presque impossibles à ce sujet. Elles mobilisaient donc des données administratives, recueillies à des fins qui suscitaient des soupçons de sous-estimation ou de fraude. Ceci n'a pas interdit d'en tirer des études très fines (Piketty 2001). Dès 1956, l'INSEE a procédé à une « enquête sur les revenus », qui portait en fait sur un échantillon de ménages dont on utilisait les déclarations d'impôts, et ne constituait donc pas une « enquête » au sens d'enquête directe (Bégué 1987). Ceci constitue un exemple de réusage après transport, contrôlé notamment par les procédures d'échantillonnage probabiliste. Un autre exemple est fourni par les statistiques de *salaires*, recueillies depuis le 19ème siècle par des syndicats de salariés ou de patrons, à des fins de revendication, de négociation ou de régulation de ces salaires. Par ailleurs, depuis 1947, les Déclarations annuelles de salaires (DAS) faites par les employeurs à propos de leurs salariés sont exploitées par les statisticiens (Volkoff 1987). Ainsi trois circuits au moins, ont existé pour la mesure des revenus salariaux. Ceux-ci peuvent bien sûr être confrontés dans une perspective de critique mutuelle des sources. C'est ce que font les comptables nationaux. Mais une sociologie de la production et des usages des nombres peut *aussi* prendre pour corpus cette diversité, en observant comment le résultat de ces travaux de synthèse circule ensuite, comme détaché de ses origines, embarqué vers de nouvelles aventures, et racontant une autre histoire mettant en scène d'autres acteurs.

La mesure de la *délinquance* est un autre cas historique de difficulté à articuler sources administratives et enquêtes. Les premières, très anciennes, remontent aux années 1820, avec le Compte général de la justice, qui publie les statistiques de l'activité des tribunaux (Robert *et alii* 1994). Plus récemment, ont été utilisées aussi des statistiques de délinquance issues de l'activité de la police, de la gendarmerie et de la justice. Mais ces sources sont souvent critiquées. Elles sont vues par certains comme reflétant plus l'activité de ces services que celle des malfaiteurs et les dommages subis par les victimes. Un accroissement des statistiques de délinquance est alors perçu comme reflétant une intensification de l'effort des services chargés de protéger les individus. On parle ainsi du « trou noir » de cette statistique , constitué par les crimes et délits non enregistrés. Pour y remédier, on procède à des « enquêtes de victimation » auprès des individus, ou même à des enquêtes anonymes après de personnes à propos de leurs éventuels actes délictueux. Ce débat, récurrent depuis le 19ème siècle, est comparable à ceux qui ont été déjà évoqués sur la pauvreté et le chômage. Certains (par exemple les ethno-méthodologues américains : Cicourel et Kitsuse 1963) vont jusqu'à défendre l'idée que les statistiques de délinquance reflètent *seulement* l'activité de l'appareil répressif.

Une vue plus subtile est que ces données reflètent *l'intersection* des activités de cet appareil et celles des malfrats, de même que les quantités échangées et les prix, sur le marché d'un produit, sont à l'intersection des courbes d'offre et de demande. De même, les statistiques de pauvreté utilisées par Yule en 1895, issues des fichiers de gestion des *Poor law unions*, peuvent être vues comme une intersection des politiques de ces institutions et de la montée de la misère dans l'Angleterre des années 1880-1900, comme le nombre de repas distribués par les Restaus du cœur est au croisement de l'effort de ceux-ci et du retour de la grande pauvreté en France dans les années 1980-2000. Cette façon de voir les sources administratives permet de ne pas tomber dans le relativisme qui menace certaines lectures des ethno-méthodologues les plus radicaux. Mais elle permet aussi d'aller au delà de l'exercice, encore fréquent, de confrontation entre sources dans une perspective purement réaliste, quantitative et unidimensionnelle, qui suppose implicitement l'existence, en amont des divers enregistrements, de quelque *bon chiffre*, indépendant de ses conditions de production. L'enjeu de ces débats est de se frayer un passage entre un réalisme plus ou moins naïf (réclamé avec vigueur par le public), et un relativisme induit par certains usages (critiques ou non) de la notion de *construction sociale* (Hacking 2001). Les problèmes posés aux statisticiens par la confrontation entre enquêtes directes et sources administratives offrent un terrain pour étudier empiriquement et sociologiquement l'opposition, souvent vue comme purement théorique et philosophique, entre réalisme et contructivisme.

Ces exemples historiques ont permis un premier repérage de certaines questions soulevées par l'articulation des deux types de sources, *en termes d'interprétation et d'usage,* au delà de la liste des arguments techniques usuellement mis en avant. Il faut maintenant reprendre ces arguments, et les discuter, à la lumière notamment de ces exemples. Il est maintenant nécessaire de préciser la notion de *source administrative*, qui n'a été évoquée ci-dessus qu'à propos de cas concrets.

Différences, continuités et combinaisons entre les deux types de sources

Qu'y a-t-il de commun entre, d'une part, les compilations hétéroclites de tableaux issus des différents ministères et publiés dans les annuaires statistiques jusqu'aux années 1950, et d'autre part, les exploitations et analyses sophistiquées, effectuées désormais par les services statistiques sur des fichiers individuels transmis à ceux-ci par les administrations ? Il s'agit, dans les deux cas de « sources administratives », mais la principale différence est la *transmission des données individuelles* aux services statistiques spécialisés. Ce tournant dans l'histoire de la statistique publique avait été anticipé par René Carmille, à partir de son expérience dans l'administration de l'armée, avant même qu'il ne crée le Service national de statistique (SNS) en 1941. Dans un livre publié en 1936, *La mécanographie dans l'administration*, il prônait un rapprochement des fichiers gérés par les diverses administrations, par le biais *d'identifiants communs*, pour les individus et pour les entreprises, de façon à pouvoir apparier ces diverses informations. Ceci était rendu possible, selon lui, par les machines mécanographiques à cartes perforées (machines fabriquées par la firme Hollerith, ancêtre directe de IBM). Ainsi, il inventait l'informatique avant que n'existent les ordinateurs. Il esquissera la mise en œuvre de ce projet, entre 1941 et 1944, dans le cadre du SNS, notamment en concevant ce qui deviendra le « numéro de Sécurité sociale » à 13 chiffres. Mais la mécanographie de l'époque ne permettait pas d'aller loin dans ce sens. Par ailleurs, Carmille (mort à Dachau en 1945) avait aussi contribué à introduire dans le SNS la méthode des sondages, alors nouvelle, sous l'influence de Jean Stoetzel. Après la création de l'INSEE en 1946, ces deux orientations (registres mécanographiques et enquêtes) semblent en concurrence. Mais, entre 1946 et 1960, les sondages sont vus par les jeunes statisticiens, formés par la nouvelle « Ecole d'application de l'INSEE » (ancêtre de l'Ecole nationale de la statistique et de l'administration économique, ENSAE), comme plus modernes, élégants mathématiquement et aptes à explorer une grande diversité de questions nouvelles. Ils sont alors provisoirement préférés aux « gros fichiers de Carmille », perçus comme lourds, bureaucratiques et peu innovants, techniquement et intellectuellement[38].

---

[38] L'argument du danger des fichiers pour la protection de la confidentialité des données et de la vie privée ne semble avoir été avancé qu'incidemment *à cette époque,* alors même que la période antérieure avait été marquée dans divers pays par des cas graves d'usages des fichiers par des régimes totalitaires. [Une discussion d'ensemble de tels usages est présentée par Seltzer et Anderson (2001)]. Ces questions ne seront posées et largement discutées qu'à partir des années 1970, lors de la diffusion de l'informatique de gestion (Loi Informatique et Libertés, création de la CNIL en 1978).

Ces perceptions relatives des deux types de sources évoluent à partir des années 1960, sous l'effet de trois évolutions de la statistique publique : 1) la diffusion de *l'informatique*, 2) le rôle central joué dans les années 1960 et 1970 par la *comptabilité nationale*, et 3) le corollaire de celle-ci, la mise en avant de l'idée de *coordination statistique*. Dès lors, la notion de « source administrative » est intégrée dans le système statistique public. Quand ils utilisent celle-ci, les statisticiens ne se contentent plus de reproduire telles quelles des tabulations effectuées par d'autres, mais ils traitent et transforment *à leur façon* le matériau fourni par ces institutions. Les anglo-saxons regroupent sous le nom de *data editing* l'ensemble de ces opérations de contrôles, vérifications, apurements de fichiers, redressements et imputations diverses. A travers ces manipulations techniques, les fichiers de données individuelles des administrations sont transportés d'un monde de significations à un autre. Ils perdent leurs sens initiaux pour en acquérir d'autres, sur lesquels les statisticiens ont mis leur marque propre. C'est, notamment, *le tout* qui est envisagé en tant que tel, et non plus les individus, chacun pour leur compte, comme c'est le cas par exemple pour un fichier d'ayants droit.

La transmutation évoquée ci-dessus n'est pas seulement symbolique et sémantique, elle est aussi matérielle, à travers cette notion de *data editing* (dont il n'existe pas de mot français vraiment équivalent). Elle est enfin et surtout *coûteuse,* en argent, en temps de travail et en matière grise, ce qui relativise l'idée, qui reste répandue, que les sources administratives sont « économiques », en ce qu'elles éviteraient le coût du recueil initial, comme si « il n'y avait qu'à se baisser pour les cueillir ». Le réusage des sources administratives est en fait un lourd investissement. L'idée de sa quasi-gratuité est une idée largement fausse. En revanche, sa couverture extensive, souvent proche de l'exhaustivité, permet en principe des découpages territoriaux modulables de façon souple grâce à la diffusion de la micro-informatique, sous réserve toutefois du respect de règles strictes de confidentialité, qui interdisent les découpages géographiques trop fins.

Diverses manières de combiner enquêtes et registres

Mais le problème de « l'économie relative » des deux modes de collecte peut être formulé autrement, dès lors qu'est posée la question de la répartition technique et sociale du travail de *mise en forme*, c'est-à-dire de mise en œuvre des conventions d'équivalence. Cette mise en forme de l'information peut être faite à différentes étapes d'un long processus, et impliquer des transformations successives, soit *en amont* de la collecte statistique, soit *au cours de celle-ci*, soit *en aval* dans les diverses phases de *data editing* et de synthèse. Ainsi, des services statistiques de certains ministères effectuent des « enquêtes » auprès d'établissements de santé ou d'éducation, en rassemblant des informations sur leurs activités déjà enregistrées et mises en forme par ceux-ci. Plus généralement, les enquêtes statistiques menées auprès des entreprises recueillent des informations sur les comptabilités ou sur la main-d'œuvre déjà formatées par la gestion interne de celles-ci[39]. De même, « l'Enquête revenus », issue d'un échantillonnage de réponses à l'enquête sur l'emploi, auxquelles sont appariées les déclarations d'impôt des ménages correspondants, est, en partie, un sous-produit d'une source administrative, et non une enquête au sens courant du terme. En effet, dans ces divers cas, le mot « enquête » a un sens assez différent de celui où une information *non encore formatée* est recueillie. Il y donc un *continuum* lié à la répartition de ce travail de mise en forme, le long d'une longue chaîne, où par exemple les comptables nationaux viennent *ensuite*, apporter une nouvelle étape de transport-transformation de l'information.

La continuité entre les deux formes de collecte et de mise en forme des données peut être vue aussi en termes de sociologie des organisations. En effet, le Système statistique français est organisé à partir d'une institution centrale, l'INSEE, et des Services statistiques ministériels (SSM) qui regroupent près de 40% des statisticiens publics. Or le problème récurrent de ces derniers est de pouvoir intervenir le plus en amont possible dans l'organisation des systèmes d'informations des ministères, pour pouvoir faire prendre en compte leurs besoins propres (définition des variables, nomenclatures...). Ceci dépend du type de coopération et d'échanges mutuellement utiles qu'ils parviennent à instaurer avec les autres services de leurs ministères[40].

---

39 C'est d'ailleurs la raison pour laquelle l'idée que ces enquêtes peuvent recueillir des informations « meilleures » que celles issues des sources fiscales a été peu à peu abandonnée.

40 Un bon exemple a été fourni par l'évolution du Service statistique des douanes, dont les activités avaient été, dans un premier temps, fortement menacées par la suppression des barrières douanières internes à l'Union européenne. Un nouveau système, dit de « Déclaration d'échanges de biens » (DEB) a été mis en place, plus proche, de fait, d'une enquête, de par sa nature mixte, administrative et statistique. Ceci a été fait avec l'appui des services douaniers, qui y voyaient une façon de relégitimer leur activité de production d'information. Une évolution analogue a été observée avec la transformation des activités statistiques de confection de la Balance des paiements par la Banque de France, depuis la création de l'euro et de la Banque centrale européenne.

Un autre point de vue sur le continuum « enquêtes *versus* registres » est possible si, dans ce couple, on porte maintenant l'attention, du côté du pôle « enquêtes », sur le travail des *enquêteurs*. Ceux-ci portent en effet sur leurs épaules une partie du travail de mise en forme évoqué ci-dessus, notamment en faisant rentrer la diversité parfois incommensurable des situations rencontrées dans le lit de Procuste des questionnaires. Le coût (psychologique ou simplement en temps passé) de cet alignement est souvent non négligeable (Nivière 2003). L'interaction entre l'enquêteur et l'enquêté n'est pas la même selon les types de questions. Une gamme de cas existe. On peut en mentionner trois : 1) questions d'opinion, 2) questions « factuelles » n'impliquant pas en principe de recherche spéciale par l'enquêté, 3) questions nécessitant l'aide de documents, administratifs ou non (bulletins de paie, documents de sécurité sociale, ordonnances de médecin, factures, tickets de caisse...). Dans les deux premiers cas, *l'informateur d'origine* est l'enquêté. En revanche, le troisième cas a quelque chose en commun avec les situations d'enquêtes auprès des entreprises, où sont demandés des comptes et des bilans. Dans ce cas, le travail de l'enquêteur est d'aider l'enquêté à éplucher les documents écrits, et à les *traduire* dans le langage du questionnaire.

Cette notion d' « informateur » a l'intérêt de rappeler l'évolution historique de certaines enquêtes par sondage, celles qui portaient sur les prévisions de production agricole dans le contexte américain des années 1920 et 1930 (Didier 2002). A l'origine, les « informateurs » étaient des fermiers supposés bien connaître leurs voisins et collègues, au nom desquels ils parlaient après les avoir consultés. Cet informateur était alors *à la fois enquêteur et enquêté*. La « représentativité » était du même ordre que celle de l'informateur d'un anthropologue étudiant une population d'Indiens d'Amazonie. L'informateur parle au nom des membres de la tribu, et transmet à l'anthropologue une information *traduite* (dans tous les sens du mot) dans la langue de celui-ci. Dans le cas des fermiers américains, des procédures d'échantillonnage aléatoire ont ensuite été progressivement mises en place, dans les années 1930. L'informateur est devenu un *enquêté*, ne parlant plus qu'en son nom propre. Sa parole est désormais généralisée du fait de son *choix aléatoire*, et non plus du fait qu'il suscitait la *confiance* de ses voisins et des émissaires du ministère de l'agriculture. Une forme de représentativité, celle de l'échantillon aléatoire, en a remplacé une autre, celle de l'informateur bien choisi plus proche de *l'élu* porte-parole de ses électeurs[41]. Ce passage implique notamment une standardisation

---

[41] Il serait utile d'étudier dans quelle mesure les personnes interrogées dans le cadre d'un sondage politique se perçoivent elles-mêmes comme *porte-parole* des autres citoyens.

des questionnaires, les rapprochant ainsi de formulaires administratifs, et une redistribution du travail de mise en forme.

Toute l'histoire de la méthode des sondages peut être relue à travers la tension entre démarche d'enquête et réusage d'informations antérieures, issues notamment de sources administratives exhaustives. En effet, dès l'origine, il a fallu arbitrer entre deux justifications de la méthode d'observation de « la partie pour le tout », connues respectivement sous les noms de « choix aléatoire » (*random selection*), et « choix judicieux » (*purposive selection*), pour ensuite les combiner de façons de plus en plus sophistiquées :

1) Référence à la loi des grands nombres (tirage dans une urne de Bernoulli), encadrée par le calcul d'un intervalle de confiance exprimé en termes probabilistes : choix aléatoire, formalisé par Arthur Bowley en 1906. Pourtant, le sondage aléatoire le plus simple implique une base de sondage, registre ou recensement.

2) Recours à des informations extérieures, pour constituer l'échantillon, puis pour améliorer la précision des estimations : choix judicieux (Gini 1928), puis (de façon distincte), échantillonnage stratifié (Neyman 1934), méthode des quotas, et enfin recours à la modélisation en utilisant des sources administratives, ce qui permet d'utiliser à des niveaux géographiques fins l'information apportée par une enquête portant sur un échantillon national.

LA DIVISION SOCIALE DU TRAVAIL DE MISE EN FORME

Les diverses façons de *combiner* données d'enquête et sources administratives ont été beaucoup développées au cours des trente dernières années, et ont révolutionné la technique des sondages, en brouillant la distinction entre ces deux types de sources[42]. Mais ces combinaisons de plus en plus élégantes entre les deux outils supposent un alignement des mises en forme, nomenclatures, définitions des variables, utilisées de part et d'autre. S'ils ont en principe un plus grand degré de liberté dans le cas des enquêtes, les statisticiens préfèrent souvent recueillir des données déjà formatées, par

[42] La réforme récente du Recensement de la population français en est un exemple, puisque, pour les communes de 10000 habitants et plus, il est procédé à un sondage sur un échantillon de logements constitué par le « Répertoire d'immeubles localisés » (RIL), un registre géré et mis à jour par l'INSEE avec le concours des communes.

exemple par des règles de droit[43]. C'est une des raisons pour lesquelles les enquêtes dites « subjectives » (par exemple les enquêtes d'opinion) suscitent souvent leurs réticences, puisque, dans ce cas, le travail de « mise en catégorie » leur incombe. Ceci n'est cependant pas toujours vrai, notamment dans le cas d'enquêtes bien standardisées et routinisées depuis longtemps, comme le sont les Enquêtes de conjoncture auprès des chefs d'entreprise, dans lesquelles les questions fermées à trois modalités sur l'opinion, et leurs modes d'interprétation, sont quasiment institutionnalisées et ne posent plus de problème de mise en catégorie.

La distinction usuelle entre enquêtes et sources administratives peut donc sembler plaquée sur cet univers compliqué, en fonction de découpages institutionnels. Mais c'est précisément cette *division sociale du travail de mise en forme* qui est sociologiquement significative. Son étude minutieuse implique que soit provisoirement mise entre parenthèses la question de la « fiabilité », qui, le plus souvent, polarise pour des raisons évidentes l'attention des statisticiens professionnels. En effet, les mises en formes successives effectuées par des acteurs différents sont sous-tendues par des raisons d'être, des logiques, des recettes de fabrication et des tours de main profondément dissemblables, sinon incommensurables. Ainsi, on l'a vu, nombre de fichiers de gestion ont pour vocation initiale de garder des traces, *enregistrées selon des normes standards*, de droits, de devoirs, de créances, de dettes, de performances d'acteurs individuels. C'est typiquement le cas pour les comptabilités et les bilans d'entreprise. En revanche, quand ces fichiers sont récupérés par les statisticiens, quelque chose circule dans des tuyaux, mais les « données » entrant et sortant de ceux-ci ne semblent pas « les mêmes », en dehors de toute idée de tromperie, voulue ou non[44]. Le passage de l'attention portée au *cas singulier* à la visée d'un *tout* résume la transmutation opérée. Cependant, quelque chose est passé d'un bout à l'autre du tuyau : le *principe de généralité*, règle de droit, nomenclature, plan comptable, tout ce qui ordonnait en amont les cas singuliers,

---

43 La refonte de la nomenclature des catégories socioprofessionnelles, entre 1978 et 1982, a été l'occasion de confronter ces deux situations, l'une de préformatage quasi-juridique pour les catégories à statut, l'autre de nécessaire mise en forme des catégories par les statisticiens eux-mêmes, pour les groupes sociaux moins définis institutionnellement (Desrosières et Thévenot 2002).

44 On peut penser à l'immigrant d'Europe orientale débarquant à Ellis Island un matin de 1900. Souvent, il devait changer de nom. Restait-il « le même » ? Cela dépend du point de vue, existentiel ou sociologique. Il en va peut-être de même pour la circulation-transmutation des données dans les tuyaux analysés ici. Cette comparaison, certes hasardeuse, vise à suggérer la question : que signifie « conserver son identité » ? *Il n'y a pas une seule bonne réponse*, et c'est cela qui rend la question intéressante.

va permettre au statisticien, en aval, de mettre en œuvre ses tabulations, même s'il recompose autrement les principes de classement initiaux.

Cette alchimie est encore plus complexe puisque les « données » convergeant de différents tuyaux sont ensuite combinées et « mises en cohérence ». Par exemple, le « Système unifié de statistiques d'entreprises » (SUSE) apparie l'Enquête annuelle d'entreprise (EAE) et les déclarations fiscales des Bénéfices industriels et commerciaux (BIC). Ces situations de combinaison et de synthèse entre des sources variées, issues *à la fois* d'enquêtes et de registres, sont de plus en plus fréquentes. Le cas le plus exemplaire de ce point de vue est celui de la *comptabilité nationale*. Si, aujourd'hui, cette façon de faire est largement acceptée, il est frappant que, jusqu'aux années 1960, certains statisticiens spécialistes des sondages étaient fort réticents à l'idée que leurs évaluations, dont les marges d'erreurs étaient dûment encadrées par le calcul des probabilités, soient ensuite mêlées et noyées avec des données administratives, dans les tableaux des comptables nationaux.

Ce télescopage de deux métrologies de natures différentes (d'une part, le calcul des intervalles de confiance issus d'un échantillonnage bien construit, et, d'autre part, les arbitrages nécessaires à l'ajustement des équilibres ressources-emplois des comptes nationaux) était bien le résultat de la confrontation de plusieurs façons d'articuler des sources, enquêtes et registres, ici examinée. La solution sociale de ce paradoxe est que la mesure synthétique apparaît comme un *nouvel objet,* qui a coupé le cordon ombilical avec ses parents, registres et enquêtes, a largué les amarres de ses conditions de naissance, et a entamé *une autre vie*. Cette alchimie, « qui transforme le vil plomb d'une myriade d'informations particulières dans l'or (presque) pur d'un savoir général » (INSEE 1996, page 9), est rendue possible notamment par l'autorité, technique et sociale, des institutions de la statistique publique. La construction de la comptabilité nationale a été, historiquement, un moteur puissant à la confrontation et à la critique mutuelle entre sources disparates, notamment les enquêtes et les sources administratives. Mais l'hypothèse retenue ici est que ces synthèses, justifiées par le projet de produire une image globale et cohérente des flux macroéconomiques, ont eu pour prix une sorte d'effacement des spécificités *dans leurs contextes d'usages initiaux*, des diverses sources mobilisées. Ceci ne disqualifie pas ce « réusage », justifié par son utilité ultérieure, mais incite à étudier de plus près cette transmutation, par transport des nombres d'un contexte d'usage à un autre, à laquelle se livrent les services statistiques publics. La « valeur ajoutée » de ceux-ci réside dans le contrôle strict des conditions de ce transport.

La circularité du savoir et de l'action

Les sources administratives sont issues de fichiers de gestion dont la finalité est de traiter des cas individuels. Mais ce qui est important pour leur usage ultérieur à des fins statistiques est que ces traitements sont faits *selon des règles générales*, standardisées et inscrites dans des textes généraux, de diverses natures. Ce qui, en amont, était l'application de principes de justice ou d'économie de gestion uniforme, devient, en aval, l'assise sociale et technique des classes d'équivalence, sans lesquelles aucun travail statistique ne serait possible. Il y donc une affinité entre, d'une part, les formes de généralité mises en œuvre par les fichiers de gestion, et d'autre part, les conventions sur lesquelles s'appuie la statistique. Si ces affinités sont perçues souvent comme un *inconvénient* des sources administratives, en ce qu'elles restreignent l'imagination créatrice du statisticien, elles sont aussi la *condition de possibilité* de son travail. C'est ce préformatage qui permet le traitement en généralité de la statistique. Ceci incite à poser autrement la question complexe de la dépendance des statistiques issues de registres par rapport aux catégories de ceux-ci. Le rappel historique a présenté divers cas où cette dépendance pose un problème logique, en ce que les indicateurs de *moyens* de l'action publique sont confondus avec ceux des *fins* de celle-ci: la pauvreté mesurée par les activités des *Poor law unions,* la délinquance par celles des forces de sécurité, le chômage par les inscriptions à l'ANPE.

Le fait que l'information statistique soit souvent issue de procédures de gestion pose le problème de *l'extériorité* du savoir par rapport à l'action. La nécessité d'une telle extériorité est souvent posée en principe, comme garantissant l'objectivité des indicateurs visant à asseoir et à évaluer les politiques publiques. Pourtant, le fait que nombre de ces indicateurs semblent provenir de la mise en œuvre de ces politiques elles-mêmes soulève une question que l'on ne peut esquiver[45]. Cette question de l'extériorité ne se pose pas seulement, malgré les apparences, dans le cas des sources administratives. Les enquêtes sont, elles aussi (bien que moins directement), tributaires des structures sociales, mentales, linguistiques, institutionnelles, juridiques, d'une

---

45 La mise en œuvre de la LOLF, qui prévoit que les actions publiques devront être dotées d'indicateurs d'objectifs, de moyens mis en oeuvre et de résultats atteints, va rendre cette question essentielle. Elle ne pourra être résolue que par une réflexion collective et des négociations complexes, impliquant de nombreux acteurs. Il n'est pas sûr que, au moment du vote unanime de la loi en 2001, ses promoteurs aient bien eu conscience que ce moment de *la définition et de la mesure concrète des indicateurs* n'était pas seulement une question technique, à sous-traiter à des spécialistes, mais une opération complexe, engageant toute la philosophie du dispositif. Dans ce domaine, des recherches en sociologie de la quantification seraient les bienvenues.

société historique donnée. Ces questions ont souvent été soulevées par les sciences sociales, entre les années 1970 et 1990, sous l'étiquette générale de « construction sociale de ceci ou cela...», dans une perspective de dénaturalisation, sinon de dénonciation (Hacking 2001). La voie est donc étroite entre un réalisme naïf et un constructivisme souvent accusé de « relativisme », c'est-à-dire de négation de la dure réalité d'un monde social dont la description ne relèverait, pour ces supposés relativistes, que de l'arbitraire de rapports sociaux contingents orientés par des intérêts particuliers.

UNE HYPOTHÈSE DE LECTURE : LA CO-CONSTRUCTION { PENSÉE-ACTION-DESCRIPTION }

Comment sortir de cette apparente contradiction ? Une voie possible est de concevoir comme *simultanément co-construits,* et étroitement liés entre eux sans que l'un détermine les autres, les trois éléments d'un « triplet » que constitue : 1) la façon de penser la société, 2) les modalités de l'action en son sein, et 3) les modes de description, notamment statistiques[46]. Ceci suppose une forme de circularité entre l'action et la description, qui rend bien compte des problèmes logiques évoqués ci-dessus. Certaines transformations des modes de production et des usages sociaux des statistiques publiques, depuis les années 1980, impliquent notamment une mobilisation accrue des sources administratives. Ces évolutions sont l'occasion de tester l'hypothèse de co-construction proposée ici. Pour explorer celle-ci, on partira du vocabulaire, accompagnant la diffusion progressive d'un triplet en partie nouveau (Boltanski et Chiapello 1999). Un terme, certes ancien, est de plus en plus employé dans les usages sociaux des produits de la statistique publique, celui d'*indicateur.* Parmi ces usages, ce mot a partie liée avec trois univers sémantiques liés aux trois facettes du triplet, dont on peut mentionner des exemples de termes souvent utilisés :

1. *Façon de penser la société* : marché, autorégulation, réseau, compétition, gouvernance, qualité, compétence, incertitude, temporalité, cycle, court terme, mobilité, flexibilité...

46 Il est possible de raconter l'histoire longue de la production statistique en appliquant cette hypothèse, qui endogénéise cette production, en l'intégrant dans la cadre de formes successives d'Etat (Desrosières 2003).

2. *Modalités de l'action* : incitation, projet, innovation, anticipation, évaluation, jugement, objectif, résultat, performance, diagnostic, activation des prestations sociales, *best practice*...

3. *Outils de description* : indicateur (quantitatif, économique, conjoncturel, social), clignotant, tableau de bord, suivi, observatoire, symptôme, échelle, classement, palmarès, *benchmarking,* modèle microéconométrique, panel, effet pur d'une variable toutes choses égales par ailleurs, microsimulation, taux d'emploi...

Marché, incitation, palmarès: ce triplet caractérise l'espace dans lequel la statistique publique s'est en partie redéployée depuis les années 1980. On pourrait le contraster terme à terme avec d'autres espaces, qui n'ont certes pas disparu, à travers le vocabulaire des triplets antérieurs[47]. Les mots utilisés aujourd'hui résultent de mélanges de ces divers espaces. Ainsi, le nom de Claude Gruson pourrait symboliser le triplet vedette précédent, celui des années 1950 et 1960 : keynésianisme, planification, comptabilité nationale et mesure des inégalités. Cependant, si les deux premiers éléments n'ont plus du tout la même aura, en revanche les deux derniers restent bien présents, tout en ayant changé de sens et d'usage (pour la comptabilité nationale, voir : Vanoli 2002).

L'idée de co-construction mutuelle de la pensée, de l'action et de la description a été explorée par Salais *et alii* (1986) à propos du chômage dans les années 1930. Ils ont observé une forte corrélation entre le taux de chômage enregistré par département dans le recensement de 1936, et le caractère urbain et industriel de celui-ci. Dans les départements incluant des grandes entreprises industrielles (métallurgiques et minières) et des grandes villes, des bureaux d'assistance aux chômeurs étaient actifs, et rendaient l'état de chômeur visible et reconnu. En conséquence, la déclaration de cet état dans le questionnaire du recensement devenait d'autant plus plausible. Ainsi, la complexité de l'interaction entre l'*enquête* (recensement de 1936) et l'activité de *l'institution* (bureau de chômage) était soulignée, sans que pour autant ne soit avancée l'idée relativiste que ces bureaux « créeraient » le chômage. Ceci constitue un exemple d'analyse en termes *d'intersection* (déjà évoquée), entre, d'une part, les pertes d'emploi dues à la crise économique des années 1930, et d'autre part, l'action visant à

[47] On ne porte pas ici de jugement sur ces configurations historiques successives, ni même sur le degré de validité des hypothèses présentées, qui ne concernent peut-être qu'une petite partie du monde social. Elles sont présentées de façon intentionnellement contrastée pour susciter leur examen empirique. Certains cherchent à imaginer des alternatives à celles-ci (Gadrey et Jany-Catrice 2003).

secourir les victimes de celle-ci. Le « nombre des chômeurs » résulte de cette intersection.

Plus récemment, la « Stratégie européenne pour l'emploi » (SEE) promue par les Sommets européens d'Amsterdam et Luxembourg (1997) puis de Lisbonne (2000), a impliqué une évolution des indicateurs d'emploi jugés pertinents pour le suivi de celle-ci, avec notamment la mise en avant du *taux d'emploi* (actifs occupés/population totale d'une tranche d'age) au détriment du classique *taux de chômage* (chômeurs/population active). Le contenu et les débats à propos de la SEE et des indicateurs associés sont bien documentés par des recherches récentes (Barbier et Sylla 2002 ; Salais 2004 ; Raveaud 2004). Celles-ci permettent de suivre la mise en place du nouveau triplet, qui cesse ainsi d'être une simple hypothèse de travail. Il y a une interaction étroite entre, d'une part, les façons dont les personnes sont incitées à chercher du travail et dont les chômeurs sont assistés, et d'autre part, les structures d'emploi reflétées par les sources administratives et par les enquêtes sur l'emploi. Cette observation ne vise pas à invalider les indicateurs issus de ces sources, mais plutôt à inciter à beaucoup d'exigence dans leurs interprétations, notamment pour les comparaisons entre pays.

Des recherches du même type, associant des disciplines différentes, pourraient être menées pour d'autres domaines des politiques européennes et des statistiques publiques co-construites à leurs propos. Parmi ces politiques, il faut distinguer celles qui, dans les Traités, sont explicitement du ressort de l'Union (monnaie, concurrence), et celles qui, selon le principe de subsidiarité, restent du domaine des Etats (politiques sociales, emploi, éducation), mais pour lesquelles le Conseil européen et la Commission peuvent cependant décider d'engager des actions coordonnées *incitatives*, dont la SEE est précisément un exemple. Dans ce cas, les indicateurs statistiques, utilisés pour évaluer et classer les performances des pays, prennent une importance décisive. C'est ce qu'implique l'expression *benchmarking*, si souvent utilisée par les institutions européennes. De même que dans le cas de la LOLF, la discussion autour du choix *et des procédures de mesure* de ces indicateurs devient de première importance : c'est au cours de ces négociations que le triplet pensée-action-description est effectivement co-construit. On ne peut pas séparer complètement un niveau politique où seraient « choisis » des indicateurs, et un niveau technique auquel leur mesure serait « sous-traitée »[48], comme c'est encore souvent le cas.

L'autonomisation, cognitive et professionnelle, du métier de statisticien public est revendiquée et acquise de longue date. Mais elle a parfois pour conséquence une forme de réalisme naïf implicite, *résultant de cette division du travail.* Parmi les six « critères officiels de qualité des statistiques européennes », celui de « pertinence » relèverait de la responsabilité des commanditaires (ou « clients »), tandis que les cinq autres (précision, actualité, accessibilité, comparabilité, cohérence) incomberaient aux statisticiens. Ce partage des tâches a eu des vertus historiques évidentes, en mettant à l'abri la statistique publique des pressions politiques directes. Cependant, les interactions entre pensée, action et description, devraient être mieux connues et assumées par ces professionnels, notamment lors de leur formation[49]. Ceci est important pour maîtriser les mises en formes et les usages à des fins statistiques des sources administratives. Il ne suffit pas de regretter qu'elles aient été conçues à d'autres fins, il faut encore bien comprendre celles-ci. Pour cela, il faut rentrer dans les logiques des institutions concernées. C'est un souci que connaissent déjà, dans le cas français, les statisticiens en poste dans des Services statistiques ministériels (SSM), s'ils souhaitent intervenir en amont dans la mise en forme des registres et fichiers que la statistique publique réutilisera ensuite. Une utilisation accrue des sources administratives serait utilement éclairée par une attention portée aux travaux effectués dans un domaine fort actif des sciences politiques, celui de l'analyse des politiques publiques.

UN DÉTOUR PAR LA GRANDE-BRETAGNE

Il est instructif de contraster le contexte français avec celui d'un autre pays, la Grande-Bretagne, où les questions soulevées ici sont discutées depuis le 19ème siècle, mais de façon différente. La statistique publique (*official statistics*) y est ancienne, avec une forte tradition d'enquêtes sociales, et elle est très utilisée

48 Si ce n'est sous-traitée, au sens propre, à des organismes extérieurs dotés d'un « cahier des charges » plus ou moins précis.

49 Cette formation devrait inclure non seulement des cours de probabilité, de statistique mathématique, d'économie et d'économétrie, mais aussi des cours de droit, de science politique, de sociologie de la quantification (ce dernier terme regroupant la statistique, la comptabilité, l'évaluation des politiques publiques). Ceci impliquerait l'étude de cas concrets, issus par exemple des débats autour de la mise en place de la LOLF ou des politiques européennes.

dans les débats publics, sans doute plus qu'en France. Mais elle est aussi beaucoup discutée et critiquée, notamment dans les milieux scientifiques et dans la presse (Dorling et Simpson 1999). Depuis trente ans, elle a fait l'objet de nombreux rapports parlementaires et administratifs, et a plusieurs fois changé d'organisation. Dans les années 1980, le ministère conservateur de Margaret Thatcher avait décidé que les services statistiques devaient travailler uniquement pour les besoins du gouvernement[50]. Cette position a été ensuite assouplie sous les gouvernements de John Major et Tony Blair, mais la question (pour qui travaillent les *official statisticians* ?) est restée débattue, notamment par des chercheurs.

Il est frappant que, en France, les demandes et critiques des chercheurs adressées à la statistique publique (notamment dans le cadre du CNIS) portent surtout sur l'accès aux fichiers de données, rendus trop difficiles, selon eux, par les règles de confidentialité édictées notamment par la CNIL. En Grande-Bretagne en revanche, une critique beaucoup plus large est récurrente[51] : peut on faire confiance à une administration statistique qui travaille principalement « pour le gouvernement », et non « pour la société » ? Cette opposition ne recouvre bien sûr pas la distinction entre registres et enquêtes, puisque celles-ci peuvent éventuellement être faites « pour les seuls besoins du gouvernement ». Mais les chercheurs britanniques insistent sur l'idée que la « statistique officielle » est « naturellement conservatrice », au sens de *policy confirming,* c'est-à-dire qu'elle reflète les objets que l'administration *voit* et la façon dont elle les voit, parce qu'elle *agit déjà sur eux*[52]. Cette idée s'applique à l'évidence aux sources administratives, qui, par définition, sont dans ce cas. La statistique officielle serait moins capable *d'identifier des phénomènes nouveaux* qui, eux, relèveraient plus de la recherche et des enquêtes universitaires. Il faut dire que, en Grande-Bretagne, existe de longue date une forte tradition d'enquêtes et d'expertises *universitaires,* assez différente de la configuration française, où ces enquêtes et ces expertises sont plus incluses *dans l'administration* (tradition des corps techniques à la française). Ceci explique d'ailleurs le comportement des chercheurs français qui, depuis une vingtaine d'années, se consacrent désormais

---

50 Ceci contrastait avec le cas français où, depuis au moins 1970, l'INSEE, sous la direction de Jean Ripert, était et est toujours au service de tous les acteurs économiques et sociaux. Les débats organisés au sein du Conseil national de l'information statistique (CNIS) concrétisent cette ouverture à l'ensemble des acteurs concernés par la statistique publique.

51 Un bon reflet de ces débats est fourni par Ray Thomas (1999). On trouve quelques-unes de ces idées sur le site : http://www.socresonline.org.uk/socresonline/1/3/5.html

52 Cette idée est cohérente avec l'hypothèse de *co-construction pensée-action-description* formulée ci-dessus.

à d'importants travaux empiriques, et déplorent de ne pas avoir facilement accès aux données produites dans l'administration.

Mais, même si les deux contextes nationaux sont différents, l'insistance mise par les chercheurs britanniques sur l'opposition entre informations « pour le gouvernement » et « pour la société » fait écho à des remarques formulées par des responsables français de Services statistiques ministériels (SSM) (Blanc et Desrosières 2002). Organisés à l'origine pour faciliter l'usage de sources administratives produites au sein des ministères, ces SSM perçoivent, à un moment de leur croissance, que, pour connaître l'état de la société et les problèmes non résolus dans leur domaine de compétence, ces sources ne suffisent pas, et que des enquêtes sont nécessaires. Ce point de vue est clairement exprimé, par exemple, par les services statistiques des affaires sociales et de la santé, du travail, de l'éducation. Ainsi, l'intuition des chercheurs anglais est formulée, bien qu'autrement, au sein même des SSM français. Elle rappelle que les enquêtes et les sources issues de registres administratifs ne répondent pas aux mêmes besoins de connaissance. Les premières explorent l'état de la société, tandis que les secondes rendent compte de l'action publique. Même si, comme on l'a vu dans la deuxième partie, les registres sont, d'une certaine manière, complémentaires des enquêtes et peuvent en améliorer la qualité, ils ont une portée très différente du point de vue de ce qu'ils montrent et de ce qu'ils contribuent à exprimer.

CONCLUSION : POUR UN EXAMEN DES APPORTS RESPECTIFS DES ENQUÊTES ET DES REGISTRES

La modification de la loi de 1951 sur la statistique, qui rend obligatoire la communication des données administratives aux services statistiques publics quand ceux-ci en ont besoin, va faciliter le réusage de ces données. Cette option rapproche la France de certains pays d'Europe du nord, où cette méthode est largement utilisée, sans pour autant que l'originale tradition française d'enquêtes sur des questions nouvelles et mal connues, notamment dans le domaine social, soit abandonnée. Elle est plutôt une occasion d'approfondir la réflexion sur les spécificités de ces deux types de sources. Classiquement, les arguments en faveur des sources admistratives sont de deux types : elles sont moins coûteuses, et leur champ, souvent quasi-exhaustif, autorise des exploitations *régionales et locales.* Mais en revanche, elles reflètent par nature une action *déjà existante,* et sont peu à même de traiter des questions nouvelles, ni même d'évaluer les *effets* des actions publiques. Ce choix va donc tantôt dans le sens des besoins nouveaux (demande de données localisées), tantôt s'en éloigne (besoin d'exploration de la société et non pas seulement de l'action de l'administration, risque de discontinuité des séries en cas de changement de réglementation).

L'argument classique selon lequel les enquêtes offrent une plus grande liberté pour formuler les questions doit être nuancé. Les contraintes culturelles et organisationnelles pèsent sur elles aussi, même si elles sont moins directes que dans le cas des registres. Ainsi, les questionnaires sont tributaires des catégories cognitives et linguistiques des enquêtés, ou, dans le cas des enquêtes auprès des entreprises, des formes d'organisation préalable de l'information, comme par exemple les systèmes de normes et de pratiques comptables. Par ailleurs, une forte demande d'enquêtes portant sur des *panels longitudinaux* d'individus ou de familles est souvent formulée. Or il est apparu qu'un tel suivi dans le temps à travers des enquêtes répétées est difficile : le terme d'*attrition* désigne la décroissance inéluctable des échantillons, pour des causes variées.

On ne saurait cependant renoncer à un système d'enquêtes par sondage, qui a fait ses preuves, notamment dans le domaine social, comme le montrent des exemples récents comme l'enquête sur les sans domicile (voir l'article de Cécile Brousse), l'enquête européenne sur les revenus et la pauvreté (voir l'article de Delphine Nivière), ou les enquêtes « Handicaps, incapacités, dépendances », « Histoires de vie, construction des identités », « Littéracie » ou « Vie de quartier ». Ces enquêtes prennent appui sur des registres, soit en tant que base de sondage, soit pour construire des modèles permettant d'améliorer la précision d'estimations localisées. Mais elles permettent aussi d'introduire des questions et des thèmes nouveaux, non explorés par les registres, notamment du fait que leur préparation et leur exploitation impliquent des acteurs variés, non seulement les services statistiques, mais aussi des organismes utilisateurs (souvent co-financeurs), des associations, des chercheurs en sciences sociales. Cette forme d'association des utilisateurs (notamment des chercheurs), à la conception et à l'exploitation d'enquêtes sociales, compense en partie la distance antérieure, typiquement française, entre la recherche universitaire et les services statistiques. Elle contribue à dessiner un paysage qui reste différent de celui des Britanniques. Elle pourrait conduire à une forme de relations entre chercheurs et statisticiens qui ne se limiterait pas à la demande (certes souvent justifiée) d'accès aux fichiers de données individuelles, mais impliquerait les divers acteurs tout au long de la chaîne de conception et de production. La question de la dualité des sources, enquêtes et registres, ne serait plus une question purement technique laissée aux statisticiens publics, mais pourrait être discutée, de façon réflexive et contradictoire, par l'ensemble des acteurs concernés.

Les questions soulevées ici ne visent pas à privilégier un type de source par rapport à un autre, mais incitent plutôt à approfondir la réflexion sur le statut social et cognitif des données produites par le Système statistique public, et sur la diversité et la complémentarité de ses sources. Les registres administratifs sont de plus en plus utilisés, et la valeur ajoutée par le *data editing* opéré par les statisticiens confère à cette source une qualité comparable à celle des enquêtes[53]. Mais il est utile, pour conclure, de diversifier l'évaluation de cette qualité selon les six critères usuels de celle-ci. Celui de *pertinence* a été discuté ici, en distinguant les notions d'informations sur la société et sur l'action publique. La *précision* ne peut pas être appréciée avec les mêmes outils : d'une part théorie de l'enquête (collecte, échantillonnage...), d'autre part vérification et apurement de fichiers. L'*actualité* est désormais un critère essentiel. De ce point de vue, les registres, gérés en continu, sont précieux sinon incontournables, mais les changements institutionnels posent souvent des problèmes d'interprétation des séries temporelles. L'*accessibilité* soulève la question de la mise à disposition de *méta-données,* qui ne sont pas du tout de même nature dans les deux cas. Enfin la *comparabilité* et la *cohérence* ne peuvent pas être abordées de la même façon pour les deux sources, puisque la mise en forme des données issues des registres dépend moins des statisticiens que ne l'est celle des données d'enquêtes. Ainsi la comparaison entre les deux types de sources implique la prise en considération de critères variés de la qualité. Elle ne peut être résumée de façon sommaire, et implique une réflexion d'ensemble sur les circuits de production et d'usage de la statistique publique.

---

[53] Il manque cependant, pour ces méthodes de *data editing,* une documentation technique et pédagogique comparable à tout ce qui existe à propos des enquêtes par sondage.

Chapitre 6
Les qualités des quantités[54]

Les catégories employées pour penser le monde social et agir sur lui sont-elles « réelles » ou « conventionnelles » (certains disent « construites ») ? Alors que cette question est largement débattue par des philosophes[55] ou par des spécialistes de certaines sciences sociales (sociologie, anthropologie, histoire), en revanche elle l'est peu par les économistes, et encore moins, le plus souvent, par les acteurs de la vie sociale eux-mêmes, sauf en cas de controverse et de remise en cause de la « naturalité » de ces catégories. Cette remarque suggère de considérer le problème du réalisme des catégories comme une question empirique, et non plus seulement comme un choix philosophique et épistémologique. Dans quelles circonstances des acteurs mobilisent ils ou critiquent ils des arguments portant sur le caractère « naturel » ou « construit » des catégories utilisées pour penser et transformer le monde ? Quelles formes de « figures de compromis » permettent de gérer la tension entre ces deux perspectives ? Ce pas de côté implique d'envisager *simultanément*, d'une part, l'analyse théorique des catégories cognitives et pragmatiques, et d'autre part, l'étude empirique de leurs usages sociaux et des controverses à leur propos. Un domaine se prête bien à une telle étude : celui des *outils de quantification,* utilisés, d'une part, par des acteurs sociaux à des fins *d'action ou de critique,* (cas de la statistique publique ou de la comptabilité d'entreprise), et, d'autre part, par des spécialistes des sciences sociales, à des fins de *connaissance.* Mais ces deux catégories d'usages (ici notés, pour abréger, « usages en société » et

---

[54] Texte publié dans le *Courrier des statistiques,* N° 105-106, juin 2003, pp. 51-63.

[55] Le livre de Ian Hacking (2001) sur la « Construction sociale de quoi ? » ouvre des perspectives très neuves sur les usages sociaux de la tension entre réalisme et constructivisme. Il a ainsi le grand mérite de proposer une voie de sortie *empirique* de cette question, en analysant la diversité de ces usages. La démarche proposée ici en a été influencée, et est en partie du même type.

« usages en sciences sociales ») sont le plus souvent étudiés dans des contextes différents, et sont rarement rapprochés. Ainsi, pour les « usages en société », de nombreuses recherches ont déjà été menées, sur la statistique publique (Alonso et Starr 1987 ; Patriarca 1996 ; Dorling et Simpson 1999 ; Desrosières 2000a et 2000b) et sur la comptabilité (Hopwood et Miller 1994 ; Porter 1994). De leur côté, les « usages en sciences sociales » ont été discutés notamment par Jean-Claude Passeron (1991), Andrew Abbott (2001) et Jean-Louis Fabiani (2003).

Or il est frappant que ces deux catégories de recherches communiquent peu entre elles, et ne posent pas la question du « réalisme des énoncés » dans les mêmes termes. Les premières, sur les « usages en société », voient dans la quantification un « outil de gouvernement ». Elles insistent souvent sur le caractère *créatif* des mises en forme quantifiées, non pas au sens de *création ex nihilo* de quelque chose qui n'existerait pas auparavant, mais plutôt au sens d'une analyse des *effets spécifiques* d'une telle opération de « mesure quantifiée », notamment du point de vue *d'une action publique et des formes ainsi assignées au débat social.* Cette façon de dire laisse ouvert le choix entre une interprétation réaliste et une autre conventionnaliste de la procédure de mesure. On peut présenter la sociologie de la quantification comme perpétuellement tendue entre deux conceptions des opérations statistiques, l'une « réaliste métrologique » (l'objet existe antérieurement à sa mesure), et l'autre « conventionnaliste » (l'objet est créé par les conventions de la quantification : exemples du taux de pauvreté, du chomage, du quotient intellectuel ou de l'opinion publique) [Desrosières 2001].

De leur côté, les réflexions sur les « usages en sciences sociales », menées par Passeron, Abbott ou Fabiani, posent la question tout autrement, en attirant l'attention sur les effets de la « mise en variable » sur *le style du raisonnement scientifique et des « connaissances » ainsi produites.* Ils distinguent ainsi la forme de la « mise en variable », inspirée des sciences de la nature, et celle de la « mise en récit », typique des sciences historiques. Mais, dans cette perspective, les « variables » (c'est à dire les produits d'une série d'opérations d'enregistrements, de codages et de tabulations) semblent elles-mêmes *sans histoires* : elles sont « déjà là ». Or précisément, elles sont souvent issues de l'autre univers, celui des statistiques publiques ou des comptabilités d'entreprise. Cette remarque permet de lier les questionnements sur le réalisme, le conventionnalisme et leurs éventuelles « figures de compromis », tels qu'ils sont formulés dans l'un et l'autre des deux univers, en esquissant, de manière réflexive, une manière de *mise en récit de la mise en variable.*

Cette étude empirique de la « mise en variable », appréhendée tant dans l'univers de l'action que dans celui des sciences sociales, constitue un vaste programme de recherche. Elle portera ici, à titre d'exemple, sur un aspect particulier du travail de la statistique publique : le « vocabulaire de la qualité », diffusé depuis le milieu des années 1990 dans les Instituts nationaux de statistique (INS), sous l'impulsion des pays anglophones et nordiques (Rivière 1999). On retracera d'abord l'origine historique du « mouvement de la qualité », dans lequel ce vocabulaire trouve place. Puis on analysera et on interprétera les définitions et les usages des six « critères de qualité » édictés officiellement en 2001 par le « Comité du programme statistique » qui regroupe les Directeurs généraux des INS des pays de l'Union européenne et celui d'Eurostat (l'Office statistique de la Commission européenne). Ces six critères sont : « la *pertinence*, la *précision*, l'*actualité*, l'*accessibilité*, la *comparabilité* et la *cohérence* »[56]. Enfin on examinera comment les façons dont ces critères sont présentés et utilisés par les statisticiens fournissent une bonne grille de lecture de la tension entre réalisme et conventionnalisme, inhérente à la production et aux usages de la statistique publique[57]. Cette tension peut être comparée à des formes de double conscience décrites par certains anthropologues. Bien que cette question ne soit jamais pensée dans ces termes théoriques par les acteurs de cette histoire (les statisticiens et les utilisateurs de leurs travaux), on verra que la formulation des critères de qualité vise à répondre en pratique à des questions pratiques. Celles-ci sont soulevées par la nécessité de garantir, socialement et techniquement, la légitimité et la validité de l'usage de ces statistiques dans le cours de la vie du monde social, et notamment dans son volet économique, où la statistique se présente à la fois sous le jour le plus évident et souvent le plus opaque. Ces critères en apparence anodins peuvent être lus comme un utile corpus pour esquisser une sociologie de la production et des usages des statistiques publiques. L'application concrète de ces critères les fait apparaître parfois comme peu compatibles, sinon contradictoires. Les débats suscités par ces

---

56 Certains se sont étonnés que cette liste ne fasse pas allusion à des questions dites « déontologiques » : confidentialité des données, neutralité ou autonomie par rapport aux interventions politiques. L'explication de ce choix semble résider dans le fait que la liste a été dressée dans l'optique supposée des seuls *besoins des utilisateurs* de statistiques, et non des exigences des « répondants », et, plus généralement des « citoyens ». Ces derniers points, non abordés ici, font l'objet d'autres textes à portée juridique, dits « principes fondamentaux de la statistique ». Mais la tendance actuelle est de regrouper ces divers types d'exigences dans des textes uniques.

57 Le choix de cet exemple nous conduira à plutôt privilégier ici la tension telle qu'elle est vécue dans l'univers de l'action plutôt que dans celui des sciences sociales, bien que, on le verra, certains des traits décrits sont pertinents dans les deux univers. La mention du second est utile pour suggérer une recherche comparative, qui sort du cadre cet article, et qui prendrait appui sur les travaux tels que ceux de Passeron, Abbott et Fabiani.

contradictions montrent les relations sociales et les univers de valeurs différents où interviennent ces statistiques. Chacun de ces critères soulève, d'une certaine manière, la question de la tension entre les deux attitudes, réaliste et conventionnaliste.

Entre technique et société : les métamorphoses de la qualité

La façon dont le thème de la « qualité » a circulé depuis les années 1930, d'abord dans le monde industriel, puis dans d'autres activités parmi lesquelles la production de statistiques, est un bel objet d'étude pour le sociologue des sciences et des techniques. En effet, les considérations techniques y sont toujours inextricablement nouées avec des préoccupations dites « sociales », en ce sens qu'elles *qualifient* et mettent en forme les façons dont des êtres (des ingénieurs et leurs machines, des entreprises et leurs salariés, des vendeurs et des acheteurs, des maîtres d'ouvrage et des maîtres d'œuvre...) pensent et organisent leurs relations et leurs droits et devoirs réciproques. Dans une acception plus générale du mot « qualité », des économistes ont observé, depuis les années 1970, que le modèle standard de l'équilibre général suppose donnée une liste de marchandises bien définies, dont les « qualités » ne font pas problème. Les « économistes des conventions » ont particulièrement travaillé cette question, en cherchant précisément à caractériser les « conventions de qualité » qu'implique en théorie une économie marchande (Akerlof 1970 ; Eymard-Duvernay 1989). Mais, dans cette perspective, la « qualité » reste une notion plutôt abstraite, comme l'est aussi la notion d'« information » avancée par les mêmes économistes, précisément pour caractériser la « qualité » d'une marchandise : l'étude empirique des procédures de mise en forme concrète de la « qualité » et de l' « information » reste à faire. Ceci s'applique particulièrement à ce que les statisticiens publics anglo-saxons et scandinaves ont développé, dans les années 1990, en important dans leur domaine les outils de la « gestion totale de la qualité » (ou *Total Quality Management,* TQM) depuis l'industrie.

Ce thème de la qualité était apparu en France, dès les années 1920, dans un contexte différent, celui des fabrications industrielles de grande série, à propos de la question du « contrôle de fabrication », pour lequel était mis en œuvre un échantillonnage probabiliste des pièces à vérifier (Bayart 1998). Puis, aux Etats-Unis, un statisticien, Edwards Deming, qui avait, dans les années 1930, participé à l'organisation des premières enquêtes par sondage probabiliste sur l'emploi et le chômage (Didier 2000), eut l'idée de transposer ce même formalisme au

« contrôle de qualité » dans l'industrie. Mais la détection des irrégularités et des failles des systèmes de production en série le conduisit à réexaminer l'organisation des chaînes de montage, et, de proche en proche, tout le système des relations de travail dans l'entreprise. C'est ainsi qu'un contrôle en apparence purement technique remettait en cause toutes les relations sociales entre les membres d'un collectif de travail. Dans ce cadre, apparaissait aussi une distinction fondamentale, récurrente dans toute la suite de l'histoire, entre *qualité du produit*, celle qui intéresse l'utilisateur, et *qualité du processus de fabrication*, à laquelle s'attache l'organisateur de la production. On retrouvera plus tard la même distinction dans le système des « normes ISO » que sollicitent les firmes pour certifier à leurs clients la bonne qualité de leurs prestations. Mais, dans les Etats-Unis des années 1950, Deming ne rencontra pas immédiatement le succès qu'il espérait pour ses propositions de réorganisation des entreprises autour de l'objectif de la qualité. Aussi émigra-t-il au Japon, où l'industrie en pleine reconstruction adopta son langage et ses outils, techniques et sociaux, de la qualité. Alors furent développées les méthodes de gestion dites « à la japonaise », et notamment les « cercles de qualité », qui étaient supposés regrouper des salariés autour d'un objectif commun : l'amélioration de la qualité de la production, via celle de l'organisation du travail. Ainsi la « qualité » était passée d'une définition techniciste, en termes d'ingénieur, de précision et de régularité d'une production en série, à une conception sociale, formulée dans le langage du responsable des relations humaines. C'est ce grand écart, associé à l'opposition entre « qualité du produit » et « qualité du processus », qui caractérise toute l'histoire de la thématique de la qualité. On en retrouvera la trace quand les statisticiens publics l'importeront dans les années 1990, en oubliant d'ailleurs souvent l'origine en partie « statisticienne » de ce vocabulaire, liée à la trajectoire de Deming.

En effet, la gestion « à la japonaise » avait connu son heure de gloire en Europe dans les années 1980, où des « cercles de qualité » avaient été créés, comme outil de « management participatif moderne », en occupant le terrain ouvert par les revendications autogestionnaires des années 1970, mais en en détournant complètement l'objectif potentiellement subversif, au profit de l'amélioration du rendement des entreprises (Boltanski et Chiapello 1999). Ainsi le thème de la qualité avait fait, à travers des métamorphoses successives, le tour du monde d'Europe vers l'Europe, via les Etats-Unis et le Japon. Entre temps, avaient été développés aussi les systèmes de certification des entreprises, dont les « normes ISO » sont la modalité la plus connue. Le « mouvement de la qualité », apparu dans certains instituts de statistique dans les années 1990, résulte de la rencontre entre, d'une part, ces outils de gestion et ce vocabulaire en termes de « normes de qualité », et d'autre part, deux transformations importantes des contraintes de la gestion des administrations des pays européens : la tendance à la contractualisation, liée à la dérégulation progressive des économies, et l'accélération de la construction de l'Europe, à partir de l'Acte unique (1985), puis des traités créant l'Union économique et monétaire (1992), et enfin la Banque centrale européenne et l'euro (1999).

La *tendance à la contractualisation* concerne, d'une part, les relations entre les administrations et leurs « usagers » (qualifiés dès lors de « clients »), et d'autre part, celles entre les administrations elles-mêmes, celles-ci devant facturer leurs prestations et chercher à équilibrer leurs « budgets ». Ainsi en Suède, les administrations des ministères ont été découpées en « agences » (le « Bureau central des statistiques » est l'une d'entre elles), qui fonctionnent sur ce principe quasi-marchand, même si une grosse partie de leurs recettes provient de contrats avec d'autres agences publiques. Beaucoup d'activités sont ainsi sous-traitées (*outsourcing*), soit à d'autres agences, soit à des entreprises privées, soit à des laboratoires universitaires. Ceci implique que les spécifications et les « qualités » de leurs prestations soient explicitées dans des appels d'offre et des cahiers des charges, et que, autant que possible, ces prestations puissent être garanties et certifiées à l'avance, comme le font par exemple des normes ISO pour des entreprises industrielles. Dans le cas de la statistique, le statut de réalité de l'objet ainsi commandé est fortement conditionné par les spécifications juridiquement inscrites dans de tels documents contractuels. La pression à objectiver des « normes de qualité » est liée en partie à cette tendance plus générale à la contractualisation et à la facturation des prestations entre administrations, dont certaines formes sont apparues aussi en France avec la « circulaire Balladur » de 1993, qui prévoit notamment que les services fournis entre les administrations doivent être facturés.

L'autre facteur qui a poussé à la diffusion du « mouvement de la qualité » a été *l'accélération de la construction européenne*, et la pression beaucoup plus forte à l'harmonisation des statistiques européennes. Déjà, par le passé, les demandes de comparer des résultats statistiques nationaux avaient été un puissant aiguillon à confronter, et éventuellement remettre en cause, des outils qui, dans leurs stricts contextes nationaux, pouvaient avoir été « boîte-noirisés » depuis longtemps. Mais depuis la fin des années 1980, cette pression à la réouverture des boîtes noires de la production statistique a été fortement accrue. En effet, les statistiques nationales (et notamment celles de la comptabilité nationale), ont désormais des conséquences directes, prévues par des règlements communautaires : versements des cotisations nationales au budget de l'Union, subventions à des régions, et application des clauses des traités de l'UEM, ou du Pacte de stabilité (ratios à respecter sur l'endettement ou sur le déficit public). Pour cette raison, les « qualités » des statistiques fournies sont beaucoup plus soumises à l'examen et à la contestation éventuelle. C'est justement à l'occasion de controverses soulevées par l'usage de statistiques réputées harmonisées, pour l'application des clauses de tels règlements communautaires, que le caractère « réel » ou « construit » des mesures statistiques utilisées cesse d'être seulement un enjeu de débat académique entre épistémologues, et évoque plutôt parfois celui d'une querelle de chiffonniers. De telles questions sont indirectement en filigrane dans les textes sur la « qualité » qui seront commentés ci-dessous, bien que leur style soit le plus souvent coulé dans une langue de bois normative, qui peut décourager une lecture naïve. C'est la raison pour laquelle il est utile de reprendre un par un les six « critères de qualité » des statistiques, en cherchant à reconstituer leurs portées et leurs enjeux en termes de contenu sémantique (Que disent elles ? A qui ?) et pragmatique (Que font elles ? Pour qui ?). C'est en effet par rapport à ces enjeux que la question initiale de la tension entre les rhétoriques réaliste et conventionnaliste peut être analysée.

Or ces enjeux sont peu explicités dans les textes officiels sur la qualité, car la fonction de ceux-ci est surtout de susciter un consensus a mimima sur des principes généraux concernant l'organisation du travail. En effet, ce « mouvement de la qualité » est lui-même inscrit dans un projet plus vaste, de mobilisation de l'ensemble des administrations des pays européens autour du thème de la qualité, qui vise à implanter dans celles-ci les outils et le langage de la « gestion totale de la qualité » (*Total Quality Management*, TQM). Cette « TQM » est elle-même promue par une Fondation créée en 1988 par quatorze grandes entreprises européennes (*European Foundation for Quality Management,* EFQM). On ne reprendra pas ici l'analyse de ce projet managérial, qui n'est pas spécialement orienté vers la statistique, bien que plusieurs instituts nationaux de statistique aient choisi de l'importer pour structurer et *qualifier* leurs efforts de réorganisation interne. Cependant cette référence est importante, car elle permet de comprendre l'origine des catégories d'action mises en avant dans ces documents, dont la principale est, en apparence, « l'orientation vers le client » (*customer orientation*), alors que, paradoxalement, presque aucune analyse des usages effectifs de la statistique publique n'y est proposée[58]. Ceci confirme le caractère « tout terrain » de la « démarche qualité »[59].

UNE LECTURE SOCIOLOGIQUE DES SIX CRITÈRES DE QUALITÉ DE LA STATISTIQUE PUBLIQUE

Avant d'examiner la signification des six critères proposés par les documents officiels des instances de la statistique européenne, il faut observer que les arguments et les catégories de pensée qui y sont mis en œuvre sont éloignés de ceux que pourraient imaginer a priori des chercheurs en sciences sociales (sauf peut-être certains économistes). C'est pour la notion de *pertinence* que la surprise est la plus vive. On est dans un autre monde « socio-épistémologique », où les statisticiens et leurs « clients » sont *séparés*, et ont entre eux des relations de service, marchandes ou non. De fait, dans la plupart des INS, les « statisticiens méthodologues » et les « spécialistes de domaines » (*subject matter specialist*) constituent deux métiers différents. Les premiers ont fait des études de statistique (mathématique), alors que les seconds sont diplômés d'économie, de sociologie, de démographie ou de géographie[60]. Cette distinction, sociale et technique, explique la séparation nette entre les critères de *précision* et de *pertinence*, qui sont respectivement sous la responsabilité des premiers et des seconds. La prédominance d'une épistémologie réaliste est accentuée par cette division sociale du travail, puisque les premiers « mesurent » des objets dont le statut de réalité est garanti, *en dehors d'eux*, par les seconds.

Par ailleurs, dans ces documents, le souci essentiel est moins de discuter l'origine et la portée des critères que de chercher à en *quantifier le niveau d'application*, (ou : quantifier les qualités des quantités), même si, à plusieurs

---

58 La seule exception concerne une allusion à la distinction, certes essentielle, entre les usages de la statistique comme *« bien public »* (ou *« service universel »*), c'est à dire gratuit et destiné aux « citoyens d'une société démocratique » », et comme *« bien privé »,* facturé à des « clients », dans le cadre d'une relation marchande. Cette distinction se retrouve dans les débats sur la privatisation (ou la transformation en « agences ») des services publics.

59 Sur la relation entre les deux faces (production et client) de la qualité industrielle, voir Duclos (1996).

60 Cette distinction est moins nette en France, où la formation des « statisticiens-économistes » issus de l'Ecole nationale de la statistique et de l'administration économique (ENSAE) est telle qu'ils sont supposés détenir les deux types de compétence, et qu'ils exercent souvent les deux activités. Il existe par ailleurs une formation universitaire à la statistique mathématique, mais celle-ci a peu de contacts avec la statistique publique, à la différence de son homologue des pays anglo-saxons, qui travaille souvent sur contrat pour les INS ou pour Eurostat, ce qui est rarement le cas en France.

reprises, cet effort de quantification semble acrobatique aux auteurs eux-mêmes de ces documents. Ce point est intéressant par rapport à la question centrale de cet article : à quoi et à qui sert le fait même de quantifier ? La quantification sert à *outiller des comparaisons,* à les coordonner en les standardisant, et à contrôler et stimuler les acteurs en situant leurs performances sur des échelles normatives. Il s'agit donc de construire des situations d'épreuve[61]. L'enjeu de la quantification des critères de qualité est de mettre en forme un *espace d'équivalence,* et les *conventions d'équivalence* qui structurent celui-ci, indispensables pour comparer, coordonner, mettre en concurrence et contrôler le degré de réussite aux épreuves proposées. Or les fonctions (en partie distinctes) de coordination, d'autocontrôle et de contrôle externe sont au cœur de la portée sociale et politique de la démarche de quantification (Hopwood et Miller 1994 ; Ray Thomas 1996). Le mode d'exposition et le contenu des textes de référence sur les qualités attendues des statistiques offrent, à travers le souci de quantifier ces qualités, une confirmation au second degré de cette hypothèse générale des travaux sur la sociologie de la quantification.

C'est avec le critère de ***pertinence*** (*relevance*) qu'apparaît le plus nettement la tension entre, d'une part, la conception « cognitive » (sinon « scientifique ») que des chercheurs en sciences sociales peuvent avoir de la démarche statistique en termes de *signification*, et d'autre part, l'approche implicite de celle-ci dans les documents sur les critères de qualité. Un des documents d'Eurostat les plus complets (et aussi un des seuls en français, en raison de la nationalité de son auteur, Bernard Grais) caractérise ainsi la *pertinence* :

> « Une statistique est pertinente à partir du moment où elle correspond aux besoins des utilisateurs. L'identification de ceux-ci et de leurs attentes est dès lors un point essentiel. Pour s'assurer que les statistiques produites continuent à correspondre aux besoins, il serait souhaitable qu'Eurostat et les Etats membres conduisent régulièrement, par exemple tous les cinq ans, une enquête auprès des principaux utilisateurs ». (Grais 1998, p. 32).

Cette façon de présenter la pertinence semble éloignée de l'épaisseur sémantique que des générations d'épistémologues ont attribuée à cette notion. Mais elle n'est pas si différente de ce qu'en dirait un philosophe pragmatique tel que Dewey, qui accordait une grande importance à l'« enquête », certes dans un

---

[61] Une des incitations prévues par les promoteurs de la procédure « TQM » est l'attribution, lors de cérémonies solennelles, de différents « prix » (*awards)* aux meilleurs INS européens en fonction de leurs réussites dans le respect de ces critères. On retrouve un usage analogue de la quantification pour comparer, noter et classer, dans les palmarès, des lycées ou des hôpitaux, diffusés par la presse depuis les années 1990.

sens différent de celui suggéré ici (Zask 1999). Pourtant, dès lors qu'est autonomisée, socialement et techniquement, une fonction statistique, offrant ses services à des utilisateurs (et désormais à des « clients ») extrêmement variés, parmi lesquels les chercheurs ne constituent qu'une petite fraction, cette façon de présenter la pertinence est moins surprenante qu'il ne pourrait sembler. Elle est en tous cas inscrite dans cette forme de division du travail. Bien sûr l'enquête proposée serait absurde si elle visait un résultat quantifié (pourcentage de satisfaits), mais en revanche, elle pourrait être utile si elle était l'occasion d'une recherche sur les usages sociaux des produits de la statistique publique, encore mal connus.

Pourtant les questions de *pertinence* sont souvent débattues au sein des INS, même si ce mot n'est pas toujours utilisé. De façon récurrente, les controverses publiques sur les définitions et les mesures de « concepts » comme le Produit intérieur brut, le chômage ou le taux d'inflation ont des échos dans ces instituts. Mais il est vrai qu'ils y sont plus discutés par les « spécialistes de domaines » que par les « méthodologues », alors que les représentants des INS dans les groupes de travail européens sur la qualité viennent plutôt de ce second groupe (cas du Suédois Lars Lyberg, le leader de la promotion de « TQM » dans les INS), ce qui pourrait expliquer leur faible insistance sur le thème de la *pertinence,* alors qu'ils sont experts sur les questions de *précision* (accuracy), plus longuement développées dans leurs documents. Mais, précisément, la division du travail entre spécialistes de la *pertinence* et de la *précision* est en relation étroite avec l'épistémologie réaliste, qui résulte elle-même d'une demande sociale très générale. Inspirée des sciences de la nature, cette épistémologie est la seule qui puisse garantir à la statistique la légitimité qui lui est nécessaire pour apparaître en position d'extériorité par rapport aux débats sociaux, à qui elle fournit un langage commun accepté et des points d'appui. De ce point de vue, cette extériorité emprunte à la fois à l'universalité de la *science* et à celle du *droit,* dans une articulation originale qui a été peu étudiée en tant que telle. Pourtant le modèle du droit, avec ses classes d'équivalence inscrites dans des lois, et ses procédures de codage par attribution de cas singuliers à ces classes, a beaucoup d'affinités avec la partie *amont* de la chaîne de production statistique. (Mais il est vrai que celle-ci est moins connue que sa partie *aval,* qui concerne les méthodes mathématiques de traitement de données portant sur des grands nombres). L'affinité est aussi réelle du côté des *effets sociaux* de la statistique et du droit : tous deux visent à fournir des références pour instituer l'accord entre des acteurs sociaux.

Avec le critère de ***précision*** (*accuracy*), les promoteurs de la qualité sont plus à l'aise qu'avec la *pertinence.* Il existe pour eux, dans ce cas, une abondante littérature technique de référence. Historiquement, les trois mots *qualité, fiabilité et précision* ont été longtemps, pour les statisticiens, à peu près synonymes. Reprenons le texte de Bernard Grais :

> « La précision se définit comme la proximité entre la valeur estimée, éventuellement sur un échantillon, et la vraie valeur (inconnue) pour l'ensemble de la population. Cet aspect de la qualité a été étudiée de manière approfondie par de nombreux services statistiques et instituts de recherche universitaires. L'appréciation de la précision repose essentiellement sur une analyse de l'erreur totale qui lui est associée, qui est ventilée entre les erreurs d'échantillonnage et les erreurs non dues à l'échantillonnage (erreurs dans la base de sondage..., de traitement..., dues aux non-réponses..., de mesure..., dans les hypothèses du modèle...) ». (Grais 1998, p.32).

L'idée même d' « erreur » est significative. La distinction entre « erreurs d'échantillonnage » (*sampling error),* et « erreurs non dues à l'échantillonnage » (*non sampling error*) occulte le fait que, alors que la première catégorie est bien définie et délimitée grâce au calcul des probabilités, la seconde est un mélange de choses hétérogènes. Le fait d'utiliser le seul mot d' « erreur » à leur propos masque des questions essentielles du point de vue de la *pertinence.* Ainsi cette liste de « causes d'erreur » ne fait pas allusion à d'éventuelles « incertitudes résultant d'interactions entre enquêteurs et enquêtés », ni à des « flous de chiffrement », ni aux « conventions de codage » (Thévenot 1983). Seule est évoquée l'« erreur », notion importée de la métrologie réaliste des sciences de la nature (notamment de l'astronomie : Armatte 1995). Mais il ne s'agit pas ici de reprendre une fois de plus les critiques de l'usage des méthodes quantitatives dans les sciences sociales, formulées souvent depuis Cicourel (1964) dans son livre célèbre *Method and Measurement in Sociology,* mais plutôt de se demander sociologiquement pourquoi ces critiques ont eu si peu de conséquences (même si elles ont pu contribuer à sophistiquer certaines techniques d'enquêtes par questionnaire). La réponse à cette question ne peut venir que de l'existence d'une demande sociale d'une statistique « réaliste », légitimée par une institution « indiscutable ». Or seule la notion d'« erreur » est cohérente avec cette demande sociale, alors que les autre notions mentionnées ci-dessus, qui mettent en œuvre des *conventions de jugement,* impliqueraient de revenir au critère de *pertinence,* et plus généralement à la question des usages et des enchaînements pragmatiques au sein desquels l'argument statistique intervient.

Examinons l'exemple du chômage. Le « concept » de chômeur est défini par le Bureau international du travail (BIT) : il faut, pour être compté comme chômeur, « être sans travail, faire des démarches pour en trouver un, et être immédiatement disponible ». Ainsi ont parlé les « spécialistes du domaine de l'emploi », avant de transmettre le bébé aux méthodologues, pour que ceux-ci le mesurent, en organisant des « enquêtes sur l'emploi » *(labour force survey)*[62]. Mais à ce moment, mille problèmes non prévus par les *subject matter specialist* surgissent : ce sont les ennuyeux cas-limites, fort nombreux : les tout petits boulots, les stages, les emplois d'intérim, les séjours à l'hopital, les préretraites. Et même plus : en France, pointer à l'ANPE est considéré comme « faire une démarche ». Or Eurostat souhaite que ce ne soit plus le cas, ce qui pourrait diminuer d'environ 10 % le « nombre des chômeurs ». On n'a énuméré ici toutes ces questions que pour suggérer qu'elles peuvent toutes être vues soit du côté de la *pertinence* (si on cherche à interpréter les « intentions du BIT », comme le fait le juge pour l' « intention du législateur »), soit du côté de la *précision,* en traitant les cas mentionnés comme des sources d'« erreurs non dues à l'échantillonnage », comme le font presque toujours les méthodologues[63].

Deux méthodologues connus , Richard Platek et Carl-Erik Sarndal, ont publié en 2001 un article de synthèse (accompagné de seize commentaires) sur cinquante ans de recherches sur la précision et les erreurs dans les enquêtes par sondage. Ils déplorent que, alors que la théorie de la *sampling error* est bien développée depuis des décennies, celle de la *non sampling error* reste embryonnaire et peu cohérente. Ceci entraîne, selon eux, qu'on ne peut fournir avec assurance à son sujet un « intervalle de confiance » aussi consistant que celui que le calcul des probabilités garantit pour la *sampling error.* Ce regret étrange ne peut être compris qu'en référence à la division du travail évoquée ci-dessus et à l'épistémologie réaliste qui lui est inéluctablement associée. Les questions centrales de *jugement* à porter avant de choisir de compter un cas

---

62 La division du travail est souvent plus complexe : les méthodologues conçoivent l'organisation théorique de l'enquête (plan de sondage, tirage d'échantillon, vérifications, redressements, estimation des variables et de leurs intervalles de confiance, etc...), mais la *collecte sur le terrain* est, dans certains pays, fréquemment sous-traitée à des entreprises privées spécialisées dans cette activité. Ceci accroît encore la nécessité *d'objectiver à l'avance* par écrit des « critères de qualité ».

63 Signalons qu'à cette distinction entre ces deux catégories de statisticiens, il faut maintenant ajouter un troisième groupe, formé de certains microéconomistes dont les travaux tendent à faire disparaître la délimitation socialement instituée du chômage, qui existe depuis au moins les années 1930, en y substituant le « concept » fort différent de « non-emploi ». Le statut de réalité de ces objets, chômage et non-emploi, mériterait à lui seul un développement spécifique (Coutrot et Exertier 2001).

précis comme chômeur ne peuvent pas trouver place dans le cadre épistémologique dessiné par les méthodologues. Mais, encore une fois, la question n'est pas de les critiquer, mais de comprendre ce qui fait que cette épistémologie est si « naturelle », et de se demander si il est possible *socialement* de parler un autre langage. En un mot : comment penser et discuter *ensemble* les questions cognitives et politiques ainsi soulevées par ces problèmes, qui ne sont pas seulement cognitifs : les politiques de l'emploi, des allocations de chômage ou des minima sociaux ont des effets d'autant plus réels qu'ils sont plus solidement construits et inscrits dans des institutions, dont la statistique est désormais une des plus importantes.

La responsabilité de ceux qui traitent de ces questions est donc inséparablement scientifique et politique. Pourtant une « déontologie », revendiquée à la fois par les statisticiens et par ceux qui prennent appui sur leurs travaux pour étayer leurs arguments, invoque souvent une séparation entre ces deux moments, celui de la science et celui de ses usages. Un tel « grand partage » peut difficilement se passer d'une épistémologie réaliste. Les allusions éventuelles aux conventions qui ont présidé à la mesure pourraient, dans certains cas, présenter des dangers pour une telle division du travail, en introduisant des doutes sur la crédibilité et donc sur la légitimité d'une statistique. Ainsi parfois le statisticien scrupuleux peut se trouver tiraillé entre, d'une part, une exigence professionnelle d'expliciter ses méthodes et ses conventions, en adoptant de fait une position quasi-constructiviste, et d'autre part, une demande sociale réaliste implicite de ne pas « encombrer le lecteur avec ces détails techniques », qui risquent de semer le doute ou de restreindre la portée des résultats présentés. Les controverses portent souvent sur la possibilité de généraliser à partir de « résultats partiels », c'est à dire assortis de bémols méthodologiques qui disparaissent au fil des usages. On l' a vu par exemple en 2001 et 2002 à propos de controverses sur les « trappes à pauvreté » ou sur les « effets des réductions des charges des entreprises »[64]. Ces questions seront reprises ci-dessous, à propos du quatrième critère de qualité, désigné sous l'intitulé « *accessibilité et clarté* ».

Le troisième critère, celui d'***actualité et ponctualité*** (en anglais : *timeliness and punctuality ;* on dit aussi en français : *fraîcheur*, ou *rapidité*), a mobilisé, depuis 1998, beaucoup d'énergie dans la réorganisation des circuits de

---

64 Ces problèmes rencontrés par les statisticiens dans leur pratique professionnelle, et les controverses parfois très âpres qu'ils suscitent, peuvent être comparés à ceux que rencontrent les journalistes, eux aussi souvent tiraillés entre des exigences contradictoires (Lemieux 2000).

production de la statistique européenne (Elissalt 2001). Ceci résulte de la création de l'Union économique et monétaire (UEM) et de l'euro. En effet, la politique monétaire européenne est désormais gérée par une institution nouvelle créée en 1998 : la Banque centrale européenne (BCE). Pour accomplir sa tâche, la BCE demande des « indicateurs économiques » (indices des prix, du coût du travail, de la production industrielle, du commerce extérieur) nécessaires pour gérer notamment les taux directeurs du crédit, dont elle a la responsabilité. Ces demandes de la BCE sont adressées à Eurostat, puis répercutées par celui-ci aux Instituts nationaux de statistique. Or ces indicateurs doivent concerner l'ensemble de la zone euro, qui constitue ainsi un espace d'équivalence, social et cognitif, entièrement nouveau, pour lequel les « conventions d'équivalence » doivent être à la fois repensées et reconstruites. Parmi ces conventions, l'une d'entre elles se révèle très difficile à mettre en œuvre, celle des *délais de publication* des indicateurs. En effet, le contexte *marchand* dans lequel intervient la BCE implique une contrainte forte, celle de la rapidité de son intervention. La combinaison de ces deux contraintes, construction d'un nouvel espace d'équivalence et standardisation des délais (raccourcis) de publication, a impliqué une réorganisation en profondeur de certaines chaînes de production statistique.

Pour la fixation des délais communs, le modèle est celui de la *Federal Reserve Bank* des Etats-Unis. La norme est que l'indicateur doit être disponible au plus tard un mois (ou 22 jours ouvrables) après la fin de la période concernée. Cette comparaison des performances des circuits statistiques européens et américains a donné lieu à une vaste opération dite de *benchmarking*[65]. Il est bien sûr apparu que la fixation de cette norme revenait à raccourcir beaucoup, parfois à diviser par deux, le temps imparti au calcul de l'indice. Ceci ne pouvait se faire qu'au détriment du deuxième critère de qualité, celui de la *précision,* notamment parce que la seule solution pour satisfaire la contrainte des délais était souvent d' « estimer » (c'est à dire d'inventer par des méthodes économétriques) les chiffres correspondant aux derniers jours d'un mois ou aux dernières semaines d'un trimestre, quitte à publier plus tard des indices dits « révisés » incluant les dernières périodes précédemment estimées. Cette émergence de la « rapidité » comme critère essentiel de qualité des statistiques peut être vue comme caractéristique de l'importance croissante du caractère marchand de l'économie, dont le symbole est le fonctionnement de la

65 Ce mot anglais (traduisible par *étalonnage*, ou *référence*) est utilisé tel quel par les administrations françaises, pour désigner ce travail de construction d'un espace d'équivalence européen, dans lequel les performances des INS (notamment leurs délais de publication) sont équivalentes.

Bourse et des marchés financiers. Aux Etats-Unis, où cette caractéristique marchande est ancienne, existent depuis longtemps des règles strictes de calendrier de divulgation de certains indicateurs économiques *à la seconde près.* Ainsi la publication du taux de chômage a des effets instantanés sur le *Dow Jones :* si le chômage monte, la Bourse monte aussi, et inversement[66].

Le « réalisme » des séries temporelles est différent de celui des statistiques dites « structurelles ». En effet, dans ce cas, ce sont des *évolutions* en pourcentage (et non des *niveaux*) qui sont supposés « réelles », puisque ce sont elles qui suscitent interprétation et action. Ce sont des dérivées par rapport au temps. Mais ce temps n'est pas seulement le temps mathématique, mais aussi celui qui, faisant le lien et créant des équivalences ou des discontinuités entre le passé et le futur, permet de faire des « projections » sinon des « prévisions », et ainsi d'orienter ou de justifier l'action. Le « réalisme » n'est pas, dans ce cas, très différent de celui du langage courant : une prévision est réaliste si elle est plausible, vraisemblable, en un mot « réalisable ». L'interprétation des séries temporelles a été à l'origine de techniques statistiques très spécifiques (calcul de moyennes mobiles, correction des variations saisonnières, modèles linéaires stochastiques) visant à démêler des réalités d'ordres différents, depuis des « variations aléatoires » de court terme jusqu'à des « tendances longues séculaires », en passant par diverses formes de cycles. L'articulation des rhétoriques réalistes et constructivistes est, dans le cas des séries temporelles, très originale, et mériterait une étude spécifique[67].

Le quatrième critère, celui d'***accessibilité et clarté**,* est, au moins autant que la *pertinence,* celui qui pourrait caractériser les formes des interactions concrètes entre les informations statistiques et leurs utilisateurs. Alors que la *pertinence* a trait à la signification que ceux-ci confèrent à une statistique, *l'accessibilité* et la *clarté* concernent des modes d'emploi en situation. On pourrait imaginer un programme de recherche sur les pratiques d'usages des statistiques envisagées dans leur matérialité (recherche documentaire, consultation de banques de données, construction de tableaux, de graphiques,

---

[66] En effet une hausse du chômage est perçue par les *traders* comme annonçant à court terme une baisse des « risques inflationnistes » qui inciteraient la Fed à augmenter ses taux directeurs, ce qui ralentirait l'activité économique. A plus long terme, la hausse du chômage est vue comme induisant une pression à la baisse des salaires et donc une hausse des profits.

[67] On en trouve des éléments par exemple dans les travaux de Michel Armatte (1992), de Mary Morgan (1990), ou de Judy Klein (1997), dont le livre *Statistical Visions in Time. A history of Time Series Analysis, 1662-1938,* offre un extraordinaire panorama de l'évolution de ces rhétoriques et de ces outils à démêler les réalités de l'écoulement du temps.

usage de logiciels statistiques), selon des méthodes déjà éprouvées par la « sociologie de l'action située » (Conein et Jacopin 1994). Mais de telles recherches sont encore rares. C'est pourtant ce niveau de la pratique statistique que vise le quatrième critère, ainsi défini :

> « Les données statistiques ont d'autant plus de valeur qu'elles sont aisément accessibles aux utilisateurs, qu'elles se présentent sous une forme qui leur convient et qu'elles sont correctement documentées. Les fournisseurs de statistiques doivent également procurer toute l'assistance requise pour leur utilisation et leur interprétation ». (Grais 1998, p. 33).

Cette formulation suppose implicitement une « demande sociale ». Mais cette expression (commode) est simplificatrice. La demande sociale réaliste, dont il a été question ci-dessus, n'existe qu'à la suite d'un long processus qui a fait émerger « quelque chose » en tant que « question » et en tant qu'objet éventuel d'une action, d'une dénonciation ou d'une revendication. La mise en place de procédures de quantification est une des modalités (avec les luttes politiques et syndicales, le droit, la théorie économique, la littérature ou la philosophie) qui contribuent à faire exister socialement et à durcir ce quelque chose. On peut citer maints exemples historiques, bien documentés, de tels processus : la pauvreté en Angleterre (années 1880), le chômage ou l'opinion publique aux Etats-Unis (annéees 1930), le taux de croissance du PIB (années 1950), les violences aux enfants (années 1980). Ceci n'implique pas que l'objet n'existait pas avant sa quantification, mais que celle-ci lui a donné une tout autre forme d'existence sociale, dans lesquelles sont étroitement imbriquées les mesures au sens de la métrologie et les mesures au sens d'une administration qui « prend des mesures », et qui souhaite notamment *évaluer* les effets de celles-ci. C'est cet ensemble sémantique et pragmatique qui rend réel l'objet qui circule désormais et fait l'objet d'une « demande sociale » parfois impatiente, comme on l'a vu avec la montée du *benchmarking* exigé par la BCE. De même, *l'accessibilité et la clarté* ne peuvent être évaluées que par rapport à la diversité des modes d'engagement des arguments statistiques. Le souci de mettre en œuvre l'exigence impliquée par ce critère peut conduire à faire apparaître un « paradoxe des métadonnées », résultant de la difficulté à faire tenir ensemble un mode d'expression réaliste et une déontologie professionnelle constructiviste.

Depuis les années 1980, ont été développés, notamment du fait de l'informatisation croissante de la production et du stockage des statistiques publiques dans des banques de données, des systèmes de documentation rassemblant des « métadonnées ». Celles-ci permettent de conserver et de fournir à la demande des informations sur les modalités de construction des données stockées (par exemple, pour une enquête : intentions initiales, champ couvert, plan de sondage, questionnaires, nomenclatures, modes de collecte, redressements des réponses, etc...). La conservation et la fourniture de telles informations sont considérées par les statisticiens comme une exigence professionnelle de base. Elles sont, au moins officiellement, vivement souhaitées par maints utilisateurs, notamment par les chercheurs en sciences sociales. Mais le paradoxe vient de ce que, comme c'est le cas pour de beaux monuments, l'exhibition de ces échafaudages de métadonnées peut, qu'on le veuille ou non, brouiller, sinon la beauté, mais du moins l'efficacité argumentative de l'évidence factuelle impliquée par la mise en avant d'un simple nombre, tout nu. Trop de métadonnées pourraient elles tuer les données ? Cette idée paradoxale peut être bien sûr repoussée au nom d'une conception exigeante et scrupuleuse de l'argumentation. Mais il vaudrait mieux l'envisager aussi de façon empirique et non normative, en étudiant la diversité des circonstances de recours ou de non-recours aux métadonnées. Ceci fournirait une piste de recherche pour une sociologie des usages de la quantification, à inventer, en relation avec la sociologie de l'argumentation.

Le cinquième critère est celui de la ***comparabilité*** des données, dans le temps et dans l'espace. Il renvoie complétement à la notion (rarement employée par les statisticiens) de *convention d'équivalence,* qui légitime socialement et cognitivement les comparaisons, puisque la *convention* est une procédure sociale tandis que l'*équivalence* est une catégorie logique. Une telle convention postule la permanence dans le temps, ou l'identité dans l'espace, d'objets dont l'existence est logiquement antérieure aux procédures de mesure. La construction de « séries longues » par des historiens quantitativistes implique des conventions que d'autres historiens peuvent contester, comme cela a été le cas par exemple avec les séries de « deux siècles de travail en France » publiées par Olivier Marchand et Claude Thélot (1991). Dans de telles controverses, c'est bien le statut de réalité et de permanence des objets qui est en cause[68].

Les efforts d'harmonisation des statistiques européennes, fortement accrus depuis les années 1980, ont mis en évidence la polarisation entre deux façons

---

[68] Voir à ce sujet le débat organisé par Florence Weber dans *Genèses,* 9, octobre 1992, p. 90-119. Dans ce cas, une figure de compromis épistémologique avancée par les auteurs contestés est le repli sur la notion d'« ordre de grandeur » : la convention n'affecte que la précision de la mesure, mais non une réalité intrinsèque, supposée approximée au mieux par les algorithmes conventionnels proposés. Ce type d'argument devrait être étudié systématiquement, en le replaçant dans l'éventail des formulations disponibles pour gérer la tension entre réalisme et conventionnalisme.

de penser celle-ci, dites respectivement : « harmonisation des produits » (ou « des outputs »), et « harmonisation des méthodes » (ou « des inputs »). Celles-ci correspondent elles-mêmes de fait à deux démarches, l'une plutôt réaliste, et l'autre plus constructiviste. L'harmonisation *des produits* suppose que les « spécialistes de domaine » des différents pays se sont réunis et mis d'accord sur la définition d'un « concept », qu'ils ont ensuite transmis aux méthodologues de chacun de leurs INS, à charge pour eux de mesurer celui-ci au mieux, chacun de leur côté selon leurs méthodes propres, et compte tenu des caractéristiques et des sources spécifiques à chaque pays. Cette démarche, implicitement réaliste, a été historiquement celle des comptables nationaux, depuis les années 1950. Elle est justifiée en partie par l'existence de théories économiques, qui contribuent à faire exister socialement les objets (produit intérieur brut, investissement, consommation) antérieurement à leurs mesures (Vanoli 2002). Mais, à partir des années 1990, cette démarche a été vivement critiquée, tant apparaissent importants les cas où les particularités nationales des méthodes de mesure ont des effets majeurs sur les résultat de ces mesures. L'harmonisation *des méthodes*, alors proposée comme alternative, est une sorte de rêve épistémologique, où le processus complet de construction et de collecte des données serait standardisé pour toute l'Europe communautaire. Eurostat pousse bien sûr dans ce sens. On voit le lien entre cet objectif et celui de l'unification administrative du continent. Comme cela a déjà pu être montré, l'unification politique et l'unification statistique vont de pair, comme le suggère l'étymologie même du mot *statistique* : le science de l'Etat[69]. Cette question de l'harmonisation statistique montre les liens entre les dimensions cognitive et politique de la tension entre réalisme et constructivisme, et aussi, d'une autre façon, l'affinité entre les conventions de la statistique et celles du droit.

Le sixiéme critère, celui de la ***cohérence,*** soulève une question cruciale dans tous les INS : pour maintes variables demandées par des utilisateurs, les estimations calculées à partir de différentes sources (recensements, enquêtes, fichiers administratifs) sont différentes. Faut il les « redresser », en rendant communs les champs couverts les définitions, les nomenclatures, et tout ce qui contribue à engendrer les données, de façon à rendre ces sources cohérentes, en cherchant, par cette confrontation, à se « rapprocher le plus possible de la réalité » ? Les documents sur la qualité semblent le préconiser, en s'appuyant sur les souhaits supposés des utilisateurs, mais évoquent peu les questions épistémologiques soulevées par ce problème :

---

69 Voir par exemple, pour les Etats-Unis, Anderson (1988), ou pour l'Italie, Patriarca (1996).

> « Lorsqu'elles proviennent d'une source unique, les statistiques sont cohérentes du fait qu'il y a un sens à combiner les concepts élémentaires en des ensembles plus complexes. Losqu'elles proviennent de sources différentes et, en particulier, d'enquêtes ayant des fréquences différentes ou de fichiers administratifs divers, les statistiques ne sont cohérentes que dans la mesure où elles sont basées sur des définitions, nomenclatures et normes méthodologiques communes. Lorsque tel est le cas, les messages que ces statistiques véhiculent sont alors clairement en rapport les uns avec les autres ou, à tout le moins, ne se contredisent pas ». (Grais 1998, p. 34).

Faut il rendre complètement cohérentes les statistiques fournies au public ? La réponse à cette question ne va pas de soi. L'examen des arguments en faveur de l'une ou l'autre solution fournit une autre façon d'étudier empiriquement la tension entre les attitudes réalistes et constructivistes. Là encore, la comptabilité nationale avait, historiquement, opté pour la confrontation et le redressement des sources, et donc pour une perspective réaliste. En effet, son principe même est de remplir, le mieux possible compte tenu des sources disponibles, des tableaux *a priori* cohérents et exhaustifs, décrivant l'ensemble des flux *macroéconomiques* d'une nation. Ces tableaux sont doublement équilibrés par construction, selon les agents et selon les opérations. Le choix de la mise en cohérence au niveau macroéconomique est donc la clé de voûte de la démarche. Il a joué un rôle décisif pour développer et améliorer les sources, en en suscitant la critique mutuelle. Il était cohérent avec l'usage de ces comptes dans des modèles keynésiens, qui ont eu leur heure de gloire entre les années 1950 et 1970. Depuis, les usages des statistiques se sont beaucoup diversifiés, et l'exigence de cohérence complète n'est plus aussi évidente. En effet, dès lors que ces sources sont utilisées dans des contextes distincts, souvent sur des questions sectorielles ou locales, l'avantage éventuel de la coûteuse mise en cohérence peut être inférieur à la perte résultant des manipulations des sources de base uniquement destinées à cette mise en cohérence globale.

De fait, les INS des pays européens ne répondent pas tous de la même façon à cette question. Un cas extrême intéressant est celui des Pays-Bas, qui a conçu dans les années 1990 une sorte d'utopie statistique, fonctionnant comme une expérience de pensée, qui avait le mérite de faire toucher du doigt les limites d'une épistémologie-fiction réaliste (Bochove 1996 ; Desrosières 1999). L'idée est d'imaginer une forme de tableau théorique, comportant en lignes tous les « individus », et en colonnes toutes les « variables » ! Deux types de tableaux sont envisagés, selon que les « individus » sont des personnes physiques ou des entreprises. Puis ces tableaux seraient progressivement remplis en extrapolant et en rendant « cohérents », au niveau le plus microéconomique, les enquêtes par sondage et les fichiers administratifs disponibles[70]. La justification fournie par les auteurs du projet est qu'il permettrait de satisfaire le souhait des utilisateurs d'avoir toujours « un nombre pour une variable » (*one figure for one variable*). Ce projet ne doit pas être jugé sur son « réalisme » au sens courant de « faisabilité ». De ce point de vue, il est totalement irréaliste. Mais il est « réaliste » au sens philosophique utilisé dans cet article, puisqu'il postule qu'il existe pour chaque individu des « variables » de valeur unique réelle, indépendante de tout jugement et des modalités de questionnement. De fait, il n'est pas réaliste (au premier sens) parce qu'il est trop réaliste (au second sens). Les INS des autres pays ont considéré ce projet néerlandais avec scepticisme et ironie (sinon avec inquiétude : il pourrait faire penser au *1984* de George Orwell, si les Pays-Bas n'étaient, depuis des siècles, une nation fort démocratique). Il a cependant l'intérêt de montrer les limites du souhait de la mise en cohérence complète, pourtant exprimé souvent, avec des arguments légitimes, par de nombreux utilisateurs de la statistique publique. Le choix, plus prudent, de ne pas éradiquer complètement les incohérences entre sources, en se tenant au plus près du processus initial de construction des données, est inspiré, de fait, par une épistémologie plutôt conventionnaliste, puisqu'il risque moins de faire perdre en route les traces des dites conventions, comme le font les mises en cohérence à visée réaliste souhaitées par les utilisateurs.

Double conscience et figures de compromis.

Nous avons essayé d'identifier des façons dont les statisticiens ou les utilisateurs de statistiques vivent la tension quotidienne entre les perspectives réaliste et conventionnaliste. Nous n'avons pas cherché à trancher la difficulté par des formulations épistémologiques, qui donneraient les « bonnes réponses théoriques » à cet éternel problème. L'inconvénient de ces bonnes réponses est qu'elles n'envisagent pas les situations pratiques où sont posées ces questions, ni les façons dont les acteurs s'en débrouillent, à tort ou à raison. On a cherché à constituer une sociologie de l'argument statistique, plutôt qu'une épistémologie normative, à laquelle sont déjà consacrés de nombreux travaux. Le choix entre les deux postures, réaliste ou conventionnaliste, n'est pas un choix existentiel engageant les personnes de façon permanente. Il est lié aux contraintes des situations auxquelles sont confrontés ces acteurs, selon les

---

70 Les INS des Pays-Bas et des pays scandinaves ont, de longue date, choisi de développer leurs statistiques publiques à partir des fichiers administratifs, en réduisant la part des enquêtes directes.

moments, et selon les types d'interactions avec des objets ou avec des personnes qu'ils rencontrent. Ainsi par exemple, c'est souvent dans des situations de controverse et de remise en cause des routines du monde social que le réalisme antérieur est contesté par des arguments qui font ressortir le caractère conventionnel des statistiques. A contrario, la réalité est assimilable à des « choses qui tiennent », au triple sens de : « qui sont solides », « qui tiennent entre elles », et « qui tiennent les hommes en les coordonnant ». On pourrait relire les six critères de qualité comme des conditions de cette bonne tenue.

Dans sa pratique quotidienne, le statisticien est plongé dans un monde de conventions, qu'il enregistre ou qu'il façonne lui-même. Le fait que la mesure résulte de cet enchaînement de décisions conventionnelles est donc une évidence pour lui. Mais ensuite, il change de casquette sans s'en rendre compte, et tient un langage réaliste dès qu'il s'adresse au monde extérieur. Il n'y a là nulle ambiguïté : dans les deux cas il fait son travail avec conscience. L'utilisateur attentif ou le chercheur, qui consultent les métadonnées, sont eux aussi placés devant la même difficulté. Celle-ci n'est pas spécifique au statisticien. Comment les acteurs gèrent-ils en pratique cette tension qu'aucune épistémologie théorique ne peut résoudre à leur place ? Cette question fait penser aux problèmes de « double conscience » rencontrés par des anthropologues. Ainsi Jeanne Favret-Saada (1977), étudiant la sorcellerie dans le bocage normand, essaie de comprendre comment des personnes peuvent *en même temps* croire et ne pas croire aux mauvais sorts. Reprenant l'expression d'Octave Mannoni (1969), elle condense cette tension en une phrase type : « *Je sais bien* (que les sorts n'existent pas), *mais quand même* (il y a des événements bizarres) ». Comment les gens font ils coexister ces deux énoncés dans leur tête et dans leur vie ?[71] Le contexte est bien sûr différent dans le cas des statisticiens, puisque leur rationalisme ne fait pas de doute dans aucun des moments, réaliste ou conventionnaliste. Mais pourtant, il y a une forme d'incompatibilité entre les deux postures, dont il faut se débrouiller : « *Je sais bien* (que mes statistiques résultent de conventions), *mais quand même* (je crois en un réel qu'on me demande de quantifier) ».

Diverses *figures de compromis* sont disponibles, qui atténuent cette tension. Elles ont pour principe de disjoindre le signifiant (la mesure) et le signifié (l'objet

---

[71] Dans son étude des apparitions de la Vierge, Elisabeth Claverie (2003) se pose une question analogue : comment les pélerins font ils coexister, dans leur tête et dans leur vie, des énoncés en apparence contradictoires à propos de la réalité de ces apparitions ?

à mesurer), en les reliant néanmoins par des termes de correspondance variés. Une première figure hybride est la notion *d'ordre de grandeur*. Dans ce cas, les « flous de codage », liés, on l'a vu, à des problèmes de *jugement* (critère de pertinence), sont assimilés à des erreurs de mesure (critère de précision). Ainsi, cette notion est ambiguë, car elle est intermédiaire entre la *mesure imprécise,* qui relève de la métrologie classique, et une autre figure de compromis, celle *d'indicateur,* qui disjoint la mesure et la chose mesurée. Elle ne choisit pas clairement entre ces deux modalités.

Les notions d'*indicateur,* ou d'*indice,* pour leur part, assument en apparence plus clairement la disjonction entre l'objet mesuré et la mesure elle-même, bien que, ultérieurement *dans ses usages sociaux,* l'indicateur soit vu comme la chose elle-même. Ainsi les *indicateurs* et les *indices* ne prétendent pas mesurer directement quelque chose, comme le ferait un physicien ou un astronome. Ils sont plutôt, selon les cas, des résumés (telle une moyenne), des représentants, des porte-paroles de choses muettes, complexes et hors de portée. Ce sont, d'une certaine manière, des fictions utiles. On peut, dans ce cas, parler de « quasi-conventionnalisme », puisque le fait que la mesure dépend fortement des conventions de calcul est affirmé et assumé, au moins par ceux qui la fabriquent. Mais l'indicateur tend à devenir, pour les utilisateurs, la chose elle-même. C'est en cela que l'on peut dire que la statistique crée de la réalité. Cela a été le cas avec des objets comme le *seuil de pauvreté* utilisé depuis Charles Booth à la fin du 19ème siècle (Hacking 2000), le *quotient intellectuel* mesuré par des tests psychométriques (Martin 1997), ou l'*opinion publique* mesurée par les sondages de Gallup (Blondiaux 1998).

Il faudrait inventorier plus précisément la palette des figures de compromis effectivement utilisées, en les mettant en relation à la fois avec des situations (sociologie de l'argumentation et de l'action située) et avec les personnes impliquées (sociologie des acteurs). Il faudrait aussi comparer les formes de la tension ici analysée avec celles que l'on pourrait trouver dans les textes, plus « cognitifs » que « pragmatiques », des sciences sociales comme l'histoire ou la sociologie. Ces derniers, en mettant en avant une opposition entre « mise en variable » et « mise en récit », posent autrement une question qui n'est pourtant pas sans rapport avec celle qui est discutée ici. Une façon d'articuler ces deux questions est de remarquer qu'une « variable » est souvent, au moins à son origine, un *bureau de ministère*, c'est à dire un domaine *d'action spécialisée et standardisée* de l'Etat (la population, la mortalité, la pauvreté, le chômage, la délinquance, l'illettrisme, le taux d'accès au bac, ...). Cependant, la démarche suggérée ici diffère de celles de Passeron, Abbott ou Fabiani : elle propose une *sociologie des épistémologies* (que ce soient celles, indigènes, de la vie en société, ou celles, plus formalisées, des sciences sociales), plutôt qu'une *épistémologie de la sociologie*. A défaut de mettre en avant un choix épistémologique tranché sur « la réalité »[72], de telles recherches aideraient à comprendre les débats et les controverses, souvent obscurs, que soulèvent les arguments statistiques, tant dans les débats publics que dans les sciences sociales.

72 On ne reprendra pas ici l'idée, déjà évoquée ailleurs, selon laquelle une statistique est d'autant plus *réelle* qu'elle est plus solidement *construite* et inscrite dans des institutions stables (notion d'investissement de forme : Thévenot 1986). Cette façon de voir la relation entre réalisme et conventionnalisme est plus qu'une « figure de compromis », puisqu'elle propose une interprétation théorique de la distinction entre ces deux termes. Elle aide à comprendre et à étudier empiriquement beaucoup de situations historiques. Sur quelques débats suscités par cette hypothèse, voir la postface à Desrosières (2000a).

Chapitre 7
La commission et l'équation : une comparaison des plans français et néerlandais entre 1945 et 1980[73]

En 1946, deux Etats européens, la France et les Pays-Bas, viennent de subir les mêmes tragiques épreuves et entament leur reconstruction. Pour cela, ils se dotent tous deux d'un office de "planification économique" : le Commissariat général du Plan (CGP), à Paris, le Central Planning Bureau (CPB) à La Haye. Le contexte politique, les débats préalables à ces créations, les objectifs assignés à ces institutions innovatrices se ressemblent. Toutes deux doivent mettre en place une planification "indicative", "concertée", tournée vers la prévision et la coordination de décision décentralisées, et visent la reconstitution d'un marché libre, après qu'aient pu être progressivement supprimées les réglementations administratives issues de la guerre. Elles se démarquent explicitement l'une et l'autre autant des plans autoritaires de l'URSS et de l'Allemagne nazie, que du refus de principe de l'usage même du mot "plan" pour désigner une institution publique : une telle réticence a pu être observée aux Etats-Unis, en Grande-Bretagne ou dans l'Allemagne d'après-guerre, même si les idées de planification des politiques économiques n'y sont pas absentes.

Pourtant, à partir de ces choix initiaux comparables, qui les distinguent de celles d'autres pays, les planifications néerlandaise et française diffèrent sur un point important. Aux Pays-Bas sont construits, dès le début des années 1950, des modèles économétriques du fonctionnement global de l'économie. Les

---

73 Texte publié sous ce titre dans une version abrégée, dans : *Genèses,* 34, mars 1999, pp. 28-52.

résultats de ceux-ci sont largement cités et commentés à l'occasion des grands débats sociaux et politiques, des élections, des crises de toutes sortes qui jalonnent le demi-siècle écoulé depuis la guerre. En France, en revanche, de tels modèles ne sont construits et utilisés, d'une façon en principe comparable à celle des Pays-Bas, que depuis 1970 environ, et leur usage dans le débat social n'a jamais été aussi large ; il a même nettement diminué depuis le début des années 1980. Peut on expliquer une telle différence ? Cette question peut être l'occasion d'un exercice de sociologie comparative dont on posera ici quelques jalons, en mobilisant des éléments issues à la fois de l'histoire interne des outils techniques de description et d'analyse économique (schémas conceptuels, économiques ou non, méthodes statistiques, comptabilité nationale, économétrie), et de l'histoire externe, sociale, intellectuelle et politique, des deux pays[74].

Il se trouve que le tout premier modèle macroéconométrique a été construit, dès 1936, par un Néerlandais, Jan Tinbergen, précisément pour répondre à des questions de politique économique, liées au chômage et à la crise du commerce extérieur des années 1930. De plus, c'est ce même Tinbergen qui crée et dirige le CPB de 1946 à 1955. Cette circonstance accroît encore l'intérêt d'une comparaison entre la France et les Pays-Bas, mais pose aussi une question difficile pour qui veut se placer dans une perspective de sociologie historique : les différences peuvent elles être expliquées par la personnalité et le rôle d'un individu, fût-il exceptionnel ? Cet exercice portant sur une question bien délimitée peut donc conduire à une réflexion plus générale sur les liens entre une (micro) sociologie des sciences et des techniques, telle qu'elle est pratiquée maintenant de plus en plus souvent, et une (macro) sociologie, plus classique et historique, portant sur des institutions, des cultures et des ensembles nationaux. Ce texte cherche non seulement à répondre à une question proprement historique sur la France et les Pays-Bas, mais aussi à examiner un problème de méthode sociologique : quels éléments sont jugés pertinents pour répondre à une telle question ? Que signifie d'ailleurs "expliquer" de telles différences ? Peut on faire autre chose que sélectionner des éléments et les organiser en un récit prenant la forme d'un réseau de faits qui se tiennent plus ou moins bien ?

---

74 Ce qui suit doit beaucoup à des informations fournies par des chercheurs néerlandais : Marcel Boumans, Johan Heilbron, Frank Kalshoven, C. Oomens, Adrienne Van den Bogaard. Mention particulière doit être faite à Albert Jolink, le biographe de Jan Tinbergen, qui m'a appris beaucoup sur celui-ci. Il a accepté que je l'accompagne, en mai 1994, lors d'une des visites régulières qu'il lui rendait. Alors âgé de 91 ans, Jan Tinbergen a bien voulu répondre à mes questions, dans le français parfait que parlaient les intellectuels européens de naguère. Il est décédé en juin 1994. Pour la France, Edmond Malinvaud, Jacques Mayer et Pascal Mazodier ont eux aussi répondu à quelques unes de mes questions. Qu'ils en soient tous remerciés.

Mais des réseaux narratifs très différents peuvent être construits, et l'explicitation de cette multiplicité des récits est même une partie essentielle du travail de comparaison. Ceci est visible par exemple à travers la diversité des sources documentaires et historiographiques déjà disponibles. Ainsi, pour la France, une documentation copieuse existe sur l'histoire de la statistique (INSEE, 1987) ou de la comptabilité nationale (Fourquet, 1980). Pour les Pays-Bas en revanche, les recherches préalables sur ces sujets sont peu importantes, mais la littérature sur les origines des modèles économétriques néerlandais est abondante, compte tenu du rôle de ceux-ci (et de Tinbergen) dans l'histoire générale de la modélisation (Bodkin, L. Klein, Marwah, 1991). Les travaux sur les modèles français existent, mais sont bien sûr plus modestes. Cette différence historiographique est à la fois significative (elle anticipe sur les résultats présentés ci-dessous : accent mis sur la comptabilité nationale en France, sur la modélisation aux Pays-Bas) et gênante dans une perspective de comparaison terme à terme.

La diversité des récits possibles fait partie du problème à traiter. Tout en ayant en tête cette question, on présentera une sélection (parmi d'autres) de traits tant micro que macro-sociaux, dessinant deux constellations scientifiques, administratives et politiques. La percée néerlandaise en matière de modélisation doit beaucoup à la personnalité complexe et multiple de Tinbergen. Pour cette raison, on centrera l'analyse du cas français sur quelques individus comparables à celui-ci, mais chacun selon des points de vue différents : Marcel Lenoir, Dessirier, Sauvy, Monnet, Gruson, Malinvaud, et en évoquant aussi le rôle d'autres Néerlandais.

Les deux récits sont assez indépendants l'un de l'autre, dans la mesure où, malgré les ressemblances des objectifs de leur planification, les échanges entre les deux pays ont été peu nombreux. Les références mutuelles sont rares, les protagonistes, aussi bien scientifiques que politiques, se connaissent peu. La prévision économique française reste longtemps tournée sur elle-même. Les Pays-Bas sont plus ouverts, d'abord sur l'Allemagne, puis vers le monde anglo-saxon, mais peu vers la France. Derrière cela il y a une dimension importante : le côté "assez grand pays" intellectuellement (à tort ou à raison) autosuffisant de la France s'oppose au côté "petit pays" à fort passé commercial et plus spontanément ouvert des Pays-Bas. La plus ou moins grande fermeture des réseaux technico-politiques que constituent les deux pays semble justifier des analyses macro-sociales, portant sur des traits supposées lourds et de longue durée des deux cultures nationales. Il pourrait du coup être tentant de les résumer en des formules simples, facilement mémorisables et transmissibles, éventuellement à des fins d'argumentation ou de dénonciation, par exemple sur le "retard" ou "l'archaïsme" de la France (si on se place du point de vue de la modélisation économétrique). Multiplier les points de vue montre que de tels résumés sont stimulants pour l'esprit, mais aussi risqués. Plus prosaïquement d'ailleurs, la diversité des récits et la sélection des traits présentés sont aussi tributaires de la disponibilité, en partie aléatoire, des sources d'information : on ne saurait oublier ce caractère contingent de l'analyse historique. Mais, après tout, il s'agit plus de donner à penser que de dévoiler une vérité jusque là cachée.

UNE COMBINAISON DE HUIT MAILLONS DIFFÉRENTS

La modélisation macroéconométrique aujourd'hui enseignée et utilisée dans le monde entier repose sur un noyau commun de méthodes et de contraintes, même si les hypothèses économiques et les techniques statistiques diffèrent d'un modèle à l'autre. Pour comprendre pourquoi et comment deux Etats apparemment proches sont parvenus à élaborer de tels modèles à des moments et selon des cheminements très différents, il faut se remémorer le fait que ce noyau commun, maintenant bien acquis et constitué, est le produit historique de la combinaison entre des outillages cognitifs et institutionnels nombreux et relativement indépendants les uns des autres. Cette combinaison n'a pu se faire que progressivement, et rien ne commandait a priori l'ordre et la forme dans lesquels les divers maillons se noueraient successivement les uns aux autres. Dans les années 1950, le modèle de L. Klein et Goldberger représente la synthèse provisoirement unifiée de ces maillons, qui engendrera ensuite d'autres modèles fort variés (Artus, Deleau, Malgrange, 1986).

On peut décomposer ce noyau désormais solide de la modélisation économique en huit éléments issus de trajectoires très différentes[75]. Sans reconstituer en détail cette généalogie compliquée[76], il faut insister sur le fait que, selon les circonstances, c'est sur tel ou tel de ces maillons, ou sur telle ou telle combinaison de certains d'entre eux, que l'accent est mis pour caractériser l'essence de la modélisation, ou le moment décisif et le plus difficile à franchir de l'histoire. C'est précisément pour cela que cette histoire peut être différente d'un pays à l'autre, le mot "histoire" étant lui-même pris avec ses deux connotations

---

[75] Ce nombre huit n'a bien sûr rien d'absolu. On pourrait sûrement en mentionner d'autres.

[76] On en trouvera beaucoup d'éléments dans Stigler (1986), Morgan (1990), Bodkin, Klein et Marwah (1991), et Desrosières (1993).

possibles, comme réalité (l'histoire telle qu'elle s'est "vraiment" passée), ou comme narration (l'histoire telle qu'elle est construite et racontée). On pourrait montrer, à titre d'exercice, que l'on peut retracer l'histoire de la modélisation de huit façons différentes, en tirant successivement chacun des fils issus de ces huit idées, qui ne sont énumérées ici que pour montrer ensuite comment elles progressent et se combinent différemment selon les contextes nationaux.

1 - *Quantification et régularités observées*

Les phénomènes économiques et sociaux peuvent être quantifiés et décrits par des "statistiques", et ces mesures sont dotées de régularités et de permanences temporelles. C'est l'idée centrale de Quetelet, combattue par des "statisticiens" qui, soit nient la possibilité même des mises en équivalence et des additions (statistiques "à l'allemande" du XVIII° siècle) soit admettent la quantification, mais nient l'existence de régularités stables (Moreau de Jonnès, fondateur de la Statistique Générale de la France, SGF, en 1833), sans parler des économistes théoriciens (Say, Walras), qui se méfient plutôt de l'écart entre concepts abstraits et mesures statistiques concrètes dont rien ne garantit la pureté (Ménard, 1987).

2 - *Les marchés et leur équilibre général*

L'économie peut être pensée comme un système global d'échanges marchands, dont les parties intéragissent selon des lois générales, exprimables de façon mathématique. C'est l'équilibre général de Walras et Pareto. Cette idée n'implique pas à priori la possibilité de mesurer effectivement des interactions et leurs régularités. C'est une construction formelle qui tire même sa force de cette possibilité d'abstraction des lois générales du marché. A ce moment, le recours à la statistique est perçu comme risquant de faire revenir la pensée économique en arrière, vers le contingent et l'historique. La controverse entre, d'une part, les historicistes allemands (et leurs descendants institutionnalistes américains jusqu'à Mitchell et Vining), grand utilisateurs de statistiques, et, d'autre part, les économistes "hypothético-déductifs" et mathématiciens, porte précisément sur l'opposition entre statistiques descriptives et formalismes mathématiques, pensés à ce moment (fin du XIX° siècle) comme incompatibles.

3. *L'analyse de la conjoncture économique*

Les régularités temporelles n'impliquent pas nécessairement la constance postulée par Quetelet. Les fluctuations observées historiquement peuvent être analysée en tant que telles, et mises en relation les unes avec les autres. Elles sont souvent cycliques. Les cycles peuvent être décrits, et éventuellement "expliqués" par des "causes" extérieures (Juglar, Moore). Cette idée conduit à la construction de "baromètres économiques" (Harvard), et à la mise en place d'instituts de conjoncture, qui fleurissent dans les années 1920 et 1930. En France Dessirier et Sauvy tentent, avec peu de succès, de promouvoir ce langage de la "prévision conjoncturelle". C'est dans ce contexte que se développent les techniques de représentation graphique, les moyennes mobiles, les corrections des variations saisonnières. Une nuance apparaît, parmi ces "conjoncturistes", entre ceux qui voient, dans chaque phase ou dans chaque cycle, des moments singuliers justifiant une analyse spécifique (Mitchell), et ceux qui cherchent à inscrire les régularités empiriques dans des formes stables, anticipant ainsi l'économétrie (Marcel Lenoir, 1913 ; Moore, 1914).

4. *La statistique mathématique issue de la biométrie*

Les régularités et les relations statistiques peuvent en effet être elles mêmes mises en forme et "mesurées" par les outils de la statistique mathématique naissante (régression, corrélation, tests), issus de la biométrie (Galton, Karl Pearson). Ces outils sont transportés vers les sciences sociales et l'économie, d'abord par Yule et Bowley, avant de l'être, plus tard, sous la forme de la statistique inférentielle probabiliste (estimations, tests) de Fisher et Neyman-E. Pearson. Aux tout débuts de l'économétrie (qui ne portent pas encore ce nom), entre 1900 et 1930, ces premiers outils (non probabilistes) sont importés pour tenter d'estimer des lois d'offre et de demande, et analyser des cycles (Marcel Lenoir en France, Benini en Italie, Moore et les frères Working aux Etats-Unis)

5. *La comptabilité nationale*

La vie économique peut être mesurée et décrite de façon globale à travers des grands "agrégats", revenu national, produit national brut, consommation... Cette idée de comptabilité nationale apparaît successivement dans trois perspectives différentes (et en partie indépendantes). Celles-ci correspondent aux trois optiques selon lesquelles, encore aujourd'hui, le PIB peut être calculé. La mesure du revenu national est inscrite dans une analyse des revenus : salaires, profits, rentes (Bowley, dès le début du siècle). La mesure d'un produit national résulte d'une analyse de la production des divers secteurs de l'économie (Mitchell, Kuznets et Clark, dans les années 1920 et 1930). Enfin la mesure des composantes de la demande (consommation, investissement, dépenses publiques) est liée à la diffusion des idées de Keynes sur l'équilibre macroéconomique entre offre et demande globales (années 1940). La conceptualisation théorique de la comptabilité nationale, et la mis en place, lourde et coûteuse, de l'infrastructure statistique nécessaire à sa mise en oeuvre effective, peuvent, selon les cas, soit être vues comme les moments cruciaux de la modélisation macroéconomique (cas français jusqu'aux années 1970), soit au contraire être passées presque complètement sous silence, comme une étape purement technique sans portée historique ni enjeu scientifique important (cas anglo-saxon).

6. *La dynamique de l'économie*

Les variations temporelles des diverses composantes de la vie économique, reliées entre elles par les équilibres comptables a priori de la comptabilité nationale, peuvent être non seulement présentées et analysées avec les outils de la statistique descriptive évoqué eau point 3, mais aussi vues en termes d'enchaînement dynamique. C'est l'apport essentiel de Tinbergen dans les années 1930. Plusieurs outillages mentaux différents se rejoignent alors : équilibre systémique global (lui-même synthèse d'un équilibre économique théorique à la Walras : point 1, et d'un équilibre empirique comptable : point 5), analyses temporelles (point 3), statistique mathématique appliquée à l'économie (point 4), sans parler de formalismes encore différents, issus de la physique et de la mécanique (oscillateurs harmoniques, équations différentielles). Cet aspect dynamique ne deviendra partie intégrante de la modélisation française qu'au milieu des années 1970 (modèles DMS et METRIC).

7. *Les modèles deviennent probabilistes*

Les relations économétrique estimées soit de façon statique, soit de façon dynamique, peuvent être inscrites dans un modèle probabiliste, permettant de penser les relations entre les hypothèses économiques théoriques, les régularités empiriques observées et l'hétérogénéité des cas singuliers, et permettant aussi de résoudre la question de la simultanéité des relations estimées. Cette "probabilisation" des modèles est absente du travail de Tinbergen dans les années 1930. Elle est pleinement mise en forme par Haavelmo (1944) et par la Cowles Commission américaine (Morgan, 1990), dont un des membres les plus importants est le Néerlandais Koopmans. A ce stade est réalisée la synthèse avec d'autres outillages, encore différents, issus des probabilités en tant que branche des mathématiques, via les Britanniques Gosset (Student), Ronald Fisher et Egon Pearson, le Polonais Jerzy Neyman et d'autres. Bien que des Français (Borel, Fréchet, Darmois, Paul Lévy) aient eu une place essentielle dans les développements du calcul de probabilités, ils ne semblent pas avoir joué un rôle particulier dans l'introduction de celui-ci dans les modèles économiques. Pour la France, c'est Malinvaud qui, dans les années 1950, effectue cette mise en forme.

8. *Une référence pour les politiques économiques*

L'idée d'associer étroitement des spéculations théoriques (économiques ou mathématiques) avec des séries d'enregistrement statistiques et comptables ne s'impose que dans les années 1930 et 1940. Or c'est à ce moment aussi que de telles constructions sont explicitement présentées comme nécessaires pour orienter des politiques macroéconomiques, dans le contexte dramatique de la crise, de la mobilisation industrielle liée à la guerre, et de la reconstruction de l'après-guerre. Cette perspective quasi-militante est forte chez les créateurs des premiers modèles. Elle est comparable à l'engagement des physiciens dans le projet Manhattan de construction de la bombe atomique, à la fois par la mobilisation coûteuse de vastes équipes, et par les progrès rapides des recherches scientifiques qui en résultent. De cette implication directe dans la vie de la cité, désormais pensée à travers ces outils nouveaux, résulte un changement non seulement de l'échelle mais aussi de la nature de la combinaison, maintenant fortement nouée, des sept maillons décrits ci-dessus. Mais selon les pays, ces maillons ont été articulés et exprimés de façon différente. Il ne suffit pas, on le verra, qu'une idée nouvelle soit formulée à un moment dans un pays donné. Elle ne produit ultérieurement des effets que si elle est capitalisée, inscrite dans des réseaux stables, cognitifs et politiques. A quelles conditions peut elle l'être ? Pour cela sont décisifs les poids relatifs et les relations mutuelles entre les universités, les centres de recherche, les offices statistiques, les autres administrations, les organes politiques, éventuellement les grandes firmes, les syndicats, les partis, les églises. Dans chaque pays, cette configuration est différente.

ADMINISTRATIONS ET UNIVERSITÉS : UN PARTAGE SPÉCIFIQUE À LA FRANCE

Le contenu, le style et l'importance de la prévision économique dans l'espace administratif et scientifique d'un pays donnent une bonne idée du rôle implicite de l'Etat, notamment en matière d'expertise scientifique et technique. Dans certains pays, cette expertise est plutôt extérieure aux rouages de l'Etat, dans les universités ou des centres scientifiques qui, même s'ils bénéficient de fonds publics, ont plutôt avec l'administration des rapports de type contractuel, les deux activités restant distinctes quant à leurs finalités. Le cas de la France est plus complexe car, pour une part, l'expertise technique et même scientifique socialement reconnue a été longtemps (et est encore en partie) interne à l'Etat, à travers les corps d'ingénieurs issus des grandes écoles, dont le prototype est l'Ecole polytechnique. L'université y a eu, en conséquence, un poids relatif plus faible : ceci est net pour l'enseignement de l'économie mathématique (Le Van - Lemesle, 1991).

Cette tradition d'une science pour l'Etat a eu longtemps des conséquences importantes[77]. Tournés vers l'action administrative, ces savoirs d'ingénieurs avaient tendance à se fractionner, à se spécialiser dans leurs domaines propres d'intervention. La circulation d'un domaine à l'autre était improbable. Par exemple, dès la fin du XIX° siècle, des officiers d'artillerie avaient développé, pour leurs usages, des formalismes probabilistes et statistiques de haut niveau (Crépel, 1994). Ceux-ci étaient inconnus des statisticiens et économistes du temps. Ou encore, une circulation d'idées entre physiciens et économistes, à l'origine du travail de Tinbergen et Koopmans, était peu concevable en France. Cette orientation administrative ne poussait pas au cumul des connaissances, à leur systématisation. Les bibliographies étaient réduites et aléatoires. Les échanges avec d'autres pays étaient peu nombreux, ou limités à des institutions officielles, peu académiques. Autrement dit, les réseaux scientifiques restaient très courts, puisque les innovateurs éventuels étaient isolés, sinon exclus, ou se branchaient sur des réseaux administratifs ou économiques, peu propices à la capitalisation des savoirs, plutôt que sur des réseaux universitaires.

Ces hypothèses historiques, sans doute trop sommaires et générales, et donc simplificatrices, ne visent qu'à éclairer les travaux et les trajectoires de quelques individus qui, précisément, ont cherché à rompre avec ce contexte général, mais dont l'activité n'a pas été reprise et insérée dans un ensemble plus large et cumulatif. Il s'agit moins de juger (a posteriori) que de chercher à comprendre une histoire et une tradition (quitte à envisager, en conclusion, ce qui en subsiste). Il est donc temps de quitter provisoirement une macrosociologie réductrice, et d'examiner plus en détail les travaux et les tentatives de quelques

---

[77] Le passé est ici utilisé, car ce paysage français, esquissé à grands traits, s'est beaucoup transformé au cours des trois dernières décennies, et justifierait une autre analyse, même si certains aspects subsistent.

statisticiens et économistes comparables, d'une manière ou d'une autre, aux Néerlandais que l'on décrira ensuite[78].

L'idée de quantifier les fluctuations globales de l'économie, d'abord en les additionnant et en les traitant comme un tout, puis, plus tard, en en modélisant les articulations, ne va pas de soi. Elle est en général liée, plus ou moins explicitement, à un projet d'action, à l'idée qu'il est possible d'influer sur le cours de la vie économique : le Tableau de Quesnay en est un des premiers exemples. L'histoire de la quantification de la vie sociale le montre : il faut identifier et construire des objets qui se tiennent, pour pouvoir agir sur eux et ajuster cette action. Au XIXe siècle, la statistique morale puis la démographie se constituent autour des questions politiques posées par les épidémies, la pauvreté, la délinquance, le volume de la population nationale. A la fin du siècle, une grave crise économique frappe les nations industrielles, entre 1875 et 1895. Une réglementation du travail salarié est mise en place ; des offices du travail sont créés dans beaucoup de pays, dans les années 1880 (Etats-Unis) et 1890 (Europe). La Statistique générale de la France (SGF), qui existe depuis 1833, est rattachée en 1891 à un tel Office du travail, et lance des enquêtes sur les salaires et les conditions de travail, puis sur les prix. De nouvelles catégories de perception de la vie économique, et d'action sur elle, sont alors formulées, et sont en usage à peu près des années 1880 aux années 1940 : récurrence cyclique de crises caractérisées par les fluctuations de la bourse, des salaires et des prix des matières premières, par la production et la circulation des métaux précieux, et par les taux de change entre monnaies. En ce temps, l'économie n'est pas encore perçue en termes de production nationale et de circuit intégré de l'offre et de la demande globales comme elle le sera après Keynes (théoriquement), et Tinbergen et Frisch (pratiquement)

Pour Marcel Lenoir, la variable à expliquer est le prix

C'est en termes de cycles des prix et des salaires que, en France, sont formulées les observations de Juglar, puis les recherches du statisticien Marcel Lenoir. Celui-ci, membre de la SGF, soutient en 1913, une thèse sur "La formation et le mouvement des prix" dont à la fois l'originalité et les limites sont symptomatiques. Le passage d'un statisticien de l'administration par le circuit

---

78 Des développements sur l'histoire interne des modèles économétriques français figurent dans Artus, Deleau, Malgrange (1986), Boyer (1987) et Courbis (1991). Sur l'histoire plus générale de la statistique administrative en France, voir INSEE (1987), volumes 1 et 2.

universitaire est alors exceptionnel et ne se répètera pas avant plusieurs décennies. Mais, des deux points se vue, de son administration et de l'université, son travail est si atypique qu'il n'a aucune postérité, ni d'un côté ni de l'autre. Il tombe quasiment dans l'oubli. Il n'est repris par aucun réseau, scientifique ou politique.

Que fait-il ? Il invente l'économétrie (sans la nommer ainsi). Significativement son objet d'étude est le mouvement des prix et non de la production. Le prix est la variable à expliquer : c'est sur lui que l'attention porte en priorité à l'époque. Marcel Lenoir cherche à réunir trois des huit maillons énumérés ci-dessus, ce que personne n'avait encore fait. Une analyse théorique de la formation des prix s'inspire de l'économie mathématique du temps (point 2). Walras, Pareto, Marshall, Edgeworth, Jevons sont cités. Les procédures d'ajustement entre les fonctions d'offre et de demande sont étudiées. Mais, à l'inverse de l'usage actuel en France, ce sont les quantités (offertes ou demandées) qui sont portées en abscisses, les prix étant portés en ordonnées. Ces derniers constituent la variable endogène, à expliquer, résultant du tâtonnement entre offre et demande. Ce détail est significatif de l'orientation du questionnement : c'est le cycle des prix qui fait problème. Par ailleurs, Marcel Lenoir a l'intuition que, d'une période à l'autre, les courbes d'offre comme les courbes de demande se déplacent, et que la trajectoire de leur intersection n'est ni une fonction d'offre ni une fonction de demande. Cependant, selon que les biens sont agricoles ou industriels, ce sont les fonctions d'offre ou de demande qui bougent le plus, et, du coup, selon les cas, les trajectoires des intersections "ressemblent" à des fonctions de demande ou d'offre. Il est ainsi sur le chemin de ce qui sera le "problème d'identification" de l'économétrie.

Dans une seconde partie du livre il associe des séries annuelles de prix à des séries de consommation, de production, ou à des séries financières, pour analyser leurs évolutions et leurs cycles (point 3). Pour cela, il utilise les tout nouveaux outils de la statistique mathématique : régression linéaire multiple, corrélation partielle (point 4). Comme Tinbergen le fera vingt ans plus tard, il cherche la cause profonde des cycles dans une théorie, reprise à Lexis et Aftalion, du décalage entre dépenses d'équipement et production :

> « La cause profonde des fluctuations périodiques de la vie économique, dans la théorie à laquelle nous nous rattachons, est la demande intermittente des capitaux fixes nécessaires, de temps en temps, pour la réfection et l'augmentation de l'outillage économique" (M. Lenoir, 1913). »

Par ailleurs, il explique les variations de long terme ("séculaires") des prix, par la "production de numéraire", c'est-à-dire la production, la circulation et les stocks d'or et d'argent. Il analyse successivement l'évolution de la monnaie, puis les cycles du charbon, du blé, du coton, du café, et enfin de l'ensemble des prix, repérés par des "index-numbers". L'originalité de la démarche est l'essai d'associer théorie formelle, séries empiriques et ajustements "économétriques" (le mot n'apparaîtra qu'en 1930). Il est vrai que les deux parties du livre ne sont pas complètement reliées. Mais, s'il n'évalue pas effectivement des fonctions d'offre et de demande, ce qu'essaie déjà de faire l'Américain Moore (et que fera Tinbergen dans les années 1920) c'est sans doute parce qu'il a une claire intuition de la difficulté de la tâche, liée à la double translation, d'une période à l'autre, des courbes théoriques.

Cette recherche, novatrice à tous égards, n'est pas à l'origine de développements significatifs. Elle ne comporte aucune allusion à un éventuel usage en vue d'éclairer la politique économique, peu imaginable avant 1914, surtout venant d'un jeune statisticien de la SGF. Après la guerre, Marcel Lenoir est envoyé par celle-ci à Hanoï pour créer un Service statistique de l'Indochine, où il meurt en 1927. Il est encore quelquefois cité par les économistes universitaires, jusqu'aux années 1950[79], puis oublié définitivement. La SGF, pour sa part, ne soutient pas les travaux de conjoncture et de prévision économique, et son directeur d'alors, Michel Huber, défend une conception très administrative du rôle de la statistique "officielle".

La même année, 1927, le tout jeune Tinbergen entre au Bureau central de statistique néerlandais, où il inventera la modélisation économétrique, et un Français du même âge, Dessirier entre à la SGF. Comme le font alors dans divers pays des "Offices de conjoncture", Dessirier essaie de réunir, de publier et de commenter des séries économiques. Mais, craignant d'être désapprouvé, il n'en parle pas immédiatement à son directeur. Apprenant cela, ce dernier le pousse à démissionner, s'il veut poursuivre son projet. Le compte-rendu d'une réunion du "Conseil de la Statistique générale de la France", tenu le 31 octobre 1929 (une semaine après le krach boursier de Wall Street), rapporte cet épisode d'une manière révélatrice de l'absence de légitimité qu'avait encore une telle activité à cette époque :

---

79 André Marchal, en 1952, le déclare mort pendant la guerre de 1914, ce qui montre combien il était peu connu.

"... M. Dessirier a entrepris la publication d'un recueil mensuel de courbes statistiques intitulé "la conjoncture économique et financière", contenant des appréciations sur la situation et des prévisions. Il a reconnu avoir commencé cette publication en mai 1929 et que c'était volontairement qu'il n'avait pas prévenu, car il craignait d'être détourné d'une entreprise qui lui tenait à coeur. M. Huber a fait observer que cette initiative lui paraissait incompatible avec la situation officielle de M. Dessirier et que de graves inconvénients pourraient résulter de prévisions économiques et financières, formulées par un fonctionnaire en activité, ce qui permettrait de leur attribuer un caractère presque officiel. La nature actuelle de la publication, faite sous le manteau, sans publicité, ne pourrait pas être conservée. Dans ces conditions, le directeur devrait en référer au ministre, ne pouvant prendre la responsabilité d'autoriser M. Dessirier à poursuivre une entreprise privée de cette nature..." (Archives du Conseil de la SGF, 31 octobre 1929).

Le compte-rendu ne fait pas mention d'un débat sur l'intérêt ou l'utilité de l'étude de la conjoncture. Il est signé par le Président du Conseil de la SGF, Clément Colson, professeur d'économie à l'Ecole polytechnique, et par Dugé de Bernonville, auteur des premières estimations du Revenu national français.

Plus prudent ou plus habile que Dessirier, Alfred Sauvy, lui aussi membre de la SGF, entreprend, dans les années 1930, de construire un réseau scientifique, politique et journalistique qui rend crédibles puis nécessaires la construction, la diffusion et le commentaire de séries conjoncturelles. Il crée en 1938 un "Institut de Conjoncture", sur le modèle d'autres pays. En vingt ans, entre 1930 et 1950, cette activité deviendra un des éléments majeurs de la légitimité de l'office statistique, devenu l'INSEE en 1946, par fusion de divers services, dont celui de la conjoncture.

On peut interpréter ce moment en termes de prise en compte de certains des maillons énumérés ci-dessus, dont la synthèse est nécessaire à la modélisation économétrique. L'idée de quantification (1) est revendiquée, en opposition à l'économie "littéraire" et verbale. Mais la formalisation en termes d'économie mathématique (2) est absente. En revanche, la sensibilité aux évolutions décrites par des séries temporelles (3) est au coeur de la démarche. Mais les régressions et corrélations (4), les équilibres de la comptabilité nationale (5), et a fortiori la dynamique économique exprimée mathématiquement (6) et les modèles probabilistes (7) sont totalement absents de la perspective "conjoncturiste" qui, par ailleurs, insiste fortement sur son utilité pour éclairer la politique économique (8). Cette démarche a sa logique, son langage, son public. Elle sera critiquée, plus tard, dans les années 1950, par les tenants de la cohérence comptable des budgets économiques, puis, dans les années 1970, par ceux qui construisent des modèles, et notamment des modèles trimestriels (METRIC), qui réalisent une synthèse d'ensemble des huit maillons.

Le travail nécessaire pour rendre techniquement possible et politiquement crédible la combinaison réussie des huit maillons est compliqué et plein de traverses particulières à chaque pays. Ainsi, en France, dans les années 1930, un réseau d'ingénieurs a contribué (dans une mesure et avec une efficacité qui restent discutées) à ce travail. Le groupe X-Crise, constitué en 1930 par des polytechniciens, se veut un lieu d'échange d'idées sur les "solutions rationnelles" qui peuvent être apportées à la crise économique et sociale. Il n'est pas un lieu de recherche et d'innovation scientifique à proprement parler, mais un lieu de circulation et de connexion d'idées auparavant soutenues séparément dans des contextes éloignés les uns des autres (Armatte, 1994). Dessirier et Sauvy rédigent un bulletin de conjoncture. Divisia présente une statistique économique traditionnelle, tandis que R. Roy, Ullmo et Gibrat commencent à parler de l'économétrie naissante. Marc Bloch et Simiand parlent d'histoire économique. En février 1938, le Belge Bernard Chait présente, sous le titre "le problème des crises économiques", les grandes lignes de la modélisation dynamique que, depuis trois ans, Tinbergen a construit pour les Pays-Bas et pour les Etats-Unis, en insistant sur leur utilité pour "servir de base à des décisions gouvernementale". Tinbergen lui-même expose, en juin 1938, ses "recherches économiques sur l'importance de la Bourse aux Etats-Unis". Il développe en français, de façon pédagogique et imagée, sa conception des modèles dynamiques, vus comme systèmes mixtes d'équations différentielles et d'équations aux différences finies simultanées comportant autant de variables que d'équations. Il présente, sous forme de graphiques, les résultats des régressions et leur interprétation. De fait, ce type de méthodologie n'aura pas d'application en France avant plus de trente ans (début des années 1970). L'étude de la diffusion et de la retraduction des idées débattues par le groupe X-Crise, et de leur impact réel, reste à faire. Il y a ainsi une discontinuité entre ces discussions des années 1930 sur l'économétrie, et la comptabilité nationale "à la française", qui apparaît dix ans plus tard.

EQUILIBRE COMPTABLE OU DYNAMIQUE MARCHANDE

La différence entre, d'une part, la perspective tracée par la modélisation économétrique de Tinbergen et, d'autre part, les travaux français de l'après guerre sur la comptabilité nationale et les budgets économiques est frappante. D'un côté les fluctuations spontanées d'une économie fondamentalement marchande sont suivies le plus finement possible, et inscrites dans une formalisme qui vise à la fois à expliciter leur dynamique endogène, et à tester les effets éventuels de telle ou telle mesure de politique économique. De l'autre, l'économie nationale est de fait traitée, plus ou moins implicitement, comme celle d'une grande entreprise, dont il faut analyser finement et organiser les flux internes, afin de répondre au mieux aux divers besoins, compte tenu de ressources limitées. La technique comptable équilibrant les "ressources" et les "emplois", croisant des équilibres par "agents" et par "opérations", symbolise cette démarche.

Mais il serait trop simple de rabattre cette distinction sur l'opposition stéréotypée entre "libéralisme" et "dirigisme", entre droite et gauche, entre marché et Etat. En effet, du côté des Pays-Bas des années 1930, c'est précisément parce que Tinbergen (membre actif du parti socialiste) souhaite que l'Etat intervienne judicieusement dans une situation de crise grave, qu'il élabore son modèle des cycles et teste diverses variantes de politique économique. D'autre part, dans la France des années 1940 et 1950, l'orientation politique n'est pas du tout de construire une planification lourde et autoritaire, à la façon de celle de l'Europe de l'est. Toute l'habileté de Jean Monnet est même de doter le Commissariat général au Plan (CGP), d'une structure légère, destiner à organiser la concertation et le dialogue entre des administrations et des "partenaires sociaux" qui auparavant s'ignoraient. Cette ligne politique est, mot pour mot, la même que celle du Central Planning Bureau (CPB) créé par Tinbergen, cette même année 1946. Les débats très âpres qui, en France comme aux Pays-Bas, ont précédé ces deux créations, entre les tenants d'une planification lourde orientant directement la politique économique, et les partisans, comme Monnet et Tinbergen, d'une planification légère consultative, sont identiques, et se terminent de la même façon. Or, à partir de cette origine commune, les deux histoires sont différentes. Aux Pays-Bas, après une brève période de tâtonnements la construction de modèles reprend, dès le début des années 1950, et ces modèles ont, pour longtemps, une grande répercussion dans le débat social (Barten, 1991). En France en revanche, la construction de la comptabilité nationale devient une entreprise politique et administrative de grande ampleur, mais n'engendre pas, avant vingt ans, de modèles conséquents. Par ailleurs le Plan a rarement une influence et une autorité (scientifique et politique) aussi grande que ce n'est le cas aux Pays-Bas. Ceci montre qu'une opposition simpliste entre un étatisme "à la française" et un libéralisme "à la hollandaise" ne rend pas compte des différences entre les deux histoires.

Dans la plupart des grands pays, la conception et la mise en place d'un système de comptabilité nationale (et de l'infrastructure statistique nécessaire) ont été vécues comme des opérations techniques, indispensables et coûteuses, mais néanmoins subordonnées par rapport à leurs usages politiques et scientifiques. Les histoires disponibles de la modélisation macroéconomique ne jugent pas utile d'évoquer cette phase du travail. Les données statistiques existent, comme les routes ou le téléphone. Leur inexistence est un indice de sous-développement . En France en revanche cet épisode de la construction du système d'information économique a été vécu, pendant la vingtaine d'années allant de 1950 à 1970 environ, non seulement du point de vue de cet usage rapidement routinisé, mais aussi comme le vecteur d'un projet politique plus vaste, de rationalisation et de modernisation de l'administration française[80]. Il est bien sûr marqué par les conditions très particulières de l'après guerre, qui sont d'ailleurs communes à la France et aux Pays-Bas : reconstruction, investissements en infrastructures en partie financés par une aide Marshall conditionnée par l'existence d'une comptabilité économique, pénuries, situation inflationniste opposée à celle des années 1930, réglementations administratives encore lourdes, décolonisation (Indochine et Algérie pour la France, Indonésie pour les Pays-Bas).

La spécificité française est plutôt du côté de la transformation du rôle de l'Etat, menée de l'intérieur par une équipe de hauts-fonctionnaires. Ceux-ci souhaitent moderniser l'administration, mais ils sont néanmoins produits par la structure ancienne, évoquée ci-dessus, qui donne un poids relatif plus grand de légitimité à l'expertise interne à l'Etat par rapport à une expertise plus universitaire. La matrice intellectuelle de la comptabilité nationale française est une combinaison entre la tradition comptable et budgétaire de l'administration des finances, étendue à tous les acteurs de la vie économique, et une version simplifiée du keynésianisme, qui met l'accent sur l'écart numérique entre une offre et une demande globales précisément mesurées par le nouvel outil. Paradoxalement, cette entreprise conduit à un système articulé de comptes nettement plus détaillés et sophistiqués que ceux d'autres pays, mais moins utilisés dans des modèles économiques mobilisant les développements récents de l'économétrie d'une part, et de la macroéconomie de l'autre : la sophistication du système français a un autre but que la modélisation.

---

80 Cette histoire est racontée de façon vivante dans un livre centré sur des interviews des principaux acteurs de celle-ci : François Fourquet. *Les comptes de la puissance. Histoire de la comptabilité nationale et du Plan.* Paris Encres-Recherches, 1980.

Comment expliquer en effet cet usage apparemment limité, par comparaison avec les standards qui se mettent en place ailleurs à la même époque ? Pour le comprendre, il faut entrer dans la mécanique interne du processus de l'élaboration des comptes, et des prévisions à court et moyen terme qui en sont déduites. Les tableaux de comptabilité nationale constituent une description théorique subtile, cohérente et exhaustive, de l'ensemble des flux économiques entre les agents. Les sources statistiques disponibles étant lacunaires, incomplètes, contradictoires, le remplissage des tableaux est un processus collectif d'approximations successives, par tâtonnements, négociations, compromis entre responsables des divers lignes et colonnes des matrices comptables. D'une certaine façon, ce processus mime (ou croit mimer) le fonctionnement réel d'une économie perçue comme une série d'ajustements comptables, et non comme une dynamique marchande. Il est significatif que les projections en volume constituent le coeur des reconstitutions du passé, et des prévisions à court et moyen terme. Les prix et les valeurs sont bien sûr observés et inscrits dans les comptes du passé, mais leurs logiques restent en partie mystérieuses.

L'AVENIR ET LE PASSÉ SONT CONSTRUITS DE LA MÊME FAÇON

Cette façon de faire a une autre conséquence, qui explique sans doute qu'une modélisation économétrique formalisée des projections à court et moyen terme n'ait pas vu le jour à ce moment, alors qu'elle était développée dès le début des années 1950 aux Pays-Bas. Le travail de construction des comptes du passé, du présent (année en cours) et du futur était fait par les mêmes personnes, en continu, avec des contraintes finalement voisines, ce qui peut sembler surprenant dans la perspective où ces deux tâches, de natures apparemment très différentes, devraient être menées par des institutions distinctes (aux Pays-Bas : CBS et CPB). Ce dernier cas correspond mieux à une épistémologie réaliste, où les statisticiens mesureraient les flux passés et les enfermeraient dans des boites noires, banques de données mises à la disposition des économètres et prévisionnistes. La discontinuité entre les statuts des deux types de chiffres serait alors nette.

Mais il n'en va pas ainsi dans la procédure française. Les comptes du passé nécessitent, de toutes façons, des tâtonnements et des évaluations négociées. De plus ils sont, pour chaque année, remis en chantier plusieurs fois, au fur et à mesure que des informations arrivent, par projection (en volume et en prix) à partir des comptes de l'année précédente, eux aussi en chantier permanent. Par ailleurs, ces mêmes comptes d'un passé plus ou moins proche, sont eux mêmes et en même temps utilisés pour évaluer des comptes de l'année en cours et du futur proche (budgets économiques). C'est donc l'ensemble d'une série d'environ cinq ou six comptes (de t - 3 à t + 2) qui sont en chantier permanent, et modifiés, selon des procédures finalement analogues pour le passé et pour le futur, au vu d'informations ou de "prévisions" partielles concernant telle ou telle partie du tableau. La différence entre le passé et l'avenir s'estompe donc : on passe continûment du futur au présent, puis au passé, en se tenant constamment en éveil sur les épisodes et rebondissements d'une vie économique qui a déjà été encadrée et scénarisée par des "budgets économiques". Ceux-ci sont eux-mêmes évoqués dans les débats de politique économique, dans l'administration ou dans la presse, ce qui contribue à leur conférer un statut de réalité et les rapproche encore des comptes du passé[81].

Cette relative indistinction entre les deux catégories de comptes fait bien sûr l'objet de débats, certains ne manquant pas de dénoncer l'ambiguïté de ces "comptes du futur", à la fois descriptifs et normatifs, extrapolation de tendances "objectives" et conséquences de mesures volontaristes. Une partie de ces comptes (notamment les évolutions en prix) est fortement soupçonnée d'être performative et "irréaliste" (annoncer à l'avance de fortes hausses suffit à les provoquer). Ce débat est récurrent depuis que les comptes et les budgets économiques existent. Cependant, en 1962, la partie la plus institutionnelle de l'ambiguïté est levée : les comptes du passé sont en principe désormais faits à l'INSEE, ceux du futur dans un autre service (Direction de la Prévision). Mais en pratique, les équipes restent proches, et la continuité entre comptes du passé et du futur reste vivace, au moins jusqu'aux années 1970. A ce moment, des modèles économétriques informatisatisés, annuels puis trimestriels, feront diminuer l'importance de la négociation directe, en partie informelle, entre des personnes se connaissant bien, qui sous tendait la construction des comptes du futur comme du passé (Kramarz, 1989).

La logique et la cohérence de cet ensemble de procédures ne peuvent être comprises que si elles sont rapportées à leur origine et à leur insertion institutionnelle. L'expression "budget économique", qui désigne ce que les Néerlandais appellent "planification à court terme", symbolise bien le sens de

---

81 Les comptables nationaux de ce temps estimaient que, si les comptes du passé récent sont connus de façon détaillée, la prévision de ceux du futur proche devient presque un jeu d'enfant. Cette idée est voisine de celle de Quetelet, qui se faisait fort de prévoir avec exactitude le nombre des suicides et des crimes qui seront commis l'an prochain. Il parlait même à ce sujet de "l'inexorable budget du crime".

cette entreprise. De même qu'une entreprise ou l'Etat dressent la comptabilité, nécessairement équilibrée, de leurs recettes et dépenses passées, afin d'évaluer le budget prévisionnel de leurs recettes et dépenses futures, de même la nation toute entière se dote d'une comptabilité de l'ensemble des flux d'échanges entre ses grandes catégories d'acteurs, afin de dresser un "budget économique" prévisionnel dans le même cadre. Ce "budget" vise essentiellement à étayer et justifier économiquement le "budget de l'Etat", c'est-à-dire les recettes et dépenses d'un acteur précis. C'est donc la même visée d'équilibre comptable et budgétaire qui oriente toute l'activité des comptables nationaux français de cette première période. S'il s'agit bien d'insérer les décisions budgétaires dans une perspective d'équilibre macroéconomique, celui-ci n'est pas inscrit dans un cheminement dynamique endogène, comme il l'est dans les modèles néerlandais issus de celui de Tinbergen de 1936.

Pourtant l'idée que le remplissage des cases théoriques des tableaux prévisionnels pourrait être aidé par une "modélisation" apparaît très tôt. L'inspirateur et chef d'orchestre de l'opération, Claude Gruson, propose en 1950 un modèle théorique de 88 équations dont 11 identités comptables. Visant à faire apparaître un "gap inflationniste", ce modèle compliqué reste virtuel et n'est jamais chiffré. Pendant les quinze ans qui suivent, les outils utilisés par les prévisions ne sont pas des relations économétriques systématiques, mais des contraintes et relations reflétant une logique "keynésienne élémentaire" reliant offre et demande globales, au coup par coup. Ce travail collectif intense d'établissement simultané de comptes du passé et de l'avenir est mené par un service nouveau du Ministère des finances, créé en 1950 par Claude Gruson : le Service des études économiques et financières (SEEF), en dehors de l'INSEE, né en 1946, lui même héritier de l'ancienne SGF et de l'Institut de conjoncture créé par Sauvy en 1938. En 1962, Gruson devient directeur de l'INSEE. Le SEEF, creuset de la comptabilité nationale, est scindé en deux parties. L'une, chargée des comptes du passé, est rattachée à l'INSEE, qui devient dès lors le lieu de production des comptes nationaux. L'autre devient la "Direction de la Prévision".

Des années 1950 aux années 1970, l'activité de "prévision économique" est menée en parallèle, de deux façons différentes et partiellement concurrentes. Les "budgétistes" du SEEF inscrivent des prévisions annuelles dans le cadre comptable décrit ci-dessus, tandis que les "conjoncturistes" de l'INSEE poursuivent l'ancienne tradition de Dessirier et Sauvy. Ils construisent des séries infra-annuelles (mensuelles ou trimestrielles), puis organisent des "enquêtes de conjoncture" spécifiques auprès des chefs d'entreprises. Un art de l'intuition conjoncturelle, basé sur des informations certes quantitatives mais non formellement reliées entre elles, est ainsi cultivé, selon des méthodes et un langage bien différent de celui des budgétistes. Ceci correspond typiquement à deux des maillons évoqués ci-dessus : n° 3 pour les conjoncturistes, n° 5 pour les comptables nationaux. A cette époque, les Néerlandais ont entamé une synthèse de ces maillons 3 et 5, à l'aide des outils des maillons 4 (statistique mathématique) et 6 (modélisation dynamique).

Même si budgétistes et conjoncturistes ne cessent de polémiquer, ils ont en commun, par rapport aux Néerlandais, de ne pas postuler de régularités de long terme inscrites dans des lois économiques et des relations économétriques. Une opposition de même type est décrite par Mary Morgan (1990) dans son "histoire des idées économétriques". Elle distingue, parmi ceux qui s'intéressent aux "cycles des affaires", les statisticiens économistes, pour qui chaque cycle est unique, a son existence et sa logique propre (dont Mitchell et Burns au NBER sont des exemples typiques), et les économétres, qui tentent de dégager des régularités et des lois a-temporelles, d'abord avec des cycles exogènes (Jevons, Moore, avec leurs explications astronomiques et climatiques), puis à travers une dynamique endogène liée aux ajustement marchands (Tinbergen). De ce point de vue, conjoncturistes et budgétistes comptables nationaux appartiennent à la première tradition (Mitchell est un des créateurs de la comptabilité nationale américaine).

Les oppositions ne sont bien sûr pas aussi tranchées, et, par exemple, les prévisionnistes français ont longtemps justifié l'absence de modèles économétriques comparables à ceux de Tinbergen ou de L. Klein et Goldberger, par le manque de séries statistiques suffisamment longues pour les nourrir. Ils insistent sur l'urgence et l'importance de l'investissement méthodologique et statistique lourd, préalable nécessaire à la recherche de régularités éventuelles. Il n'est pas sûr que cette explication, certes vraie, soit complètement suffisante : des modèles reposant sur des séries courtes et approximatives ont été construits ailleurs. Plus profondément la démarche française semble fortement liée à la position et au rôle, partiellement communs, des comptables nationaux du SEEF et des conjoncturistes de l'INSEE, dans les rouages administratifs. Proches de la décision budgétaire ou de l'interprétation immédiate du "climat" économique, ils sont incités à privilégier la spécificité du présent, ou plutôt celle d'une perception immergée dans l'action, par rapport à la mise en perspective généralisante de celui qui peut se permettre de se détacher des contingences de ce présent, ce qui est le cas par exemple de l'universitaire. Même si, comme Tinbergen, celui-ci se met au service d'une demande politique, il conserve un comportement académique, écrit des articles et des livres de portée plus générale que des notes liées à l'action administrative. La particularité de l'expertise "à la française" apparaît ici nettement. Les principaux auteurs de la comptabilité nationale étaient avant tout des ingénieurs devenus haut-fonctionnaires : ils écrivaient peu, ou produisaient des "volumes des méthodes" directement opérationnels.

LA PULSATION ET LE PROJET : DEUX PHILOSOPHIES DU TEMPS

Cette distinction entre haut-fonctionnaires et savants ne recoupe pourtant pas une opposition en apparence voisine, entre court terme (le politique prisonnier des urgences) et long terme (le scientifique qui regarderait plus loin). La "prise en compte des exigences du long terme" était même un leitmotiv du groupe des fonctionnaires planificateurs et modernisateurs de l'après-guerre. La création du Plan visait précisément à répondre à un besoin que les "administrations gestionnaires du quotidien" ne pouvaient satisfaire. Il y a une contradiction apparente entre le souci affirmé d'inscrire l'action au jour le jour dans une perspective de long terme, et le refus d'inscrire la temporalité dans les régularités révélées par l'économétrie. Mais s'agit-il du même temps long ? Le temps cyclique issu de la dynamique endogène de l'économie de marché est-il comparable au "long terme" du projet "prospectif" ? Le premier est le support de mouvements spécifiques comparables aux pulsations d'un système mécanique ou biologique. Le second est l'espace d'action propre revendiqué par le projet volontariste des experts en "tendances lourdes". Même si ces dernières sont affirmées avec force, elles sont inscrites dans des tableaux équilibrés reflétant l'effet permanent des contraintes comptables, mais ne résultent pas d'une dynamique temporelle spécifique de causes et d'effets mutuels, décalés les uns par rapport aux autre. Si le temps des fluctuations cycliques est typique des économies de marché, le temps de la planification de projets de long terme peut caractériser des économies de types très différents, dès lors que des agents rationalisateurs établissent une comptabilité des ressources et de leurs emplois. Les philosophies du temps sous-tendant ces deux perspectives sont différentes.

La comparaison des plans français et néerlandais reflète ce qui précède. Inscrits dans les tableaux de la comptabilité nationale, les objectifs du plan français sont formulés en termes de cohérence globale entre des équilibres extrapolés et des projets volontaristes, pour une année horizon. En revanche, le plan néerlandais intègre, dès les années 1950, des formulations économétriques des tendances spontanées d'une économie de marché, notamment à travers des "plans glissants" articulant les prévisions de court et de moyen terme : cette démarche fait bien apparaître le temps long autant comme la conséquence de la sommation de temps courts que comme l'horizon d'objectifs assignés a priori.

Pourtant, à leur origine, les deux plans reflétaient des projets politiques voisins, résultant en partie de la crise de la démocratie des années 1930. Il s'agissait d'inventer une manière de construire un consensus, sur une base en partie différente de celle de la représentation parlementaire classique, mais de façon complémentaire et en dialoguant avec elle. Sur ce point, les Néerlandais semblent être allés plus loin et leur planification a sans doute plus profondément marqué le débat démocratique[82] qu'il ne l'a fait en France, au moins sur la longue période. Dans les deux cas, des commissions spécifiques composées d'experts nommés par les principales composantes professionnelles, syndicales, religieuses (dans le cas des Pays-Bas) nouaient des interactions itératives avec une équipe de techniciens dont le rôle était de vérifier la cohérence et les conséquences économiques des projets et des demandes de chacun. Les rouages administratifs de ces deux machineries nouvelles n'étaient pas exactement identiques, mais la philosophie en était la même.

Mais les deux entreprises ont différé par la procédure technique de vérification de la cohérence des projets. En France, le cadre détaillé et complexe des doubles équilibres comptables, par agents et par opérations, projetés sur l'année horizon du Plan, était supposé garantir, grâce à sa décomposition fine, la plausibilité du projet d'ensemble. Cette cohérence complète était le point d'aboutissement d'une série de va-et-vient entre les techniciens responsables des calculs et les commissions spécialisées, dépositaires chacunes de points de vue importants mais partiels. Le processus technique de remplissage des tableaux correspondant à l'année horizon (t + 5), ressemblait beaucoup à celui, décrit ci-dessus, d'établissement des comptes du passé et du proche avenir (budgets économiques). L'alchimie était la même : transformer des informations partielles et contradictoires en matrices équilibrées en lignes et en colonnes, sans se préoccuper du cheminement dynamique conduisant à cet horizon. La procédure sociale, de son côté, visait à promouvoir non seulement les équilibres généraux des comptes du futur, mais aussi une pédagogie politique de la confrontation des points de vue et des projets dans un langage désormais commun, c'est-à-dire la mise en place d'un espace public de type nouveau par rapport à la représentation élective.

---

[82] Un des thèmes les plus discutés et travaillés sur la période a été la politique des salaires (Hessel, 1965).

MODÈLE POLITIQUE ET MODÈLE ÉCONOMÉTRIQUE

Aux Pays-Bas, le projet politique global était le même, mais a pu s'appuyer sur une tradition très particulière, remontant au milieu du XIXe siècle, de répartition et d'équilibre entre les communautés religieuses et politiques : la "politique des piliers" (verzuiling) sanctionnait et organisait un partage strict et équilibré de la vie sociale (mariages, écoles, syndicalisme, protection sociale, presse, radio, partis politiques) entre protestants, catholiques, libéraux et socialistes (De Voogd, 1992). Très vivant jusqu'aux années 1970, ce système a marqué la création du Plan. En effet, l'idée que ces communautés pouvaient tout à la fois mener des vies en partie séparées, mais devaient s'entendre et constituer ensemble les "piliers" d'un Etat leur garantissant l'autonomie et la paix civile, était profondément ancrée dans la tradition politique néerlandaise[83]. Ainsi le Conseil économique et social chargé de discuter les résultats des prévisions et des calculs du CPB est formé de représentants qualifiés de chacun de ces "piliers", à travers des syndicats, des associations patronales et sociales spécifiques. La neutralité et l'objectivité du Plan sont garanties par cette représentation.

De ce point de vue, l'Etat néerlandais semble moins omniprésent et souverain qu'il ne l'est en France[84]. Ceci peut, peut-être, éclairer les différences entre les procédures et les outils utilisés pour les interactions entre techniciens et représentants des forces sociales. Aux Pays-Bas en effet, une construction économétrique, d'origine universitaire, sophistiquée des deux points de vue de l'analyse économique et du formalisme mathématique, a pu être utilisée comme support légitime et accepté de ces interactions. En France en revanche, c'est un

83 Elle s'appuyait sur deux traditions théologiques en partie différentes. Pour les catholiques, l'idée de *subsidiarité*, issue des encycliques papales, garantissait un partage des compétences entre les niveaux d'une hiérarchie, l'Etat devant exercer seulement (mais complètement) les tâches que les niveaux inférieurs ne peuvent exercer. Pour les protestants, la notion de *souveraineté dans sa communauté* accordait plus de prérogatives aux petites communautés et exprimait une réticence plus grande à l'égard de l'Etat. Pour cette raison, le Plan néerlandais a été promu plutôt par des alliances entre catholiques et socialistes, bien que les protestants et les libéraux y aient aussi participé activement (Kalshoven et Van Altena, 1993). On retrouverait sans doute des nuances analogues dans l'histoire de la construction européenne, marquée par la personnalité de Jean Monnet, le fondateur du Plan français.

84 Sa capitale, La Haye, est une petite ville par rapport à Amsterdam ou Rotterdam. Le CBS et le CPB sont à La Haye ou dans ses environs. (Le bâtiment du CBS, à Voorburg, est aussi le siège du secrétariat permanent de l'Institut international de statistique, IIS). Tinbergen vit à La Haye. Les grandes universités sont réparties entre Amsterdam et plusieurs autres villes : Utrecht, Leyde, Rotterdam. Selon Johan Heilbron (1988) : "Ce système polycentrique, fondé sur la coexistence plutôt que sur la concurrence ouverte, remonte aux origines de la nation, qui s'est constituée par l'union des provinces, ne connaissant aucun centre très puissant, ni cour prestigieuse, ni pouvoir central."

outil de cohérence comptable de type plus administratif, issu du coeur le plus solide de l'Etat français (le Ministère des finances de la rue de Rivoli), qui a pu assurer cette légitimé, avec peu de recours au langage universitaire. Ainsi un équilibre relatif différent entre l'Etat et d'autres forces (universités, syndicats, églises, ...) peut éclairer l'existence et la réussite d'outillages tout à la fois techniques et politiques dont la définition ne peut se réduire à la liste des équations du modèle, même si celle-ci doit être intégrée dans l'analyse.

La trajectoire originale de Jan Tinbergen, essentielle dans la constellation scientifique et politique néerlandaise, illustre cela. Né en 1903, fils d'un professeur de néerlandais, membre d'une église protestante très minoritaire, il fait des études de physique à Leyde, dans les années 1920, dans un environnement scientifique regroupant certains des meilleurs physiciens du temps[85]. Sur les conseils de son professeur, Ehrenfest, il soutient en 1929 une thèse sur 'les problèmes de minimum en physique et en économie", dans laquelle il met en oeuvre des formalismes mathématiques utilisés en physique (hamiltoniens, équations d'Euler, systèmes dynamiques différentiables), pour traiter de la dynamique d'un équilibre économique de type walrasien, fondé sur des maximisations d'utilité ou de profit (Boumans, 1992). Mais il ne souhaite pas poursuivre une carrière de physique théorique car, dit-il, "les problèmes de la société [lui] semblent plus urgents". Très sensible à la misère des ouvriers vivant dans la région de Leyde, il décide de militer, et le fera toute sa vie, au parti socialiste. Pacifiste, il demande en 1927 à bénéficier du statut des objecteurs de conscience, autorisant un service civil. Son père lui obtient une place au Bureau central des statistiques (CBS), où il travaillera finalement jusqu'en 1945, tout en exerçant un enseignement d'économie à l'Université de Rotterdam, et en assurant des missions pour la Société des nations.

Ayant ainsi étudié l'économie mathématique la plus pointue du temps et ayant même contribué à son développement, il se trouve au contact de données empiriques, et souhaite s'en servir pour répondre à des questions difficiles posées par la société. Les conditions de possibilité de la réunion des maillons 2 (équilibre général), 3 (conjoncture), 4 (statistique mathématique), 6 (dynamique) et 8 (objectif politique), nécessaires pour accoucher de la modélisation économétrique, sont réunies. Il y manque encore la comptabilité

---

85 A la suite d'une réforme de l'enseignement secondaire favorisant l'enseignement scientifique, dans les années 1860, des laboratoires de physique dotés de moyens important avaient pu se développer au tournant du siècle, et les Pays-Bas obtiennent cinq prix Nobel de physique entre 1901 et 1913 (Willink, 1991). Parmi eux, Paul Ehrenfest (1880-1933), un des fondateurs de la mécanique quantique, exerce une influence décisive sur le jeune Tinbergen.

nationale (5), et les probabilités (7) qui viendront un peu plus tard. Sa démarche ressemble un peu à celle de Lenoir, lui aussi membre de la statistique administrative, mais elle va beaucoup plus loin. Non seulement il pose, mais aussi il résoud, quasiment le premier, dans un article publié en allemand en 1930, le problème de l'identification de fonctions d'offre et de demande, par adjonction de variables explicatives supplémentaires et calcul d'une forme réduite (Morgan 1990). Il applique concrètement cette méthode au marché de la fécule de pomme de terre, important dans l'économie néerlandaise.

C'est par le biais de l'étude des mouvements "en toile d'araignée" conduisant à des équilibres de marché que Tinbergen progresse ensuite vers la structure du premier modèle dynamique du cycle des affaires, formulé, estimé et présenté publiquement en 1936 (Boumans, 1992). Il répond ainsi à une demande du parti socialiste. Quelle mesure est la plus apte à relancer l'activité et à redresser la balance commerciale du pays : un programme de travaux publics, des mesures protectionnistes, une politique de rationalisation industrielle, une baisse des prix de monopole, des réductions de salaires, et enfin, une dévaluation du florin. Il teste ces différentes politiques. Il étudie aussi les effets de mesures visant à contrarier un cycle importé à travers des manipulations du taux de change ou des investissements publics. Il conclut que la mesure de loin la plus efficace est la dévaluation, décidée peu après par le gouvernement.

Ce travail est peu connu en dehors des Pays-Bas, mais Tinbergen est ensuite sollicité par la SDN pour tester les théories des cycles rassemblées par Haberler. A cette occasion, il fait un gros travail pour présenter de façon claire et pédagogique son modèle, en le dépouillant de son formalisme mathématique le plus aride, mais en conservant ce qui en fait le nerf : la combinaison entre une dynamique endogène des mécanismes des marchés, et la possibilité d'infléchir ceux-ci par des mesures dont les effets sont analysés dans la logique même de cette dynamique. La grande question est alors celle de la "stabilisation du cycle des affaires". Les mesures de stabilisation ont-elles pour effet de diminuer encore l'activité, compte tenu des répercussions en chaîne prévisibles en fonction de la structure cyclique du coeur du modèle ? Cette question est présentée en détail dans un livre écrit et publié en français en 1938 à Paris, sous le titre "Les fondements mathématiques de la stabilisation du mouvement des affaires", dans une collection "d'économie théorique et statistique économique" dirigée par Georges Lutfalla[86].

La construction et les premières utilisations expérimentales du modèle de Tinbergen , à la fin des années 1930, n'ont pu s'appuyer que sur des données rudimentaires. Elles ont incité, dès 1937, le CBS à entreprendre la mise en place d'un système permanent de comptes nationaux (on disait alors "revenu national"), centrés sur des statistiques de revenus et recoupés par des statistiques de production (Derksen, CBS). L'économie de guerre puis celle de la période de reconstruction accélèrent ces recherches, dans les années 1940, de même qu'elles l'ont fait en France et dans d'autres pays. Ce type d'économie organisée, marquée par les pénuries, les urgences, la mobilisation intensive et concentrée des ressources, implique une intervention directe de l'Etat et de ses administrations, et donc la mise en place de systèmes statistiques nouveaux, notamment sur la production industrielle. C'est le cas aussi bien aux Pays-Bas qu'en France. Pendant de telles périodes, l'idée, travaillée par Tinbergen dans les années 1930, du fonctionnement autonomie d'une économie marchande, avec ses cycles et son rythme propres, s'efface au profit de celle d'une économie gérée comme une grande entreprise. Dans celle-ci des produits de plus en plus manufacturés circulent entre des ateliers (les "branches industrielles") reliés entre eux par les "coefficients techniques" d'une matrice de Léontief. Les prix perdent le caractère de variable-clé qu'ils ont dans les échanges marchands.

L'ÉCONOMIE EST-ELLE ANALOGUE À UNE GRANDE ENTREPRISE ?

Cette idée que l'économie dans son ensemble peut être comparée à "une seule grande entreprise" est développée par les premiers fabricants de comptes nationaux. Le Néerlandais Van Cleef propose, en 1941, l'expression "tenue de livre" (bookkeeping), qui restera utilisée longtemps aux Pays-Bas, pour souligner l'analogie avec la comptabilité ordinaire d'entreprise; et il insiste sur l'importance d'un tel outil pour "une économie planifiée centralement" (Bakker, 1992). De même, en 1943, le Français L.A. Vincent, un des ancêtres de la comptabilité nationale française, soutient la même idée d'une analogie entre l'économie entière et une grande entreprise (Fourquet, 1980), et on la retrouve encore chez les comptables nationaux d'après-guerre. Mais elle glisse alors peu à peu d'un

---

[86] Ce livre semble avoir été peu lu et cité par ceux des économistes qui ont créé la comptabilité nationale et les budgets économiques (sous réserve de vérification). Malinvaud se souvient l'avoir acheté et lu en détail en 1943.

sens littéral, encore très vraisemblable dans le contexte des années 1940, vers un sens plus métaphorique. Il n'est plus question de gérer l'économie comme une seule grande entreprise, comme le fait l'URSS, mais l'image continue pourtant à imprégner, plus ou moins explicitement, les pères des grands systèmes de comptabilité nationale. Ceci est d'autant plus vrai qu'ils sont plus proches du coeur de l'Etat, c'est-à-dire du lieu où il est le plus plausible de penser l'économie comme un tout. Mais le langage de Keynes, dans sa version simplifiée, est alors plus apte que celui du rationalisateur taylorien, à rendre compte des actions envisageables dans le contexte d'une économie libérée de ses réglementations du temps de guerre, et où l'idée d'un pilotage macroéconomique est désormais acquise. L'outil conçu sur le modèle de la comptabilité détaillée d'une firme industrielle, va donc évoluer peu à peu vers des estimations plus globales, nécessaires aux ministres de l'économie.

Mais il semble que, notamment sous l'influence de Tinbergen, cette évolution, à partir de situations comparables, a pris des formes différentes aux Pays-Bas et en France. Si, dans l'immédiat après-guerre, le plan néerlandais est confronté aux rationnements et aux problèmes urgents de la reconstruction, les planificateurs, presque tous formés par Tinbergen, essaient, dès 1953, de bâtir une modélisation susceptible de refléter le mouvement de l'économie. Cependant ce premier modèle n'est pas aussi dynamique que ne l'était celui de 1936 : seule l'est vraiment l'équation d'investissement, fondée sur la mécanique de l'accélérateur flexible (Central Planning Bureau, 1956 ; Barten, 1991)[87]. Mais, dès les années 1960, le système des "plans glissants", articulant plans à court terme et plans à moyen terme, réintroduit l'idée d'un mouvement endogène de l'économie, infléchi par des mesures de politique économique testées par le modèle, dont les résultats sont largement diffusés et débattus.

Le Plan français est porteur d'une philosophie partiellement différente. Il conserve plus longtemps, au moins implicitement, la métaphore de la grande entreprise (importance des projections en volume, des tableaux de Léontief, des coefficients techniques), tout en la combinant à un projet plus politique d'atténuation des effets du marché par une sorte de simulation concertée de celui-ci à travers les commissions du Plan. Dans ce cas, on l'a vu, la comptabilité

---

[87] Il est possible que certains des créateurs du Plan, notamment Van Cleef, auteur en 1941 des premiers comptes nationaux, aient eu une conception différente de celle de Tinbergen, et aient souhaité un Plan moins centré sur le marché, et plus tourné vers une sorte de socialisme communautaire. Van Cleef serait, par cette sensibilité marquée par une pensée religieuse, comparable à Gruson (membre actif et influent de l'Eglise réformée de France). Mais, à la différence de celui-ci, il ne joue plus un grand rôle après 1950 (ces remarques doivent beaucoup à Frank Kalshoven et à Adrienne Van den Bogaard).

nationale est l'outil idéal de la mise en cohérence et de la transparence collective des projets, alors qu'une modélisation économétrique, avec ses hypothèses et ses régressions mystérieuses et automatiques, déposséderait les partenaires sociaux de leur capacité à débattre d'une économie clairement reflétée par un système d'information statistique détaillé et performant. On trouve une telle conception de la planification développée avec vigueur, de façon quasi-prophétique, dans les nombreux textes que Claude Gruson a consacrés à ce sujet depuis les années 1950 (par exemple Gruson, 1968).

En 1963, la Brookings Institution de Washington organise une conférence sur "la planification quantitative de la politique économique" (Hickman, 1965). La France est représentée par un membre du CGP, Bernard Cazes ; les Pays-Bas le sont à travers trois communications dues à Henri Theil, économètre dans la tradition de Tinbergen, C.A. Van den Beld, du CPB, et Willem Hessel, expert syndical membre du Conseil économique et social. Cazes ne parle que de l'organisation institutionnelle du Plan français et des procédures de concertation entre commissions et techniciens. Tous les autres intervenants, et, bien sûr les Néerlandais, présentent des modèles. Les planificateurs français du temps expliquaient cette différence par le fait que (selon eux) la France était le seul pays à avoir une vraie procédure de planification, alors que les autres ne pouvaient que "modéliser en chambre". Cette analyse, sans doute exacte pour les autres pays, ne l'était pas pour les Pays-Bas, qui combinaient les deux procédures, politique et économétrique[88]

Cette particularité de la France s'estompe dès la fin des années 1960 quand sont mis en chantier les modèles FIFI puis DMS (Boyer, 1987 ; Courbis, 1991). Le premier reste cependant dans la perspective de la projection à une année horizon ; sa principale spécificité est la distinction entre un "secteur exposé" pour lequel les prix sont exogènes, imposés par l'extérieur, et un "secteur abrité", où un bouclage classique par la demande reste possible. Le modèle DMS (dynamique multisectorielle, 1975) est, lui, clairement dynamique. Mais à partir de cette période, le mécanisme institutionnel original des commissions du plan perd peu à peu de son importance. Des tentatives sont faites, dans les années 1970, pour utiliser les modèles FIFI puis DMS pour tester des variantes demandées par des "partenaires sociaux", mais cette procédure n'a jamais l'ampleur et l'écho qu'elle connaît aux Pays-Bas, depuis les années 1950.

---

[88] Le Japon est un troisième pays dont la planification pourrait être comparée à celles des Pays-Bas et de la France (Hickman, 1965).

L'économétrie en tant qu'outil mathématique de l'analyse économique est introduite en France par des économistes ayant reçu une formation d'ingénieur puis de statisticien. Leur profil intellectuel diffère à la fois de celui des économistes universitaires, qui résistent longtemps à la formalisation de l'économie, et de celui des planificateurs et comptables nationaux dont il vient d'être question. René Roy, ingénieur des ponts, à étudié et estimé des fonctions de consommation dès les années 1930 et a été le premier à former des élèves à cette technique (puisque Lenoir, lui, avait laissé peu de traces, depuis son travail de 1913). Après lui, c'est Edmond Malinvaud qui, après un séjour en 1950 auprès de la Cowles Commission américaine, introduit et reformule l'économétrie probabiliste en France, et forme des générations d'économétres, notamment à l'Ecole nationale de la statistique et de l'administration économique (ENSAE) dépendant de l'INSEE. Plus savant que politique, à l'opposé de Claude Gruson, il n'a pas le type de motivations qu'avait par exemple Tinbergen dans les années 1930. L'important pour lui est de former des spécialistes au fait des développements les plus pointus, et entretenant des contacts étroits avec la recherche anglo-américaine. En cela aussi, les économistes formés par Malinvaud diffèrent fortement des deux groupes des universitaires traditionnels et des planificateurs. A partir des années 1970, cette nouvelle culture économique se diffuse dans les universités, et le paysage de la science économique française ressemble plus à celui d'autres pays, dont les Pays-Bas. Dans ce pays, l'économétrie occupe une place importante dans les cursus universitaires, depuis les années 1950, en raison notamment de l'influence de chercheurs comme Tinbergen, Theil et Koopmans.

OPTIMISATION OU PROPHÉTIE AUTORÉALISATRICE

La configuration spécifique aux Pays-Bas explique que, très tôt, y ont été associés étroitement un investissement économétrique de haut niveau et l'expression formalisée des objectifs de la politique économique. Cette association était déjà au coeur du projet initial de Tinbergen. Elle se poursuit, après la guerre, avec les recherches de celui-ci et de son élève Henri Theil sur l'optimisation des politiques économiques (Hughes-Hallett, 1989). Leurs perspectives sont partiellement différentes. Tinbergen suppose que le décideur politique spécifie les valeurs à atteindre pour les variables "objectifs" de la politique économique (fixed targets). Le modèle permet de déterminer les valeurs des variables d'actions (instruments) compatibles avec les objectifs fixés. Le décideur peut choisir parmi ces solutions, si toutefois elles existent. Theil, pour sa part, ne part pas d'objectifs fixés a priori. Il spécifie une fonction de préférence du décideur incluant à la fois les valeurs des objectifs et celles des variables d'action, ne fixant a priori ni les unes ni les autres. Cette fonction est maximisée compte tenu des contraintes exprimées par les relations du modèle. Le fait que les variables d'action figurent elles aussi dans l'expression de la fonction d'utilité du décideur signifie qu'on ne peut séparer complètement les fins (targets) et les moyens (instruments). Ainsi les dépenses publiques peuvent être vues à la fois comme moyens, dans la perspective keynésienne de leur contribution à la demande globale, et comme fins, en ce qu'elles sont utiles au bien être de la société (Hickman, 1965). Ces deux approches, en termes d'objectifs fixés ou de fonction de préférence, impliquent un modèle économétrique complet, incluant objectifs et variables d'action. Au début des années 1960, le CPB néerlandais utilisait un tel modèle annuel à 36 équations, conçu pour sous-tendre à la fois la prévision et la politique de stabilisation à court terme (qualifiée de short-term planning), dans la perspective de Tinbergen plutôt que dans celle de Theil. Il s'agissait ainsi d'utiliser le modèle, en le combinant avec des informations sur les préférences des décideurs politiques, pour délimiter un ensemble d'actions gouvernementales possibles permettant d'atteindre des objectifs numériquement spécifiés.

Le Plan français, qui a connu sa période de plus grande gloire à cette même époque des années 1960, sous la direction de Pierre Massé, était inscrit dans une perspective politique et scientifique différente. L'objectif était de fixer une pente de la croissance à moyen terme compatible avec les ressources humaines et techniques, et avec les structures du corps social. La grande affaire de ce projet volontariste était le choix d'un taux de croissance. L'horizon maximum était assigné par une hypothèse de "croissance à la japonaise", révée par le planificateur mais jugée trop brutale par ce qu'elle impliquait comme transformation des structures sociales. La sociologie empirique naissante était alors requise pour analyser les "résistances au changement social" qui freinaient la croissance. L'exercice de planification était un processus socio-politique d'expression des projets particuliers dans le cadre de commissions ad hoc, de leur coordination à travers les équilibres de la comptabilité nationale, et de leur rectification progressive, compte tenu des contraintes comptables, économiques et sociales. L'idée centrale était que, à travers cet exercice, les acteurs se convainquent de la possibilité et de la vraisemblance de la croissance proposée. Cette prophétie était autoréalisatrice en ce qu'elle ne devenait réalité que dans la mesure où les gens y croyaient a priori. Cette vision est la clé de la rationalisation volontariste de la croissance que visait le projet des comptables nationaux français.

Sous l'impulsion de Pierre Massé, commissaire du Plan, ingénieur des mines et économiste connaissant les recherches menées dans d'autres pays, des essais de construction de modèles d'optimisation sont menés dans les années 1960, notamment par un centre de recherche en économie mathématique alors créé par le Plan, le CEPREMAP (Moustacchi, 1965). Mais, à la différence de ceux de Tinbergen et de Theil, ces travaux ne sont pas intégrés ensuite dans une pratique politique, et restent des exercices d'école. Les modèles effectivement construits et utilisés par la suite, ZOGOL, DECA, STAR, COPAIN, pour les budgets économiques, FIFI puis DMS pour la planification à moyen terme, sont plutôt des formalisations, de plus en plus détaillées et sophistiquées, des pratiques de projection auparavant effectuées par tâtonnements et négociations itératives. Ces projections tendancielles, éventuellement diversifiées sous forme de "scénarios" plus ou moins "roses" ou "gris" selon le niveau du taux de croissance, pouvaient aussi servir de base pour des "variantes" de politique économique, demandées par des acteurs politiques ou syndicaux. Mais cette pratique de variante "à la demande" ne prendra jamais une grande ampleur.

Chacune des deux démarches a des implications en termes de négociation et de construction de réseaux socio-politique. Aux Pays-Bas, l'expression concrète des objectifs des "fonctions de préférence" des décideurs se fait à travers les débats du Conseil économique et social, où sont représentés employeurs et salariés. Ainsi, au début des années 1960, de vives discussions ont lieu sur diverses alternatives de la politique des salaires. Ceux-ci tendaient alors à croître rapidement, de façon jugée inflationniste. Un participant syndical du temps observe à quel point "la spécification des préférences est essentiellement un processus de négociation, sujet aux aléas de la situation politique, dans lequel les préférences des membres de la commission entrent en interaction sans nécessairement converger" (Hessel, 1965). Cette question de l'effet propre de la dynamique de la négociation sur la formulation des objectifs politiques est clairement perçue par les planificateurs néerlandais. Leurs collègues français insistent plutôt sur l'ampleur et l'intrication du vaste réseau d'administrations, de commissions et de groupes de travail qui participent à la formulation progressive du Plan, qui est ensuite discuté et voté par le Parlement. Pour eux, c'est l'extension de cette implication des acteurs sociaux qui rend vraisemblable le Plan, puisqu'un plus grand nombre de ces acteurs est incité à agir en référence à un horizon collectivement défini. Dans chacun des deux cas, le style de la formulation technique, optimisatrice et économétrique pour les Néerlandais, coordinatrice et comptable pour les Français, est en interaction avec le réseau scientifique, intellectuel et social dans lequel cette formalisation s'insère.

Cette différence de procédure explique peut-être pourquoi la planification néerlandaise semble avoir mieux résisté que son homologue française au tournant des années 1970 et à l'arrivée des temps de crise du marché mondial. Aux Pays-Bas, l'outil technique proposé par les modélisateurs est peu contesté. Chacun des grands partis accepte d'inscrire des propositions dans ce cadre, et se soumet à son verdict. Les débats portent sur l'expression des priorités politiques, sous les contraintes nouvelles introduites par une situation qui présente des analogies avec celle que Tinbergen avait modélisée dans les années 1930. Les fluctuations plus ou moins cycliques du marché peuvent être analysées et anticipées. Le fait que des mécanismes de prix ont des effets sur la répartition des revenus et sur le niveau de l'emploi est pris en compte, dans le langage du modèle, par les acteurs du jeu politique, de la même façon que, naguère, les "piliers", religieux et philosophiques, s'accordaient dans le cadre du verzuiling. Le modèle s'intègre ainsi à une superstructure coiffant des piliers séparés mais d'accord pour discuter selon ces règles.

Dans le cas français en revanche, la procédure de concertation d'ensemble, imaginée pour débattre du taux de croissance à moyen terme, mesuré en volume, n'est plus adaptée pour traiter des questions, maintenant privées de langage commun, soulevées par les mécanismes des marchés et par la crise de l'emploi. La modélisation, qui s'est développée et diversifiée dans des institutions différentes créées vers 1980, est devenue un exercice mobilisant des techniciens beaucoup plus compétents en économétrie et en théorie économique que leurs prédécesseurs des années 1950 et 1960. Mais ces travaux s'insèrent moins bien dans une pratique sociale collective, car les questions soulevées sont plus conflictuelles et difficiles à discuter dans un cadre neutre et relativement dépassionné comme l'étaient les commissions de naguère. De plus, le langage même des modèles et de la théorie économique ne constitue plus un fonds commun à peu près accepté par tous. Il y a donc à nouveau une séparation entre des techniciens dotés d'outils de plus en plus sophistiqués, et un débat social qui les ignore en partie, ou qui reste perplexe devant la diversité des diagnostics et des propositions des experts[89]. Par exemple, les arguments des controverses sur le salaires minimum semblent, au moins en France, immuables depuis soixante ans. Une comparaison minutieuse du style et de l'impact social de ce débat récurrent, entre deux pays proches à beaucoup d'égards, serait éclairante. En quoi les deux traditions de planification et de modélisation ont-

---

89 Cette esquisse de comparaison entre les deux pays est surtout une hypothèse. Elle risque d'apparaître simpliste, surtout pour les Néerlandais qui, vivant de l'intérieur leur situation, en voient mieux les contradictions, et pour qui le consensus évoqué ici apparaît peut-être comme leur utopie nationale.

elles modifié l'articulation entre les arguments étayés par des modèles et les projets politiques ? Y a-t-il, de ce point de vue, une différence significative entre les Pays-Bas et la France ? Les mots plan et modèle ont-ils d'ailleurs les mêmes connotations selon qu'ils qualifient des choses à faire, des choses en train de se faire, ou des choses faites, et cela dans l'un ou l'autre des deux pays ?

LE PLAN : UN DESSEIN ET UN DESSIN

L'idée de plan a deux faces. D'une part, le plan organise et coordonne une séquence d'actions visant un but. D'autre part, le plan est une représentation dessinée, une clôture d'un espace compliqué et potentiellement illimité, réduit aux seuls traits nécessaires pour s'y mouvoir et agir sur lui. L'idée de modèle a la même ambivalence : figure exemplaire vers laquelle tendre, stylisation conventionnelle et manipulable d'un système d'interactions. Dans les deux cas, sont combinées étroitement la possibilité de regarder et de décrire, et celle d'agir (Thévenot, 1990). Cependant, au moins dans leurs usages relatifs à l'économie, le mot modèle semble plutôt du côté de la description, tandis que le mot plan serait lié à une action en projet. Cette distinction permet peut-être de résumer ce qui précède, en distinguant le cours de l'économie elle-même du cours de l'activité de planification de cette économie.

Les Néerlandais s'appuient sur l'enchaînement dynamique des fluctuations d'une économie marchande autonome, comme on tente de monter un cheval au galop. La désignation d'objectifs, fixés ou flexibles, est conditionnée par une vive sensibilité au cours de l'économie. La procédure de planification, pour sa part, implique une articulation forte entre modélisation et négociation des objectifs et des moyens. L'accent semble être mis plutôt sur le résultat de la procédure. Le Plan néerlandais mime le cours de l'économie par son modèle.

Les Français (avant 1975) avaient une vision plus technique et quantitative d'une économie dont la dynamique des prix est restée longtemps mystérieuse. Si le cours de cette économie était résumé à son horizon, en revanche la procédure sociale de définition détaillée de cet horizon était privilégiée, à travers un circuit compliqué entre experts comptables nationaux, commission et groupes de travail. Le Plan français mimait le cours de l'économie par la négociation entre les partenaires sociaux.

Pourtant il ne faut pas trop attendre de ces comparaisons macro-sociologiques. Elles servent surtout à donner du relief aux descriptions usuelles portant sur un seul pays. Les comparaisons, internationales ou historiques, permettent de voir, en prenant du recul. Mais à partir de là, tout reste à faire. L'étude microsiologique des interactions entre les savants, les statisticiens, les délégués des "partenaires sociaux" français ou des "piliers" néerlandais, les législateurs, les décideurs, ne peut en rien être remplacée pas la seule étude des déclarations de principe, des organigrammes administratifs ou des équations des modèles. Cet ensemble disparate fournit des ressources très variées, inscrites dans des réseaux nationaux de configurations différentes. Celles-ci ne sont pas des conséquences de traits culturels globaux, mais sont liées à des genèses, à des sélections spécifiques et contingentes, dont les résultats sont des façons de faire de l'Etat, en tricotant des savoirs et des actions.

Chapitre 8
Du travail à la consommation : l'évolution des usages des enquêtes sur le budget des familles[90]

De longue date et dans beaucoup de pays, des relevés des dépenses et des recettes des familles ont été faits par des moyens variés : carnets de comptes suscités ou spontanés, observations directes, interviews. Du XIXe siècle aux années 1940, ils servaient surtout à étayer des débats sur la pauvreté et sur les politiques du travail. Des années 1950 à 1980, ces enquêtes, beaucoup plus systématiques, ont eu d'autres usages. Elles ont fourni un langage commun permettant tout à la fois de mettre en valeur la croissance de la consommation et d'en dénoncer les injustices. Enfin, dans les années 1990, les enquêtes de ce type retrouvent en partie certains usages de la période antérieure, liés au retour de formes graves de pauvreté.

Parmi les innovations qui, dès sa création en 1946, ont distingué l'INSEE des services statistiques qui l'avaient précédé, les enquêtes par sondage sur les budgets de famille occupent une place importante. Leur succès a résulté de la combinaison des composantes scientifique et institutionnelle dont il héritait. D'une part, l'ancienne tradition savante et administrative de la *Statistique générale de la France* (SGF) avait été marquée par son insertion, de 1890 à 1930, dans un *Office du travail* orienté vers l'exploration des conditions d'exercice du travail, et des conditions de vie des travailleurs. Mais la SGF était une petite institution, ne disposant d'aucune implantation régionale, ce qui interdisait toute ambition de couverture nationale et de représentativité à ses enquêtes. D'autre part, le *Service national des statistiques* (SNS), créé en 1941,

[90] Texte publié dans le *Journal de la Société française de statistique*, 1-2, 2003, pp. 75-111.

lègue à l'INSEE une importante infrastructure : 18 Directions régionales, une école spécialisée, des corps de statisticiens, et même un petit "service des sondages", créé par Jean Stoetzel. La combinaison entre un questionnement ancien (l'observation des budgets familiaux), une technique nouvelle (le sondage) et une infrastructure régionale étoffée, permet de faire des avancées décisives par rapport à ce qui se faisait auparavant. L'INSEE collabore alors avec d'autres institutions nées vers la même époque : l'INED (1945), l'Institut national d'hygiène, le CREDOC (1953). La construction des premiers tableaux de la comptabilité nationale suscite une demande massive pour des évaluations des consommations par produit. L'analyse économétrique des comportements des consommateurs est entamée dans les années 1950. Ce paysage scientifique et institutionnel nous est familier, au point de faire apparaître comme exotiques les enquêtes antérieures, en général évoquées seulement en termes de manque : échantillons trop petits, non représentatifs, purement locaux ; procédures de collecte mal contrôlées ; nomenclatures impossibles à raccorder.

Pourtant les introductions des études publiées sur les budgets font souvent une allusion rapide à des enquêtes anciennes, comme celles de Le Play, ou aux recherches des pères fondateurs de l'économie de la consommation (Engel), et de la sociologie des classes sociales (Halbwachs). Certains ont tenté de les utiliser pour établir des comparaisons sur longue période (H. Brousse, 1957 ; Saunier, 1975 ; Thélot, 1981). Mais ils n'ont pu que constater l'extrême discontinuité des procédures de ces enquêtes et de ces mesures. Tout en montrant les résultats de ces comparaisons, ils n'ont pas manqué de signaler la fragilité de celles-ci, présentées comme des ordres de grandeur tendanciels. Relisant les enquêtes du passé avec les lunettes du présent, ils ne pouvaient que déplorer la difficulté de bâtir de telles séries longues. Celles-ci supposent une comparabilité conventionnelle entre des époques différentes, de même que les comparaisons internationales postulent un espace de référence commun à des sociétés différentes. La pertinence de ces comparaisons ne peut pas être jugée dans l'absolu, mais uniquement en référence au réseau plus large de leurs usages, scientifiques ou politiques. Les conventions qui les enserrent ne sont ni vraies ni fausses, elles sont éventuellement utiles, efficaces, convaincantes. Elles permettent de déployer une argumentation, un raisonnement, une revendication ou une démonstration.

LES USAGES DES ENQUETES BUDGET : 1795-1994
QUELQUES EXEMPLES

Dates (*nombres de budget*)	Auteurs ou institutions	USAGES
1795-1797 (127 + 86)	Davies, Eden (Angleterre)	• Loi sur le minimum vital accordé aux pauvres, dite "Speenhamland".
1855-1900 (Quelques dizaines)	Le Play, Cheysson	• Monographies illustrant une philosophie sociale traditionaliste
1857-1895 (199)	Engel (Allemagne)	• Mesure du "coût de l'homme" • Lois de consommation
1900-1914 (Quelques centaines)	Rowntree, Bowley (Angleterre)	• Construction de seuils de pauvreté
1905 (5605)	Board of Trade (Angleterre)	• Comparaison des coûts de la main d'oeuvre en France, Angleterre et Allemagne
1907-1940 (85)	Halbwachs	• Etude de la spécificité de la classe ouvrière
1914 (1764)	SGF - Dugé de Bernonville	• Législation du travail et politiques salariales • Lutte contre l'alcoolisme
1920 (Quelques unités) 1925	Commission centrale du coût de la vie BIT	• Mise en oeuvre des conventions collectives • Pondération des indices du coût de la vie
1930	BIT et compagnie Ford	• Gestion d'une firme multinationale, par comparaison des charges salariales dans divers pays
1937 (100)	Delpech	• Comparaison entre employés et ouvriers • Critique des accords Matignon
1945-1951 (Entre 800 et 2 600)	INSEE et Institut National d'hygiène	• Pondération des indices de prix • Traitement de la malnutrition
1943 (4 086 + 4 237)	INSEE	• Etudes de marché des textiles et du ravitaillement
1945-1948 (1 080 + 774)	INED	• Argumentation des politiques familiales
1956 (440)	INSEE et CECA	• Comparaison des niveaux de vie des travailleurs européens du charbon et de l'acier
1956 (16 000)	INSEE et CREDOC	• Comptabilité nationale • Etudes de marché • Etude économétrique de la consommation
1963 (1 300)	CREDOC et UNCAF	• Etude des familles nombreuses
1963 (11 324)	INSEE et OSCE	• Comparaison internationale des niveaux de vie • Calcul des taux d'équivalence entre monnaies • Etude de la satisfaction des besoins alimentaires • Econométrie de la consommation • Etude du facteur "taille des ménages"
1965-1972 (8 000)	INSEE (enquête permanente)	• Evolutions annuelles de la consommation, surtout pour la comptabilité nationale
1979, 1984, 1989, 1994 (entre 10 000 et 12 000)	INSEE	• Econométrie de la consommation • Economie de la famille • Sociologie des groupes sociaux • Comptabilité nationale • Cadrage des études de marché

Cet accent mis sur les notions d'usage et d'argument déplace le regard porté sur les enquêtes anciennes, d'abord tourné uniquement vers leurs résultats chiffrés. Un autre réexamen de cette série de travaux est possible, celui des contextes, des buts et des utilisations de ces investigations disparates, à la fois dans le temps et d'un pays à l'autre. Le cas des enquêtes sur les budgets est particulièrement propice à une telle exploration, différente, bien que complémentaire, de celle des bâtisseurs de séries longues : ce qui, pour eux, était une gêne et un obstacle, devient ici l'objet même de l'examen. En effet, ces enquêtes, organisées et commentées depuis le XIXe siècle, l'ont été selon un grand nombre de perspectives et de finalités différentes. Elles constituent comme un cas d'école pour une sociologie historique de la statistique, qui chercherait à replacer celle-ci dans ses réseaux de construction et d'usage. On présentera ici, à titre d'essai, quelques cas, surtout français, répartis entre les années 1850 et 1980, d'enquêtes et d'analyses de celles-ci, de Le Play à Desabie.

Une difficulté de méthode se présente : comment reconstituer les buts initiaux de ces entreprises ? Les textes de présentation sont souvent peu prolixes à ce sujet, comme si cela allait de soi, sans plus d'explications. Dans certains cas, pourtant, les enquêtes sont clairement inscrites dans un usage social explicite. Le cas typique est celui de l'indexation des salaires sur un indice du "coût de la vie", impliquant une mesure de celui-ci. Ce cas est fréquent entre les années 1910 et 1950. A ce moment, la comptabilité nationale et son usage pour la planification prennent le relais, comme finalité affirmée de ces enquêtes. Mais souvent aussi, celles-ci sont présentées comme un impératif de la connaissance scientifique en général. Il faut alors examiner les analyses et les interprétations qui en résultent, pour reconstituer les réseaux d'arguments qui ont été à l'origine de l'organisation, toujours lourde et coûteuse, du recueil de ces budgets. Par exemple, les analyses *économiques,* en termes de comportement de consommation et de mesure des élasticités-revenus, diffèrent des analyses *démographiques* portant sur les coûts de reproduction de la population puis sur les structures familiales et les cycles de vie, ou *sociologiques,* en termes de classes sociales et de cultures spécifiques à celles-ci. Ceci n'empêche pas, cependant, que, dans le cas de l'INSEE, une forte présence de ces trois grilles d'interprétation a poussé à des études les confrontant et les combinant étroitement, ce qui n'est pas toujours le cas dans d'autres contextes, en France ou ailleurs. Mais cette combinaison entre économie, démographie et sociologie, typique des analyses menées à l'INSEE depuis les années 1960, rassemble en fait, derrière des enquêtes en apparence semblables, des interrogations de contenus fort différents selon les époques et les pays. Ces investigations remontent à la fin du XVIIIe siècle pour l'Angleterre, et au milieu du XIXe siècle pour la France, la Belgique ou l'Allemagne

ENGEL ET LE "COÛT DE L'HOMME"

Peu de statisticiens du passé ont vu leur nom passer à la postérité. Celui d'Ernst Engel (1821-1896), directeur du Bureau de statistique du Royaume du Saxe, est attaché à une "loi" : la part de l'alimentation dans les dépenses diminue quand le revenu augmente. Pourtant, lorsqu'Engel entreprend, en 1857, de tabuler et d'analyser 199 budgets ouvriers recueillis et publiés par le Belge Ducpétiaux en 1855, il ne cherche pas à formuler une loi générale de la consommation. Il veut surtout intervenir dans un débat du temps, poursuivi tout au long du XIXe siècle, ouvert par l'affirmation de Malthus sur l'inexorable divergence entre la croissance géométrique de la population et la croissance arithmétique des ressources (Berthomieu, 1966). Intitulé "Les conditions de la production et de la consommation du Royaume de Saxe", son article de 1857 déplace le problème posé par Malthus, en le formulant en termes d'équilibre entre production et consommation. Ceci implique d'étudier empiriquement celle-ci et non de la fixer *a priori* de façon théorique et normative.

Le recueil et la publication de budgets de familles ouvrières avaient déjà été pratiqués, en Angleterre au XVIIIe siècle, puis en France par Le Play, et en Belgique par Ducpétiaux. Mais ces budgets étaient présentés tels quels, à la suite les uns des autres, certes dans des nomenclatures à peu près homogènes, mais ils n'étaient pas agrégés et tabulés de façon à faire apparaître des régularités ou des différences systématiques. Engel, poussé par la question plus générale de "coût de reproduction de l'homme", dans la perspective macrosociale soulevée par Malthus, ne peut se contenter des idées d'exemplarité ou de cas typique, dont s'inspiraient les monographies de ses prédécesseurs. Mais, d'autre part, une agrégation simple des 199 budgets de Ducpétiaux ne peut convenir, puisque les familles enquêtées sont de niveaux économiques et sociaux très disparates, et que leurs dépenses diffèrent fortement selon ces niveaux. La célèbre loi apparaît ainsi comme une conséquence de ce problème d'agrégation empirique visant à mesurer le "coût de l'homme".

Les indicateurs de Ducpétiaux permettent de répartir les familles en trois classes : familles ouvrières nécessiteuses, sans aucune fortune, devant être partiellement entretenues par la charité publique ; familles à faibles revenus ne recevant cependant aucune assistance publique ; familles aisées, dans la mesure où leur existence ne dépend d'autrui en aucune manière. Les parts de la nourriture dans les dépenses sont respectivement, pour ces trois classes, de 62 %, 55 % et 50 %, ce qui conduit Engel à énoncer sa loi, et même à en formuler une expression mathématique, comme un "modèle", qu'il resterait à estimer : "le niveau des dépenses de nourriture croît avec la diminution du bien-être selon une progression géométrique". Bien que les "variables" ainsi reliées soient très différentes de celles de la "loi" de Malthus, (population, ressources), sa formulation grammaticale et son vocabulaire (croissance, progression géométrique) semblent directement inspirés par celle-ci[91].

Dans son article de 1857, puis dans un autre publié en 1895, Engel soulève les principaux problèmes de ce qui sera, plus tard, la ligne de l'analyse *économique* des budgets de familles, reprise ensuite par Allen, Bowley, Houtthaker. Il pose la question de la mesure de la "taille de la famille" et propose une échelle d'équivalence dotée d'une unité, le "Quet" (en hommage à Quetelet). Le nouveau-né vaut 1 Quet. Cette valeur s'accroît de 0,1 Quet par an, jusqu'à 25 ans pour les hommes et 20 ans pour les femmes. Ainsi un homme adulte vaut 3,5 Quets, et une femme adulte vaut 3 Quets. Le problème de l'évolution des structures de budgets dans le temps est aussi soulevé, à partir de la comparaison entre des données recueillies en 1853 et 1891. Ceci permet de comparer des élasticités-revenus instantanées et temporelles : la part de la nourriture selon le revenu ne diminue pas aussi vite de 1853 à 1891 que ne l'aurait laissé prévoir la "loi" de 1857.

PAUVRES ANGLAIS ET OUVRIERS FRANÇAIS

L'analyse de type économique inaugurée par Engel est aujourd'hui banale. Mais, pour le XIXe siècle, elle est relativement isolée. Les finalités des enquêtes de ce temps sont différentes des questions soulevées par Engel, et différentes aussi selon les pays. Ainsi, en Angleterre, toute l'attention est portée sur la question de la *pauvreté,* alors qu'en France les budgets sont recueillis et interprétés pour le *monde ouvrier dans son ensemble*, puis, plus généralement, pour des groupes sociaux identifiés par leurs professions.

Une question a hanté les législateurs anglais depuis quatre siècles : comment assister les pauvres et conjurer le danger social qu'ils constituent, mais comment le faire de façon économiquement rationnelle ? Des lois sur les pauvres (*Poor Law*) ont scandé l'histoire de l'Angleterre, en 1601, en 1795 (loi dite de Speenhamland, analysée par Polanyi, 1983), en 1834 (loi "libérale" créant les

---

91 Cette formulation à propos des dépenses de nourriture est la seule "loi" formulée par Engel. L'Américain Caroll Wright la reprit en 1876, mais lui en adjoignant trois autres, concernant les vêtements et l'habitation (invariables selon le revenu), et les dépenses diverses (croissantes). Cet ensemble de "lois" est parfois présenté à tort comme "les quatre lois d'Engel".

wolkhouses et la distinction entre secours en asile et secours à domicile), et enfin en 1909. Les toutes premières enquêtes sont liées au vote de la loi de Speenhamland (G. J. Stigler, 1954). En 1795, le pasteur Davies recueille 127 budgets de familles très pauvres. En 1797, Eden publie les budgets de 60 familles agricoles et de 26 familles non agricoles. Ces budgets ne sont pas agrégés en tableaux synthétiques. Ils servent à illustrer des arguments en faveur d'une loi accordant un minimum vital aux plus pauvres.

Un siècle plus tard, entre les années 1880 et 1920, d'autres enquêtes importantes ont lieu en Angleterre, toujours dans le contexte des débats sur la pauvreté. Elles sont menées notamment par Booth, Rowntree et Bowley (Hennock, 1987). Elles sont plus centrées sur les revenus que sur les budgets de dépenses, mais ceux-ci sont enregistrés de plus en plus souvent. Les questions à traiter portent sur une catégorisation fine des pauvres selon les caractéristiques de leurs revenus et de leurs modes de vie. Les définitions de différents "seuils de pauvreté" (*poverty line*) sont discutées en détail. Enfin, c'est aussi dans ce contexte qu'émergent pour la première fois l'exigence de *représentativité* de l'échantillonnage, et l'idée de précision des estimations, formulée en termes probabilistes d'intervalles de confiance (Bowley, 1906). Il s'agit d'étayer le plus solidement possible des débats aux conséquences concrètes. Comment traiter la pauvreté ? Faut il réformer la loi de 1834, dont le caractère répressif apparaît de plus en plus insupportable à certains réformateurs sociaux ? Le traitement de la pauvreté doit il être local (charité paroissiale) ou nationale (début du *Welfare State*) ? C'est le débat sur cette dernière question, particulièrement concrète, qui fait émerger le problème technique de la représentativité et de l'échantillonnage, dont Bowley propose une solution, avec l'idée, alors nouvelle, de tirage aléatoire. Le formalisme technique est ici étroitement lié à l'usage social des enquêtes (Desrosières, 2000).

Le passage progressif d'une questionnement local à un questionnement national entraîne un changement des procédures d'enquêtes. Vers 1905, un autre glissement résulte d'une nouvelle question "nationale", que les responsables politiques anglais se posent à la suite des difficultés rencontrées lors de la "guerre des boers" en Afrique du Sud. L'industrie britannique est-elle compétitive par rapport à ses concurrentes, française ou allemande ? Ceci implique notamment une étude des *coûts comparés de la main d'oeuvre* dans les trois pays. Pour répondre à cette question, différente de celle sur la pauvreté, le *Board of Trade* anglais lance en 1905 une enquête comparative portant sur 5605 familles ouvrières en France, 5046 en Allemagne et 1944 en Grande-Bretagne (Board of Trade, 1909 ; Hélène Brousse, 1957). Cette enquête constituera, plus tard, une référence importante pour les bâtisseurs de séries longues (H. Brousse, Saunier, Thélot), en raison de la taille et de la composition de l'échantillon. Elle porte sur "les ouvriers" et non plus seulement sur les pauvres. Elle est en principe "nationale" et non plus seulement "locale". Les questionnaires sont distribués dans une trentaine de villes plutôt grandes, notamment "par les syndicats de salariés", selon une méthode de type "quotas empiriques". Les dépenses enregistrées couvrent *un mois* (octobre 1905).

Traitement de la pauvreté (depuis deux siècles), compétitivité comparée de l'industrie, tels sont deux usages des enquêtes budgets de famille britanniques, dès avant 1914. Les contextes français et allemands de ces mêmes enquêtes sont différents. Celles-ci sont moins orientées vers des usages directs. Elles sont en revanche insérées dans des théorisations sur la famille et sur les rapports sociaux (Le Play), sur les spécificités des classes sociales (Halbwachs), ou sur les grands équilibres démo-économiques (Engel). Le thème de la pauvreté, récurrent en Grande-Bretagne, est moins omniprésent en France. Les enquêtes de Villermé et des hygiénistes, dans les années 1830 et 1840, décrivent les conditions de vie des plus pauvres, mais ne sont pas centrées sur les budgets. En Angleterre, l'industrialisation et l'urbanisation précoces ont créé, dès la fin du XVIIIe siècle, de vastes quartiers rassemblant des personnes déracinées et coupées des solidarités traditionnelles. La question de l'aide publique et de son montant se pose brutalement. En France, en revanche, la montée d'un monde ouvrier distinct du monde agricole a été très progressive tout au long au XIXe siècle. Les premières enquêtes française sur les budgets, celles de Le Play et de ses disciples à partir dès années 1850, visent à étayer des considérations à propos des conséquences morales du salariat marchand et capitaliste sur la vie familiale des ouvriers, dont les ressources dépendent désormais d'un revenu purement monétaire, et non plus de liens sociaux directs : patronage, aides, "subventions"[92]. C'est moins la pauvreté économique que la nature du lien social résultant du salariat ouvrier que visent les enquêtes de Le Play. Ceci constitue une différence radicale avec les enquêtes britanniques.

Les questions de représentativité et d'agrégation des budgets "individuels" (c'est-à-dire portant sur *une* famille) sont donc posées de façon différente en Angleterre et en France. Il ne s'agit pas, pour Le Play et ses disciples, de décrire des "budgets moyens" pour des catégories définies à partir de "seuils" variés, mais de décrire en détail, par une procédure monographique, un cas jugé

---

92 Les analyses du conservateur traditionaliste Le Play ont, sur ce point, des analogies avec celles de Marx. Cette parenté en apparence surprenante entre les sociologues du XIXe siècle est analysée par Nisbet (1984).

typique, illustrant une thèse sur les conditions de l'équilibre et de la stabilité d'une famille, ouvrière, agricole ou artisanale. L'idée de milieu social, caractérisé par la cellule familiale et les conditions économiques et sociales de sa reproduction, sous-tend l'enregistrement des budgets individuels. Ceux-ci n'ont pas vocation à être agrégés (totalisation statistique de nombres détachés de la personne dont ils émanent) mais à être insérés dans une description plus vaste de la vie morale et économique de la famille (totalisation monographique des divers aspects d'une même personne).

Cette distinction entre deux formes de totalisation, soit sur des items, soit sur des personnes (ou des goupes sociaux), se perpétuera d'une certaine manière dans une opposition plus récente entre des analyses portant sur des variables (économétrie), ou sur des individus ou des groupes (analyse des correspondances), opposition évoquée lors de débats méthodologiques, dans les années 1970 et 1980. En amont de ces débats, une explicitation des conceptions différentes de la totalisation, liées à des usages spécifiques et distincts, aide à en mesurer mieux les enjeux : action sectorialisée portant sur des variables, dans le premier cas, description ou jugement portant sur une situation globale, une personne ou un groupe social, dans le second. Seule une analyse des usages rhétoriques de l'argument statistique permet de comprendre des débats qui ne sont dits méthodologiques qu'en raison de la tendance à l'autonomisation formelle des méthodes, et à l'autonomisation professionnelle des méthodologues. Les enquêtes de Le Play ne soulèvent pas de telles questions sur les techniques de traitement des données, puisque leurs commentaires sont littéraires et ne recourent à aucune mise en forme statistique. Cependant il est possible de suivre, de Le Play à certains sociologues actuels adeptes de l'analyse des correspondances, une parenté de démarche, opposée à celle d'autres sociologues et de la plupart des économistes, qui préfèrent par exemple la régression logistique. Les premiers portent leur attention sur la constellation globale des attributs d'une personne ou d'un groupe, tandis que les seconds s'attachent à des variables, détachées de ces mêmes personnes et mises en relation par l'économétrie ou par l'analyse multivariée. De ce point de vue, la rhétorique de Le Play s'inscrit dans une tradition longue et toujours vivante, même si les outillages formels en ont beaucoup évolué[93].

---

93 Une analyse détaillée de la continuité et des transformations de cette tradition est proposée par Alain Chenu, dans une réédition commentée de la monographie sur "Les Mélouga", poursuivie par Le Play et ses disciples, de 1856 à 1906. Il y insiste notamment sur les effets de la progressive introduction du raisonnement statistique dans le traitement des budgets de famille (Alain Chenu, postface à Le Play, Cheysson, Bayard, Butel, 1994). Sur l'histoire de l'école leplaysienne, voir aussi Kalaora et Savoye, 1987.

HALBWACHS ET LA TRADITION DURKHEIMIENNE

Pourtant, si une certaine continuité peut être montrée entre Le Play et les recherches sociologiques ultérieures (notamment par opposition aux analyses en termes de variables : revenu, élasticités par produits, que privilégieront les économistes), les discontinuités sont aussi marquées. Le Play et ses disciples ont une vision traditionaliste de la société et anti-académique de la science sociale. Hostiles au cumul théorique ou statistique des connaissances acquises grâce à leurs monographies, ils ne peuvent dialoguer avec la sociologie universitaire telle qu'elle sera défendue par Durkheim et ses élèves[94]. Parmi ceux-ci, Maurice Halbwachs reprend le matériel proposé par les "budgets de famille", mais il l'insére dans un réseau d'arguments et d'usages éloignés de ceux des leplaysiens. L'idée que l'enquête permet d'expliciter la cohérence globale d'une constellation d'attributs est conservée, mais elle est transposée du cas individuel d'une famille à l'ensemble d'un groupe social, la classe ouvrière, afin de montrer ce qui la distingue du reste de la société[95]. Du coup, il devient possible de mettre en oeuvre un raisonnement statistique, en croisant des variables, par exemple le revenu et la catégorie sociale, pour montrer que le revenu est loin de rendre compte, à lui seul, des variations des budgets. Cette mise en balance des capacités respectives de ces deux critères de tri à rendre compte des différences entre budgets deviendra un classique, dans les publications de l'INSEE des années 1970 et 1980[96].

Les recherches très détaillées d'Halbwachs sur les budgets ouvriers ne peuvent utiliser des données françaises. Il critique les procédures des monographies leplaysiennes, qui sont, de toute façon, en trop petit nombre pour

---

94 Ce parti-pris d'empirisme et d'hostilité contre toute théorisation est particulièrement clair dans un livre souvent présenté comme un aboutissement de la démarche leplaysienne : Du Maroussem (1900), *Les enquêtes, pratique et théorie*. Conscient des critiques portées à la notion de "cas typique", il propose que les enquêtes ne portent plus sur un seul cas, jugé typique, mais sur *trois*, en y ajoutant les deux cas les plus extrêmes dans la distribution d'une variable, estimant suggérer ainsi la variabilité des cas. Au même moment, les notions d'écart-type et de variance sont déjà utilisées par les statisticiens influencés par l'école biométrique de Karl Pearson.

95 Baudelot et Establet (1994) analysent de façon pédagogique la manière dont Halbwachs prend appui sur les budgets de famille pour développer sa théorie originale des classes sociales.

96 Il serait utile de savoir si la confrontation systèmatique de ces deux critères, qui résulte d'une relative proximité, dans l'INSEE, entre les personnes intéressées par l'économie et par la sociologie, a été aussi poussée dans d'autres pays.

le traitement statistique recherché. Il utilise, pour sa thèse "*La classe ouvrière et les niveaux de vie*" (1912), des données allemandes issues de deux enquêtes menées, l'une par l'Office statistique du Reich, l'autre par le syndicat des ouvriers des métaux. Par ailleurs, il a fait lui-même une petite enquête en France, en 1907, auprès de 52 ménages ouvriers et 33 ménages paysans (Halbwachs, 1914). Dans la présentation de celle-ci, il mentionne qu'elle a été faite "sur les indications et pour le compte de S. Rowntree, qui cherchait à déterminer les conditions de vie des ouvriers et paysans en France par les mêmes méthodes qu'il avait étudiées dans son livre : *Poverty, a study in town life*". Or Rowntree (membre de la famille propriétaire de la firme alimentaire de même nom) est un acteur important du mouvement anglais des enquêtes sur la *pauvreté*, évoqué ci-dessus. Halbwachs reprend la technique de l'enquête budget, mais l'intérêt pour "les pauvres", typiquement anglais, est remplacé, dans sa recherche, par l'accent mis sur "les ouvriers", et, plus généralement, sur l'idée de milieu social, plus caractéristique de la sociologie française, leplaysienne aussi bien que durkheimienne.

La façon dont Halbwachs parle du monde ouvrier diffère à la fois de celle des conservateurs traditionalistes leplaysiens et de celle des réformateurs sociaux anglais. Au moralisme, catholique des uns et protestant des autres, s'oppose un effort pour comprendre de l'intérieur les contraintes propres au travail des ouvriers, coupés des interactions sociales fréquentes dans les autres classes, et marqués par le caractère matériel de leur environnement quotidien. Halbwachs est proche du mouvement ouvrier, mais il n'intervient pas dans les controverses politiques. Il invente une façon pour parler du monde ouvrier aussi éloignée du moralisme bourgeois du XIXe siècle que du dogmatisme de certains marxistes de l'après-guerre. L'analyse des budgets de famille constitue une sorte de fil conducteur de cet empirisme compréhensif, du début à la fin de sa carrière[97]. Dans les années 1930, il décrit l'évolution de la société américaine à travers les structures des budgets des ouvriers de Detroit ou Chicago, comparées à celles de Européens du début du siècle (Halbwachs, 1933).

L'intérêt d'Halbwachs et de son ami Simiand, tous deux durkheimiens, pour le monde du travail, résulte non seulement de leur conception théorique de la sociologie, mais aussi d'un mouvement de mobilisation plus large, administrative et juridique autant que scientifique, autour des "questions du travail", entre les années 1890 et 1910. Ce mouvement, lié à la crise économique mondiale des

---

97 Il meurt d'épuisement et de faim à Buchenwald, en 1945. Jorge Semprun, témoin de ses derniers moments, les raconte dans "*L'écriture ou la vie*" (1995).

années 1875 à 1895, a conduit à la création, un peu partout, d'*Offices du travail*, institutions d'enquêtes, d'études et de préparation des législations nouvelles codifiant et protégeant le travail salarié. Dans ce cadre, les enquêtes sur les budgets ouvriers se multiplient : Carroll Wright aux Etats-Unis, Engel et les syndicats en Allemagne, Rowntree et Bowley en Angleterre. Toutes ces enquêtes sont principalement centrées sur *les travailleurs*, vus notamment à travers la question du *salaire nécessaire*, et non pas sur la population globale des "consommateurs", comme ce sera le cas, après 1945, avec des enquêtes vues comme des "études de marché" décrivant la consommation par produits.

1914 : UNE ENQUÊTE BUDGET DE LA SGF

En France, un *Office du travail* a été créé en 1891, et la *Statistique générale de la France* (SGF) lui a été rattachée. Certains leplaysiens (Du Maroussem) y collaborent, et la méthode des monographies y est pratiquée. Le jeune Simiand est, un temps, bibliothécaire de cette institution. Halbwachs publie en 1914, dans le *Bulletin de la SGF*, les résultats de son enquête de 1907. En 1913, Chéron, ministre du Travail, institue une commission "chargée des études relatives à la physiologie du travail professionnel, aux conditions de l'existence, aux aptitudes professionnelles et à leur formation, dans les familles ouvrières et paysannes". Dans ce cadre, une sous-commission est créée, dont le programme de travail est significatif. Il indique les objectifs de la première enquête "officielle" sur les budgets de famille, organisée par la SGF, en 1914, juste avant le déclenchement de la guerre. Ce programme suggère les questions alors jugées sociales, c'est-à-dire impliquant une intervention publique et donc une investigation statistique :

> "I Réadaptation de l'invalide au travail.
>
> II Régime alimentaire dans les familles ouvrières et rurales. Part de l'alcool dans le budget familial. Rapport de l'habitation avec la santé et la vie du travailleur.
>
> III Adaptation de l'adolescent au travail. Apprentissage.
>
> IV Dépeuplement des campagnes, a) par l'émigration, b) par la rareté des familles nombreuses" (Dugé de Bernonville, 1916)

Les thèmes généraux ainsi formulés expriment une "demande sociale", combinant, comme c'est souvent le cas, des questions directement exprimables en mesures quantifiées (part de l'alcool dans le budget, rareté des familles nombreuses) et des "problèmes" pour lesquels le statisticien doit fabriquer des "indicateurs" (adaptation de l'invalide ou de l'adolescent au travail). La procédure d'enquête mélange des aspects issus de la statistique du XIXe siècle (enquêtes administratives des préfets, monographies sur des "cas typiques") et d'autres annonçant les enquêtes par questionnaire du XXe siècle, avec même une intuition du "tirage aléatoire", évoqué mais jugé irréalisable compte tenu de la "répugnance des familles à fournir des renseignements d'ordre intime".

Les questionnaires, de deux types, résument ce mélange. Le premier est "*relatif à chaque famille visitée*". Il porte sur "la composition détaillée de la famille, la morbidité, l'état de l'habitation, la valeur du loyer, les conditions professionnelles, les revenus, la durée du travail, les dépenses d'alimentation, chauffage et éclairage, la formation professionnelle". La partie proprement "budget" au sens moderne est insérée, au passage, dans une vaste série de questions. Le deuxième "questionnaire" peut sembler d'une nature radicalement différente du premier, puisqu'il s'applique à "*l'ensemble d'une localité*" : nombre des familles et répartition par profession, état des industries rurales, désignation des personnes invalides, émigration rurale, coût de l'entretien des enfants dans les familles ouvrières". Les procédures et les circuits d'enregistrement seraient aujourd'hui distincts. Or, à l'époque, la responsabilité de documenter ces deux formulaires portant, l'un, sur "les familles" et, l'autre, sur "la localité" est confiée aux mêmes personnes, notables et personnes ayant des contacts fréquents avec les familles à enquêter :

> "... instituteurs, secrétaires de mairie, médecins, pharmaciens, négociants, industriels, agriculteurs, artisans, fonctionnaires divers tels que inspecteurs du travail ou de l'Assistance publique, magistrats, ingénieurs, maires, conseillers généraux, conseillers d'arrondissements, etc...
>
> Un quart des questionnaires remplis sont signés par des instituteurs. L'instituteur vit au milieu des familles dont il instruit les enfants : le mode d'existence de ces familles n'a guerre de secret pour lui. Puis, c'est surtout la mère de famille dont il importe de gagner la confiance et l'instituteur est naturellement en rapport avec les mères, plus qu'avec les pères empêchés par le travail de veiller sur les enfants" (Dugé de Bernonville, 1916).

La SGF ne disposant pas de "directions régionales", les enquêtes sont centralisées par les préfets, au niveau des départements. En juillet 1914, 57 départements sur 87 ont envoyé à Paris des questionnaires. Le résultat est un mélange entre des procédures variées, où la statistique formalisée moderne pointe derrière l'enquête ethnographique:

"Dans le mémorandum qui accompagnait les questionnaires, on recommandait de faire porter les observations sur des familles de revenu peu élevé, mais prises au hasard. On indiquait un moyen commode d'opérer : sur la liste nominative des habitants établie lors du dénombrement de 1911, pointer les ménages de 5 en 5 ou de 10 en 10, et substituer à toute famille aisée, ou qui ne paraîtrait pas devoir fournir des renseignements assez sûrs, la première famille venant ensuite et susceptible d'être retenue. On aurait pu obtenir ainsi, avec un nombre suffisant de monographies, une représentation assez exacte de l'ensemble des familles modestes du pays.

En réalité par suite d'une répugnance générale des familles à fournir des renseignements qui leur paraissent d'ordre trop intime pour être divulgués, les enquêteurs se sont adressés surtout aux familles qu'ils connaissaient déjà ou qu'ils savaient avoir un intérêt quelconque à se laisser interroger avec complaisance. C'est ainsi que dans quelques communes on a choisi les familles parmi celles qui avaient formulé des demandes en vue de bénéficier des avantages accordés par la loi de 1913 sur les familles nombreuses.

Dans d'autres cas, ce sont les chefs d'industrie eux-mêmes qui ont fait procéder aux enquêtes auprès d'un certain nombre d'ouvriers de leur entreprise. Là encore les familles choisies sont le plus souvent prises parmi celles qui ont reçu des avantages spéciaux provenant d'institutions patronales. A ces conditions seulement, il a été possible de rassembler un nombre suffisant de questionnaires contenant des indications utiles.

D'une manière générale, les formules sont remplies avec soin sauf toutefois celles, en nombre relativement faible, qui ont été remplies par les chefs de familles eux-mêmes. En principe, c'est l'enquêteur qui a noté les renseignements après avoir interrogé les intéressés et contrôlé les données fournies, par tous les moyens à sa disposition.

Les questionnaires reçus sont par suite d'une valeur inégale ; on y constate souvent des lacunes, principalement en ce qui concernent les chiffres relatifs aux consommations et aux dépenses, mais tous présentent, par quelque côté, un certain intérêt. Dans l'espace ménagé pour les observations générales, les enquêteurs ont rédigé des notes qui complètent d'une manière utile les chiffres inscrits et qui ont souvent permis, lors du dépouillement, de les contrôler et de rectifier des erreurs" (Dugé de Bernonville, 1916).

Les critères de "qualité" de l'enquête sont ainsi hybrides, entre la représentativité du tirage aléatoire, et celle résultant de ce que les familles ont été "bien choisies", parmi celles qui avaient "un intérêt quelconque à se laisser interroger avec complaisance", parce qu'elles avaient bénéficié de certains "avantages spéciaux". Le critère du "sérieux de la réponse" l'emporte alors sur celui de l'échantillonnage au hasard, inconnu en France pour encore trente ans, alors que, dès 1906, Arthur Bowley l'avait utilisé pour des enquêtes anglaises sur la pauvreté. Les relevés de dépense portent sur une semaine, ce qui conduit Dugé de Bernonville à observer "qu'on ne saurait prétendre en tirer des conclusions précises sur l'importance des dépenses", mais qu'en revanche on peut les utiliser pour analyser leurs variations, selon divers critères comme le revenu ou la taille de la localité.

Au bout du compte, 1764 questionnaires de familles sont exploitables, portant sur 1101 ouvriers, 152 employés, 196 artisans et petits commerçant et 315 ouvriers agricoles. Les résultats sont ventilés, pour les ouvriers, en croisant catégories de revenus (en 8 tranches) et taille de la localité (plus et moins de 10 000 habitants).

Cette enquête est organisée en 1914 par la SGF, qui est alors incluse dans un organisme plus vaste, l'*Office du travail*. Celui-ci a été, depuis sa création en 1891, une sorte d'ancêtre des institutions modernes de recherche en sciences sociales et en économie, mi-administratives et mi-scientifiques : INSEE, INED, CREDOC. Il a lancé plusieurs investigations, sur les salaires et la durée du travail (1893), sur l'appareil productif (1910) et enfin sur les budgets de famille, en 1914. Entre 1910 et 1914, les prix de détail, très stables depuis des décennies, commencent à fluctuer de façon plus marquée. Les idées de "coût de la vie" et d'indexation des salaires sur les prix apparaissent. C'est pourquoi la SGF organise, pour la première fois, une enquête administrative sur les budgets familiaux. Mais celle-ci est interrompue par la guerre. Malgré tout, son auteur à la SGF, Dugé de Bernonville, en publie les résultats en 1916 et 1917. Son compte-rendu porte trace des motivations initiales de la "commission Chéron" de 1913.

1920-1940 : DE PETITES ENQUÊTES POUR DES USAGES SPÉCIFIQUES

Entre 1920 et 1940, la SGF n'organise aucune enquête nationale sur les budgets. Les rares opérations entreprises le sont de façon locale, souvent sur des initiatives privées, et, à chaque fois, pour des usages spécifiques : indexation des salaires, comparaison internationale des coûts de la main d'oeuvre, création ou revendication d'allocations familiales, étude des conséquences du chômage, ou des accords Matignon de 1936[98]. Ces enquêtes sont locales et portent sur de petits échantillons. Elles circulent peu, et restent

98 Cette période et ces enquêtes sont décrites en détail par Antoine Savoye (1994) : *Les débuts de la sociologie empirique* (Méridiens-Klincksieck), et notamment dans le chapitre 2 : "La famille au microscope : les enquêtes sur les budgets des familles ouvrières", dont on s'est inspiré dans cette analyse de la période 1920-1940.

cantonnées à leurs usages locaux et spécifiques. *A contrario*, la période 1940-1960 pourra être caractérisée par la progressive construction d'un système d'enquêtes présentant des traits opposés : mise en place du réseau des Directions régionales du SNS puis de l'INSEE (1946), introduction de la méthode des sondages et de la notion de représentativité au niveau national, thèmes d'enquête de moins en moins spécialisés, pour aboutir aux grandes enquêtes, générales et nationales, des années 1960. Mais un retour sur la période 1920-1940, souvent considérée comme "vide" du point de vue des enquêtes budget, permet de reconstituer un éventail d'usages dont le rassemblement justifiera ensuite l'investissement coûteux des grandes enquêtes.

Les *relations de travail* restent, durant cette période, le principal domaine d'usage de ces enquêtes. Les questions relatives à une "économie de la consommation" ou à des "études de marché", essentielles après 1950, sont encore absentes. En mars 1919 est votée une loi sur les "conventions collectives". Celles-ci incluent souvent des clauses d'indexation. En février 1920 est créée une "Commission centrale d'études relatives au coût de la vie", en principe associée à la SGF. Mais les négociations de salaires sont encore peu centralisées. La perception et la confrontation des "habitudes de dépenses", des "besoins" et des pratiques salariales sont encore fortement locales. La "nationalisation" (au sens d'unification nationale des grilles de perception, de négociation et de réglementation) se fera plus tard, entre 1936 et les années 1960. Les espaces politique (celui des relations sociales) et cognitif (celui des outils de description) évoluent en agissant l'un sur l'autre et en se constituant mutuellement : la décentralisation et la construction européenne des années 1980 et 1990, créant de nouveaux espaces politiques, induisent aussi de nouveaux espaces statistiques.

En 1920, des "commissions régionales sur le coût de la vie" sont créées dans 60 départements. Elles construisent des "nombres-indices régionaux", correspondant aux dépenses d'une famille ouvrière de quatre personnes, ce qui suppose une enquête sur un échantillon de ménages. Mais, faute de crédits, ce système fonctionne peu (Landry, 1927). Quelques commissions départementales établissent des indices, mais leurs enquêtes ne sont pas soutenues ni contrôlées par la SGF qui n'a ni moyens ni échelons régionaux[99]. Cette situation est d'autant plus paradoxale que, dans les mêmes années, le *Bureau international du travail* (BIT), créé en 1920, a organisé plusieurs conférences autour des

---

[99] Un compte-rendu d'une telle enquête locale est fourni pour la région lyonnaise, par Antonelli (1921).

questions d'indices de prix et d'enquêtes. Il publie un manuel sur "*Les méthodes d'enquêtes sur les budgets familiaux*" (Richardson, 1926). Mais ces recommandations ne rencontrent aucun relais institutionnel en France.

Comme cela avait déjà été le cas en 1905 avec l'enquête comparative internationale du *Board of trade* anglais, c'est par le biais d'une demande et d'un financement de la compagnie américaine Ford que, en 1930-1931, le BIT organise une enquête dans quatorze grandes villes européennes (dont Paris et Marseille). Elle vise à comparer les coûts de la vie et les salaires, en vue de l'implantation et de la gestion des filiales de la multinationale Ford. Les enquêtes sur les budgets ouvriers sont alors plus utilisées par les entreprises dans l'optique des coûts salariaux, que dans celle des consommations par produits et du marketing, comme ce sera le cas après 1950, toujours pourtant avec des financements américains (CREDOC).

Une autre catégorie d'usages naît dans la même période : l'analyse des budgets apparait nécessaire pour étayer des revendications de politique familiale, comme la création d'allocations familiales, formulées par des associations catholiques. Cet usage induit des enquêtes spéciales comme celle de Clouet (1927) portant sur neuf budgets d'ouvriers et d'employés de Paris et Roubaix. Cette tradition d'usage à des fins d'argumentation familialiste se poursuivra plus tard avec les enquêtes de l'INED et des Caisses d'allocations familiales (CAF). Elle diffère aussi bien de la tradition sociologique (Halbwachs) que de la tradition économique d'étude des élasticités, bien que la question des échelles d'équivalence tenant compte du nombre et de l'âge des enfants fasse le lien entre ces trois optiques.

A la brillante exception d'Halbwachs, et à la différence des pays anglo-saxons, le monde universitaire français n'a pas produit, jusqu'aux années 1930 de recherches sociologiques empiriques, notamment sur les budgets. A ce moment, une impulsion et des financements viendront encore de l'Amérique, à travers la Fondation Rockefeller. Celle-ci suscite, en 1931, la création de l'*Institut scientifique de recherche économique et sociale* (ISRES), dirigé par Charles Rist, et financé par une aide américaine jusqu'en 1948 (Mazon, 1985). Sous son égide, sont menées des enquêtes particulières sur les effets du la crise, du chômage, et du Front populaire de 1936. La plus vaste est celle de Gabrielle Letellier, sur les chômeurs. Elle comporte un volet sur les budgets, dont la méthodologie (forme des carnets, durée d'enregistrement) est très fouillée (Letellier, 1949). Elle mobilise des universitaires (Halbwachs, Marjolin), des responsables des relations sociales sur le terrain, inspecteurs du travail

(Letellier) et ingénieurs (Zuber) et enfin des travailleuses sociales. Interrompue par la guerre, cette enquête ne sera publiée qu'en 1949.

Une autre enquête, soutenue par l'ISRES, est menée par un universitaire, Delpech, en 1937. Elle porte sur 100 ménages toulousains et cherche à comparer trois milieux sociaux, en analysant les budgets de 40 ouvriers, 40 employés et 20 "personnes aisées" (fonctionnaires et rentiers), et notamment leurs évolutions entre 1936 et 1937. Son compte-rendu se réclame de la démarche d'Halbwachs, mais il est sous-tendu par une thèse éloignée des idées de celui-ci. Les employés ont été injustement défavorisés par rapport aux ouvriers lors des accords salariaux de 1936. Des jugements sévères sont portés sur le mode de vie des ouvriers, dans un langage proche de celui de certains auteurs du XIXe siècle. Cette dernière enquête de l'avant-guerre est significative, d'une part, par ses résultats, puisque peu de budgets de cette époque ont été recueillis, et sa méthode (une esquisse de "panel" suivi sur deux années consécutives), mais aussi, d'autre part, par une rhétorique politico-morale qui disparaîtra dans les comptes-rendus des travaux d'après 1946.

Toutes ces enquêtes locales, privées, portant sur des petits échantillons peu représentatifs, seront, au cours des dix premières années de l'INSEE, de 1946 à 1956, remplacées par des enquêtes qui, progressivement, auront des traits opposés, jusqu'à celle de 1956, menée avec le CREDOC. Celle-ci sera la première à être *à la fois* nationale, représentative de toute la population, et issue d'un échantillon aléatoire. Cette évolution rapide est liée à une transformation complète des usages et des interprétations de ces enquêtes. Celles-ci seront désormais intégrées à un réseau centralisé de statistique publique, et orientées par un projet de reconstruction puis de modernisation d'une société où la croissance de la consommation occupera une place centrale.

1946-1956 : LA "NATIONALISATION" DES ENQUÊTES SUR LES BUDGETS

Dès sa création au printemps 1946, l'INSEE effectue une enquête sur les "dépenses et consommation de 1502 ménages de salariés de la région parisienne, dont le niveau social correspond au plus à celui d'ouvrier qualifié ou d'employé" (Rémery, 1948). C'est la première fois depuis 1914 que la statistique publique effectue une telle opération. A partir de cette date, les enquêtes sur les budgets, puis, plus généralement, sur les "conditions de vie des ménages", vont se succéder à un rythme soutenu, jusqu'à nos jours. La mesure de la *consommation* et des *taux d'équipement* en biens durables, de leur évolution et de leur hétérogénéité selon les groupes sociaux, devient un élément clé à travers lequel la société se pense elle-même, exprime ses progrès, ses contradictions et ses crises. Le débat social prend appui sur les résultats de ces mesures, soit pour magnifier le chemin parcouru (Fourastié inventant l'expression des "trente glorieuses"), soit pour dénoncer des injustices et des inégalités sociales. Plus tard, à partir des années 1970, le débat portera sur la pertinence des indicateurs de consommation, et sur leur interprétation. La relation entre l'objet statistique construit à partir des enquêtes et son usage démonstratif redeviendra moins limpide.

De ce point de vue, on pourrait parler des trente glorieuses *de cet usage des statistiques de consommation*, dont les éditions successives de *Données sociales* (la publication triennale de synthèse de l'INSEE) portent témoignage jusqu'au milieu des années 1980. L'édition de 1984 contient une étude de Michel Glaude, "Diversité et cohérence des budgets", qui rassemble un éventail de méthodes d'analyse et d'interprétations et offre un échantillon des usages spécifiques à cette période. Dans les quatre éditions suivantes de *Données sociales*, de 1987 à 1996, le thème de la pauvreté et de la précarité, peu présent en tant que tel auparavant dans les travaux statistiques en France (à la différence de l'Angleterre), apparaît explicitement, et occupe un espace de plus en plus grand. D'une certaine façon, les enquêtes budget sont caractéristiques de la période qui va des années 1950 aux années 1980, non seulement par leurs résultats et leurs tableaux, mais aussi par leur fréquence et par la diversité de leurs objectifs et de leurs usages. Un langage commun, tout à la fois descriptif, évaluatif et normatif, a été mis en place entre 1945 et 1965, puis abondamment utilisé entre 1965 et 1985, pour être partiellement remplacé par d'autres langages, encore en gestation, depuis cette date.

Les dix premières années (1946-1956) des enquêtes budget marquent une transition entre les objectifs et les méthodes des rares enquêtes antérieures, et ceux des nombreux travaux qui suivent. Cette mutation pourrait être qualifiée de "nationalisation" des enquêtes, en donnant à ce mot un sens plus large que son sens habituel, tout en l'incluant. Tout d'abord ces enquêtes sont menées par un service public doté d'une forte implantation régionale, l'INSEE, et non plus, comme auparavant, sur des initiatives privées et locales, financées parfois par des fonds américains (Fondations Ford et Rockefeller). Par ailleurs, ces enquêtes couvrent progressivement *toute la France*, et *tous les groupes sociaux*. Enfin, elles sont faites sur des échantillons aléatoires représentatifs de la population entière, et non plus sur des échantillons empiriques.

Dans les années qui suivent immédiatement la libération de la France, l'intérêt général, justifiant le financement et l'organisation de ces "vastes enquêtes", est fondé sur deux questions, jugées socialement assez importantes pour nécessiter l'intervention d'un service public, l'INSEE. Celui-ci n'est pas, à son origine, un organisme de recherche producteur de connaissances scientifiques, comme pourrait l'être le CNRS. Il doit produire des *informations* utiles pour l'action, c'est-à-dire des mises en formes, dans un langage communément accepté, des questions reconnues comme relevant d'une responsabilité de la collectivité. L'introduction de l'article présentant la première enquête budget, celle de 1946, indique la nature de ces deux questions : l'inflation et la malnutrition.

> "L'INSEE a procédé, en 1946, à la demande de la Commission supérieure du coût de la vie, à d'assez vastes enquêtes sur les conditions d'existence des familles de salariés. Ces enquêtes répondent à des besoins multiples d'ordre économique et social dont les moindres ne sont pas la détermination des coefficients de pondération des indices du coût de la vie ainsi que l'appréciation de la valeur quantitative et qualitative du régime alimentaire de diverses catégories de population" (Rémery, *Bulletin SGF*, 1948, p. 154).

La loi sur les conventions collectives, prévoyant la possibilité d'indexer les salaires sur le "coût de la vie", avait été votée en 1920, mais peu appliquée jusqu'à 1936. En revanche, entre 1936 et 1939 puis après 1945, dans de nombreuses branches d'activité sont négociées et signées de telles conventions, incluant non seulement des clauses d'indexation, mais aussi une codification et une uniformisation des qualifications et des statuts des salariés : catégories Parodi, collèges électoraux des délégués aux comités d'entreprise, statut de la fonction publique, régimes de protection sociale et de retraite. Cette extension et cette "nationalisation" (au sens d'unification nationale) des conventions régissant le travail salarié justifient et rendent évidente la nécessité de construire un système statistique cohérent avec ce nouveau mode de gestion : indices du coût de la vie, enregistrement des budgets des familles de salariés "dont le niveau social correspond au plus à celui d'ouvrier qualifié ou d'employé", et aussi nomenclature socio-professionnelle ajustée au vocabulaire des conventions collectives.

La comparaison avec la période des années 1920 est éclairante. L'idée d'indexation était déjà apparue. Mais il semblait alors qu'elle ne pouvait être appliquée que localement. Les "commissions départementales du coût de la vie" avaient végété, tandis que la "commission centrale" ne se réunissait même pas.

On peut bien sûr décrire cette situation en observant que la SGF ne disposait pas alors des moyens financiers et humains, ni de l'infrastructure territoriale permettant ces opérations. Cela est vrai, mais semble imputer le faible développement du système statistique du temps à l'incompréhension ou à l'incompétence des responsables politiques. C'est ce que faisait par exemple souvent Alfred Sauvy dans ses récits sur les années 1920 et 1930. On peut aussi observer que n'existait pas encore l'ensemble du réseau social, tout à la fois politique, institutionnel et cognitif, qui rendra nécessaires et évidentes des opérations inconcevables 25 ans plus tôt. *A contrario,* on ne retrouve pas traces de discussions ou de contestations des enquêtes menées à partir de 1946. Bien sûr, Closon, le directeur de l'INSEE, doit négocier chaque année la survie de son institution et notamment de ses directions régionales (Touchelay, 1993). Mais l'utilité et l'importance des enquêtes sont jugées telles que, au bout du compte, et en s'associant avec d'autres institutions (INED, INH, CREDOC) qui contribuent à leur financement, celles-ci sont réalisées. Elles sont même de plus en plus "nationalisées", au sens précisé ci-dessus, c'est-à-dire étendues à la France entière et à tous les groupes sociaux.

Les enquêtes antérieures à 1946, et la plupart de celles menées jusqu'en 1956, sont limitées à certaines villes, et à certains groupes, en général les "salariés modestes". Ces limitations ne résultent pas seulement de la pénurie des moyens alloués. La restriction des observations aux ouvriers et aux employés est issue des usages anciens, liés aux analyses des effets sociaux de l'extension du salariat ouvrier, et aux conventions d'indexation des salaires sur les prix. L'idée de décrire et de comparer par des mesures statistiques *l'ensemble des classes sociales* est très peu répandue avant les années 1940. Le principe d'égalité des droits juridiques des citoyens remonte à 1789, mais la visée d'une égalité sociale, au moins tendancielle, des chances de tous, n'est définitivement inscrite dans le paysage politique (et dans la Constitution), qu'après 1945. L'analyse statistique des *inégalités sociales,* presque inexistante avant cette date[100], devient un des thèmes essentiels des travaux de l'INSEE. Le glissement des enquêtes, des "salariés modestes" à la "population entière", résulte ainsi de cette évolution du contexte normatif et évaluatif dans lequel baigne l'institution statistique. La société entière devient un espace d'équivalence potentielle et de comparabilité. Cet espace est symbolisé par l'urne probabiliste où sont tirés des échantillons représentatifs.

---

100 Seules les inégalités *du revenu* étaient étudiées depuis la fin du XIXe siècle (Armatte, 1995).

Une autre raison, toute différente, mais aussi importante, conduit à ce glissement. Dès 1948, apparaît une nouvelle catégorie d'usages des enquêtes sur les budgets de famille : les *études de marché*, pour un ensemble de produits. Si l'on imagine les résultats d'une telle enquête présentés sous la forme d'un vaste tableau, où chaque ménage occupe une ligne, les postes de dépenses étant répartis en colonne, les études de marché, c'est-à-dire de *consommation par produit*, reviennent à privilégier la lecture des colonnes, au détriment des lectures en lignes, dominantes depuis Le Play, Engel ou Halbwachs. Cette lecture est relativement nouvelle, et ouvre un champ d'usages complètement différents de ceux qui avaient précédé. Les enquêtes antérieures étaient limitées en ligne (les familles de certaines villes, ou de certains groupes sociaux). Désormais, certaines enquêtes sont limitées en colonne, en portant sur certaines catégories de produits[101]. Ce sont les "enquêtes spécialisées". Les deux premières sont réalisées en 1948, par P. Thionet et R. Lévy-Bruhl. Elles portent respectivement sur les textiles et sur le ravitaillement. Elles sont les premières à être représentatives de "l'ensemble des ménages français", et à être issus d'échantillons aléatoires, de 4086 ménages pour l'une (textile) et 4237 pour l'autre (ravitaillement)[102].

L'usage en termes de marché potentiel pour certains biens de consommation implique nécessairement des évaluations globales, et donc une couverture de toute la population pour la France entière. Les statistiques du commerce extérieur et des variations de stocks permettent de confronter la consommation et la production, en établissant des équilibres des ressources et des emplois par produit. Cette technique deviendra usuelle pour construire les tableaux de biens et services de la comptabilité nationale, et pour les projeter vers des années futures, dans le cadre d'une planification indicative conçue comme une "étude de marché généralisée". La construction d'une comptabilité "nationale" sera une étape essentielle de la "nationalisation" du système statistique. Celle des enquêtes budget en constituait un préalable indispensable.

---

101 Quelques enquêtes antérieures avaient porté sur l'alimentation de la classe ouvrière, mais avec un objectif très différent de celui de l'étude de marché.

102 Cette méthode de l'échantillonnage aléatoire avait déjà été expérimentée depuis 1942, sur des enquêtes de natures différentes, au Service national des statistiques (SNS, prédécesseur de l'INSEE) par Stoetzel.

ELÉMENTS DE SOCIOLOGIE DES USAGERS ET DE LEURS USAGES

Les travaux d'évaluation des productions de la statistique publique distinguent souvent, d'une part, les usages directement utiles de celle-ci, pour l'action, la décision ou l'argumentation dans une négociation, et, d'autre part, des usages dits scientifiques, orientés vers une accumulation du savoir en tant que tel. Mais cette distinction elle-même dépend d'une définition sociale de la science et du travail scientifique. Ainsi l'usage des enquêtes budget pour la comptabilité nationale peut être, selon le point de vue, rattaché à l'une ou l'autre de ces catégories d'usages. Par comparaison avec les autres sciences, les sciences sociales universitaires (économie et sociologie) sont souvent dans une situation paradoxale. Les définitions, les nomenclatures et les procédures d'enregistrement de leur matériel empirique sont élaborées par d'autres institutions, dont la finalité n'est pas seulement la production d'un savoir scientifique, du moins au sens académique. Pourtant cette opposition classique entre usages "utilitaires" et usages "scientifiques" apparaît formelle dès lors que l'on étudie la dynamique de la conception, du financement, de la réalisation et des usages des enquêtes.

Cette dynamique passe par la consolidation de la légitimité et de l'autorité de l'institution statistique. Dans un premier temps, celle-ci est fragile. Elle a besoin d'alliés et de partenaires pour justifier et partager ces investissements coûteux. Cela lui permet notamment de rester proche de ces usages encore peu nombreux, et de bien les connaître. Puis, progressivement, la légitimité de l'enquête et celle de l'institution grandissent. Les usages deviennent suffisamment répandus et diversifiés pour qu'il ne soit plus nécessaire d'expliciter précisément l'utilité directe de ces travaux, au moment de leur conception ou de leur publication. En revanche, des objectifs scientifiques généraux, économiques ou sociologiques, peuvent leur être assignés. Les usages "utilitaires" arrivent presque par surcroît. Ils sont nombreux et dispersés dans des contextes de plus en plus variés. Mais ils sont aussi de moins en moins connus et suivis par l'institut de statistique. Celui-ci voit arriver des "demandes", mais les usages des informations demandées, c'est-à-dire leur insertion dans leur contexte propre, deviennent presque hors d'atteinte[103].

---

103 L'Inspection générale de l'INSEE a réalisé, dans les années 1990, d'intéressantes expériences d'évaluation des enquêtes sur les conditions de vie des ménages et sur l'emploi. Celles-ci permettent d'entrevoir, à travers les critiques et les souhait formulés par certains usagers, l'éventail très large leurs usages.

L'évolution des enquêtes budget entre les années 1940 et 1960 illustre bien ce schéma général. Un réseau de production et d'utilisation des enquêtes se constitue à partir de quelques pôles bien spécifiés, autour de l'INSEE. Ces pôles et l'INSEE se renforcent mutuellement, bien que chacuns poursuivent des objectifs différents, dans leurs mondes à eux. L'important est que, à partir de 1946, l'existence d'enquêtes budget apparaisse comme un point de passage obligé, ce qui n'avait pu être fait dans les années 1920 et 1930. Chacun des pôles à un intérêt propre spécifique, mais, peu à peu, se dégage un intérêt général, qui deviendra celui de l'INSEE. De plus les pôles spécifiques doivent, pour être entendus, être dotés de *représentants*, capables de formuler et de traduire, dans le langage désormais commun de la statistique, les intérêts *a priori* dispersés et hétérogènes de leurs mandants. Cette étape de constitution de porte-paroles qualifiés est essentielle pour que puisse se tisser le réseau de production et d'usage d'un outil statistique. Ici encore la comparaison avec la période antérieure montre que le fait nouveau, après 1945, est l'émergence d'au moins quatre types d'intérêts spécifiques, exprimés par des représentants autorisés : l'indexation des salaires, la reprise de la natalité, l'accès à une alimentation satisfaisante du point de vue médical, le développement des marchés des biens de consommation. Ces quatre objectifs sont représentés respectivement par les syndicats (de salariés et d'employeurs), l'INED, l'Institut national d'hygiène (INH), et le CREDOC.

Dans les années d'après-guerre, l'inflation est rapide. Les syndicats de salariés sont puissants. Leurs relations avec le patronat et l'Etat sont désormais régulées par des négociations nationales (et non plus locales), et inscrites dans des conventions collectives de branches, elles aussi nationales. La pression pour que soit calculé et publié un indice "officiel" des prix est donc beaucoup plus forte que dans les années 1920. Les controverses autour de cet indice marquent l'histoire de l'INSEE dans les années 1950, et laisseront une trace persistante dans la mémoire collective des statisticiens, autour de l'idée d'indépendance du travail statistique par rapport à toute pression extérieure. Les premières enquêtes budget sont explicitement justifiées par le besoin d'ancrer le calcul de l'indice sur des pondérations issues de dépenses effectivement observées et non plus sur des "budgets-types" normatifs, négociés par les représentants des salariés, des patrons et de l'Etat. L'indice apparaît comme le langage commun et la référence, extérieurs aux parties en présence, permettant d'économiser du temps et de l'énergie, de conflits ou de négociations. Le débat porte désormais sur l'automaticité de l'indexation (question de l'échelle mobile), mais la référence à un indice change le contenu de la négociation.

Toute cette époque est marquée par des débats autour des notions de norme, de "minimum vital", de besoins, "fondamentaux" ou non. Analysant les pratiques de consommation des familles ouvrières, Chombart de Lauwe (1956) distingue des comportements "de préoccupation" et "d'intérêt libre". L'existence d'une longue série d'enquêtes sur les dépenses va peu à peu faire disparaître ces perspectives implicitement normatives. D'autres controverses surgiront, dans les années 1970, sur la continuité et l'identité dans le temps de produits dont la dynamique même du marché tend à bouleverser en permanence la "qualité" et les gammes de spécifications, ce qui rendra plus complexes à la fois la tenue des carnets de compte des enquêtes budget, et les relevés de prix. Mais, pour longtemps, ce calcul des pondérations des indices de prix aura constitué la première justification des enquêtes, même si, plus tard, celle-ci apparaîtra secondaire dans l'ensemble de leurs usages.

Le volume de la population, le taux de natalité comparé à celui d'autres pays, la forme de la pyramide des âges, constituent de longue date en France des questions socialement jugées sociales, c'est-à-dire relevant de la responsabilité de la collectivité nationale. Cela est moins vrai dans d'autres pays européens, Grande-Bretagne, Allemagne ou Italie. La spécificité de ce type d'intérêt a conduit, dès la fin du XIXe siècle, à l'autonomisation d'une science "démographique" par rapport aux autres domaines de la statistique. En France, des statisticiens et des démographes se sont spécialisés dans la traduction scientifique de cet objectif nataliste : Jacques Bertillon, Adolphe Landry, Alfred Sauvy, Gérard Calot. L'*Institut national d'études démographiques* (INED) est créé par Sauvy en 1945 en affirmant explicitement ce double objectif, politique et scientifique, dans son statut initial[104]. Un autre courant, voisin mais en partie différent par ses acteurs, insiste sur la défense de la famille et des enfants, et milite par exemple pour les allocations familiales. Les *Caisses d'allocations familiales* (CAF) sont créées dans les années 1930 et 1940, et regroupées en 1945 en une *Union nationale* (UNCAF), devenue la CNAF en 1967. Ce courant familialiste (plutôt catholique) converge avec le courant nataliste (plus laïc), en cherchant à étayer ses revendications par des évaluations des budgets des familles nombreuses et du coût des enfants (Bloch et Glaude, 1983).

En 1946 et 1948, Alain Girard organise à l'INED trois enquêtes sur les dépenses de familles de salariés de la région parisienne, ou de militaires, en

---

[104] L'INED lui aussi évoluera dans le sens d'une restriction de ses objectifs statutaires à la seule connaissance scientifique, dans les années 1970, tout en diversifiant l'éventail des disciplines avec lesquelles la démographie dite "pure" peut s'articuler : biologie, sociologie, économie, histoire, géographie (Desrosières, 1995).

excluant les célibataires (et les "familles complexes"). Ces trois enquêtes sont distinctes de celles de l'INSEE, mais bénéficient du soutien technique de celui-ci. Elles sont analysées dans la perspective des charges spécifiques à l'élevage et l'éducation des enfants. Plus tard, l'INSEE ayant accru la couverture et la fréquence de ses enquêtes sur les budgets, l'INED s'orientera vers d'autres enquêtes sur des thèmes plus spécifiques, la fécondité, la contraception, le logement ou l'éducation. Mais l'usage familialiste des enquêtes reste spécifique, avec par exemple une enquête commandée par l'UNCAF au CREDOC en 1963, portant sur des familles nombreuses suivies pendant un an, ce qui était exceptionnel. Plus tard encore, dans les années 1980, les évaluations du "coût de l'enfant" menées à l'INSEE seront abondamment utilisées par les CAF et par le mouvement familialiste associatif, regroupé dans l'UNAF.

La partie *alimentaire* du budget des familles, historiquement la plus importante (en quantité et par l'attention qu'elle suscitait) intéresse un autre groupe d'usagers, différent des précédents, celui des médecins spécialistes des questions de malnutrition, très importantes dans les années 1940. Ceux-ci, regroupés dans l'*Institut national d'hygiène* (INH, devenu plus tard l'INSERM), avaient déjà mené, pendant l'occupation, des enquêtes sur l'alimentation, centrées sur les quantités consommées et leurs caractéristiques en termes de nutrition (calories, parts des protides, des lipides et des glucides). Les relevés ne portaient pas sur les dépenses, mais sur les menus des repas, les quantités consommées, les entrées et sorties des stocks des ménagères. De 1948 à 1951, l'INSEE et l'INH s'associent pour combiner dans les mêmes enquêtes les deux perspectives des dépenses et des quantités consommées. La première enquête budget menée sur un échantillon entièrement aléatoire est ainsi organisée par l'INSEE et l'INH en 1948 (1589 ménages). Elle porte sur les "dépenses et consommation de familles de salariés de la région parisienne". L'introduction de son compte-rendu, en 1949, montre comment a été pensée la combinaison des objectifs des deux instituts :

> "L'enquête effectuée en 1948 par l'INH et l'INSEE répond à un double besoin :
>
> Du point de vue alimentaire, il convient de suivre les effets de la disparition progressive du rationnement. En particulier on peut se demander si la hausse des prix n'oblige pas certaines couches sociales à se contenter d'une alimentation insuffisante, et si au rationnement par les tickets ne se substitue pas aujourd'hui un rationnement par les prix. De même il y a lieu d'examiner si des habitudes alimentaires irrationnelles contractées pendant la période de restriction ne persistent pas aujourd'hui dans une certaine mesure.
>
> Du point de vue budgétaire, il est intéressant d'examiner la répartition des dépenses des familles entres les différents achats. Ainsi la proportion de la dépense

totale qui sera consacrée à des achats strictement nécessaires à l'existence permettra dans certains cas d'évaluer l'état de gêne ou de bien-être dans lequel se trouve telle catégorie sociale. De plus une étude directe permet seule de se faire une idée sur la charge effective que représente pour une famille tel besoin particulier, par exemple : les transports, le logement, le tabac. On sera ainsi en mesure d'évaluer la répercussion sur les budgets familiaux des hausses ou des baisses diverses qui pourraient intervenir. Enfin une pondération correcte des indices du coût de la vie ne peut reposer que sur une étude préalable de la répartition des dépenses.

L'enquête du printemps 1948 se distingue des précédentes du fait que, la première en France, elle a été conduite suivant les méthodes des sondages représentatifs. Elle doit donc permettre une appréciation plus sûre des conditions de vie dans les milieux étudiés" (*Bulletin de la SGF*, janvier-mars 1949, pp. 37-38).

La collaboration entre l'INSEE et l'INH se poursuit de 1948 à 1951 et porte sur six enquêtes, toutes sur des familles de salariés. Deux sont consacrées aux mineurs, à Lens et Saint-Etienne. Des informations complémentaires sur les revenus ont pu être obtenues d'autres sources, ce qui fait ressembler ces deux enquêtes aux monographies locales d'avant guerre[105]. A partir de 1952, l'INSEE et l'INH poursuivent séparément leurs enquêtes. A l'INH, les travaux de Claudian et Trémolières sur la consommation alimentaire et la nutrition constitueront, jusqu'aux années 1970, des exemples d'un usage des enquêtes inscrit dans un contexte de santé publique et de diététique médicale, très différent des usages socio-économiques développés par l'INSEE puis par le CREDOC.

NAISSANCE D'UNE ÉCONOMIE DE LA CONSOMMATION

Le Centre de recherches et de documentation sur la consommation (CREDOC) a été créé en 1953, avec l'aide des crédits américains de l'aide Marshall, pour développer la recherche, alors presque inexistante en France, sur l'économie de la consommation. Dirigé par Georges Rottier puis par Edmond Lisle, il a ouvert la voie à une nouvelle catégorie d'usages, d'au moins trois types différents : études de marché, comptabilité nationale, économétrie des comportements de consommation.

105 Une expérience a même été faite, en 1948, d'une enquête sur les budgets d'un échantillon d'employés salariés de l'INSEE, volontaires pour remplir les carnets de compte. Le compte rendu s'interroge sur le biais éventuel résultant de la très forte part des femmes dans la population enquêtée (*Bulletin SGF*, 1949).

Une extrême pénurie des biens de consommation de base règne dans les premières années de l'après-guerre. Le ravitaillement et les textiles sont rationnés par des tickets. Beaucoup de logements ont été détruits. Jusqu'à 1950, les enquêtes budget sont dominées par ces questions. Puis, dans la décennie suivante, les industries de consommation se développent. A la différence des années 1920 et 1930, elles produisent, selon les techniques de la grande série plus ou moins taylorisée, pour une large partie de la population. Leurs marché sont moins localisés. Le Plan Monnet a permis d'encadrer et d'orienter des investissements publics dont les premiers financements sont provenus de l'aide Marshall. L'idée de croissance est inscrite dans le projet modernisateur d'une génération de haut fonctionnaires qui, en une dizaine d'années, crée la Sécurité sociale, EDF et le CEA, organise la planification indicative, met en place un système de statistique publique et une comptabilité nationale. Dans celle-ci, l'agrégat de la consommation occupe une place centrale. Sa croissance est présentée, dès le début des années 1950, comme le symbole de la sortie des dures années 1940. Les projets collectifs usent de ce taux de croissance comme d'une référence commune, un point de ralliement facile à intégrer dans des énoncés largement diffusés. Rien de comparable n'existait dans les décennies antérieures. Une espace de débat public est ainsi ouvert, dans lequel d'ambitieux projets sont formulés dans le langage de la statistique et des enquêtes, qui trouvent là leurs raisons d'être. Elles offrent à la société en croissance des années 1950 et 1960 un cadre de pensée, pour agir et évaluer le chemin parcouru, un miroir pour se représenter son évolution.

Un glissement de vocabulaire est significatif. A partir des années 1950, on parle autant d'*enquêtes de consommation* que d'*enquêtes sur les budgets*. Celles-ci offraient, naguère, une image de la pauvreté (pour les Anglais), ou d'un mode de vie ouvrier irréductiblement différent de celui des autres classes (pour Halbwachs). Ces lectures existent bien sûr toujours dans les années 1950 : il reste large matière pour cela. Mais un nouveau mode d'usage se déploie. Il s'appuie sur les études de marché portant sur des biens particuliers, sur les agrégats de la comptabilité nationale, et sur les premières études économétriques des comportements des consommateurs.

Le CREDOC joue, entre 1955 et 1965, un rôle clé pour mettre au point, tester et promouvoir plusieurs des éléments de ce nouveau réseau, avant que l'INSEE ne les reprenne, à une tout autre échelle, dans les années 1960. Il fait le lien entre plusieurs mondes : les industries de biens de consommation et les bureaux de marketing, le *Service des études économiques et financières* (SEEF) créé par Gruson pour bâtir une comptabilité nationale, l'INSEE qui, depuis 1946, a accumulé une première expérience des enquêtes budget, l'économétrie universitaire naissante, que personne n'a encore *appliquée*. La revue *Consommation* publie des travaux reliés à ces quatre mondes.

En 1956, l'INSEE et le CREDOC organisent ensemble la première enquête budget *complète*, sur un échantillon aléatoire de 16 000 ménages représentatifs de toute la population. Desabie et Rempp en tirent un bilan nuancé, en 1965, dans une étude documentée sur les enquêtes antérieures :

> "L'enquête générale INSEE-CREDOC de 1956 est fort loin d'avoir été une réussite parfaite (les consommations ont, en moyenne, été nettement sous-estimées, leur total étant cependant encore supérieur de 15 % au revenu déclaré). Elle marque néanmoins une étape essentielle dans les progrès de l'étude des consommations des particuliers.
>
> Elle a montré, beaucoup en doutaient, qu'il était possible de réaliser une enquête générale sur leurs revenus et leurs dépenses, auprès d'un échantillon rigoureusement aléatoire de ménages représentatifs de l'ensemble de la population. C'est, de plus, la première enquête française dont l'exploitation économétrique ait été assez complète" (Desabie, Rempp, 1965).

Les enquêtes budget antérieures, menées depuis près d'un siècle, n'avaient pas fait l'objet de traitements statistiques élaborés. Dans un premier temps (Le Play, Cheysson), les réponses ne sont même pas agrégées, mais présentées individuellement, à la suite les unes des autres. Puis des tabulations croisant le niveau de revenu, le groupe social ou la taille de la commune ont permis de comparer des structures de budget. Engel puis Halbwachs avaient soulevé la question du lien entre des analyses comparatives synchroniques, *en coupe instantanée,* possibles à partir d'un enquête, et des comparaisons *dans le temps*. Dans les années 1950, les enquêtes budget commencent à nourrir des modèles de *prévision,* soit pour des études de marché de biens particuliers, soit pour des projections macroéconomiques à court ou moyen terme. Les anciennes formulations simplement comparatives sont désormais exprimées en termes d'élasticités-revenu, reliant les variations des consommations à une variation de revenu. Les élasticités calculées à partir des budgets de groupes de ménages différents observés lors d'une enquête, sont-elles adaptées pour prévoir les effets d'une variation future des revenus d'un groupe de ménages ? Cette question, cruciale pour la modélisation économique des comportements de consommation, suscite, à partir de 1960, des recherches économétriques, commencées au CREDOC par Georges Rottier et Nicole Tabard, puis poursuivies à l'INSEE par Gabriel Vangrevelinghe, Philippe L'Hardy et André Villeneuve.

L'EFFET D'UNE VARIABLE ET SA MISE EN SCÈNE

Ces analyses économétriques sont différentes, de plusieurs manières, des lectures sociologiques antérieures, en dehors même du fait que l'outillage statistique y est plus sophistiqué. L'objet de l'attention principale est désormais *une variable*, l'élasticité, et non plus *un groupe de ménages*, défini par exemple par son niveau de revenu ou son groupe social. Ces deux optiques sont bien sûr souvent mises en relation. Les élasticités revenu sont elles les mêmes d'un groupe social à l'autre ? Evoluent-elles dans le temps d'un même pas ? Ces questions sont longuement étudiées dans les analyses des enquêtes budget des années 1960 et 1970. Pourtant la focalisation sur des variables plutôt que sur des groupes est significative d'une évolution importante du réseau des usages des enquêtes. Celles-ci sont désormais plus directement associées à des actions sectorielles, à des décisions ou à des évaluations de politiques spécifiques. Une variable est souvent l'expression d'une modalité rationalisée de l'action. En effet le langage des variables, issu des sciences expérimentales, est celui de la généralisation, du dépassement des contingences particulières d'une situation. Or la planification d'une action gagne à être étayée par des énoncés généraux, portant sur des variables et transcendant une configuration singulière complexe. La question de l'*effet d'une variable*, peu imaginable dans un contexte de description d'une situation historique, devient pertinente dans un autre contexte, celui d'une généralisation, en vue d'une action éventuelle et de l'évaluation de celle-ci.

Cette distinction entre une logique synthétique de description globale et une logique analytique plus directement liée à l'action est illustrée par l'organisation, à partir de 1956, d'enquêtes budgets ne portant pas sur l'ensemble de la population, mais sur des groupes précisément sélectionnés pour faire ressortir les "effets" de certaines variables. Desabie et Rempp (1965) en citent trois exemples. Dans chaque cas, les modes de constitution des échantillons sont très différents du "tirage aléatoire" garantissant la représentativité de l'ensemble d'une population. Ils visent au contraire à construire, par un quasi-protocole expérimental, les conditions d'application d'hypothèses de type "toutes choses égales par ailleurs". Ainsi, en 1956, une étude entreprise par la Communauté européenne du charbon et de l'acier (CECA, ancêtre de l'Union européenne).

> "a pour but de comparer les niveaux de vie des travailleurs de la Communauté. Pour éviter l'influence de facteurs perturbateurs, le domaine étudié est étroitement limité ; ouvriers de la sidérurgie, des mines de fer et de charbon. Les familles sont choisies sur des critères très restrictifs. Elles sont composées de deux conjoints et deux enfants à charge de moins de 14 ans ; seul le chef de famille travaille ; son

> salaire se situe à l'intérieur d'une marge de dispersion de 15 à 20 % autour du salaire moyen de son groupe ; l'ouvrier est de la nationalité du pays où il travaille ; il peut rentrer chaque soir du foyer familial.
>
> Les familles interrogées sont volontaires. L'échantillon (440 pour la France) n'est donc pas désigné par le sort. L'enquête n'a nullement pour objectif l'estimation d'agrégats. Les conditions d'enregistrements des données sont très favorables : milieu peu réticent, assez étroit pour qu'une propagande efficace puisse l'atteindre ; familles rémunérées (pour la première fois dans une enquête française), ayant accepté de tenir un carnet de comptes pendant un an" (Desabie et Rempp, 1965, à propos de l'enquête CECA de 1956).

En 1960, une autre enquête, faite par l'INSEE à la demande du Ministère de la construction vise à comparer.

> ..."la structure des budgets de ménages habitant des logements neufs et des ménages analogues habitant des logements anciens. Le but est d'étudier l'incidence du niveau des dépenses d'habitation sur les autres postes de dépenses. Pour cela deux échantillons, provenant respectivement de logements neufs et anciens, sont étudiés. Le premier est aléatoire, mais le second est choisi non pas de manière à être représentatif de logements anciens, mais de manière à être aussi comparable que possible au premier échantillon" (Desabie et Rempp, 1965, à propos de l'enquête INSEE-logements neufs de 1960).

Enfin une troisième enquête "analytique" est citée. Elle porte, en 1963, sur les "conditions de vie des familles nombreuses". Elle est organisée par Nicole Tabard au CREDOC, à la demande des Caisses d'allocations familiales (UNCAF). La encore, le champ de l'enquête est limité, "aux familles allocataires de salariés du régime général de Sécurité sociale, résidant dans des villes de plus de 10 000 habitants et ayant entre 2 et 6 enfants allocataires". Les carnets de compte sont suivis un an. Cette enquête sera la première à faire l'objet d'une analyse économétrique *sur données individuelles*.

Ces trois exemples d'enquêtes analytiques de 1956, 1960 et 1963, menées pour trois institutions, la CECA, le Ministère de la construction, l'UNCAF, montrent comment des usages spécifiques, orientés par des politiques sectorielles, peuvent induire des modalités d'enquêtes dont les critères sont différents de ceux de l'enquête représentative "générale". La condition de *représentativité* est remplacée par des conditions particulières de comparabilité *ceteris paribus*, en renonçant éventuellement au tirage aléatoire pour lui substituer un échantillon de volontaires dont on attend une meilleure qualité des réponses. Plus tard, la question de l'élimination des "facteurs perturbateurs" sera traitée dans un cadre plus général et moins explicitement orienté vers des politiques particulières, à l'aide d'une technique simulant un protocole expérimental artificiellement construit. Les méthodes de régression logistique permettent de distinguer analytiquement les effets propres des variables dites "explicatives", comme s'ils étaient engendrés par un tel protocole. D'une telle analyse peut résulter un modèle d'action autant que de description, utilisable pour des prévisions ou des évaluations des effets, voulus ou non, d'une modification éventuelle d'une variable explicative.

Ces techniques peuvent être appliquées à des enquêtes spécialisées, mais aussi aux enquêtes générales telles qu'elles se sont développées depuis 1963. Cette année là, l'INSEE participe à une enquête européenne, organisée par l'Office statistique des communautés européennes (OSCE, plus tard appelé Eurostat), portant sur 39 000 ménages, dont 9 000 français. Sur les cinq objectifs assignés à cette enquête, deux sont spécifiques d'un espace politique et statistique alors naissant (en 1963), celui de la Communauté européenne : "comparaison internationale du niveau de vie", et "établissement d'un schéma de pondération pour le calcul de taux d'équilibre du pouvoir d'achat des monnaies". Ainsi débute un processus d'extension européenne des usages, différent de celui de "nationalisation" déjà évoqué, mais intéressant à comparer avec lui. Les trois autres objectifs correspondent aux trois usages ci-dessus : nutrition, études de marché, familles. Ils sont aussi libellés :

> "• combler les lacunes statistiques dans le domaine de la consommation alimentaire, tant pour l'ensemble des produits que pour certaines denrées spécifiques ;
>
> • étudier le comportement du consommateur en fonction de ses revenus, de ses dépenses ou de sa consommation totale ; de calculer des coefficients d'élasticité de la demande pour les principales catégories de dépenses et pour certains articles à déterminer ;
>
> • étudier le facteur "taille du ménage" pour les groupes à revenus faibles et moyens, si possible pour des ménages dont les revenus ou les dépenses totales sont équivalents ou quasi équivalents". (Desabie, Rempp, 1965).

Ces cinq objectifs[106] devaient pouvoir être atteints en découpant la population selon quatre critères : catégorie de revenus, taille des ménages, groupe socio-professionnel, urbanisation de la région habitée. Cette enquête INSEE-OSCE de 1963 a fait l'objet de la première étude économétrique de synthèse menée à l'INSEE sur de telles données (L'Hardy, Villeneuve, 1968), à la suite des travaux du CREDOC sur l'enquête de 1956 (Tabard, 1961). Cette étude est structurelle. Elle évalue des élasticités en coupe instantanée, puisque l'enquête OSCE n'a eu lieu qu'une fois.

FIABILITÉ DES ENQUÊTES ET RÉALISME DE LEURS USAGES

Jusqu'en 1965, l'évolution historique des consommations ne pouvait être décrite qu'en comparant des enquêtes menées, ou l'a vu, avec des objectifs et des procédures très variables. A partir de ce moment, le suivi au moins annuel de la consommation devient un objectif du système d'enquêtes et de la comptabilité nationale. Depuis 1958, une enquête d'opinion sur les "intentions d'achat" des ménages fournissait déjà un indicateur conjoncturel nouveau par rapport à ce qui existait auparavant. Les fluctuations temporelles de courte période étaient complètement exclues des usages antérieurs des enquêtes[107]. Quelques essais d'analyse sur longue période avaient été faits par le CREDOC (H. Brousse, 1957). A partir des années 1960, ce suivi n'est plus un thème marginal, mais occupe une place centrale dans le dispositif d'informations construit par l'INSEE.

Gruson, créateur de la comptabilité nationale au SEEF dans les années 1950, est nommé directeur de l'INSEE en 1961. Dès lors, la partie "consommation des

---

106 Les objectifs ainsi affichés sont ceux du programme de l'OSCE. Plus loin dans leur compte rendu, Desabie et Rempp reviennent sur les "utilisations possibles de l'enquête", et en mentionnent quatre : "fournir une base objective au calcul des indices de prix ; améliorer les évaluations de la comptabilité nationale ; comparer les conditions de vie et les comportements des catégories sociales ; établir des modèle économétriques orientés généralement, mais pas toujours, vers la prévision". Quatre des cinq objectifs "européens" ne sont plus mentionnés explicitement : la consommation alimentaire, le facteur "taille du ménage", et les deux objectifs proprement communautaires. En revanche sont cités : la pondération des indices de prix, la comptabilité nationale. L'économétrie, implicite dans le texte OSCE, devient explicite. Par ailleurs l'étude économétrique approfondie de L'Hardy et Villeneuve (1968) sur cette enquête ne mentionne pas sa dimension et ses objectifs initiaux "européens". Tout ceci montre que les usages des enquêtes ne peuvent pas être confondus avec leurs objectifs affichés : la sociologie des usages reste un exercice difficile.

107 A l'exception de l'essai de Delpech, comparant pour 100 ménages toulousains, leurs budgets en 1936 et 1937 pour évaluer les effets comparés des accords Matignon.

ménages" des comptes nationaux est construite à l'INSEE. La phase de construction de la légitimité de l'INSEE, et notamment des enquêtes auprès des ménages, est achevée. Par l'importance de son réseau d'appuis au Ministère des finances, Gruson obtient un accroissement décisif des crédits alloués aux enquêtes. Les projets et les programmes conçus à partir de petites opérations, depuis 1946, peuvent désormais être transformés en un système d'enquêtes de plus en plus diversifiées. Parmi celles-ci, une enquête permanente sur les budgets de famille est organisée en 1965 et sera poursuivie annuellement pendant 8 ans. Ses résultats constituent dès lors un élément parmi d'autres de l'architecture complexe des équilibres globaux des comptes nationaux, qui comportent des postes "consommation".

Deux procédures de mesure de la consommation, différentes mais non indépendantes l'une de l'autre, sont ainsi à l'oeuvre. Une enquête par sondage produit des résultats dont le réalisme est enserré par les marges de l'échantillonnage aléatoire et par les incertitudes nombreuses des enregistrements élémentaires. Le réalisme des évaluations de la comptabilité nationale est d'une tout autre nature. Il résulte de la confrontation de statistiques hétérogènes, de production, de consommation, de commerce extérieur, de stocks, de prix, de marges commerciales..., sous des contraintes d'équilibres entre des ressources et des emplois. Le produit du premier réseau technique, celui des enquêtes, est une pièce du second, celui des comptes. Or, entre 1965 et 1972, les résultats de ces deux procédures partiellement emboîtées l'une dans l'autre n'évoluent pas de la même façon. L'écart est suffisant pour inquiéter les statisticiens, et pour que l'enquête permanente soit interrompue, afin d'examiner l'origine de ce qui est perçu comme "une dérive des enquêtes".

Cette divergence peut bien sûr être étudiée en termes d'inventaire de ses nombreuses causes techniques possibles. Mais elle peut l'être aussi en termes d'usages. Les deux procédures d'évaluation constituent deux ensembles cohérents d'enregistrements codifiés, de mises en formes dans des catégories, et de rhétoriques des usages. Chacun est doté d'une forme de réalisme, suggérée ci-dessus, associée à l'ensemble complet qui va des enregistrements aux usages. Cette idée de *réalisme* est distincte de l'idée classique de *fiabilité*. Celle-ci est issue des constructions métrologiques des sciences de la nature : l'objet existe antérieurement à sa mesure, qui doit se rapprocher au mieux d'une réalité indépendante de celle-ci. Dans le cas des sciences sociales, cette théorisation est plus évidemment problématique que dans celui des sciences de la nature (où elle l'est néanmoins aussi). En revanche, l'idée de réalisme inclut le réseau des usages : le réalisme d'une évaluation statistique est lui-même évalué du point de vue de ses utilisations, et des constructions qui prennent appui sur elles. Ce n'est pas une idée relativiste, en ce qu'elle ne nie pas que le monde réel existe. Mais la représentation statistique de celui-ci résulte de procédures négociées, et ajustées à des usages visant à coordonner des actions, des prévisions, des décisions ou des jugements portés sur celles-ci[108]. Il est significatif que les mots "évaluation" et "estimation" aient chacun deux connotations, l'une de "mesure approximative", l'autre de "jugement".

Les débats à propos de la divergence des séries statistiques issues respectivement des enquêtes budget et des comptes nationaux peuvent être interprétés dans ces termes. La comptabilité nationale a été conçue et construite avec des objectifs de pilotage des politiques macoéconomiques sur le court ou le moyen terme, d'inspiration plus ou moins keynésienne. C'est dans ce cadre que réclame d'être jugé le modèle de la comptabilité nationale, et non dans un autre. En revanche les enquêtes budgets sont le produit complexe d'une évolution progressive de réseaux d'usages très anciens, dont on a esquissé l'histoire, mais dont le pilotage des politiques macroéconomiques ne fait pas partie. La confrontation des deux sources (selon un vocabulaire issu de la problématique de la fiabilité) pourrait être ainsi complétée par une confrontation des circuits d'usage, ce qui implique de leur accorder une place comparable à celle des circuits d'enregistrement.

BUDGETS DE FAMILLE ET SOCIOLOGIE DES CLASSES SOCIALES

Tandis que l'économétrie de la consommation commence à se déployer, dans les années 1950 et 1960, une autre tradition séculaire d'interprétation des enquêtes budget se poursuit. Elle voit, dans le montant et la structure des dépenses d'une famille, un des résumés les plus complets et synthétiques qui soit de son appartenance à un milieu ou à une classe sociale. Cette intuition sociologique est commune à des utilisateurs des enquêtes, que tout sépare par ailleurs, comme Le Play, Halbwachs, Delpech, Chombart de Lauwe ou Bourdieu. Elle est clairement distincte des questions analytiques traitées par les économistes. Elle cherche à dégager, à partir des tableaux croisant les groupes sociaux et les postes de dépenses, une logique de classe *non réductible au revenu*. Le revenu occupe bien sûr une place centrale dans les comptes-rendus

---

108 Cette conception du réalisme est proche de celle développée pour les sciences de la nature par Hacking (1983).

des enquêtes, depuis Engel, mais l'idée que la structure du budget exprime autre chose qu'un effet mécanique du revenu, suit elle aussi son chemin, depuis Le Play.

Il est parfois affirmé que les sociologues ne s'intéressent pas assez aux faits sociaux impliquant l'argent (salaire, épargne, crédit) et les abandonnent aux économistes. De ce point de vue, les budgets de famille font exception. Ils constituent un carrefour entre deux catégories d'usages, orientés vers des lectures différentes. Des hybridations sont bien sûr tentées. Elles sont même peut être plus probables en France qu'ailleurs, dans la mesure où la recherche empirique en sciences sociales y est plus souvent le fait d'institutions comme l'INSEE, le CREDOC ou l'INED, éloignées des traditions universitaires et proches d'une recherche appliquée, et donc moins marquées par les barrières académiques entre disciplines, économie et sociologie. Une formation statistique peu marquée par les débats théoriques prédispose leurs membres à passer d'une grille de lecture à l'autre, ou à les combiner, comme le montrent les travaux d'Alain Darbel ou de Nicole Tabard, et plus tard, les éditions successives de *Données sociales*. En particulier, la juxtaposition ou l'association des outils de l'économétrie et de l'analyse des données ne sont pas exceptionnelles dans les années 1970 ou 1980[109], alors que les chercheurs universitaire se répartissent en général entre l'une ou l'autre de ces familles de méthodes statistiques, sans les combiner.

L'intuition sociologique initiale, de type holiste, était que les pratiques sociales d'une famille sont liées entre elles par un principe structurant commun, surplombant et englobant les pratiques particulières. Pour cette raison, Le Play n'observe pas seulement le budget, mais un ensemble d'habitudes culturelles, religieuses et économiques de la famille, paysanne ou ouvrière. Halbwachs dégage des traits communs à tous les comportements des ouvriers, "éloignés du foyer de la vie sociale". Chombart de Lauwe (1956) continue cette tradition d'examen spécifique du monde ouvrier, à travers l'interprétation minutieuse de budgets recueillis lors d'enquêtes organisées par le *Centre d'études sociologiques* (CES), appartenant au CRNS. A la différence des enquêtes de l'INSEE et du CREDOC, ces enquêtes du CES sont volontairement localisées, dans des quartiers de Paris ou de sa banlieue, ce qui permet de cumuler des observations, et de décrire des constellations empiriques d'attributs, dont la

---

[109] Dans *Données sociales* 1984, Glaude utilise quatre méthodes statistiques pour analyser l'enquête budget de 1979 : l'analyse factorielle des correspondances, la classification ascendante hiérarchique, l'analyse de variance, la régression logistique (pour les taux d'équipement).

structure du budget constitue le coeur. Cheysson puis Halbwachs, comparant les "monographies approfondies" et la statistique administrative qui "ratisse large mais peu profondément", distinguaient les méthodes "intensives" et "extensives". Cette tradition des enquêtes locales, entretenue par Chombart de Lauwe, connut ensuite une éclipse, avant d'être reprise et réinterrogée, dans un contexte tout différent, à partir des années 1990, avec par exemple le "panel lorrain" d'étude des conditions de vie des familles pauvres (prototype du "panel européen" lancé en 1994), ou encore avec les "compléments de quartier" aux enquêtes conditions de vie, demandés par le Ministère de la ville.

Jusqu'aux années 1960, les méthodes statistiques disponibles pour rendre compte de ces constellations cohérentes d'attributs et de pratiques étaient rudimentaires. La plus répandue depuis le début du siècle, consistait à croiser le revenu et le milieu social, afin de montrer que, pour un niveau fixé du revenu, les budgets des ouvriers différent nettement des autres budgets, notamment du point de vue des dépenses alimentaires : Halbwachs consacre de longs passages de ses livres à des questions ainsi posées. Mais les classes sociales sont définies de façon large : ouvriers, employés, patrons, parfois fonctionnaires ou rentiers. Les "cadres" n'apparaissent pas avant les années 1950. A ce moment, la nomenclature des catégories socioprofessionnelles, construite à l'INSEE par Jean Porte, puis son usage systématique dans les recensements et les enquêtes, multiplient les possibilités d'approfondir l'intuition sociologique ancienne de la cohérence d'ensemble des pratiques d'un groupe social. Le cumul et la mise en relation des observations empiriques ouvrent la voie à une sociologie des classes sociales beaucoup plus détaillée que celle qui précédait.

Bourdieu théorise cette conception différentialiste et "distinctive" des classes avec la notion large d'*habitus*, "structure structurée" (par le passé) et "structure structurante" (des pratiques futures), (Héran, 1987). Par ailleurs les méthodes d'analyse factorielle des correspondances de Benzécri arrivent à point nommé, vers 1970, pour reconstituer, à partir du fichier des enregistrement élémentaires des postes de dépenses d'une enquête budget, des sortes de portraits robots, typiques des "habitus" des diverses classes, subdivisées de façon aussi souple et détaillée que peut le rêver un sociologue imaginatif des classes sociales. Ces usages des enquêtes budget, impensables avant les années 1970, sont rendus possibles par des traitements informatiques mettant désormais en oeuvre des nomenclatures détaillées, à la fois pour les catégories sociales et pour les postes de dépenses. Ceci conduit à réinterroger les origines et les usages sociaux de ces nomenclatures, héritées d'un passé parfois lointain. Le regain d'intérêt pour les questions théoriques de taxinomie sociale, à partir des années 1970, a trouvé une de ses origines dans un article de Boltanski (1970), commentant et critiquant les nomenclatures de biens de consommation utilisées dans les études de l'INSEE sur "le comportement des consommateurs". Cet article, "Taxinomies populaires, taxinomies savantes : les objets de consommation et leur classement", développait un nouveau style d'usage des enquêtes-budget, en accordant une grande signification sociologique à des subdivisions fines entre les produits consommés, auparavant regroupés dans de larges fonctions. Mais c'est précisément parce qu'à l'INSEE, L'Hardy et Villeneuve (1968) avaient détaillé les résultats, qu'une telle critique pouvait être développée de façon incisive.

Ainsi, dans les années 1970, se déploient simultanément une interrogation sur l'espace social et sa structure multidimensionnelle (Bourdieu, 1979), une interprétation sociologique des postes élémentaires des carnets de compte remplis dans les enquêtes budget, et une technique statistique permettant de cartographier en même temps l'espace des classes sociales et celui des biens de consommation : l'analyse des correspondances appliquée au tableau croisant les CSP et les postes du budget. Les résultats de cette étude, portant sur les résultats de l'enquête budget de 1979 (Glaude et Moutardier, 1982) fournissent une représentation des proximités entre les groupes sociaux. Associés à ceux de recherches analogues sur d'autres sujets (mariage, lieux de résidence), ils contribuent à stabiliser l'image d'une espace social à deux dimensions, dont la structure supposée robuste est utilisée pour organiser et systématiser la présentation de la nomenclature des PCS de 1982 (Desrosières et Thévenot, 2002).

TRAVAIL, CONSOMMATION, CONDITIONS DE VIE

L'enquête permanente sur les budgets, organisée de 1965 à 1972, était supposée contribuer à l'évaluation de la croissance annuelle des postes "consommation des ménages" des tableaux de biens et services de la comptabilité nationale. La "dérive" alors observée par rapport à d'autres évaluations conduit à diminuer l'accent mis, entre 1963 et 1973, sur cet usage conjoncturel des enquêtes, en termes de variations annuelles. Dès lors, les enquêtes générales sur les budgets ne seront plus organisées que tous les cinq ans, en 1979, 1984, 1989 et 1994, avec des objectifs plutôt structurels : économie de la consommation et de la famille, sociologie des groupes sociaux et, dans une moindre mesure, cadrage des études de marché. Ces dernières ont fait l'objet, depuis les enquêtes de 1948 sur le textile et sur le ravitaillement, d'un grand nombre d'enquêtes dites "spécialisées" : alimentation, habillement, chaussure, logement, énergie, santé, transport, vacances, épargne, etc...[110]. Le budget devient un élément parmi d'autres d'un ensemble plus vaste d'enquêtes sur les "conditions de vie", portant sur des questions autres que les dépenses monétaires enregistrées dans les carnets de compte, notamment en termes de "budget-temps" et de "production domestique", ou de sociabilité.

A partir des années 1980, la statistique publique a été sollicitée pour produire un langage statistique nouveau, offrant un point d'appui et une référence aux débats sur la pauvreté et la précarité. A ce moment en effet, le vocabulaire de l'exclusion semble, pour certains, se substituer à celui des classes et des catégories sociales, lié selon eux aux représentations sociales des années 1950 à 1970. Mais une vision politique et statistique d'ensemble aussi cohérente que celle de cette époque est encore loin d'exister. Une nouvelle génération d'enquêtes expérimentales et d'investigations en amont de la statistique proprement dite se développe, autour des notions de conditions de vie, de niveaux de vie, de précarité, retrouvant certains aspects des enquêtes anglaises de la fin du XIXe siècle, de Booth, Rowntree et Bowley, notamment par leur caractère *local*. L'enquête dite "cumul des pauvretés" (Villeneuve et Borkowski) a été la première, puis ont suivi le "panel lorrain", et son prolongement dans le "panel européen" d'enquêtes sur les conditions de vie des familles pauvres. L'idée, ancienne mais jugée auparavant irréalisable, selon laquelle *les mêmes familles* devaient être suivies plusieurs années pour évaluer le caractère accidentel, cumulatif ou permanent de la précarité, est désormais mise en oeuvre dans un panel coordonné par Eurostat (descendant de l'OSCE). Par ailleurs une recherche est menée sur la possibilité de décrire statistiquement la population des sans-abri (CNIS, 1996).

L'enquête budget, avec tenue de carnets de compte, a été successivement un outil pour décrire et traiter les questions de pauvreté (en Angleterre surtout), pour réguler le marché du travail salarié (notamment par des indexations), pour décrire la croissance d'une société dite de "consommation de masse". Elle est alors devenue un élément dans un ensemble plus large d'enquêtes sur les "conditions de vie". Enfin, celles-ci se sont transformées, pour exprimer les questions de pauvreté, et expérimenter de nouvelles formes de langage statistique, comme l'avaient fait les réformateurs et philosophes sociaux du XIXe siècle

.

110 Une liste détaillée de ces enquêtes est reproduite par Desabie (1987), pp. 267 à 286.

Chapitre 9
Démographie, science et société : le cas francais[111]

Dans leurs écrits visant à affirmer l'identité et la spécificité de la démographie française naissante, les deux pères fondateurs de celle-ci, Alfred Sauvy et Louis Henry, employaient souvent l'expression, surprenante pour qui connaît l'austérité des chercheurs de l'INED, de "science sauvage". Ils voulaient dire que la démographie n'avait pas, en 1945, d'enracinement académique ancien et consacré, à la différence par exemple de l'économie et de la sociologie, et qu'elle était tributaire de l'infrastructure administrative de la statistique officielle, dont la finalité n'était pas, selon eux, principalement scientifique. Ils justifiaient ainsi la création de l'INED, une institution distincte des "services officiels de statistique", originale et typiquement française, ni administration ni centre de recherche universitaire. A peu près au même moment, dans l'effervescence politique et intellectuelle qui suit la Libération de la France, les "services de statistique" sont rassemblés dans un autre "institut", l'INSEE. Même si les échanges entre l'INED et l'INSEE ont toujours été importants, leurs identités sont bien distinctes. Pourtant l'un et l'autre sont souvent cités, et parfois dénoncés, par les sociologues de la science, comme des cas typique, de lieu de production d'une "science d'Etat", dont la France aurait la spécificité.

Malgré les apparences, les deux expressions de "science sauvage" et de "science d'Etat" désignent la même particularité de la démographie française : une activité ayant des visées à la fois scientifiques et politiques, relativement distincte du monde académique, du moins par comparaison avec ses homologues d'autres pays. Mais cette caractérisation souvent énoncée, comme

111 Texte publié dans : Chasteland J.C. et Roussel L. (éds) : *Les contours de la démographie au seuil du XXIème siècle,* INED-PUF, 1997, Paris, pp. 57-93.

un simple constat ou de façon critique, méconnaît le fait que, au fil du temps, cette situation a évolué. Dans quelle mesure les cinquante ans de l'INED étaient-ils inscrits dans son "programme génétique" initial (effet de cohorte), et en quoi l'histoire d'un demi-siècle l'a-t-il transformé (effet de période) ? Quelle est la spécificité, scientifique et institutionnelle, de la démographie française ? Comment la situer, d'une part, par rapport à ses homologues étrangères, et, d'autre part, dans ses relations avec des sciences humaines adjacentes ?

Des chercheurs américains et anglais ont étudié l'histoire de la démographie dans leurs pays. La lecture des travaux de Hodgson (1983, 1988, 1991), Demeny (1988) ou Szreter (1993) est surprenante pour un Français : la dynamique et le financement de la démographie leur semblent liés aux inquiétudes sur la croissance de la population mondiale, et notamment celle des pays du Tiers-monde, et à la mise en place, depuis les années 1950, du "family planning business" dans ces pays (Chasteland, 1994). Dans cette perspective, l'analyse de la "transition démographique" est essentielle et constitue un moteur de la recherche (Chesnais, 1986). En France en revanche, l'impulsion a été différente, liée à des questions spécifiquement françaises, et en particulier celle du niveau de la natalité, inlassablement rappelée, d'Alfred Sauvy à Gérard Calot. En quoi cette différence du contexte d'interrogation a-t-elle influencé le destin de la démographie, en tant que discipline scientifique ?[112]

---

[112] Ce texte est une pérégrination *tout à fait non exhaustive* à travers l'histoire de la démographie française et de l'INED. Il doit beaucoup à des entretiens avec une douzaine de membres ou anciens membres de celui-ci, mais je garde bien sûr l'entière responsabilité des hypothèses et points de vue formulés ici.

UNE SCIENCE SAUVAGE ?

Sauvy, 1946 : *Un objectif politique*

"Le problème de la population, longtemps négligé, retient de plus en plus l'attention. C'est que les conséquences de l'affaiblissement quantitatif et qualitatif de la population française sont douloureusement ressenties dès maintenant. Sans parler même des deux guerres 1914-1918 et 1939-1945 (qui auraient pu être, sinon évitées, du moins achevées plus rapidement à notre avantage, si le nombre des Français avait été plus élevé), nous voyons la nation subir aujourd'hui des charges particulièrement lourdes, quand elle veut assurer sa sécurité, la cohésion de son empire, aider sa vieillesse et tenir son rôle dans la civilisation moderne. Sans doute, l'opinion française n'a-t-elle pas encore saisi la liaison étroite, directe, entre les difficultés aiguës que nous connaissons actuellement et le mal chronique, indolore à ses débuts, qui nous touche depuis plus d'un demi-siècle...

Il existe donc, pour la première fois en France, un organisme officiel, destiné à agir constamment en faveur du redressement de la population française en quantité et en qualité. L'action de cet organisme s'exerce dans trois directions : maintien et développement de la natalité, lutte contre la mortalité et la maladie, organisation rationnelle de l'immigration...

La nécessité d'études démographiques s'est précisée avec une vigueur croissante. La démographie est une science déshéritée à laquelle a peut-être manqué un parrainage vigoureux à l'époque où des branches voisines, l'économie politique ou l'ethnologie, prenaient leur essor. Peut-être a-t-elle souffert de l'étendue de son domaine, de la variété de ses richesses. Toujours est-il que c'est aujourd'hui une science sauvage, sans chaire, ni maîtres, ni élèves, cultivée seulement par des "amateurs" (dans le meilleur sens du terme) ou bien abordée occasionnellement sous l'un de ses aspects, par des économistes, des statisticiens, des ethnographes". Editorial du premier numéro de *Population*, 1, 1946.

Henry, 1963 : *Une infrastructure originale : la statistique administrative*

"Mais pour que ce progrès ne restât pas sans lendemain il fallait que la double observation de l'état et du mouvement de la population fût assurée de manière régulière, et qu'elle fût, au moins au début, exhaustive. Comme il était impossible qu'une observation répondant à ces conditions fût organisée par quelques hommes de science, il était fatal que cette observation devînt une affaire d'Etat et que la démographie échappât, au moins, en partie, aux hommes de science. Avec le progrès décisif réalisé en Suède au milieu du XVIIIe siècle, s'achevait la période des fondateurs, esprits curieux et hommes de science, et s'ouvrait l'ère des services officiels de statistique. La création de ces services, réalisée dans tous les pays, a eu pour la démographie des conséquences extrêmement importantes.

Science humaine où l'observation statistique joue un rôle primordial, elle s'est trouvée dotée de moyens d'observation puissants mais extérieurs à l'Université ; d'où la coupure qui en a fait une science sauvage, sans équivalent, tributaire de services au moins autant préoccupés d'administration que de science, largement indépendante de l'Université qui ne lui permettait guère de se développer et qui, en France, ne lui offrait pas de chaire. La sociologie et la biométrie qui ont pourtant des points communs avec la démographie ont évolué bien différemment, du fait que leur observation s'est développée autrement, plus lentement mais moins en dehors de l'Université.

Les services de statistique assuraient à la démographie de puissants moyens d'observation ; par contre, l'observation d'utilité immédiate y bénéficiait forcément d'une certaine priorité sur l'observation pour connaître, un certain déséquilibre apparaissait entre une observation un peu trop étendue et une analyse un peu trop restreinte, une certaine indifférence pour l'observation de recherche se manifestait, un goût excessif de l'actuel s'instituait, entraînant une négligence abusive du passé, même statistique. En même temps, l'observation tendait à se figer dans le cadre de l'année et cette tendance se trouvait renforcée par des références à des schémas probabilistes utiles, certes, mais très sommaires". Louis Henry : "Réflexions sur l'observation en démographie" ; *Population*, 1, 1963.

L'AUTONOMISATION RELATIVE D'UNE ACTIVITÉ SCIENTIFIQUE

La question de la relation, ou de la dépendance de la démographie par rapport à l'Etat et à son administration est souvent discutée, mais selon des points de vue différents. Deux textes des pères fondateurs de l'INED sont ici reproduits. Ils caractérisent les deux faces de la démographie française, c'est-à-dire son projet et sa méthode. Le premier, de 1946, est l'éditorial du premier numéro de *Population*. Il est certainement de la main de Sauvy. Il énonce, pour l'essentiel un projet politique. La ligne scientifique est encore vague. Le second, de Louis Henry en 1963, examine les conséquences de la dépendance de la démographie par rapport à la "statistique officielle", à travers les contraintes pratiques de l'observation, encore liée pour l'essentiel à l'enregistrement administratif (état-civil et recensement). D'autres auteurs, notamment des sociologues des sciences, insistent sur les fonctions politiques du discours de la démographie, qu'il soit nataliste et populationniste (cas fréquent en France) ou malthusien et anti-nataliste (plus souvent dans les pays anglo-saxons) (R. Lenoir, 1995). Mais ces diverses analyses, qu'elles ne mentionnent que les contraintes techniques, ou qu'elles évoquent des visées politiques, ont paradoxalement en commun de distinguer, de fait, la technique et son usage social, en portant l'attention soit sur l'une soit sur l'autre. Ce faisant, elles méconnaissent la façon dont ces deux faces de l'activité scientifique se construisent mutuellement, *y compris en s'autonomisant relativement*, au fil de l'histoire[113].

La notion d'autonomisation relative est essentielle pour sortir de débats récurrents. Cette réunion de deux mots exprime en fait trois idées. Celle d'*autonomie* reflète le fait qu'une visée de vérité scientifique[114], qui a sa logique propre, anime le plus souvent les démographes, quel que soit par ailleurs l'usage de leur travail. Le mot important est ici *visée*, le statut épistémologique de la "vérité" scientifique étant une autre question. Le suffixe *-tion* implique un processus historique, souvent contradictoire, et un effort poursuivi, comparable à la "professionnalisation" analysée par la sociologie anglo-saxonne des professions et de la science (Parsons, Merton). Enfin le mot *relative* implique que, malgré cette visée et cet effort, l'institution et sa production scientifique restent immergées dans des réseaux beaucoup plus vastes, de financements, de trajectoires professionnelles, d'échanges de ressources tant cognitives que sociales. Il n'y a pas la science (pure) et son contexte (impur), mais des circulations permanentes entre des noeuds différents dans des réseaux mouvants, dont chacun utilise selon des modalités variables des arguments étayés par la science, la politique, la morale et bien d'autres choses encore.

Les deux textes reproduits ici, de Sauvy et d'Henry, illustrent ce qui précède. Chacun des deux construit un morceau de réseau. Les attendus en sont très différents : l'avenir de la nation pour le premier, le progrès de la connaissance pour le second. Mais ils ne sont pas contradictoires. Le travail pour faire tenir tout cela ensemble est mené continûment, au fil des numéros de *Population* et des interventions de natures très diverses des démographes.

Sauvy explicite, en 1946, de façon simple et directe, dans un style destiné à frapper l'imagination, les objectifs de la nouvelle institution, liés à des *problèmes*

---

113 On évitera ici a dessein le mot "idéologie", souvent employé spontanément à propos de ces questions. Ce mot a l'inconvénient majeur de supposer le problème résolu, en enfermant dans le couple réifié "science-idélogie" les relations historiques que précisément on cherche à problématiser. Il ne s'agit bien sûr pas de suggérer que "la science n'est en fait que de l'idéologie", ce qu'a pu faire naguère, plus ou moins implicitement, une sociologie critique purement externaliste. Il faut en revanche prendre au sérieux les deux mots "science" et "Etat", en les dépliant l'un et l'autre, selon leurs modalités concrètes et spécifiques, au lieu de les utiliser comme des entités *a priori*, dotées de majuscules. C'est en se demandant en quoi consistent, dans un pays et à une époque données, les relations entre la science et l'Etat, que l'on peut comprendre ce que *sont de fait* à la fois la science et l'Etat, et non ce qu'ils *devraient être*, dans l'absolu.

114 L'expression "visée de vérité" est ici un outil analytique et descriptif, *donc problématique*, et non un nouvel avatar d'énoncé normatif de discours de célébration ou de justification.

sociaux et économiques. Henry, en 1963, analyse les obstacles techniques et administratifs auxquels se heurtent les progrès de la science démographique. De même que le mot "économie", le mot "démographie" à deux sens différents (en français, mais *non en anglais*) : la démographie d'un pays, c'est sa *population*, en quantité et en "qualité", comme on disait encore en 1950, mais c'est aussi la *science* pratiquée par les "démographes" dans ce pays. C'est un peu l'histoire des relations entre ces deux sens et de leur disjonction relative qu'il faut étudier. Les deux textes cités mettent bien en scène ces deux dimensions de l'histoire de l'INED. Tous deux insistent sur le caractère atypique d'une science qualifiée par l'un et l'autre de "sauvage", en ce qu'elle est rejetée par le monde universitaire.

Mais, entre le projet général de Sauvy de 1946 et le texte technique et précis d'Henry en 1963, quelque chose a changé. Des méthodes d'observations et d'analyse ont été progressivement imaginées, testées et codifiées sous une forme transmissible, par Bourgeois-Pichat, Henry, Vincent, Pressat et beaucoup d'autres. Une "école démographique française" est née, dont par exemple les numéros spéciaux de *Population* publiés en hommage à certains de ces auteurs donnent un panorama spectaculaire.

RÔLE DES INGÉNIEURS, INQUIÉTUDE NATALISTE : DEUX HISTOIRES ANCIENNES

Plusieurs spécificités françaises, remontant l'une et l'autre au XVIIIe siècle, constituent une toile de fond essentielle pour comprendre l'histoire de l'INED et de la démographie en France. La première résulte de la façon dont l'Etat intègre une expertise scientifique et technique, à travers des corps spécialisés d'ingénieurs d'Etat, issus de grandes écoles distinctes de l'Université. Pour l'INED, deux de ces écoles jouent un rôle important : l'Ecole polytechnique (créée en 1794) et l'Ecole nationale de la statistique et de l'administration économique (ENSAE), à l'origine "école d'application" de l'INSEE, créée en 1942. Cette expertise interne à l'Etat entretient avec lui un rapport de type administratif, alors que dans les pays anglo-saxons, la même expertise est plutôt universitaire et ses relations à l'Etat sont contractuelles, souvent à travers la médiation de fondations privées (Szreter, 1993).

Mais l'INED a été, selon les périodes, plus ou moins proche de ce schéma (qui, en revanche, caractérise l'INSEE, l'office statistique public). Sauvy et ses collègues insistaient beaucoup sur son côté artisanal, antibureaucratique, intellectuellement autonome des tutelles administratives. Pourtant, lui même, ancien membre de la SGF (ancêtre de l'INSEE), était pénétré du sens de l'Etat et de l'intérêt public, et ses motivations étaient autant celles du haut-fonctionnaire à la française (malgré l'originalité de son caractère), que celles du savant érudit à l'anglaise. Beaucoup (mais non la totalité) des principaux chercheurs de l'INED ont été des polytechniciens, formés par ce moule si particulier d'une science d'Etat orientée vers l'action plus que vers la spéculation épistémologique. Après Sauvy, l'INED a nettement évolué vers le modèle du centre de recherche, affirmé notamment dans le nouveau statut de 1986. Cependant la tension entre ces deux modèles, symbolisés, pour simplifier, par l'INSEE et le CNRS, a toujours sous-tendu l'histoire de l'INED, et a été résolue de façon variable selon les conjonctures historiques et selon les personnalité des directeurs successifs.

Plus précisément encore, cette situation originale des ingénieurs d'Etat, tendus entre, d'une part, des fonctions administratives et des positions de pouvoir et d'action, et, d'autre part, une compétence et des activités scientifiques de haut niveau, peut les conduire à mettre en forme et codifier des "méthodologies impeccables", logiques, claires, rigoureuse, bien unifiées et transmissibles. Ces qualités, parfois qualifiées de "cartésiennes", sont souvent reconnues à "l'Ecole démographique française". Or elles sont attribuées, presque dans les mêmes termes, à l'ENSAE, à l'enseignement de l'économétrie par Malinvaud et à celui des statistiques et des probabilités par des professeurs polytechniciens, ou encore à des enseignements assurés dans d'autres écoles associées à Polytechnique, comme celles des mines ou des ponts et chaussées[115].

Cette forme d'esprit suscite, chez les collègues universitaires anglo-saxons de ces ingénieurs-enseignants-chercheurs à la française, des réactions ambivalentes. D'une part, ils louent leur précision et leur clarté logique, mais d'autre part ils déplorent aussi leur faible inclination à la controverse intellectuelle, théorique ou historique, qualifiée de "coupage de cheveux en quatre". De ce point de vue, la méthodologie quantitative revendiquée, formalisée et mise en oeuvre par Bourgeois-Pichat, Henry, Pressat et leurs successeurs, offre un riche exemple de terrain où de tels débats entre Français et chercheurs d'autres pays pourraient être ouverts[116]. Dans quelle mesure les qualités dites "cartésiennes" résultent-telles de cette spécificité de l'expertise

---

[115] Ces caractéristiques de l'enseignement de type polytechnicien sont analysées et discutées en détail dans un ouvrage collectif très dense publié à l'occasion du bicentenaire de cette Ecole, en 1994 (Belhoste, Dahan-Dalmedico et Picon, 1994).

[116] Voir par exemple, dans le numéro de *Population* consacré à Pressat, l'avant-propos nuancé de Livi-Bacci (1991).

scientifique française ? Cette question offre ample matière à recherche en histoire et sociologie comparative des sciences et des techniques.

Une autre caractéristique de la société française est déterminante pour expliquer les formes prises par sa démographie (en tant que pratique scientifique). La baisse de la fécondité, plus précoce qu'ailleurs (remontant à la première moitié du XVIIIe siècle selon les travaux d'Henry) a entraîné une baisse du poids relatif de la population française dans celles de l'Europe et du monde. Ce fait a commencé à être souligné par les économistes et les statisticiens français après la défaite française face à la Prusse en 1871 (Charbit, 1981). Depuis lors, sous des formes variées mais de façon ininterrompue, l'insuffisance de la natalité *globale* des Français a été présentée comme un problème grave pour la France en tant que nation et en tant qu'Etat. En revanche, à la même époque, les intellectuels anglais influents insistaient sur la "qualité de l'espèce", dans une perspective eugéniste, et déploraient la trop forte fécondité des classes pauvres, supposées héréditairement moins "douées". Ces deux orientations presque diamétralement opposées expliquent que les trajectoires des démographies française et anglaise aient été différentes. Le fait que le noyau historique des démographes français se soit principalement attaché à étudier la population *dans son ensemble*, indépendamment d'autres caractéristiques que le sexe et l'âge, a sans doute contribué à les pousser à développer et raffiner une "démographie pure", bien étayée par de bonnes statistiques administratives. En revanche, leurs homologues anglais étudiaient plutôt la population selon des différenciations d'abord biologico-eugéniques, puis socio-économiques, tandis que les Américains s'intéressaient aux caractéristiques des populations selon leurs origines ethniques, à la suite des vagues d'immigrations successives.

Ces deux particularités (rôle des ingénieurs, inquiétude nataliste), a priori indépendantes l'une de l'autre, se sont combinées, selon des modalités et dans des proportions qui restent à étudier, pour donner à la démographie française sa physionomie originale.

LA SUCCESSION DES GÉNÉRATIONS DE L'INED

L'INED présente une remarquable continuité institutionnelle, de 1945 à 1995[117]. Son histoire pourrait être retracée à travers la succession de ses directeurs : Sauvy (1945-1962), Bourgeois-Pichat (1962-1971), Calot (1972-1992), Magaud (1992-1995), ou à travers l'évolution des outils, des thématiques et des formes de relations explorées entre la démographie, d'autres sciences humaines et, plus généralement, le débat social du moment. Mais, dans la mémoire des chercheurs de l'INED, elle est surtout marquée par la succession des générations, qui ont cohabité dans un espace concentré et ont connu, de ce fait, de fortes interactions scientifiques et personnelles. Pour un observateur extérieur, cette cohabitation intense et prolongée a produit une sorte de micro-climat intellectuel et humain très spécifique. Des controverses et conflits parfois fort âpres ont opposé ces chercheurs. Pourtant l'observateur ne peut que constater la paradoxale proximité des protagonistes de ces débats, comme si un programme génétique commun les unissait, indépendamment de leurs querelles. Les pages qui suivent visent à identifier ce programme en le contrastant avec les démarches de monde adjacents, proches et pourtant tout autres. Cette originalité provient moins de chacun des éléments rassemblés que de leur *combinaison*, articulant et faisant tenir ensemble, en un montage a priori improbable, des savoirs et des façons de faire différents, mais aussi en excluant, de fait, certains autres, comme étrangers au paradigme fondateur. Celui-ci se transforme, notamment par autonomisation relative, et s'enrichit. Une perpétuelle tension renaît entre un "noyau central", constitué à partir des années 1950 autour notamment des idées de Henry, et des marges, dont le poids relatif fait l'objet de vifs débats.

La Fondation Carrel (1941-1945) est-elle une sorte de matrice initiale de ce paradigme fondateur de l'INED ? Ce point est souvent discuté. L'héritage humain est indéniable. Parmi les 25 premiers chercheurs de l'INED, 13 en sont issus, parmi lesquels Bourgeois-Pichat, Girard, Stoetzel, Sutter et Vincent. Pourtant, dans la liste des "départements" de cette Fondation, le mot "démographie" ne figure même pas en tant que tel (au profit de "natalité"). Cette liste est significative de la première combinaison proposée, fort différente de tout ce qu'on pouvait trouver ailleurs : "Biologie de la lignée, natalité, développement de

---

[117] La préhistoire et l'histoire de l'INED sont retracées notamment par Girard (1986) et Dupaquier (1988). Le rôle joué entre 1941 et 1945 par la Fondation française pour l'étude des problèmes humains (ou Fondation Carrel) a été étudié par Drouard (1983 et 1992). De nombreux éléments historiques figurent dans le bulletin mensuel *Population et Sociétés* publié par l'INED. Une étude sociologique inspirée des idées de Bourdieu a été menée par R. Lenoir (1995). Un point de vue critique d'un membre de l'INED est exposé par Le Bras (1991).

l'enfance, développement de la jeunesse, mutation, biotypologie, psychologie, travail, économie rurale, production, sociologie, économie, finances, droit, assurances". Cet ensemble diffère notablement de ce qu'a été l'INED ensuite. Les mots statistique, démographie, histoire, géographie, territoire, n'y figurent pas. Les sciences du corps occupent une grande place. L'accent est mis sur des "problèmes humains" plutôt que sur la recherche scientifique en elle-même. Alexis Carrel, médecin renommé et auteur du terrifiant best-seller des années 1930, "*L'homme, cet inconnu*", y définissait, dès 1935, sa conception d'un collectif d'un petit nombre de savants, au service de l'humanité :

> "Nous savons que la solution des problèmes humains est lente, qu'elle demande la vie de plusieurs générations de savants. Et qu'il y a besoin d'une institution capable de diriger de façon ininterrompue les recherches d'où dépend l'avenir de notre civilisation. Nous devons donc chercher le moyen de donner à l'humanité une sorte d'âme, de cerveau immortel qui intégrerait ses apports et donnerait un but à sa marche errante. La création d'une telle institution constituerait un événement de grande importante sociale. Ce foyer de pensée serait composé, comme la Cour suprême des Etats-Unis, d'un petit nombre d'hommes" (Carrel, 1935).

Cette conception de l'intellectuel pourrait être confrontée à celles, que, à la même époque, défendent des sociologues durkheimiens comme Simiand, Halbwachs et Mauss, ou les historiens des *Annales* comme Bloch et Febvre. Ces traditions sont largement absentes de la Fondation Carrel. Parmi les six membres de celle-ci qui joueront un rôle important à l'INED, deux polytechniciens (Bourgeois-Pichat et Vincent), un normalien sociologue (Stoetzel), un médecin (Sutter), un ingénieur (Daric) et un littéraire (Girard). En 1945, Sauvy (1898-1990), polytechnicien aussi, récupère cette équipe et lui adjoint de nouvelles recrues, en nombre équivalent. Parmi celles-ci, deux polytechniciens (Henry, Lederman), un normalien historien (Chevalier), un statisticien-économiste (Tabah), puis en 1953, un professeur de mathématique (Pressat). Ainsi s'est constitué, autour de Sauvy, le noyau de la première génération des chercheurs de l'INED. Déjà l'accent principal s'est déplacé, des sciences du corps (médecine, biologie) vers des sciences plus formalisées, centrées sur la statistique et les mathématiques.

Cette génération fabrique la démographie à la française. "Science sauvage, sans maîtres ni disciples", selon Sauvy et Henry, elle devient, en dix ans, un corps de méthodes formulées et enseignées, dans le cadre de l'Institut de démographie de l'université de Paris (IDUP), créé en 1957. Cet institut constitue le creuset où la première génération, dont la figure emblématique est Henry, forme la seconde, où les polytechniciens occupent encore une bonne place. Là se situe sans doute l'origine de la forte culture commune qui, au delà de leurs éventuels conflits, réunit les membres de cette deuxième génération, notamment[118] : J.N. Biraben, C. et Y. Blayo, J.C. Chesnais, P. Clerc, P. Collomb, D. Courgeau, P. Festy, J. Hecht, J. Houdaille, A. Jacquard, H. Le Bras, H. Léridon, C. Lévy, T. Locoh, J. Magaud, A. Monnier, R. Nadot, A. Nizard, P. Paillat, G. Pourcher, L. Roussel, G. Tapinos, Y. Tugault, J. Vallin, E. Zucker-Rouvillois.

Dans les années 1970, plusieurs évolutions contribuent à modifier le mode de formation des nouvelles recrues de l'INED. L'université souhaite récupérer l'IDUP (devenu IDP) en y affectant des enseignants d'origine universitaire. L'encadrement cesse donc d'être principalement assuré par les démographes de l'INED. L'ENSAE (l'école de l'INSEE) avait à l'origine des points communs avec l'IDUP : les statisticiens, démographes et économistes de l'INSEE (Desabie, Chartier, Croze, Febvay, Calot, Malinvaud) y enseignaient, en fondant ainsi la culture commune de l'INSEE. Mais, à la différence de l'IDUP, elle ne dépend pas de l'université, et, à partir de 1960, se transforme en une grande école d'ingénieurs, formant des "statisticiens-économistes", comparable aux écoles des mines ou des ponts et chaussées, en recrutant notamment (mais non uniquement) nombre de polytechniciens.

A partir de 1975, la troisième génération des chercheurs de l'INED est recrutée souvent à l'ENSAE, parfois à l'Ecole normale supérieure, mais le passage par une formation principalement démographique comme l'était l'IDUP n'est plus de règle. Il en résulte un paysage intellectuel plus diversifié. La prédominance des polytechniciens reste forte, mais des formations en statistique, en économie et économétrie, en sociologie, en géographie, sont plus fréquentes qu'auparavant. Cette évolution explique en partie la nature des relations entre les membres de ces générations successives, et les controverses qui les traversent, sur l'identité centrale souhaitée pour l'INED. On cherchera maintenant à caractériser l'ossature de ce noyau central, puis ses relations avec cinq domaines connexes des sciences humaines.

118 On observe, dans ces listes (certes incomplètes) des deux premières générations de l'INED, une faible proportion de femmes (environ 13 %), alors que cet institut analyse une activité essentiellement féminine, la fécondité. Les femmes font les enfants, les hommes les comptent.

L'ANALYSE DÉMOGRAPHIQUE : LA QUÊTE DE LA PURETÉ

L'analyse et l'interprétation des séries démographiques étaient une activité parmi d'autres de la Fondation Carrel. Bourgeois-Pichat a identifié, dès 1945, un redressement de la fécondité à partir de 1943, avant la fin de la guerre. Mais, historiquement, ce sont des statisticiens qui ont créé une première tradition française d'intérêt pour ces questions : Louis-Adolphe Bertillon (la mortalité), puis son fils Jacques Bertillon (la natalité), fondateur en 1896 d'une très nataliste "Alliance nationale pour l'accroissement de la population française". De 1896 à 1941, la Statistique générale de la France (SGF, ancêtre de l'INSEE) consacre la plus grande partie de son activité à la démographie, à travers une remarquable série de recensements quinquennaux, et le suivi du "mouvement de la population", grâce à l'état-civil. Lucien March, Michel Huber, Henri Bunle et, dès les années 1920, Alfred Sauvy, suivent les variations de la population, et tout particulièrement celles de la natalité. En 1929, Sauvy fabrique les premières *perspectives de population*, en dehors toutefois de la SGF. De son côté Adolphe Landry publie en 1934, *La révolution démographique*, homologue exact de la notion de *transition démographique*, imaginée indépendamment aux Etats-Unis, par Warren Thompson en 1929, puis Davis et Notestein en 1945.

Quand il crée l'INED en 1945, Sauvy a déjà travaillé plus de vingt ans à la SGF. Il est donc héritier d'une tradition forte d'établissement et de suivi des sources statistiques de grande qualité que sont les recensements et l'état-civil. A partir de 1945, Sauvy se consacre à des travaux plus généraux et plus politiques, mais l'analyse de plus en plus précise et codifiée de ces séries est alors l'activité principale de Bourgeois-Pichat, de Henry, puis de Pressat. La "situation démographique" devient un exercice central et permanent qui rythme les publications régulières de la revue *Population*. Les grandes questions méthodologiques sont alors posées et traitées : définition des "indices synthétiques", distinction entre transversal et longitudinal, entre *taux* et *quotients* (qui ouvrent la voie aux interprétations probabilistes). Les notions d'*intensité* et de *calendrier* d'un phénomène démographique sont précisément définies. Dans les années 1950, la conjoncture extérieure à l'INED est plutôt calme. Les alarmes sur le vieillissement sont, pour un temps, calmées par le baby-boom. Ni les remises en cause des structures familiales, ni les grands débats sur la contraception et l'avortement n'ont vraiment commencé. L'INED, peu sollicité, se consacre à un investissement méthodologique de fond.

Peu à peu se dégage, notamment sous la plume d'Henry, la notion de *fait démographique pur* qui, comme dans une analyse chimique, résulte de la séparation rigoureuse des diverses composantes d'un phénomène. Ce fait démographique est intrinsèque au mouvement interne et au vieillissement "naturel" d'une population : il s'agit de "bien séparer, dans chaque phénomène, ce qui est dû aux effectifs et aux structures de ce qui provient des réactions et des comportements des éléments de population". Ou encore : "Avant de rechercher les causes d'un phénomène, il faut d'abord le débarrasser de diverses impuretés. Faute de cette toilette, on risque en effet de ne pas bien le reconnaître et de le confondre avec un autre". Ces phrases d'Henry, citées plus tard par Pressat (1995), résument l'essence du message méthodologique transmis notamment aux étudiants de l'IDUP. Mais, si cette ascèse est indispensable, elle n'est pas, pour ses promoteurs, une fin en soi. Elle est un *préalable* ("Avant de rechercher les causes d'un phénomène, il faut"....). Ces formulations fermement enseignées reflètent la spécificité de la démographie française. Selon Pressat celle-ci est "fille de la statistique, alors que son homologue anglaise est fille de la sociologie".

Dans son introduction au volume de *Population* consacré à Pressat en 1991, Livi-Bacci suggère que cette conception de l'analyse démographique "est très différente de celle qu'en donnait un des pères fondateurs de la démographie moderne, Alfred Lotka". Il cite un texte de celui-ci qui, bien qu'en forçant le trait, soulève une question historique intéressante :

> "l'étude de la démographie quantitative peut être entreprise de deux points de vue, par deux méthodes : la méthode empirique et la méthode rationnelle ou formelle. Cette dernière est possible par le fait que, entre les diverses caractéristiques démographiques, il existe certaines relations nécessaires, c'est-à-dire imposées par les lois de la physique et de la logique. Mais la méthode rationnelle est non seulement possible, elle est indispensable si l'on veut obtenir une compréhension satisfaisante du phénomène démographique. Sans doute le procédé idéal est de cultiver les deux méthodes, l'une à côté de l'autre. Selon nos prédilections, les données empiriques seront alors pour nous des illustrations concrètes des principes abstraits qui nous intéressent particulièrement, ou, par contre, ce seront les relations formelles qui nous serviront de guide dans l'examen et l'interprétation des observations de la démographie empiriques" (Lotka, 1937).

La question soulevée par Lotka et Livi-Bacci est celle du rôle de la modélisation mathématique en démographie[119]. Des démographes de l'INED, de Bourgeois-Pichat à Bonneuil en passant par Lederman, Le Bras, Léridon et d'autres, ont exploré cette voie, à l'encontre de ce que suggère Livi-Bacci. Henry, Pressat ou Calot l'ont fait, eux aussi, tout en mettant souvent en garde contre les délices de "l'art pour l'art" et du "formalisme pour le formalisme" (Pressat), ce que Calot exprime aussi en disant que Henry "n'avait recours qu'avec une admirable retenue à l'outil mathématique". Ce débat, qui ne peut plus, bien sûr, être posé en termes aussi abrupts que ne le faisait Lotka, est sans doute un des plus récurrents qui ait animé les générations successives de l'INED[120].

Le caractère incomplet ou lacunaire des sources statistiques peut être une des raisons de recourir à des modélisations plus ou moins mathématiques. Les analyses démographiques de certains pays du Tiers-monde, comme les rétrospectives historiques sur plusieurs siècles pour les Européens, prennent souvent appui sur la formalisation d'un système de contraintes et de relations *a priori*. Dans le cas de la France du XXe siècle, les sources statistiques sont riches et de bonne qualité. Ceci pourrait justifier une relative réticence à l'usage d'hypothèses hardies pour reconstituer, ailleurs ou dans d'autres temps, des données insuffisantes. On l'a vu notamment avec les réactions suscitées, en France et ailleurs, par la série anglaise 1541-1871 de Wrigley et Schofield : pour

---

119 L'opposition ainsi stylisée par Lotka rappelle les débats qui, des années 1920 à 1940, ont opposé "statisticiens économistes", tels que Burns et Mitchell, aux "économètres" comme Tinbergen et Koopmans, sur la priorité logique à donner aux données ou aux modèles théoriques dans l'analyse des fluctuations économiques (Morgan, 1990 ; Desrosières, 2000a ; Armatte, 1995). Il est vrai que les termes du débat ne sont pas tout à fait les mêmes, puisque la principale question des économistes d'alors est l'*explication des cycles*, ce qui ne semble pas encore le cas pour les démographes (mais le deviendra plus tard pour les démographes historiens : Lee, 1992).

120 Sauvy lui-même, s'il ne décourageait par ceux des membres de l'INED qui, tels Lederman ou Le Bras, étaient attirés par ces exercices, manifestait parfois à leur égard une certaine distance ou ironie. Dans les années 1930, il avait joué à la SGF le même rôle que, au Bureau néerlandais de statistique, Jan Tinbergen (1903-1994). Analysant les séries de la conjoncture économique, Sauvy le faisait par des méthodes simples, empiriques et intuitives, dont son "Histoire économique de la France entre les deux guerres" donne une bonne idée. Au même moment, Tinbergen fabriquait le tout premier modèle macro-économétrique, en 1936. Plus tard, Sauvy ne cachera jamais sa réticence par rapport à l'économétrie. Une comparaison des rôles joués par ces deux personnages serait éclairante, sur deux façons différentes de s'immerger dans le siècle, ce qu'ils ont fait largement l'un et l'autre, en "savants-militants", mais en ne recourant pas à l'argument scientifique de la même façon (Desrosières, 1994).

certains, des exercices économétriques ne peuvent suffire à boucher des trous définitivement béants (Henry et Blanchet, 1983)[121].

Il est vrai que la diffusion de l'informatique et le développement des méthodes et logiciels statistiques ont considérablement multiplié les possibilités d'analyse et d'interprétation des fichiers, en permettant par exemple (et paradoxalement) de tirer parti d'échantillons limités. Ainsi la régression logistique (modèles de type Logit, Tobit) tourne en principe l'obstacle constitué par les cases vides ou de faibles effectifs dans les analyses multivariées, ce qui ne contraint plus à recourir à des populations très nombreuses pour croiser les effets de plus de deux variables. De même, en analyse longitudinale, les modèles de durée sont plus puissants que les outils de l'analyse démographique classique. Pour l'analyse des séries temporelles, les méthodes de type Box-Jenkins (portant sur *une* série), puis de type Vecteurs auto-régressifs (combinant *plusieurs* séries) peuvent renouveler fortement l'histoire quantitative traditionnelle (Grenier, 1995a).

L'ATTENTION AUX MÉTHODES D'OBSERVATION

La bonne connaissance des sources statistiques et la grande attention portée à leur qualité sont, en France, les conséquences d'une organisation où les démographes sont plus proches, humainement et techniquement, de leurs collègues ingénieurs-statisticiens de l'INSEE, que des universitaires spécialistes de telle ou telle science sociale, comme ce serait le cas dans le monde anglo-saxon. En dehors même des données purement démographiques du recensement et de l'état-civil, l'INED a été associé très tôt, avec Stoetzel et Girard, à la diffusion de la technique des enquêtes par sondages. Les discussions sur les avantages comparés de la méthode aléatoire et de celle des quotas ont plusieurs fois rebondi (Sauvy, 1950), de même que celles sur la meilleure façon de gérer un réseau d'enquêteurs, dans la mesure où ces deux questions sont liées : la méthode aléatoire rend l'enquêteur beaucoup moins libre et implique un plus grand suivi de celui-ci. Pour cette raison, à partir des années 1970, le

121 Ce débat n'est pas sans précédents historiques. Au début du XIXe siècle, les calculs et estimations indirectes des arithméticiens politiques du siècle précédent sont sévèrement jugés par des statisticiens qui, sous l'influence de Quetelet, veulent mettre en place des systèmes statistiques exhaustifs, et taxent péjorativement les premiers "d'algébristes". Plus récemment, à partir des années 1950, la construction des matrices de la comptabilité nationale à suscité le même type de débats, entre "statisticiens purs" de l'INSEE et macroéconomistes comptables nationaux, prêts à faire "flèche de tout bois" en ajustant des données et en prenant appui sur des contraintes comptables et des régularités économétriques.

réseau des enquêteurs de l'INSEE, géré par les Directions régionales de celui-ci, a en partie remplacé un ancien réseau INED travaillant sur des quotas et géré par correspondance depuis Paris. On voit sur cet exemple l'importance de l'infrastructure administrative. La méthode probabiliste implique une gestion concrète des urnes de Bernoulli que seul l'Etat, en tant que producteur et garant des conventions d'équivalence statistique, peut assurer.

La proximité entre l'INED et l'INSEE a permis la mise en place et le suivi de trois équipements lourds de la démographie française : l'enquête *famille*, l'enquête longitudinale sur la *mortalité*, l'échantillon démographique permanent (Desplanques, 1995). La première, associée à tous les recensements depuis 1954 (sauf en 1968) porte sur 1/50 des femmes. La seconde porte sur un échantillon suivi depuis 1954. Ces deux enquêtes ont permis d'étudier les fécondités, nuptialités et mortalités *différentielles*, selon les classes sociales, en mettant par exemple en évidence la "courbe en U" de la fécondité selon le statut social. La nomenclature socioprofessionnelle a été créée à l'INSEE vers 1950, par un démographe, Jean Porte, et elle y a été plus systématiquement mise en oeuvre qu'à l'INED. Celui-ci a plus souvent (mais non toujours) centré ses analyses sur les variables démographiques centrales, le sexe, l'âge, le statut matrimonial, le nombre d'enfants. La mortalité a été étudiée à l'INSEE selon des variables sociologiques (catégories sociales, diplômes), alors qu'à l'INED elle l'a été plutôt selon des critères bio-médicaux (causes médicales de décès).

La garantie fournie à la démographie par la statistique administrative provient de ce que celle-ci prend appui sur des procédures juridiques : enregistrement officiel des naissances et des décès, des mariages et des divorces. Lorsque, *a contrario*, les moeurs évoluent, les mariages se raréfiant, les divorces augmentant, et les structures familiales "atypiques" se multipliant, le statisticien et le démographe se trouvent désemparés. Ils ne peuvent plus s'appuyer sur la "durée du mariage" pour raffiner les taux de fécondité. Les "rangs de naissance" n'ont plus le même sens s'il y a des pères différents (même si une telle circonstance avait déjà été envisagée en théorie depuis fort longtemps). Ainsi la sécurité fournie aux démographes français, jusqu'aux années 1960, par la bonne qualité de la statistique administrative est en partie menacée par ces évolutions de la société elle-même.

Les règles de méthode de la "démographie pure", d'une part, et une sensibilité aiguisée aux conditions de l'enregistrement statistique, d'autre part, constituent les deux composantes de la spécificité *technique* de l'INED. Mais celle-ci ne peut être séparée de la spécificité de l'*objectif* constamment visé :

l'analyse de la situation démographique de la population française. L'accent mis sur le suivi conjoncturel de la fécondité, considéré, à la différence d'autres pays, comme un enjeu collectif essentiel, explique l'ampleur prise par les études et les débats portant sur l'importance relative des effets de cohorte et de période. L'enjeu n'est pas seulement de calculer "le meilleur indice", mais plus profondément, de qualifier la portée historique des fluctuations, de court ou de long terme, de la fécondité. Celles-ci sont elles liées à des aléas historiques externes aux personnes, ou au contraire à des projets consistants de celles-ci, variables selon les générations, et éventuellement estimables à partir des enquêtes sur "le nombre idéal d'enfants" ? (Ni Bhrolchain, 1992).

Cette discussion a eu lieu plusieurs fois dans l'histoire de l'INED, notamment au début du baby-boom (1945 à 1947) et à sa fin (1965 à 1967). Vers 1946, l'INED, créé par Sauvy pour stigmatiser les dangers du vieillissement de la population et encourager la natalité, hésite sur l'interprétation à donner aux premiers signes de la hausse de la fécondité. Sauvy (inquiet pour la survie de l'INED) parle d'un rattrapage momentané après les années de guerre, comparable à celui, sans lendemain, de 1920, c'est-à-dire un effet de calendrier. Bourgeois-Pichat, en revanche, penche pour un changement durable de comportement, ce qui sera confirmé pendant vingt ans (M. L. Lévy, 1990). Le débat reprend, en 1967, quand des signes de retournement dans l'autre sens apparaissent. Calot (alors à l'INSEE) et S. Hémery estiment que, l'inflexion étant générale pour toutes les générations, il y a bien un "effet de période" et donc un retournement de tendance, alors que Pressat et les conjoncturistes de l'INED penchent pour "l'effet de calendrier", c'est-à-dire de génération (Girard, 1986). Ce débat allait encore rebondir.

L'importance des travaux visant à calculer des indices synthétiques de fécondité de plus en plus purifiés d'effets parasites de toutes sortes (Rallu et Toulemon, 1992) résume bien la combinaison spécifique au noyau central de la démographie en France : raffinement de l'analyse des séries temporelles, quintessence statistique de l'élimination des effets de structure, rendue possibles par la richesse et la maîtrise des sources statistiques, en vue de traiter le problème par excellence de l'INED, celui du niveau et des fluctuations de la fécondité. Le résultat (provisoirement) final de cette distillation fractionnée, (1,94), est providentiellement à mi-chemin entre les deux niveaux de 1,8 et 2,1, qui avaient animé, en 1990, un débat public inconcevable ailleurs qu'en France. Cette querelle, aux implications enchevêtrées, portait sur l'importance relative à accorder, dans le commentaire destiné au grand public, à l'indice synthétique de fécondité (1,8, inférieur au "taux de renouvellement des générations") ou à l'indicateur de descendance finale (2,1, égal à ce taux). Les divers points de vue sont présentés par exemple par Le Bras (1991) et Keyfitz (1993).

Des données bien contrôlées, des méthodes rigoureuses de "purification" des faits démographiques, des rapports réguliers sur la situation démographique de la France, tel est le noyau dur du travail de l'INED. Mais, depuis son origine et selon des modalités variables, cet ensemble central a été articulé avec d'autres sciences humaines, la biologie, la sociologie, l'économie, l'histoire et la géographie. Comment ont évolué ces relations ? Quelles ont été leurs apports et leurs points aveugles ? L'identité de l'institution est autant définie par ce qu'elle inclut que par ce qu'elle exclut.

LE CORPS A SES RAISONS : BIOLOGIE, CONTRACEPTION

La démographie pure s'attache à formuler des règles pour l'analyse statistique et probabiliste de l'évolution d'une population quelconque, soumise à des événements dont on décrit l'intensité et le calendrier. Le vieillissement est, dans ce cas, le simple glissement d'un temps algébrique. Cet outillage formel peut ensuite être mis au service de questions substantielles, traitées dans des langages divers, celui du corps, celui de la société et de sa culture, celui de la disponibilité des subsistances, celui des aléas du temps historique, ou celui du territoire. Ces langages ne sont pas eux-mêmes chimiquement purs et s'entremêlent. Ainsi les interactions et les glissements entre le premier et le second, celui du corps et celui de la société, ont été centraux dans l'histoire de l'INED. En revanche, celui de la production et des subsistances, qui a été essentiel dans l'histoire longue de la réflexion démographique et dans son usage mondial, l'a moins été à l'INED, où, en revanche, les approches de l'histoire et du territoire ont été substantiellement renouvelées par les outils de la démographie.

La Fondation Carrel est centrée sur le langage de la médecine, de la biologie, de l'eugénique et de l'anthropologie physique. Elle ignore la sociologie durkheimienne et l'histoire des *Annales*. Elle commence à explorer, avec Stoetzel et Girard, les voies d'une sociologie empirique alors toute nouvelle. L'économiste Perroux se brouille vite avec Carrel et la quitte. Enfin elle perfectionne un genre existant déjà et promis à un grand avenir : le suivi de la situation démographique, avec Bourgeois-Pichat.

Elle lègue à l'INED un personnage prolixe et imaginatif, le médecin Jean Sutter (1910-1970). Son influence est grande au cours des 25 premières années de l'INED. Pourtant sa conception eugénique des sciences humaines disparaît dans une trappe entre 1945 et 1960. Cette disparition est reflétée par exemple par l'évolution des langages d'interprétation des enquêtes sur la mobilité sociale et sur les trajectoires des enfants d'âge scolaire, ou encore par le changement radical d'orientation, et la diminution relative, des recherches sur la génétique à l'INED, à partir de 1970. Mais, en même temps, Sutter a très tôt lancé des enquêtes sur la contraception, l'avortement, et les dimensions médicales de la fécondité. Ces enquêtes se révéleront très utiles quand, dans les années 1960 et 1970, ces questions prendront une importance sociale et politique cruciale. Les recherches ultérieures de Léridon prendront appui sur les acquis de cette première période. L'exemple de Sutter montre à quel point ou ne peut raconter l'histoire d'un point de vue simplement hagiographique ou simplement critique.

Le premier Sutter, celui qui est passé à la trappe, peut être retrouvé en lisant son "*Cahier de l'INED*", n° 11, sur "*L'eugénique*" publié en 1950, avec une préface de Sauvy. La démographie "quantitative" doit être complétée par une démographie "qualitative", que constitue précisément l'eugénique. Celle-ci postule l'existence d'une "qualité" des individus, mesurable, héréditaire, qui peut être améliorée par des techniques de sélection et de stérilisation (eugénisme américain, scandinave et allemand), ou par des mesures plus douces de protection des mères et des enfants. Ainsi les stérilisations eugéniques sont critiquées non parce qu'elles sont contraires aux droits de la personne, mais parce qu'elle sont inefficaces (elles éliminent plus d'enfants "sains" que d'enfants "tarés"). Au delà des jugements que l'on peut porter, un demi-siècle plus tard, sur cet écrit aujourd'hui inquiétant mais alors banal et non scandaleux, la question historique intéressante est celle des conditions sociales et culturelles qui rendaient ce discours possible en 1950, oublié dans les années 1960, et enfin redécouvert et insupportable dans les années 1980.

L'histoire longue des travaux sur la mobilité sociale est un bon révélateur du basculement des rhétoriques d'interprétation qui intervient, somme toute rapidement, entre 1950 et 1960 (Thévenot, 1990 ; Merllié, 1994). En suivant les articles issus de l'enquête sur "la mobilité sociale et la taille de la famille" de Brésard (1950), puis les divers textes de Girard sur les différenciations sociales des trajectoires d'enfants scolarisés, Thévenot montre le glissement du langage, de l'hérédité biologique, des "enfants bien doués", vers celui de l'influence du "milieu social" et de "l'héritage socio-culturel". Le commentaire des matrices croisant les professions des pères et des fils, d'abord inspiré par l'idée de qualité héréditaire développée par Galton et K. Pearson, mute ensuite complètement, et adopte soit le langage de la "mobilité" (Sorokin et ses innombrables successeurs), soit celui de la "reproduction" (Bourdieu et Passeron). Girard invente, à la fin des années 1950, l'expression de "capital culturel", inconcevable dans les perspectives de Carrel ou de Sutter.

La trajectoire du généticien Jacquard est l'autre face de ce glissement. Polytechnicien, il entre à l'INED en 1964 à l'âge de 40 ans. Sutter, non mathématicien, lui propose d'investir en génétique mathématique. Il acquiert ainsi, puis développe, des formalismes probabilistes complexes déjà explorés, avant lui, par G. Malécot. A la mort de Sutter, en 1970, il se sent son héritier et publie un ouvrage collectif en son honneur, qui dresse un tableau des recherches génétiques de ce temps. Il ignore alors le passé de cette discipline. Dans les années 1970, il le découvre et entreprend de montrer et de convaincre un vaste public que les idées "d'hérédité des dons" sont incompatibles avec le caractère aléatoire et probabiliste de la transmission des gènes entre parents et enfants, formalisée par la génétique moderne. Il défait ainsi le lien qui faisait tenir ensemble, de Galton à Carrel et Sutter, qualité de l'espèce, hérédité biologique, inégalités innées des personnes, échelle d'aptitude et échelle sociale. Dès lors, si la génétique reste une discipline essentielle vouée à un bel avenir, elle ne peut plus avoir la même place à l'INED, où la combinaison spécifique des paradigmes scientifiques et de leurs usages sociaux a changé entre 1950 et 1990.

Ceci n'empêche pas que des parties entières des programmes de recherche se transmettent, et constituent un fonds commun de l'INED. Ainsi en va-t-il de l'intérêt pour les caractéristiques "naturelles", "biologiques", c'est-à-dire indépendantes d'interférences externes, des événements démographiques comme la fécondation ou la mort. Plusieurs recherches ont visé à faire le partage entre un socle biologique, perçu comme naturel, du cours de la vie humaine, et des perturbations "historiques" de celui-ci, dues à la contraception, à l'avortement, aux maladies, aux épidémies ou aux guerres. La fécondité, supposée naturelle et sans limitations, des huttérites canadiens est étudiée, ainsi que celle des candidats au prix Cognac-Jay, attribué à des familles très nombreuses (Vincent, 1961). Henry, puis Léridon, analysent la fécondabilité, c'est-à-dire la probabilité instantanée de fécondation en l'absence de contraception, selon l'âge de la femme. De son côté, Bourgeois-Pichat postule une mortalité "naturelle", en étudiant les "âges limites" et la durée maximale de vie "biologique".

Tout au long du demi-siècle de son activité, l'INED a été confronté aux questions soulevées par la planification des naissances, la loi de 1920 interdisant la diffusion des moyens contraceptifs et l'avortement, et les lois votées en 1967 et 1975 abrogeant en grande partie celle de 1920. La façon dont l'INED a réagi à ces évolutions mériterait une analyse historique détaillée[122]. Ici encore, le *Cahier* sur l'eugénique de Sutter (1950) est précieux, à la fois par ses informations factuelles, et par ce qu'il montre sur la façon dont cette question était alors pensée, en termes de "néo-malthusianisme". A la différence du monde anglo-saxon, où ces questions étaient posées en référence à la "transition démographique" dans le Tiers-monde, elle l'est en France en fonction des répercussions à craindre sur le niveau de la natalité. On peut cependant distinguer trois périodes assez distinctes dans les réactions de l'INED. De 1945 à 1965 environ, le malthusianisme (en tant que doctrine ou mode de pensée économique) et le néo-malthusianisme (vu comme une propagande pour la contraception) sont inlassablement critiqués. L'éventualité de la légalisation de la contraception et, a fortiori, de l'avortement, est accueillie avec des fortes réticences, non seulement par Sauvy, mais par la majorité des membres de l'INED.

Cependant, dès les années 1950, Sutter entreprend des enquêtes sur les moyens utilisés de fait pour limiter les naissances, et sur leur connaissance, ainsi que sur l'avortement, notamment dans les hôpitaux qui accueillent les femmes victimes des conditions dramatiques des avortements clandestins. Par ce biais, l'INED acquiert une connaissance et une sensibilité à des faits qui ne peuvent plus être traités seulement en fonction de considérations statistiques, en termes de natalité globale. En conséquence, quand, de 1965 à 1980, ces questions sont largement discutées (1967 : loi Neuwirth sur la contraception ; 1975 loi Veil sur l'avortement ; 1979 : confirmation de la loi Veil), l'INED, en position d'expertise quasi-unique, est consulté et ses avis sont d'un grand poids pour justifier et faire voter ces lois.

Dans chacune de ces circonstances, les questions posées par l'autorité politique sont doubles : 1) Quelles conséquences la nouvelle législation risque-t-elle d'avoir sur la natalité ? 2) Quelles mesures prendre pour contrecarrer ces conséquences éventuelles et favoriser la natalité ? Les réponses de l'INED sont toujours entourées d'une grande prudence méthodologique, et proposent des fourchettes de perspectives. Mais globalement, elles tendent à montrer que ces

---

122 Beaucoup d'informations figurent dans Léridon *et alii* (1987), Léridon (1995) et Zucker-Rouvillois (1994).

conséquences seront limitées. En 1966, l'INED (dirigé par Bourgeois-Pichat depuis 1962) fournit un rapport de ce type, mais Sauvy est encore, à titre personnel, très alarmiste. En 1975, Calot, consulté par le Parlement à propos de l'avortement, fournit une réponse suffisamment dédramatisée pour lever les craintes d'une forte fraction de la majorité (de droite) d'alors, et il est soutenu par Sauvy. Le travail d'enquête mené par Sutter et de plus jeunes membres (notamment féminins) de l'INED a fourni une masse de connaissances qui contribuent à étayer les nouvelles législations. En 1971 et 1978, deux enquêtes sont faites par P. Collomb et E. Zucker-Rouvillois, puis par H. Léridon, qui permettent de brosser un large tableau de ces questions (Léridon *et alii*, 1987). On peut, en comparant les livres de Sauvy et Sutter avec ceux récents de Le Bras, Léridon ou Roussel, mesurer le chemin parcouru. L'idée que la fécondité et la contraception sont des affaires de choix individuels et non plus la conséquence d'un néo-malthusianisme menaçant est définitivement acquise[123].

Pourtant, malgré ces importantes évolutions historiques, le corps, décrit à partir de points de vue différents et variables, reste un des fils conducteurs des travaux de l'INED (à la différence de l'INSEE, plus centré sur l'économie et la société). Confrontés à cette hypothèse, plusieurs membres et anciens membres de l'INED observent que, si le corps y est effectivement très présent, il y est aussi abstrait, aseptisé, comme tenu à distance, sinon refoulé. Cette remarque pourrait être à l'origine d'une recherche sur l'éventail des mises en scène possibles du corps, et sur la place spécifique de la démographie dans cet éventail, compte tenu de la tension, particulière à celle-ci, entre la singularité des corps et la généralité de la statistique. La montée en généralité effectuée par la démographie pourrait être confrontée à celle produite par la médecine, par le droit, par la psychanalyse ou par la philosophie.

LA POPULATION OU LE CORPS SOCIAL : DÉMOGRAPHIE ET SOCIOLOGIE

Les interactions entre le sociologue et le démographe semblent conformes à un schéma habituel des relations humaines, où chacun cherche à englober l'autre et à le mettre à son service. Le sociologue classique, analysant la pyramide des déterminations multiples qui font tenir une société, place sa

---

123 Dans les années 1950, les tableaux de *Population* présentant les enquêtes sur les pratiques contraceptives répartissaient les femmes en deux catégories, selon qu'elles avaient un "comportement malthusien" ou "non malthusien", glissant ainsi d'une théorie macro-économique (que très peu de femmes ne devaient connaître...) à la caractérisation d'une comportement individuel.

"morphologie sociale", c'est-à-dire sa démographie, tout à fait à sa base, avant ses structures économiques, ses lois, sa religion, ses coutumes. C'est là le plan type de *l'Année sociologique*, la revue créée par Durkheim. La démographie est une pièce, certes importante, d'une construction plus vaste, qui englobe tous les facteurs de cohésion ou de conflit du *corps social*. A l'inverse, le démographe, centré sur le volume et le destin, "quantitatif et qualitatif", de la *population*, demande au sociologue de l'éclairer sur les "facteurs sociaux" du désir d'enfant, du choix du conjoint, ou du risque de décès.

La métaphore du "corps social", empruntée par la sociologie à la biologie, s'oppose à la notion de "population" par les questions que chacune suggère. Un *corps* est fait de membres qui se tiennent. Il est vivant ou mort. Dans une *population*, des individus entrent et sortent, s'unissent et en fabriquent d'autres. La sociologie dont parle le démographe qui se réfère à la sociologie (Stoetzel, Girard) n'est plus tout à fait la même que celle du sociologue qui voit dans la "morphologie sociale" un niveau parmi d'autres de l'analyse d'une société. De ce point de vue la spécificité de l'histoire de la démographie (aux deux sens du mot, quantité et science) en France semble confirmer cette hypothèse du sociologue classique. C'est parce que la population française diminuait (ou augmentait moins vite que celle d'autres pays) que les démographes, de Jacques Bertillon à Sauvy et Calot, ont cru devoir sonner le tocsin, faisant ainsi du nombre et de la pyramide des âges un souci permanent spécifique à la France. Plus précisément même, le contenu et l'évolution des recherches sociologiques à l'INED peuvent être analysés sociologiquement dans cette perspective.

La création de l'INED relève de cette analyse. Sauvy prend habilement appui sur une morphologie sociale qu'il met lui-même en lumière, pour justifier une institution et la distance intermédiaire qu'il établit entre elle et le pouvoir politique. Le caractère à la fois urgent mais aussi crucial *à long terme* des problèmes de population implique que l'institution soit bien dotée, mais qu'elle ne soit pas trop proche de l'administration courante et de sa "bureaucratie". Cet équilibre précaire ne peut être assuré qu'en raison de la nature des questions traitées et de leur caractère vital, que l'histoire particulière à la société française a contribué à faire apparaître comme tel. Ainsi est esquissée une explication sociologique de la dynamique de l'autonomisation relative de l'INED, qui ne peut être décrit seulement comme une institution répondant directement à des besoins de l'Etat et de son personnel dirigeant[124].

En revanche, on peut relier trois grands types de recherches sociologiques menées à l'INED à cette configuration historique particulière, et notamment au maintien de la "bonne distance" qu'ont cherché à maintenir les responsables de l'INED, pour en garantir la survie, la dotation en moyens et l'autonomie intellectuelle relative. Ces trois terrains sont ceux des "facteurs sociaux de la fécondité", des trajectoires d'enfants d'âge scolaire, et enfin de l'évolution des formes de la famille.

Tout au long de son histoire, l'INED a organisé d'innombrables enquêtes sur le "nombre idéal d'enfant" (pour l'enquêté, pour son milieu social, pour la France entière), sur la perception et la connaissance des questions démographiques par la population, sur les raisons d'avoir ou non des enfants ou plus d'enfants, sur la connaissance et la pratique des moyens contraceptifs, et l'attitude à leur sujet (enquêtes CAP : connaissance, attitude, pratique), sur l'opinion sur une libéralisation éventuelle de la loi de 1920, selon le sexe, l'âge, la classe sociale, le diplôme, la pratique religieuse... Inscrites à leur origine dans la suite de l'enquête pionnière d'Indianapolis de 1941, bien connue et souvent citée, ces enquêtes ont fait l'objet d'une énorme quantité d'articles dans *Population*. Leur contenu et leur mode d'analyse ont beaucoup évolué, glissant progressivement d'un savoir directement relié à l'objectif nataliste et "antimalthusien", vers des études beaucoup plus différenciées et descriptives. Elles ont été largement utilisées lors des débats des années 1960 et 1970, en permettant notamment aux responsables politiques de prendre la mesure de l'évolution, somme toute assez rapide entre 1950 et 1970, du poids et de l'audience relative dans la population des points de vue très différents exprimés, d'une part, par le Mouvement pour le planning familial (qualifié de néo-malthusien), et d'autre part, par l'Eglise catholique ou le Parti communiste (antimalthusiens).

L'histoire des recherches sur les trajectoires d'enfants d'âge scolaires, associées aux noms de Girard et Bastide, symbolise à elle seule, on l'a vu, le basculement des paradigmes intervenu entre les années 1930 et 1960. Décrivant leur origine lointaine, Girard (1986) évoque Henri Decugis, auteur en 1935 d'un

---

124 Ceci est montré par exemple par l'organisation d'enquêtes dont l'utilité technocratique immédiate n'est pas évidente, comme le choix du conjoint (deux fois, à 25 ans d'intervalle, par Girard puis Héran), ou les réseaux de proximité familiale et amicale (Bonvalet, Le Bras, Collomb).

livre sur "*Le destin des races blanches*", préfacé par André Siegfried (père tutélaire des sciences politiques en France). Girard précise ensuite :

> "... Decugis, se situant dans le courant des recherches sur l'eugénique, insiste sur les phénomènes de fécondité différentielle, qui risquent de compromettre l'avenir des peuples les plus civilisés, puisque leurs élites se reproduisent beaucoup moins que les masses. Or, il est l'un des membres d'une commission officielle, créée en 1936 pour étudier les problèmes de l'enfance déficiente, et dont les travaux sont à l'origine de l'enquête nationale sur le niveau intellectuel des enfants d'âge scolaire..." (Girard, 1986).

Cette enquête, portant sur 100 000 enfants, a été mise au point et organisée par Stoetzel à la Fondation Carrel au premier semestre 1944, puis dépouillée et publiée par l'INED en 1950 et 1954 sous le titre "Le niveau intellectuel des enfants d'âge scolaire". D'autres enquêtes du même type sont menées dans les années 1950, notamment sur les "enfants bien doués", et conduisent au suivi, pendant dix ans, de 1962 et 1972, d'un échantillon de 20 000 élèves sortis de l'enseignement primaire en 1962 (Girard et Bastide, 1973). Les interprétations de ces enquêtes deviennent, au fil du temps, de moins en moins "eugéniques", et de plus en plus "socio-culturelles". Elles fournissent des arguments statistiques à la sociologie de l'éducation de Bourdieu et Passeron qui développent alors l'idée de "reproduction". Malgré leurs orientations et leurs langages certes différents, ces deux sociologies des années 1960 convergent pour mettre l'accent sur les inégalités sociales face à l'école liées à des différences de "capital culturel", expression employée par l'une et par l'autre.

Le troisième exemple de domaine important de recherches sociologiques à l'INED est celui des transformations rapides des structures familiales, marqué par les travaux de Roussel, Léridon, Héran, Bozon et d'autres. Dans ce cas, le démographe est concerné non seulement en raison des conséquences de ces changements sur les *résultats* des mesures de ses variables de prédilection, fécondité et nuptialité, mais aussi parce que ses *instruments de mesure* eux-mêmes en sont menacés. Sans mariages, plus de taux de nuptialité, plus d'âge au mariage ni de durée de mariage, plus de conceptions prénuptiales, ni d'intensité des naissances dans les mois suivant la noce, qui permettaient, dans les années 1950, d'évaluer de façon indirecte la "fécondité naturelle" et la fécondabilité.

Toutes ces transformations portent à la fois sur la façon dont les gens vivent et sur la façon dont ils qualifient leur état. Les démographes sociologues créent des expressions qui passent dans l'usage public : cohabitation juvénile, familles monoparentales, familles recomposées. Les mariages deviennent des unions. Le chef de ménage devient la "personne de référence" du ménage. L'évolution rapide des modèles familiaux est visible à l'oeil nu car ces modèles coexistent. Cette simultanéité rend pertinente et actuelle une critique, souvent faite et non moins souvent refoulée, de l'usage de variables statistiques standardisées ahistoriques, asociales ou "anationales". Ainsi, du divorce : Roussel (1980) montre comment celui-ci a quatre significations complètement différentes selon qu'il intervient dans quatre modèles familiaux, qu'il analyse précisément[125].

Ce domaine a aussi l'intérêt de permettre de suivre d'assez près les interactions réciproques entre les trois pôles que constituent : 1) la recherche (INED et secteurs maintenant assez vastes de la sociologie de la famille et du droit de la famille) ; 2) l'Etat, ou plutôt ses diverses administrations, et 3) la société. Les catégories formulées par les chercheurs sont rapidement reprises par les administrations et les commissions officielles, sont inscrites dans des réglementations variées et ainsi durcies. En conséquence elles se prêtent mieux à des mesures statistiques qui, à leur tour, renforcent leur consistance, permettant ainsi de compter l'incomptable : les familles monoparentales, les enfants de familles recomposées, les avortements, ou, dans d'autres registres, les toxicomanes ou les enfants maltraités. Ces périodes de recomposition sociale et institutionnelle sont pleines d'intérêt pour qui a l'intuition que la démographie et la statistique ne mesurent pas des choses qui existent déjà, en dehors d'elles et avant elles, mais qu'elles sont des maillons parmi d'autres, dans de vastes réseaux qui font tenir des choses ensemble. Quand ces réseaux ne bougent pas, on peut croire que les choses existent et perdurent, et construire des séries longues. Mais si les réseaux bougent, comme de nos jours, le démographe et le statisticien doivent changer de casquette et devenir aussi sociologues et historiens de l'instrument de connaissance lui-même.

De Malthus aux pensions de retraite : démographie et économie

L'histoire longue de la pensée démographique est dominée par les débats autour des idées de Malthus : comment assurer l'équilibre entre le nombre des

125 Ce résultat, sur l'incomparabilité de faits relevant de logiques sociales différentes, peut être rapproché, par exemple, d'études déjà anciennes sur l'interprétation des réponses à la question : "Etes vous pour le travail des femmes ?" Les femmes de milieu populaire entendent "travail" et répondent *non* ; celles de milieu aisé entendent "liberté de la femme" et répondent *oui*.

hommes et le volume des subsistances ? La même question est présente dans les discussions sur la démographie du Tiers-monde menées depuis au moins la seconde guerre mondiale. Elle a nourri une bonne partie de l'oeuvre d'Alfred Sauvy, à propos de Malthus, de l'optimum de population et de l'activité des hommes. L'INED a participé à sa façon aux grands débats sur le Tiers-monde. Sauvy y défendait une position fort différente de celle des experts anglo-saxons. Un *Cahier Tiers-monde* a été publié en 1956, où Sauvy affirme fortement sa ligne antimalthusienne, tandis que Tabah (qui devait ensuite rejoindre l'ONU) cherche à défendre un point de vue plus nuancé. Mais, peut être en raison de ces différences de perspectives, le rôle de l'INED dans ce débat mondial a subi des éclipses, malgré les créations ultérieures du CICRED (réseau international de centres de démographie) et du CEPED (orienté vers la coopération avec le Tiers-monde).

La recherche proprement économique ne semble pas avoir constitué un fil conducteur important de l'activité de l'INED depuis 1945, du moins par comparaison avec les recherches sociologiques ou même historiques. Pourquoi en a-t-il été ainsi ? Au delà de raisons en apparence conjoncturelles, liées par exemple à des incompatibilité de personnes ou à des aléas historiques, on reprendra une hypothèse sur la combinaison fondatrice des recherches de l'INED, son "programme génétique", qui, malgré les transformations essentielles décrites dans les deux parties précédentes, a conservé une forme de permanence depuis son origine.

Cette hypothèse est que ce qui fait tenir ensemble les diverses composantes de l'INED, c'est *le corps*, corps physique, corps inscrit dans une société, dans une histoire de longue durée, dans des territoires. Tant que l'économie est pensée en termes malthusiens de *subsistance*, c'est-à-dire de moyens de survie nécessaires au corps, la démographie est concernée directement. Mais dès lors que l'économie, à la fois en tant que pratique sociale et en tant que science particulière, se déploie autour de l'échange marchand par l'intermédiaire de la monnaie et d'un système de prix, le démographe de l'INED ne reconnaît plus ses objets. Le *Franc* fait rarement partie des unités comptées dans les tableaux publiés par *Population*. Ceci est symbolisé par le fait, non anecdotique, que pendant des décennies, Sauvy a réclamé qu'une comptabilité nationale, et notamment des tableaux d'échanges interindustriels (tableaux de Leontief), soient dressés en *temps de travail* et non en Francs. Les heures de travail résultent directement du corps, et de la mise en relation des besoins et des efforts, alors que les prix du marché, exprimés en Francs, reflètent des mécanismes d'échanges et sont par là moins "réels", moins "naturels", de la même façon qu'il y a une fécondité naturelle et une mortalité naturelle. Le marché est une circonstance, une interférence externe, comme le sont la contraception, la guerre ou l'épidémie venue d'ailleurs.

Bien sûr le marché n'est pas explicitement rejeté et Sauvy n'est pas marxiste. Mais il situe sa réflexion sur un plan différent de celui des travaux menés, pendant cette période, par les générations successives d'économistes, à l'INSEE ou ailleurs. Dans un premier temps, la comptabilité nationale, à la façon de Claude Gruson, est l'outil d'une macroéconomie keynésienne. Elle se présente comme neutre par rapport au caractère capitaliste ou socialiste de l'économie, mais utilise quand même, de fait, les prix de marché pour ses valorisations. Cependant ces économistes de la première génération de la comptabilité nationale (bien décrits par Fourquet, 1980) et les démographes de la première génération de l'INED se rejoignent sur un point important. Une planification de moyen et long terme, reposant sur des perspectives quantifiées, est nécessaire pour prendre en compte dans les décisions d'aujourd'hui les contraintes déjà inscrites dans la situation présente, ou "tendances lourdes", *à commencer par celles de la démographie*. La construction des équipements scolaires, les prévisions de population active, ou les charges futures des systèmes de retraite sont, de ce point de vue, les cas les plus typiques, où les travaux de l'INED ont souvent été sollicités. Dans un second temps, à partir des années 1980, les dynamiques microéconomiques marchandes sont analysées et prises en compte de façon beaucoup plus approfondie par les économistes, y compris dans l'orientation des politiques publiques.

Comment la démographie aurait elle pu se raccorder à ces deux phases successives ? Dans la première, les propositions de Sauvy sur les comptabilités en temps de travail rencontrent peu d'échos. Dans la seconde, on aurait pu imaginer l'importation, pour les questions de démographie, des paradigmes du marché, à la façon des théories du capital humain de Gary Becker : le mariage, la production d'un enfant, le divorce, seraient des décisions relevant d'un calcul rationnel. Une telle importation, qui existe dans le monde anglo-saxon, est peu répandue en France, et notamment à l'INED, dans la mesure où elle ne correspond à aucune de ses traditions, notamment à celle des enquêtes empiriques[126]. En revanche cette intégration du raisonnement microéconomique, dans des questions qui auparavant étaient pensées

126 Olivia Ekert a mis en oeuvre ces outils pour étudier l'économie de la famille et le coût de l'enfant. Dans quelle mesure la structure familiale et la présence d'enfants influent elles le niveau et la répartition des consommations ?

autrement, est maintenant largement pratiquée dans un domaine connexe de celui de la démographie, l'économie de la protection sociale et de l'assurance. Mais cela est fait à l'INSEE plutôt qu'à l'INED. Ce courant de recherche, lié à la montée de l'économie de l'assurance, met en oeuvre des concepts issus de la microéconomie, comme le hasard moral, l'antisélection, le bonus-malus, impensables dans le cadre de l'économie classique de la redistribution (Blanchet, 1995).

Dans ce domaine de la protection sociale, des chercheurs de l'INED ont cependant effectué de longue date des recherches économiques importantes[127]. La Sécurité sociale a été créée en 1945 par Pierre Laroque, à peu près en même temps que l'INED, l'INSEE et le Commissariat au Plan. Laroque était membre actif du Conseil scientifique de l'INED, et du Haut Comité de la Population, une institution consultative influente tout au long de la période (R. Lenoir, 1995). Le fonctionnement des diverses branches de la Sécurité sociale, à commencer par celle des allocations familiales, a souvent été analysé dans *Population* (c'est même un des rares domaines où apparaissent des Francs). Plus récemment, l'économie du système des retraites a été étudiée par Blanchet. Une économie de la redistribution, non fondée sur des contrats marchands, trouve plus facilement sa place à l'INED, qu'une "économicisation" à la Becker des comportements démographiques, peu conforme à son histoire et à sa culture.

Le domaine de la population active et de l'emploi avait été exploré dans les années 1950, notamment par Fourastié (que Sauvy souhaitait pour successeur). Dans les années 1960, il l'a été par un ancien collaborateur de celui-ci, Vimont, qui a poussé à la création, en 1970, d'un organisme distinct de l'INED, le Centre d'étude de l'emploi (CEE). Celui-ci a eu ensuite une tout autre histoire. Du coup, la démographie de la population active a été peu traitée à l'INED à partir des années 1970, et l'a été plutôt à l'INSEE, notamment pour les projections de l'offre et de la demande de travail, dans les travaux de planification.

L'hypothèse formulée ici, sur les relations et incompatibilités entre le corps et le marché, mériterait d'être approfondie, dans des perspectives juridiques, sociologiques et politiques, et aussi par des comparaisons avec d'autres pays réputés culturellement moins réticents à l'égard de l'économie marchande. En

---

127 A ses tout débuts, l'INED a même été parfois perçu comme un "bureau d'étude de la Sécurité Sociale" (tout juste créée par Laroque), en parallèle avec l'Institut national d'hygiène , l'ancêtre de l'INSERM (M. L. Lévy, 1995).

quoi les interactions entre démographie et économie diffèrent elles selon les traditions spécifiques des relations entre l'Etat, la société et le marché ?

CRULAI, PAROISSE NORMANDE : LE TEMPS DE L'HISTORIEN

Entre les années 1930 et 1950 a été progressivement formulé un modèle standard de l'évolution historique des démographies des divers pays, celui de la "transition démographique" (Chesnais, 1986), décomposant cette histoire en trois phases, séparées par les baisses, décalées dans le temps, de la mortalité, puis de la fécondité. Si les démographes français ont, jusqu'aux années 1980, assez peu participé aux débats doctrinaux sur les causes et les conséquences de ces évolutions, ils ont en revanche apporté des contributions décisives à la mise au point de méthodes empiriques permettant de valider, de contester ou de nuancer ce modèle. Le dépouillement des registres paroissiaux et la constitution de fiches de famille soigneusement standardisées ont permis à Louis Henry de mettre en oeuvre les outils de l'analyse démographiques évoqués ci-dessus, sur des périodes de plusieurs siècles. Ce travail, expérimenté sur la paroisse normande de Crulai, a été ensuite codifié et largement diffusé dans un manuel (Fleury et Henry, 1956), et repris dans maintes recherches historiques de par le monde. Ces méthodes sont aujourd'hui toujours utilisées à l'INED par Biraben et Houdaille, qui poursuivent l'exploitation d'un fichier de 400 paroisses suivies depuis le XVIe siècle.

Les innovations d'Henry venaient à point, dans les années 1950, à un moment où les historiens de l'Ecole des *Annales* mettaient l'accent sur l'histoire économique sérielle, centrée sur l'exploitation des mercuriales de prix et de salaires, disponibles parfois sur quatre ou cinq siècles (Simiand, Labrousse, Braudel). Une nouvelle dimension était ainsi apportée aux vastes fresques brossées par cette histoire quantitative, qui domina le paysage scientifique de l'histoire, entre les années 1930 et 1970[128]. Le succès de l'histoire sérielle devait ensuite diminuer, les séries statistiques étant alors critiquées, selon un schéma classique, comme étant réductrices, et incapables de décrire les significations des variables dont les chroniques sont construites. Ce tournant critique est symbolisé par l'évolution de l'historien François Furet, qui, apôtre de l'histoire

---

128 Selon R. Le Mée, cette nouvelle source a suscité cependant, dans les années 1950, de vives résistances chez certains historiens, qui, contestant notamment la procédure d'échantillonnage, souhaitaient éloigner des nouveaux arrivants dotés d'un outillage alors non classique.

quantitative dans les années 1960, la critique vivement vingt ans plus tard[129]. Cette critique est souvent aussi formulée en faisant référence à un article de l'historien italien Carlo Ginzburg (1980), qui oppose les "sciences galiléennes" (où sont englobées l'histoire quantitative et la modélisation mathématique) et les "sciences de l'indice", qui fondent une "micro-histoire" qui tourne le dos à l'histoire quantitative[130].

Dans quelle mesure ce débat, propre au monde des historiens, concerne-t-il aussi celui des démographes ? Dans tous les cas, il est nécessaire de le réinsérer dans une discussion plus générale sur l'usage des méthodes quantitatives en sciences sociales, qui a eu lieu aussi dans le monde des sociologues. Ces derniers sont maintenant pratiquement scindés en plusieurs pôles qui, au moins en France, communiquent peu entre eux. Pour le moment, la démographie historique n'a pas été beaucoup touchée par ce débat. Une des façons de le dépasser serait de travailler sur les techniques mêmes d'enregistrement, de codage, de définition des variables, dans une perspective d'histoire sociale et intellectuelle de ces procédures qui conduisent aux données moulinées ensuite par des logiciels de plus en plus complexes[131]. Apparaîtrait ainsi le fait que des données chiffrées apparemment équivalentes ont été conçues et produites dans des univers mentaux, cognitifs et politiques, radicalement différents (Brian, 1994).

De ces critiques récentes de l'usage du chiffre en histoire, une première version pleine d'humeur et de verve avait été formulée plus tôt et de façon isolée par un historien, membre de l'INED de 1945 à 1968, Louis Chevalier. Son ouvrage de 1958, "*Classes laborieuses, classes dangereuses*", propose une autre façon d'écrire l'histoire d'une population, celle des classes populaires parisiennes du XIXe siècle et de leur criminalité, à partir des séries de statistique criminelle, disponibles depuis 1827. La conclusion de ce livre prône une interprétation "biologique" de l'histoire, complètant l'interprétation "socio-économique" alors dominante. Par ce mot "biologie", Chevalier entend en fait la démographie en tant que produit de l'activité et des pulsions vitales, y compris criminelles, des

---

129 Parlant de l'étude des bibliothèques des bourgeois éclairés du XVIIIe siècle, Furet déclare : "Il y a ving ans, nous *comptions* les livres. Aujourd'hui nous les *lisons*". Cette boutade résume le déclin de l'histoire sérielle.

130 Cette critique méconnait le fait que les séries historiques elles-mêmes fournissent des "indices", au double sens, statistique et "policier" du mot. De plus, elle assimile indument méthode statistique et modélisation mathématique, dont les histoires et les usages sont différents (Desrosières, 2000a ; Grenier, 1995b).

131 Voir par exemple l'étude sur la démographie en URSS d'Alain Blum (1994).

corps, et non pas la génétique à la façon de Sutter ou Jacquard. Ce texte un peu étrange conforte l'hypothèse avancée ci-dessus : le corps, dans ses diverses dimensions, constitue un des fils conducteurs de la démographie et des recherches de l'INED. Vont dans le même sens les recherches historiques sur les épidémies, notamment la peste de 1348, menée par un autre historien de l'INED, Biraben.

Dans la voie plus classique ouverte par Louis Henry, la grande enquête généalogique organisée par J. Dupaquier (alors directeur du Laboratoire de démographie historique de l'Ecole des hautes études en sciences sociales, EHESS), porte sur tous les hommes figurant dans l'état-civil français, depuis 1792, et dont le nom patronymique commence par les lettres TRA. Cette source apportera des informations importantes sur les mobilités professionnelles, sociales et géographiques sur longue période[132].

Les séries démographiques longues construites à partir des travaux de Henry, Biraben et Houdaille peuvent être lues de plusieurs façons. Dans un premier temps, elles l'ont été plutôt en termes de démographie pure, indépendamment d'autres variables, dans la mesure où, par eux-mêmes, les faits reconstruits peuvent être reliés entre eux et être déjà très parlants. La spécificité de l'apport du raisonnement démographique est souvent méconnue par les spécialistes d'autres sciences sociales pour qui la démographie est un sorte de socle incontournable, mais finalement peu utilisé. Mais la tendance à expliquer la démographie essentiellement par la démographie a pu être accentuée aussi par le type de formation reçue par la génération issue de l'IDUP, entre 1957 et les années 1970.

Une autre tradition existait de longue date chez les statisticiens et les économistes, au moins depuis le début du siècle. Les premiers usages en France des techniques de la corrélation et de la régression portaient sur des mises en relation de variables démographiques et économiques, les mariages et le prix du blé (Bunle, 1911). Le recours à des méthodes économétriques pour analyser les séries démographiques, en les mettant en relation avec des données économiques, sociales ou climatiques (Bonneuil, 1991), a été plus fréquent quand une partie des nouvelles recrues de l'INED a été formée à l'ENSAE, école où l'enseignement de l'économétrie est très poussé. A ce moment les échanges

---

132 L'étude de cette même articulation des mobilités est aussi renouvelée par l'enquête et les méthodes statistiques mises au point, à l'INED, par D. Courgeau et E. Lelièvre, mais leur perspective est plus sociologique et territoriale qu'historique.

avec des chercheurs d'autres pays très accoutumés à ces techniques sont devenus intenses (Alain Blum, Bonneuil, Blanchet, 1992).

PEUPLEMENT, MIGRATIONS, MOBILITÉ : DÉMOGRAPHIE ET TERRITOIRE

A son origine, la statistique administrative, qu'elle soit allemande, anglaise, russe ou française, était fortement liée à la description de *territoires* : principautés ou villes de l'Empire allemand, comtés anglais, *zemstvos* en Russie, départements en France. Mais, plus qu'ailleurs, le travail d'unification politique et administrative propre à l'Etat français a produit ses effets sur la statistique. Alors que dans les trois autres pays, les territoires locaux conservent longtemps assez de consistance institutionnelle pour être dotés d'une cellule statistique, aussi petite soit-elle, rien de tel ne subsiste en France, où, jusqu'en 1941, la SGF est centralisée à Paris. La vision du territoire est ainsi homogénéisante et descendante. Les renseignements sont présentés selon des découpages départementaux et urbains, selon des modèles standards permettant les comparaisons et l'établissement de séries longues. D'une certaine façon, l'INSEE, doté pourtant de 21 Directions régionales, a poursuivi cette tradition jacobine, même si, récemment, des pas ont été faits vers une déconcentration de l'appareil statistique.

Ce rappel historique permet de caractériser l'originalité de l'INED par rapport à cet aspect de la statistique administrative. Il a largement utilisé l'acquis de cette statistique nationale, territorialisée de deux façons, par département et par taille de commune puis d'agglomération. Tout un courant de la recherche démographique a pris appui sur ces sources anciennes pour construire une démographie du territoire, où celui-ci est vu par le haut, découpé, tabulé et cartographié. Des *variables* y sont successivement présentées, et éventuellement combinées par quelque technique statistique. Les travaux sur l'urbanisation de Tugault, les cartographies de Le Bras ou les typologies de villes de Denise Pumain relèvent de ce genre où le territoire national est premier, mais découpé selon des modalités variées.

Mais une autre optique est possible, celle de la *localité*, qui est plutôt le point de vue des habitants et des responsables d'une entité géographique, commune, canton agricole, département. Dans ce regard par le bas, on totalise tout autrement que dans le genre précédent, puisqu'on cherche à caractériser *cette localité* en rassemblent des informations de toutes sortes. L'INED a aussi suivi cette voie, moins évidente dans le contexte culturel français. Par exemple, un *Cahier de l'INED* (n° 8) est présenté en 1949 par Sauvy et Chevalier : "*Dépeuplement rural et peuplement rationnel*", juxtaposant six enquêtes locales sur des très petites régions agricoles. Autres exemples : le travail de Collomb (1984) sur le Lauragais (une partie de l'Aude), "*La mort de l'orme séculaire*", ou les enquêtes successives (Pourcher, Bonvalet) sur le *peuplement de Paris*. On parle parfois dans ce cas de "monographie", mais un doute subsiste sur le statut et la portée de tels travaux. Sont ils "représentatifs" ? De quelle nature est la généralisation qu'on en infère, plus ou moins implicitement ? Porte-t-elle sur la méthode (cas de l'enquête-pilote) ou sur les résultats ? La réponse n'est sans doute pas la même pour le Lauragais et pour Paris. Elle dépend aussi des destinataires de ce genre de connaissance : les habitants de la localité posent autrement la question de la généralisation.

Tout au long de l'histoire de l'INED, le point de rencontre entre le point de vue démographique et le territoire, qu'il soit défini par le haut ou par le bas, a été souvent la notion de *peuplement*, avec la multiplicité de ses connotations : politiques volontaristes (immigration, entre 1945 et 1970 ; construction de villes nouvelles, aménagement du territoire, après 1960), flux constatés *a posteriori* et non voulus (migrations, mobilités individuelles), et enfin résultats de ces dynamiques. On retrouve ce mot dans maints intitulés d'enquêtes et d'articles de *Population*. Beaucoup des questions successivement posées et traitées à l'INED relèvent de ces trois aspects du peuplement. Les études sur le logement, les migrations et la mobilité ont évolué en fonction des questions et des tensions successives soulevées dans la société française, entre 1945 et 1995. Celles-ci peuvent être classées selon trois périodes bien typées, séparées par les dates 1960 et 1975 (Bonvalet *et alii*, 1994).

L'après guerre est l'époque de la reconstruction, des débuts de la planification, d'une immigration organisée, de la crise du logement . Un petit groupe de personnes membres ou proches de l'INED, Chevalier, Dessus et George, pose la question d'une "géographie volontariste", fondée sur une analyse démographique des déséquilibres de la répartition de la population entre Paris, les autres villes et la campagne, et suggère ce qui deviendra l'aménagement du territoire. Un des intérêts de ces travaux est de descendre souvent à un niveau géographique fin ou même très fin (exemple du *Cahier* n° 8 cité ci-dessus), ce que ne fait pas l'INSEE. Il y a là des éléments pour une réflexion sur la pertinence relative des diverses échelles de l'observation. Cela conduit par exemple Chevalier à des études sur les rues de Paris.

L'INED contribue à éclairer des politiques d'immigration organisée. Les deux premiers numéros de *Population* contiennent des articles dont les titres suggèrent bien les préoccupations du temps, éloignées de celles d'aujourd'hui : "Evaluation des besoins de l'immigration française" (Sauvy), "Vieillissement de la population, retraites et immigration" (Vincent). En 1946, la reprise de la natalité était encore peu visible, et, à la question du vieillissement, il était proposé de répondre par l'immigration de personnes jeunes.

Jusqu'à la fin des années 1950, la crise du logement est grave et peu de logements sont construits. L'INED enquête sur les besoins et les souhaits à ce sujet, sur les trajets domicile-travail, sur les hôtels meublés, sur les logements des immigrés et des "faibles" (ainsi étaient alors nommés les "exclus" d'aujourd'hui). Henry publie en 1950 des "perspectives relatives aux besoins en logement" pour l'année 1980, à partir de projections démographiques.

Vers 1960, les constructions de logement passent de 100 000 à 300 000 par an. L'urbanisation des banlieues par des grands ensemble se développe et accueille les personnes venant des bidonvilles des années 1950. La coexistence de la maison individuelle et de ces nouveaux immeubles en barres conduit à des enquêtes portant sur ces deux types d'habitat. A partir de 1965 sont lancées les villes nouvelles de la région parisienne. De grands flux migratoires interviennent, portant sur des ruraux français et sur des paysans et ouvriers maghrébins. L'INED organise des enquêtes à ce sujet, sur "le peuplement de Paris" (Pourcher, 1964), sur "les difficultés engendrées par l'immigration et la perception des autochtones vis à vis de la population maghrébine" (Girard, 1977). L'évolution à long terme du peuplement des villes nouvelles relève typiquement de l'analyse démographique, puisque l'on peut simuler le vieillissement simultané de l'habitat et des habitants (Le Bras, Chesnais, 1976).

A cette époque est créée la Direction de l'aménagement du territoire et de l'action régionale (DATAR), qui systématise les réflexions de la génération précédente des "géographes volontaristes". La DATAR est à l'origine de la création "d'observatoires économiques régionaux", qui seront repris par l'INSEE et inaugureront de nouvelles formes de relations entre la production de données statistiques et démographiques et des *publics locaux*. Mais l'INED, dépourvu d'infrastructure régionale, ne participe pas directement à ce mouvement.

Le thème de la "mobilité résidentielle", complémentaire des mobilités professionnelle et sociale, apparaît vers ce moment (Tugault, 1973). Il retraduit au niveau des *individus* ce qui est décrit sous le nom de "migrations" au niveau des *territoires*. Les mêmes phénomènes sont décrits mais le point de vue se rapproche de celui qui deviendra important à la période suivante, illustré par l'enquête sur la triple biographie, familiale, professionnelle et résidentielle (Courgeau et Lelièvre).

A partir des années 1970 interviennent à la fois la crise économique et les transformations des structures familiales et des modes de vie. Les études sur le territoire changent alors de texture. Auparavant simple support spatial des mouvements des hommes, sans logique spécifique, le territoire est désormais perçu en termes de réseaux de proximité, de relations familiales et amicales, de parcours quotidiens. Les spécificités de l'enracinement local, absentes des grandes statistiques par sondage des années 1950 à 1970, sont désormais formulées. Ces problématiques du "local" ne se prêtent pas à des généralisations simples, puisque les variables qu'elles produisent ne sont pas préalablement standardisées et codées par des grandes réglementations nationales. Elles peuvent aussi donner lieu à des formalisations mathématiques originales faisant apparaître des emboîtements d'échelles. Relèvent de ce nouveau type d'enquêtes celle sur les "proches et parents", en 1990 (Le Bras, Bonvalet), et celle sur "la population, l'espace de vie et l'environnement", en 1992 (Collomb).

Les populations les plus victimes de la situation de crise, les moins intégrées, et par là les plus mal enregistrées dans les procédures statistiques "normales", c'est-à-dire les immigrés et les "sans domicile fixe", font l'objet d'enquêtes impliquant des méthodes particulièrement travaillées. Celle intitulée "mobilité géographique et insertion sociale", portant en fait sur les immigrés ou les enfants d'immigrés, est organisée en 1992 avec l'INSEE (Tribalat), et celle sur les SDF est en cours en 1995 (Marpsat).

SCIENCE, ETAT ET EXPERTISE À LA FRANÇAISE

La question initiale de ce texte, "la démographie française est-elle une science d'Etat ?", était formulée dans des catégories relevant de la sociologie de la science des années 1950 et 1960. Celle-ci supposait que, au moins virtuellement, pouvait être pensée une science "pure", dont la sociologie étudiait le contexte mais non le contenu. Cette quête de pureté n'était, d'une certaine manière, pas très différente de celle de la démographie pure, séparant analytiquement des "facteurs", ou de celle de Maurice Allais et de son "*Traité d'économie pure*" (1943). Les courants plus récents de la sociologie des sciences ne cherchent pas à "relativiser" celles-ci en les noyant dans "le social", comme on l'a dit parfois, mais à mettre en relation, symétriquement, leurs divers points d'accrochage, cognitifs, disciplinaires et politiques, ce qui est sans doute la façon la plus exigeante de les prendre au sérieux (Latour, 1989). C'est ce que nous avons essayé de faire ici avec la démographie française.

Ainsi le "quasi-monopole" de l'INED sur celle-ci, souvent signalé, ne peut être compris indépendamment de l'ancienneté française d'une "expertise d'Etat", et de la faiblesse relative des universités, notamment provinciales, par rapport aux grandes écoles. La quête de pureté de l'analyse démographique est liée à cette tradition des écoles d'ingénieurs. Elle produit des effets de clarification pédagogique évidents, mais elle tend aussi à éloigner la démographie des autres sciences humaines et à créer une sorte d'isolat scientifique. Pourtant cette tendance est contrebalancée par des connexions, longuement frayées avec des disciplines comme la sociologie, l'histoire et la géographie, et plus ténues avec l'économie. Ces effets de réseaux ne sont pas plus "cognitifs" que "sociaux". Ils ont un caractère contingent et historique. Ils sont différents en Angleterre ou aux Etats-Unis, et, même en France, ils évoluent profondément entre les années 1940 et 1990.

Malgré des zigzags liés aux circonstances, la tendance générale à l'autonomisation relative et à la professionnalisation scientifique (au sens anglo-saxon) est indéniable. Dans les années 1940, l'INED est largement orienté vers des applications directes aux problèmes urgents de l'heure. Puis, dans les années 1950, une période de calme relatif conduit à un premier recentrage et à un investissement intense dans les outils de l'analyse démographique, marqué notamment par la création de l'IDUP en 1957. Une sociologie de l'école se développe et se prolonge dans les années 1960. Durant celles-ci, Bourgeois-Pichat, après un séjour très productif à l'ONU, a succédé à Sauvy. Il contribue à ouvrir plus largement l'INED aux questions internationales, et à lui donner un style scientifique plus proche de celui du monde anglo-saxon. Mais des problèmes nouveaux surgissent de la société française elle-même. Vers 1965, le baby-boom prend fin, et les questions de contraception sortent des petits cercles scientifiques (l'INED) et militants (le Mouvement pour le planning familial) pour devenir un enjeu politique largement débattu. Entre 1968 et 1972, une crise institutionnelle, liée à l'apparition d'une deuxième génération de démographes, agite l'INED, dont le statut et l'organisation sont remis en cause.

Entre 1972 et 1992, un administrateur de l'INSEE, Gérard Calot, dirige l'INED, et un autre ancien membre de l'INSEE, Michel-Louis Lévy, impulse une politique de communication et de vulgarisation en direction de l'opinion publique, à travers le Bulletin *Population et Sociétés*. Calot est un actif avocat des idées natalistes, en défendant notamment une "politique du troisième enfant". Mais il s'en faut de beaucoup que tous les membres de l'INED partagent cette sensibilité et ces intérêts. Nombre d'entre eux préfèrent se consacrer à leurs recherches sans prendre parti sur ces questions, et peuvent le faire effectivement. C'est aussi pendant cette période qu'est instituée la régulière publication du rapport annuel sur la situation démographique, qui contribue à fixer l'image de l'INED dans la presse, l'opinion et le monde politique. Par ailleurs sont développées les méthodes longitudinales, à travers des enquêtes de type nouveau et les panels mis en place par l'INSEE. La sociologie d'enquêtes explore des terrains liés à la fécondité, à la famille et à l'espace. Mais les bouleversements des comportements familiaux contraignent les démographes à repenser leurs outils.

Dans les années 1990, une nouvelle crise surgit, à la suite de la controverse sur les taux de fécondité évoquée ci-dessus. Il est encore difficile d'en faire le bilan. La question de l'identité de l'INED est à nouveau discutée, ce qui est un signe de vitalité. Une orientation de type "centre de recherche" pluraliste et ouvert sur l'extérieur est développée par Jacques Magaud, directeur de 1992 à 1995. Entre la démographie pure et la démographie discipline carrefour, les points de vue varient. Sans prendre parti dans ces débats, on peut les mettre en relation avec ce qui s'est passé ailleurs ou dans d'autres temps. La question de la pureté peut être dédoublée en deux modalités, plutôt "syntaxique" ou plutôt "naturalisante". L'analyse des usages des outils statistiques ou mathématiques dans les sciences sociales peut s'appuyer sur une distinction entre trois niveaux, *syntaxique* (logique interne des formalismes), *sémantique* (interprétation à des fins de connaissance substantielle) et *pragmatique* (usages de la connaissance pour l'action)[133]. Les ingénieurs à la française ont particulièrement travaillé et fait progresser le niveau syntaxique, en démographie comme en statistique ou en économétrie. En revanche, les niveaux sémantique et pragmatique ont été souvent plus approfondis dans le monde anglo-saxon, ou dans des disciplines comme l'histoire, la sociologie de l'action, l'économie des conventions ou les sciences cognitives. Leur réexamen est, un peu partout, en pleine effervescence.

Mais une autre forme de pureté a aussi été recherchée à l'INED, celle de "la nature", du corps biologique, indépendante des interférences "exogènes" de la

---

[133] Ce type d'analyse a été mis en oeuvre de façon détaillée et féconde par Michel Armatte (1995), dans son étude de l'histoire de l'usage du modèle linéaire, de l'astronomie du XVIIIe siècle à l'économétrie du XXe siècle.

société, de l'économie, et des malheurs du monde, épidémiques, guerriers et politiques. Le branchement sur les recherches physiologiques, médicales ou génétiques les plus modernes est une des voies possibles de la démographie, qu'explorent certains membres de l'INED.

Dans une étude récente sur les origines lointaines des débats sur la population, en nombre et en structure, avant même que n'existe le mot démographie, Philip Kreager (1991) suggère une hypothèse intéressante sur la sémantique et la pragmatique de cette science. L'histoire de la démographie, dit-il, est souvent présentée en suivant le fil de la question explicitée par Malthus vers 1800 mais déjà soulevée auparavant : comment s'établissent et évoluent les équilibres et déséquilibres entre le nombre des hommes *et leurs subsistances* ? Pourtant ces questions de nombre et de structure avaient été discutées, aux 17e et 18e siècles, par Machiavel ou Hobbes, dans une perspective toute différente, celle du contrat social et politique liant les hommes *entre eux et à leur Prince*, et non pas à la nature pourvoyeuse des subsistances. Cette hypothèse, alternative à celle d'une histoire des idées économiques de Malthus, pourrait éclairer l'histoire de la démographie en France. Même le "malthusianisme" si souvent stigmatisé par Sauvy porte plus sur la hantise du vieillissement, sur les relations entre les générations et la nature du contrat implicite qui les unit, et sur un projet politique pour la nation française, que sur la question des subsistances, comme c'est le cas pour les démographies anglo-saxonnes étudiant le Tiers-monde. La question du contrat social unissant les Français occupe une place importante dans une démographie dont les thématiques remontent souvent au XVIIIe siècle, à un moment où la question de la dépopulation hantait déjà les philosophes[134]. De ce point de vue, la démographie est bien liée à la construction et à la protection d'une société à visée égalitaire par un Etat actif et expert, typique de la France.

---

[134] Voir à ce sujet la recherche en cours de Carol Blum (Stony Brook, New York).

Chapitre 10
Du réalisme des objets de la comptabilité nationale[135]

La comptabilité nationale est peu présente dans l'histoire de la pensée économique, comme elle l'est peu aussi dans l'histoire de la statistique. Ceci tient sans doute à l'ambiguïté du statut des comptables nationaux : les économistes pensent que ce sont des statisticiens (ou en tous cas ne font pas la différence), tandis que les statisticiens « purs » les voient comme des économistes. Cet apparent paradoxe suggère une grille de lecture, en termes de *division sociale du travail*, de l'histoire de la comptabilité nationale, apparue dans les années 1930 aux Etats-Unis, puis dans les années 1940 et 1950 dans les autres pays. Plus généralement, cette question peut être l'occasion d'une réflexion sur le *statut de réalité* et sur les *usages* des objets produits par des techniques de quantification, dans les sciences sociales, et notamment en économie. Le fait que les quatre historiographies respectives de la pensée économique, de la statistique, de la comptabilité nationale et de la comptabilité d'entreprise soient à ce point distinctes est en soi un indice de ce que la question du statut de la quantification n'est pas purement épistémologique, mais ne peut être traitée qu'à condition de dépasser l'opposition classique entre les points de vue dits « internalistes » (histoire des idées, dont l'histoire de la pensée économique relève le plus souvent), et « externalistes » (point de vue retenu par les politologues ou les sociologues). Si cette opposition est souvent jugée anachronique, elle reste pourtant bien présente dans l'historiographie disponible, ne serait ce qu'en raison des cloisons entre disciplines dont sont

---

135 *Communication au Congrès de l'*Association française de science économique, *Paris, 19 septembre 2003.*

issues les recherches : histoire de la pensée économique, sciences politiques, sociologie, histoire des sciences.

La publication récente de deux gros livres en français sur l'histoire de la comptabilité nationale peut être l'occasion d'une réflexion sur ces questions. Celui d'André Vanoli est sans équivalent en langue anglaise : *Une histoire de la comptabilité nationale* (La Découverte, 2002, 655 pages). Il relève plutôt (mais non uniquement) de la catégorie internaliste. Il couvre l'ensemble des grands pays et des grands débats internationaux, dont l'auteur a été un protagoniste important des années 1960 à 1990. Celui de Aude Terray, *Des francs-tireurs aux experts. L'organisation de la prévision économique au ministère des Finances, 1948-1968* (CHEFF, 2002, 684 pages), issu d'une thèse d'histoire contemporaine, est plus nettement externaliste. Il traite de l'histoire du Service des études économiques et financières (SEEF), puis de la Direction de la prévision (DP), sur une période précise. Pour éclairer les questions posées ci-dessus, il est intéressant de rapprocher ces livres de deux autres, parus vingt ans plus tôt. Celui, resté célèbre, de François Fourquet (historien), *Les comptes de la puissance. Histoire de la comptabilité nationale et du Plan* (Encres, 1980), était un récit, souvent épique, à partir d'interviews des principaux acteurs français de l'histoire. Celui de Michel Volle (statisticien), *Histoire de la statistique industrielle* (Economica, 1982), traitait un sujet en apparence différent : la construction d'un système d'enquêtes statistiques sur l'industrie. On verra pourquoi il est intéressant de l'inclure dans l'étude. Tous deux portaient sur la période 1940-1975. A la différence de celui de Vanoli, les trois autres ouvrages ne portent que sur la France.

Division sociale du travail et langages de réalité

Le rapprochement de ces livres permet de discuter, à partir de matériaux historiques, les trois questions soulevées ci-dessus : 1) Quelle est la place spécifique de la comptabilité nationale entre la statistique et la théorie économique ? ; 2) Comment dépasser l'opposition rituelle entre « histoire interne » (les schèmes cognitifs et les outils techniques) et « histoire externe » (les acteurs, les institutions, les « contextes ») ? ; 3) Quelles sont les modalités possibles pour penser et exprimer le statut de réalité des objets de la quantification ? Ces trois questions sont liées, puisqu'on peut répondre à la première soit en termes internalistes (épistémologiques), soit en termes externalistes (sociologiques), soit enfin en tentant de faire une sociologie de l'épistémologie, en tenant compte des causes et des conséquences de la division du travail de production et d'usage des connaissances. En effet, les formes, implicites ou explicites, prises par les revendications de réalité, ont des liens étroits avec cette division du travail : chaque segment de celle-ci tend à tenir pour acquis le produit des autres segments, ce qui contribue à leur réification. L'exploration de cette hypothèse implique notamment de dépasser l'opposition entre internalisme et externalisme, et en particulier la division du travail entre les diverses disciplines académiques mentionnées ci-dessus.

Dans le cas de la comptabilité nationale, on voit comment l'opposition entre internalisme (les idées et les outils) et externalisme (les hommes, les institutions et les usages) est insuffisante. En effet, dans le cadre classique de l'histoire de la pensée économique, elle est perçue comme une technique de mesure, justifiée par ses usages en termes de politique économique, en général (mais non toujours) keynésienne à son origine. Ce sont donc les « idées » (par exemple celles de Keynes) qui sont vues comme relevant de la recherche à mener, et non leur opérationnalisation métrologique, dont l'épaisseur épistémologique propre est rarement perçue (sauf parfois dans les temps pionniers). Pour l'histoire de la pensée économique, l'histoire de la comptabilité nationale est peu distincte de celle des opérations de mesure (c'est à dire de la statistique), qui, elle aussi, est peu problématisée dans ce cadre intellectuel. En un mot, elle n'appartient qu'indirectement au domaine de la «pensée économique». Mais, paradoxalement, du côté de statisticiens comme Michel Volle qui étudient en détail l'histoire de leurs outils, la comptabilité nationale apparaît cette fois comme « conceptuelle », puisque les comptables nationaux ne « mesurent » rien directement par eux-mêmes, mais utilisent les travaux d'une autre corporation (précisément celle des statisticiens), et consacrent leur énergie à peaufiner et à appliquer des « concepts », avec une exigence souvent peu imaginée par les « économistes purs ». Certains statisticiens lui reprochent de ne pas prêter assez d'attentions aux problèmes de collecte et d'enregistrement sur « le terrain »[136]. Du coup, elle se trouve dans un « entre deux » qui n'est intelligible qu'en reconstituant le système complet (analysé par Vanoli) de ses « concepts » et de leurs âpres négociations, de leurs mises en œuvre par des réseaux métrologiques (tels que ceux décrits par Volle), et enfin de leurs usages sociaux (mis en scène par Fourquet et Terray), c'est à dire en abolissant la séparation entre internalisme et externalisme[137].

---

136 Cette notion de « terrain » est bien problématisée par les anthropologues et les sociologues, mais l'est peu par les économistes, ce qui est un effet de la division du travail spécifique à cette discipline.

137 Un tel essai de synthèse est aussi proposé dans un ouvrage récent de Adam Tooze (2001), qui porte sur l'histoire de la statistique économique en Allemagne entre 1900 et 1945.

Comment et avec quels mots sont pensées les relations entre le monde économique (souvent qualifié de « réalité ») et sa quantification ? Ce vocabulaire est rarement étudié empiriquement, si ce n'est de façon normative ou critique. La formulation la plus abrupte, inspirée de la métrologie des sciences de la nature, est celle de « *mesure* de la réalité ». L'objet existe, antérieurement à sa mesure, et est directement mesurable, comme le serait la distance de la terre à la lune. Une autre, plus prudente, est qu'une statistique « *reflète* la réalité ». Dans ce cas, on parle aussi d'*indices*, d'*indicateurs*, comme le médecin parlerait de symptômes. Ce vocabulaire est plus inspiré des sciences de la vie que de celui des sciences physiques. Enfin, dans une perspective de sociologie du rôle actif de la connaissance, on peut faire l'hypothèse que la quantification ne reflète pas la réalité, mais en revanche contribue à la *façonner*, à la transformer, sinon à la créer. Une façon abrupte de dire cela (symétrique de la formulation réaliste première) est bien, en effet, que la quantification « *crée* la réalité ». Cette expression d'un constructivisme radical a sans doute l'inconvénient de bloquer la réflexion, en rendant difficile d'explorer la diversité des rhétoriques d'usages, dont les livres ici discutés offrent maints exemples.

En revanche, cette ouverture des possibles, entre des formulations réalistes et constructivistes extrêmes et simplistes, permet de déployer une palette de façons de penser et de présenter ces outils. Ainsi, indépendamment de la question « ontologique » de l'existence réelle d'un objet, le simple fait d'en effectuer et d'en diffuser une mesure quantitative en change radicalement le mode d'existence sociale, et configure un nouvel espace de réalité. Cela a été le cas historiquement pour des objets aussi différents que le Quotient intellectuel (aux Etats-Unis), l'opinion publique avec Gallup et Stoetzel, le taux de chômage, l'inflation ou le Produit intérieur brut. Mais le chemin historique qui a conduit à de tels durcissements a été pavé d'hésitations, comme le montrent les débats actuels sur la masse monétaire, le chômage, ou l'extension « sociale » ou « environnementale » du périmètre du PIB, prônée par certains économistes. Il est donc possible d'étudier empiriquement la question : dans quelles *situations* sont plutôt employées les expressions réalistes ou constructivistes ? En effet le choix entre ces façons de dire n'est pas affaire d'option philosophique existentielle, mais plus souvent de *contrainte de situation*[138]. Les débats autour des « concepts » de la comptabilité nationale se prêtent bien à ce questionnement, puisqu'ils sont toujours tendus entre, d'une part, des « conventions de définition et de mesure », nécessairement constructivistes (ou

---

[138] Cette étude empirique peut s'inspirer des réflexions sur les usages sociaux de la notion de « construction sociale », proposées par Ian Hacking (2001).

plutôt *conventionnalistes*), et d'autre part, des usages agumentatifs, irrésistiblement attirés vers le réalisme. Le recours à telle ou telle formulation de la relation entre la « réalité » et sa quantification a beaucoup à voir avec les formes de la *division sociale du travail* de production de l'information économique, *en vue d'une action*. Tout segment de cette division du travail a tendance à tenir pour réelles les productions des autres segments, à défaut de quoi l'édifice argumentatif en serait fortement mis en danger. De plus, cette façon de comprendre le réalisme dans une perspective d'action a l'intérêt de permettre un rapprochement avec le sens plus courant du mot, celui de « sens du réel », opposé à *idéalisme* ou à *utopisme*.

L'HYBRIDATION DE PLUSIEURS TRADITIONS DE QUANTIFICATION

Les quatre ouvrages cités ci-dessus offrent de nombreux exemples de ce qui précède, notamment parce qu'ils suggèrent indirectement de comparer deux traditions bien différentes de quantification : d'une part, la métrologie des sciences de la nature (dont la statistique mathématique est en partie issue, *via* Gauss et Laplace), et d'autre part la comptabilité d'entreprise. Or la comptabilité nationale est un hybride original de ces deux traditions. De fait, l'historiographie habituelle de la statistique[139] met l'accent sur trois origines de celle-ci, toutes apparues au 18ème siècle : la « statistique descriptive allemande », l'« arithmétique politique anglaise », et la métrologie probabiliste des astronomes, inventeurs de la méthode des moindres carrés (Armatte 1995). Cette façon de raconter l'histoire omet une quatrième grande tradition, plus ancienne d'au moins deux siècles, celle des comptables d'entreprise, dont l'historiographie a été jusqu'à maintenant largement indépendante de celle de la statistique[140]. Or la difficulté à penser, dans le cas de la comptabilité nationale, la tension entre réalisme et conventionnalisme, résulte en partie de cette hybridation entre plusieurs traditions de quantification, puisque les notions de « réalité » y sont fort différentes. Ceci peut être montré notamment si on explicite les modalités des *épreuves de réalité* qui, dans chaque cas, sont supposées garantir la consistance du réel mis en avant (Armatte et Desrosières 2000). Pour la métrologie statistique, cette épreuve est organisée par la théorie des erreurs de

---

139 Représentée par exemple par Westergaard (1932), S. Stigler (1986), Porter (1986), Hacking 1990) ou Desrosières (2000b).

140 Sur ce thème, on peut se reporter à l'ouvrage collectif publié par Bernard Colasse (2000), et aussi à l'originale réflexion de Mary Poovey (1998) sur le rôle de la comptabilité d'entreprise à l'origine de notion de « fait », dans les sciences empirico-inductives et notamment en économie, aux 16ème et 17ème siècles.

mesure, et notamment la notion *d'intervalle de confiance*, issue du calcul des probabilités. Pour le comptable en revanche, elle est inscrite dans la technique des enregistrements *en partie double* et dans l'exigence d'*équilibre* des comptes et des bilans.

Or le comptable national des années 1950 et 1960 cherche à combiner ces deux formes d'exigence, et ses relations avec les « statisticiens purs » sont marquées de vives tensions, dont les quatre livres cités offrent maints exemples. Vanoli et Volle représentent chacun, d'une certaine manière, l'une et l'autre de ces deux traditions[141]. Celles-ci sont difficiles à combiner surtout parce qu'elles se réfèrent à des horizons d'usages radicalement différents. La comptabilité a été et est essentiellement un *outil de coordination*, qui vaut donc par ses *conventions*, analogues à des règles de droit ou à des coutumes, tandis que la statistique métrologique vise un statut *d'outil de preuve*, analogue à celui que fournissent une lunette astronomique ou un microscope. Cette dualité est perdue de vue dès lors qu'on se place en aval des « banques de données », dans une perspective de « fiabilité des données » (de fait inspirée des sciences de la nature), qui est souvent celle de l'économètre. Or les récits documentés, fournis par Vanoli, des âpres négociations entre comptables nationaux de divers pays, qui, des années 1950 à 1990, s'efforcent de bâtir des systèmes standardisés de comptes nationaux, font souvent penser à la négociation actuelle d'une « Constitution européenne », c'est à dire d'un outil de coordination. Les évaluations des comptabilités nationales jouent d'ailleurs un rôle important dans les traités européens.

Certains des problèmes que soulève Vanoli sont les mêmes que ceux dont discutent les comptables d'entreprise depuis des siècles. Comment « évaluer », ou « imputer » (la dualité de ces mots est significative) des amortissements, pour passer du *brut* au *net,* et calculer ainsi un Produit intérieur net, c'est à dire le *Revenu national ?* Comment distinguer les dépenses courantes (i.e. les consommations intermédiaires) et les investissements (Formation brute de capital fixe, FBCF) ? Comment comptabiliser certains actifs dits « immatériels » ? Vanoli présente comme un de ses échecs le fait de n'avoir pu convaincre ses collègues de compter les dépenses de « Recherche et développement » en investissement et non en dépenses courantes. D'autres problèmes en revanche sont spécifiques à la construction d'une comptabilité *nationale*, c'est-à-dire

---

141 Ces différences sont explicitées de façon équilibrée par Vanoli, dans son encadré 74 (pp. 549 à 554), intitulé : « Economistes, statisticiens, comptables, comptables nationaux : des cultures différentes ? ». Le point de vue de Volle est exprimé dans un compte-rendu du livre de Vanoli disponible sur son site personnel : http://www.volle.com.

macroéconomique. Quel périmètre faut il donner au Produit ? (en France : passage, en 1970, de la notion de *Production* à celle de *Produit*) ? La production doit elle être évaluée « aux prix du marché » ou « au coût des facteurs » ? Les activités des administations publiques sont elles une consommation ou une production ? Dans les années 1930 et 1940, les plus grands économistes (Hicks, Kuznets) ont réfléchi à ces questions, aujourd'hui laissées à un petit nombre de comptables nationaux et peu débattues par les économistes.

LES DIFFICULTÉS DU PARTAGE VOLUME-PRIX

Une autre question essentielle, en apparence très technique, mais qui a des conséquences directes sur les grands débats actuels à propos de l'équilibre introuvable entre stabilité et croissance, est celle du *partage volume-prix* de l'évolution des évaluations macro-comptables. Le « taux de croissance en volume » d'une économie, d'une période annuelle ou trimestrielle à l'autre, fait l'objet de toutes les attentions. Il est en général issu d'une « déflation » (division) d'une « évolution en valeur » en monnaie courante, par un « indice de prix », calculé par ailleurs. On sait que ce partage volume-prix a suscité de vifs débats dans les années 1990, en raison des difficultés à tenir compte d'un « effet qualité » dans la mesure de l'évolution des prix, notamment pour les ordinateurs (dont la puissance croît très rapidement), ou pour certains services. Ceci a été à l'origine de la polémique soulevée aux Etats-Unis par le rapport du sénateur républicain Boskin, qui soutenait que, la hausse des prix étant « surestimée » pour cette raison, celle de la croissance en volume est donc « sous-estimée », ce qui a selon lui des conséquences politiques et économiques majeures. La première observation sur ce débat est que *tous les intervenants*, qui peuvent par ailleurs être en complet désaccord sur la méthode d'étude et sur ses conclusions, sont implicitement réalistes, puisque les notions de « surestimation » et de « sous-estimation », acceptées par tous, supposent qu'il existe un « biais », par rapport à une « réalité » *antérieure à la mesure*. Or ce langage n'est pas remis en cause : l'idée que la prise en compte de « l'effet qualité » implique un jugement et des conventions ne relevant pas d'une métrologie purement réaliste est peu évoquée, même avec les méthodes sophistiquées de type « prix hédoniques ».

Or il se trouve que les appréciations sur les conséquences des politiques de stabilité européennes sont fondées justement sur les mesures du taux d'inflation et du taux de croissance en volume. Il est souvent reproché à la Banque centrale européenne de ne s'occuper que du premier de ces taux, au détriment du second (Fitoussi 2002). Dans ce contexte argumentatif, l'évocation des problèmes du partage volume-prix brouillerait un message par ailleurs politiquement important. Serait-il possible de réendogénéiser ces questions de conventions de mesure dans le débat scientifique et social ? Dans quel « forum hybride » (au sens de Callon, Lascoumes et Barthe 2001) cela pourrait il être fait ? Quoi que l'on pense d'un problème aussi épineux, on voit que la *division sociale du travail* entre statisticiens, comptables nationaux, économistes universitaires, gestionnaires de la BCE, responsables politiques, journalistes et citoyens, joue un rôle essentiel dans la répartition entre les rhétoriques réalistes et conventionnalistes : ceci suggère plutôt un programme de recherches et d'observations plutôt que des réponses abstraites et normatives. Il ne s'agit pas ici de *relativiser* les travaux des comptables nationaux en en montrant le caractère conventionnel, et par là arbitraire, mais plutôt de suggérer leur analogie avec des règles de droit, décidées d'un *commun accord,* visant à créer un *langage commun* entre des acteurs distincts.

Cet aspect est renforcé depuis les années 1980, quand les évaluations de la comptabilité nationale ont été, de plus en plus fréquemment prises en compte dans des procédures d'indexation dans les réglements et traités européens : Maastricht, Amsterdam, Pacte de stabilité et de croissance, modalités de décision de la BCE. Le caractère *constituant* (sinon constitutionnel) de la comptabilité nationale est ainsi accentué[142]. Une autre façon de montrer l'extension progressive des horizons d'usage de celle-ci est d'évoquer les efforts de divers acteurs sociaux pour « inclure dans le PIB » des dimensions diverses des questions débattues à tel ou tel moment : travail domestique des femmes, externalités liées aux destructions de l'environnement naturel[143]. Dans ces deux cas, inscription de la quantification dans des règles de droit, ou quantification de questions afin de leur conférer une visibilité sociale et politique, on voit comment la quantification, notamment dans sa forme *comptabilité nationale*, façonne et reconfigure la société, et ne se contente pas de la mesurer ou de la refléter.

Ainsi, les comptes nationaux peuvent sembler écartelés entre des usages de plus en plus différents, depuis leur apparition, dans les années 1950 dans le contexte de leur utilisation, décrite par Fourquet et Terray, pour asseoir des

---

142 La façon dont Bruno Latour compare les langages et les procédures de la science et du droit dans le chapitre 5 de son livre *La fabrique du droit* (2002), donne des pistes pour étudier les formes spécifiques de cette hybridité pour le cas de la comptabilité nationale.

143 Ainsi le livre de Jean Gadrey et Florence Jany-Catrice (2005) met l'accent sur les conditions historiques qui pourraient permettre de modifier dans ce sens les conventions de la comptabilité nationale.

politiques keynésiennes ou pour orienter la planification indicative. Ces glissements d'usage introduisent parfois du trouble dans l'interprétation de la portée de ces comptes. Pourtant, de telles tensions, résultant de la multiplicité des usages, sont visibles dans le cas de la comptabilité d'entreprise, pratiquement depuis l'origine de celle-ci. Un bon exemple en est fourni par les diverses façons de valoriser[144] les actifs du bilan. Il se trouve que trois conventions peuvent être employées pour cela, correspondant à trois logique d'usages. Le *coût d'origine* (ou *valeur historique*) est utilisé par le *gestionnaire* qui cherche à répartir des annualités d'amortissement. La *valeur de revente* préoccupe le *créancier* de l'entreprise, qui se demande ce que vaut encore son actif. Enfin la *somme des revenus futurs actualisés* intéresse l'*investisseur*, qui répartit ses disponibilités financières. Une diversité comparable existe pour les diverses manières de calculer le profit de l'entreprise, selon les objectifs de ce calcul.

QUAND L'OBJET PREND SON AUTONOMIE

Le fait qu'un même objet puisse être ainsi mesuré et utilisé dans des constructions argumentatives différentes caractérise ce que Bowker et Star (1999) appellent des « objets frontières » (*boundary object*). Les comptes nationaux semblent correspondre à cette idée:

> « Les objets frontières sont ces objets qui « habitent » (inhabit) plusieurs communautés de pratiques et satisfont les besoins informationnels de chacune d'entre elles. Ils sont ainsi assez plastiques pour s'adapter aux besoins locaux et aux contraintes des différentes parties qui les utilisent, et cependant assez robustes pour maintenir une identité commune à travers ces différents sites. Ils sont faiblement structurés pour ce qui est de leur usage commun, mais deviennent fortement structurés quand ils sont utilisés dans un site particulier. Ils peuvent être aussi bien abstraits que concrets. » (Bowker et Star, 1999, p.297).

Les promoteurs de ce concept insistent sur le caractère souvent flou, non exhaustivement défini, de ces objets, ce qui leur permet précisément de servir à la fois dans plusieurs univers qui auparavant s'ignoraient. Ceci suggère de rapprocher cette idée de celle de « langage commun » utilisé ci-dessus. Le

---

144 La forme *active* de ce verbe, souvent utilisée par les comptables, est significative d'une démarche implicitement plus constructiviste que réaliste. Là où l'économiste débat des « fondements de la valeur », le comptable, lui, « valorise », c'est à dire fabrique une valeur, selon des conventions.

langage naturel a des propriétés analogues : c'est parce que les locuteurs ne passent pas leur temps à expliciter le sens et le contenu des mots prononcés que la communication est possible. Les objets produits par la statistique publique (le taux de chômage, l'indice des prix, le PIB) sont dans le même cas[145]. Une explicitation complète de leur mode de construction et de leur contenu risquerait de ruiner leur efficacité argumentative, non pas seulement parce qu'elle « dévoilerait » des conventions ou des approximations non soupçonnées par l'utilisateur, mais tout simplement pour des raisons d' « économie » du cours des échanges, des débats, des démonstrations dans lesquels ces arguments statistiques trouvent place.

Plus profondément même, le travail statistique suppose l'*addition*, et donc l'agrégation de choses dont l'incommensurabilité éventuelle ne peut être surmontée qu'au prix de *conventions d'équivalence.* Ainsi formulée, la démarche est (ou semble) consciente, voulue, assumée. Mais l'idée d' « objet frontière » suppose une forme de *naturalisation* de l'objet résultant de la mise en équivalence, qui fait disparaître son caractère conventionnel, ce qui lui permet de circuler d'une « communauté de pratique » à une autre, en oubliant ces conventions originelles. C'est bien de ce point de vue que l'on peut dire que la quantification « crée du réel », c'est à dire des objets nouveaux, *dotés d'une efficacité spécifique.* Ces objets mènent ensuite leur vie, créent des contraintes nouvelles pour les acteurs, sont éventuellement retraduits et mis en scène ailleurs et autrement, d'une façon qui parfois surprend ou choque leurs concepteurs initiaux. « Nous n'avions pas voulu cela ! », cette phrase est parfois entendue dans la bouche des pionniers. Une sociologie de la quantification doit prendre complètement au sérieux cette efficacité propre des objets produits par celle-ci, ce que souvent une sociologie centrée sur les seuls acteurs ne fait pas suffisamment. La division du travail évoquée ci-dessus a pour condition cette autonomisation des objets sous une forme réaliste.

Conventions comptables et conventions monétaires

Parmi les traits qui spécifient le caractère conventionnel des objets de la comptabilité nationale par rapport à celui d'autres objets statistiques, il en est un

---

145 Ceci reste en général implicite. Cette idée de *flou* ne peut que choquer des professionnels soucieux de définir et de standardiser précisément leurs objets. L'équilibre que, de fait, ils cherchent à maintenir entre ces deux exigences contradictoires, est peu formalisé. Donner trop de « méta-données » (données sur les données), peut introduire un doute insidieux, non souhaité. Cette hypothèse pourrait être étudiée empiriquement par une sociologie de l'argument quantitatif.

tellement évident qu'il en devient presque invisible : la convention d'équivalence retenue pour agréger les actes économiques est la *convention monétaire,* puisque les unités additionnées sont les unités de monnaie. Que ce soit « aux prix du marché » ou « au coût des facteurs », l'agrégation implique cette « réduction » essentielle[146]. Par là, la comptabilité, celle de l'entreprise comme celle de la nation, implique la forme de « croyance bien instituée » qui caractérise la monnaie (Aglietta et Orléan 2002). De même que la monnaie suppose la confiance et une institution supérieure (Etat ou Banque centrale) garante de cette confiance, la comptabilité suppose l'existence d'une telle monnaie socialement validée. Cette évidence, invisible « en temps normal », s'impose au regard en certaines circonstances : disqualification de la monnaie (cas de l'Argentine en 2002), hyperinflation, variations rapides et importantes des taux de changes entre monnaies. Dans les situations d'hyperinflation, l'évaluation de la « croissance en volume », par déflation d'un indice-valeur par un indice-prix, devient particulièrement problématique, puisque ces deux indices sont à la fois très élevés et très incertains. Même dans des situations plus habituelles de pluralité de monnaies, les passages et comparaisons entre comptabilités nationales de divers pays impliquent le détour par des conventions de « parité de pouvoir d'achat ». On peut penser que, au moins à terme pour l'Union européenne, la création de l'euro rendra progressivement inutiles ces fictions, qui ont l'intérêt de rappeler l'importance propre de la convention monétaire.

L'unification européenne suggère de comparer les formes de confiance impliquées, d'une part, par la statistique publique, et d'autre part, par la monnaie. En effet, de même que les Etats et la BCE ont bâti l'euro, ces mêmes Etats, leurs INS et Eurostat ont eu à « harmoniser » les statistiques nationales pour les rendre comparables. Or les problèmes soulevés par cette harmonisation peuvent être comparés à une unification monétaire, dès lors que l'on déplie les modalités possibles de cette harmonisation. En effet, celle-ci peut être pensée de deux façons. Selon la première, dite harmonisation des *produits* (ou des *outputs*), des « concepts » sont définis en commun, puis « mesurés » par chaque pays selon ses possibilités (enquêtes, registres administratifs…). Cette méthode est appliquée par les comptables nationaux depuis les années 1950 : le Système de comptabilité nationale (SCN) de 1993 est une construction « conceptuelle » sophistiquée, à laquelle Vanoli a pris une part importante. Elle

---

146 En d'autres temps, des économistes marxistes, (ou Alfred Sauvy, qui ne l'était pas), ont cependant proposé d'utiliser les heures de travail socialement nécessaires pour construire les tableaux d'échanges interindustriels. Ceci permettait par exemple de différencier les types de travail utilisés.

est implicitement réaliste puisqu'elle suppose que les objets existent antérieurement au processus de leur mesure. L'autre façon de faire, dite harmonisation des *méthodes* (ou des *inputs*), vise en revanche à tenir compte des critiques adressées à cette hypothèse réaliste, en cherchant à harmoniser *tout le processus*, depuis les questionnaires ou les registres. Elle est de fait plus conventionnaliste, puisqu'elle admet que les conventions et procédures de terrain ont quelque influence sur les mesures.

On l'a vu, les tableaux de la comptabilité nationale peuvent être pensés soit comme *reflètant* la réalité, soit comme *instituant* celle-ci. Leur efficacité sociale n'est acquise que si ils suscitent la confiance. Cette double dimension suggère de comparer les *statistiques publiques* (dont les comptabilités nationales sont une partie) et la *monnaie*. En effet, historiquement, la monnaie était constituée par de l'or, qui, tout à la fois, avait une « valeur réelle », et était universellement accepté comme moyen de paiement. Ensuite apparut la monnaie papier. Celle-ci n'était acceptée que si chacun avait une totale confiance dans sa convertibilité en or. Puis cette convertibilité disparut. La valeur d'une monnaie ne reposa plus que sur la confiance qu'elle inspirait, garantie par l'Etat et la Banque centrale. Aujourd'hui, une monnaie circule d'autant mieux que les gens croient en elle.

La comparaison entre la statistique publique et la monnaie peut être filée en remplaçant l'or par « la réalité ». Ceci pourrait conduire à une conclusion choquante, en suggérant une interprétation purement relativiste de l'efficacité sociale des statistiques, indépendamment de toute référence à « la réalité ». Pourtant, on l'a vu, si cette référence est bien sûr nécessaire, elle n'est pas suffisante. Toute l'histoire, longue et difficile, de la construction sociale de la légitimité et de la crédibilité de la statistique publique est là pour le rappeler. De ce point de vue, la comparaison entre statistiques et monnaie n'est pas aussi absurde qu'elle peut le sembler à première vue. Elle permet notamment d'éclairer de façon nouvelle les questions d'harmonisation soulevées ci-dessus. On peut en effet rapprocher, d'une part, les trois situations que constituent respectivement des statistiques nationales : 1)non harmonisées, 2)harmonisées au niveau des *produits*, 3)harmonisées au niveau des *méthodes*, et, d'autre part, trois situations de monnaies nationales : 1)non convertibles, 2)convertibles, 3)réunies en une monnaie unique.

Des statistiques non harmonisées ne sont utiles que dans un seul pays. Elles ne peuvent pas circuler, car, ailleurs, nul ne connaît le sens et le crédit que l'on peut leur accorder. Une monnaie non convertible a les mêmes propriétés. Si, en revanche, les *produits* statistiques sont harmonisés, ils peuvent circuler et être acceptés ailleurs, mais chaque pays garde la maîtrise de ses méthodes de mesure spécifiques, de même que, avec les monnaies convertibles, chaque banque centrale gère sa monnaie. Enfin, dans l'hypothèse (peu réaliste dans l'état actuel de la subsidiarité de maintes politiques européennes), où les *méthodes* seraient complètement harmonisées, ce seraient en principe des statistiques identiques qui circuleraient, de même que l'euro est devenu la monnaie unique d'une partie de l'Europe. On pourrait approfondir cette comparaison, en examinant les conditions institutionnelles et sociales nécessaires pour que ces diverses formes de crédibilité soient acquises. La monnaie et la statistique publique sont, toutes deux, des éléments d'un espace de référence commun à construire, espace de l'échange marchand pour l'une, et espace de la mise en équivalence cognitive pour l'autre. Dans cette perspective, les INS et Eurostat visent à jouer un rôle de garant social de légitimité et de confiance, comparable à celui des Banques centrales et de la BCE.

DE LA DIFFICULTÉ À PRENDRE LES CONVENTIONS DE QUANTIFICATION COMME OBJETS DE RECHERCHE

Les économistes, qu'ils soient orthodoxes ou hétérodoxes, font souvent (mais non toujours) grand usage des « données » (qui le sont si peu) de la comptabilité nationale, elles-mêmes construites sur une pyramide de conventions de toutes sortes. Pourtant il est rare qu'ils envisagent celles-ci comme des objets cognitifs et sociaux intéressants *en tant que tels*, sinon au titre de « bémol méthodologique » risquant de diminuer l'efficacité de leur argumentation. On retrouve là les effets de la division du travail évoquée ci-dessus. Mais cette question peut être vue autrement, en prenant au sérieux ces conventions, comme contribuant à l'institution de la société et de l'économie. Les notions d'« économie de la connaissance » (*Knowledge economy*) ou de « technologies de l'information et de la communication» (TIC), peuvent induire en erreur. Les mots *connaissance* et *information* ont le défaut d'enfermer et de rendre invisible l'intrication étroite et complexe entre des formes cognitives, sociales et politiques. Pour les spécialistes des TIC, le contenu et le processus de mise en forme des connaissances encapsulées dans celles-ci importent souvent peu. Ceci est bien un aspect de la prévalence de la division du travail entre disciplines, et notamment entre perspectives externalistes et internalistes : ces spécialistes des TIC sont, de ce point de vue, en général externalistes.

Une autre façon de voir cette question est de faire ressortir que les procédures de quantification ont toujours un double rôle, comme *outil de preuve* et comme *outil de coordination*. Les économistes qui les utilisent y voient soit l'un, quand ils veulent étayer un argument, soit parfois l'autre, quand ils sont sensibles aux questions soulevées naguère par les institutionnalistes, qu'ils soient aujourd'hui régulationnistes ou conventionnalistes[147] (Bessy 2003). Mais ils ne le font jamais *en même temps* : l'outil de preuve et l'outil de coordination vivent dans des planètes épistémologiques distinctes, et intéressent en général des chercheurs différents. L'enjeu d'une sociologie de la quantification est d'étudier à quelles conditions ces deux dimensions peuvent être pensées ensemble. Cette exigence de réflexivité vise à désencapsuler les méthodologies, comptables, statistiques ou économétriques, souvent conçues comme instrumentales, et non comme dotées d'une efficacité sociale spécifique.

147 Dans le cas de ces derniers, la reprise en compte de l'aspect *outil de preuve* peut être facilitée par le fait que plusieurs d'entre eux sont d'anciens statisticiens, et que c'est en partie à partir d'une réflexion sur la catégorisation statistique que s'est constitué le paradigme conventionnaliste, dans les années 1980 (Thévenot 1983 ; Eymard-Duvernay 1989).

Chapitre 11
Eléments d'histoire d'une Grande école, l'ENSAE[148]

L'enseignement de la statistique est marquée, en France, par une dualité analogue à celle que connaissent les autres savoirs scientifiques et techniques, entre les universités et des "grandes écoles", constituées au fil de l'histoire, sur le modèle des Ecoles des ponts et chaussées, des mines, et de l'Ecole polytechnique, qui remontent au XVIIIe siècle. Dans le cas de la statistique, cette dualité ne s'est cristallisée qu'au XXe siècle : *l'Institut de statistique de l'université de Paris* (ISUP) est né en 1922, tandis qu'une école de statistique et d'économie, rattachée à l'administration statistique, a été créée en 1942, et est devenue en 1960 *l'Ecole nationale de la statistique et de l'administration économique* (ENSAE). Destinée à l'origine à former les cadres de l'administration statistique, selon deux niveaux de formations et de responsabilités (*administrateurs* et *attachés*), elle a conservé deux filières de formation distinctes, jusqu'à se dédoubler complètement, en juin 1994, en deux écoles différentes, dont la première conserve l'ancien intitulé "ENSAE", tandis que la seconde est désormais appelée "*Ecole nationale de la statistique et de l'analyse de l'information*" (ENSAI). Mais la part des élèves destinés à l'administration a décru régulièrement, devenant minoritaire en 1961 pour la première filière (dite "statisticiens-économistes et administrateurs", SEA, jusqu'en 1994), et en 1987 pour la seconde (dite "cadre de gestion statistique et attachés, CGSA, avant de devenir l'ENSAI, en juin 1994). Ainsi ces deux écoles forment désormais des "économistes-statisticiens", à dominante plutôt économiste pour l'une, et plutôt

---

148 Communication à la conférence internationale sur l'enseignement de la statistique, Marrakech, 1994.

statisticienne pour l'autre, destinés au monde des entreprises et des institutions économiques, parmi lesquelles l'administration statistique est certes importante mais minoritaire.

La préhistoire et l'histoire de ces deux filières d'enseignement expliquent et éclairent nombre de leurs traits actuels : orientation vers les usages économiques et sociaux de la statistique (notamment à travers l'économétrie qui occupe une place essentielle), attention aux procédures de construction et de traitement des données d'observation (en particulier à travers les techniques de sondages) plutôt qu'aux plans d'expérience. Réunissant des enseignements qui, ailleurs, sont dispensés dans des filières très différentes (statistique mathématique et probabilités d'une part, économie et économétrie de l'autre), l'ENSAE a eu une originalité marquée depuis son origine, et son dédoublement récent ouvre une nouvelle étape dans une histoire ancienne d'un peu plus d'un demi-siècle[149].

La préhistoire : difficultés d'une institutionnalisation

L'histoire de l'*enseignement* de la statistique en France (et notamment celle de son éventuel "retard", par rapport à d'autres pays ou d'autre branches du savoir) ne peut être séparée de celle de la statistique elle-même et de sa formalisation dans des outils mathématiques puis probabilistes. Le mariage entre statistiques et probabilités, aujourd'hui évident, n'allait pas de soi, jusqu'aux années 1930 et aux travaux de Gosset, Fisher, Neyman et E. Pearson. Même si Quetelet appuyait son argumentation de "l'homme moyen" sur des références à la loi binomiale et aux probabilités, il n'en résultait pas de formalisme probabiliste vraiment spécifique au maniement des tableaux statistiques (S. Stigler, 1986). Les enseignements qui pouvaient exister au XIXe siècle étaient donc complètement distincts : d'un côté, par exemple, le calcul des probabilités a été enseigné très tôt à l'Ecole polytechnique (Crépel 1994), et, d'un autre côté, quelques enseignements de "statistique" sont assurés, vers la fin du XIXe siècle, par J. Bertillon, E. Cheysson, F. Faure et E. Levasseur. Mais ces enseignements sont plutôt un mélange de techniques statistiques élémentaires, d'économie descriptive, de géographie, et surtout des tentatives pour promouvoir, de façon quasi-militante, un langage de la quantification encore très peu formalisé

149 Ce texte présente des éléments pour une histoire de l'ENSAE, notamment en la resituant dans une histoire plus générale des grandes écoles françaises, à l'exemple de ce qui a déjà été fait pour l'Ecole polytechnique (Belhoste, Dahan-Dalmedico, Picon, 1994) et pour l'Ecole des ponts et chaussées (Picon, 1992).

(Morrisson, 1987). Il n'y a pas encore la matière à un enseignement de statistique, au sens moderne d'ensemble formalisé d'outils mathématiques spécifiques et complexes : ceux-ci n'apparaissent que dans la première moitié du XXe siècle. D'une certaine façon la "statistique" du XIXe siècle n'a qu'un lointain rapport avec celle qui est *enseignée* aujourd'hui. Elle est en revanche plus proche de celle qui est *pratiquée* dans les administrations statistiques, et qui vise avant tout à observer, à répertorier, à classer, à tabuler et à décrire la vie économique et sociale.

Dans le cas de la France, le mariage entre les deux traditions commence dans les années 1920, avec la création de l'*Institut de statistique de l'université de Paris* (ISUP) en 1922. Celui-ci est animé par des universitaires mathématiciens et probabilistes (Emile Borel, Georges Darmois), des membres de la *Statistique générale de la France* (SGF, ancêtre de l'INSEE[150]), Lucien March, Michel Huber, Henri Bunle, Dugé de Bernonville), un ingénieur des ponts, introducteur en France de l'économie mathématique et de l'économétrie (René Roy). Mais cet enseignement n'a alors que très peu d'étudiants, et ceux-ci sont plutôt des étrangers : en quinze ans, de 1925 à 1939, 100 titres sont délivrés, dont 32 à des français et 68 à des étrangers (Pressat, 1986). Ce faible nombre est dû à ce que ces diplômes ne relèvent pas des cursus universitaires classiques, et ne constituent pas une sanction reconnue pour la poursuite d'une carrière administrative, même statistique (Roy, 1937).

De toute façon, la SGF ne recrute, jusqu'en 1940, qu'un ou deux statisticiens par an et ceci ne justifie pas l'existence d'un enseignement spécifique. Tout va changer avec la création, en 1941, d'un *Service national de statistique* très important, le SNS (devenu l'INSEE en 1946), qui absorbe la petite SGF, et fait passer les effectifs de la statistique administrative de la centaine à plusieurs milliers d'employés. Son fondateur, l'ingénieur militaire René Carmille (1886-1945), est aussi à l'origine de "l'école d'application de la statistique" créée en 1942, et devenue l'ENSAE en 1960.

"L'ECOLE D'APPLICATIONDE" DU SNS PUIS DE L'INSEE (1942-1960)

La création de cette école n'est pas séparable du projet beaucoup plus vaste de Carmille, de mise en place d'une administration statistique de grande

150 L'*Institut national de la statistique et des études économiques* (INSEE), créé en 1946, est l'office statistique public français.

ampleur, capable d'organiser non seulement les recensements et les études démographiques classiques de l'ancienne SGF, mais aussi de gérer, à des fins de connaissance statistique, des gros fichiers administratifs avec des moyens mécanographiques importants (Desrosières, Mairesse, Volle, 1976), et aussi de conduire des enquêtes par sondage, alors naissantes. Cette vaste entreprise implique la création de "Directions régionales", et de deux corps administratifs nouveaux : les "administrateurs" et les "attachés" du SNS. Dans l'immédiat ces deux corps sont constitués par les quelques statisticiens de l'ancienne SGF, et par des officiers de l'armée active, démobilisés à la suite de l'armistice de juin 1940. La nouvelle école vise à produire les cadres de haut niveau non seulement en statistique mais aussi en économie et en mécanographie, nécessaires à cette nouvelle institution.

La première promotion entre en 1942. Elle est formée de quatre élèves-administrateurs et leur scolarité ne dure qu'un an. Il n'y a pas encore d'élèves-attachés. En 1943, entrent 9 administrateurs et 12 attachés. A la rentrée de 1944, après la Libération, ces nombres sont de 8 et 14, et, en 1945 ils sont de 7 et 8 (Touchelay, 1993). Ainsi, les quatre premières promotions ont formé, avant même la création de l'INSEE en 1946, 25 administrateurs et 33 attachés[151] : la rupture est nette tant avec les diplômés de l'ISUP qu'avec les recrutement de la SGF de l'avant-guerre. Les administrateurs sont en majorité issus de Polytechnique, mais ne le sont pas tous, à la différence d'autres grands corps techniques (mines, ponts et chaussées). Cette scolarité d'un an est surtout axée sur la statistique, pratique et théorique, mais, dès 1946, les enseignements économiques sont d'ampleur comparable à ceux de statistique.

L'Ecole est dirigée pendant vingt ans, de 1942 à 1962, par son fondateur, Eugène Morice (1897-1983). Celui-ci, professeur de mathématiques dans les lycées, s'était intéressé à la statistique dans les années 1930, avait publié en 1937 dans *Econometrica* une étude sur la loi de demande ("le trafic postal de 1920 à 1936"), et avait obtenu le diplôme de l'ISUP en 1939 (Malinvaud, 1984). Il était ainsi très lié à Georges Darmois et René Roy, et connaissait aussi Michel Huber et Henri Bunle (SGF), qui tous enseignaient à l'ISUP. Sollicité par Carmille pour créer et diriger la nouvelle Ecole, il inscrit celle-ci dans une continuité directe et une collaboration étroite avec l'ISUP, jusqu'à la fin des années 1950. En 1948, les cours de statistique théorique sont communs (notamment celui de statistique mathématique, assuré à l'ISUP, par Georges Darmois) et, à l'inverse,

---

[151] La différence entre les entrées et les sorties provient d'élèves qui renoncent à entrer dans l'administration, préfigurant ainsi les futurs "statisticiens-économistes".

les étudiants de l'ISUP suivent des cours à l'Ecole de l'INSEE, dont le plus important est celui de "méthodes statistiques", assuré par Morice, assisté par Fernand Chartier et Pierre Thionet. De même, les cours d'économie théorique (Allais), d'économétrie (René Roy), de démographie (Bunle), d'analyse factorielle (Delaporte) et de mécanographie (Viennot) sont communs aux deux institutions. La seule différence est que, pour les étudiants de l'ISUP, les cours de démographie, d'économie, d'économétrie et d'analyse factorielle sont optionnels, alors que, à l'Ecole de l'INSEE puis à l'ENSAE, les cours à option n'apparaîtront que vers 1970.

Ainsi une collaboration forte existe avec l'ISUP, et aussi avec l'Ecole des mines, où les administrateurs de l'INSEE vont suivre les cours d'économie de Maurice Allais jusqu'aux années 1960. En revanche, l'allongement à deux ans de la scolarité de l'Ecole, en 1946, et le renforcement de son pôle "économie", suscitent des résistances dans les facultés de droit, jusqu'alors presque seules à assurer un enseignement économique[152]. La formalisation mathématique et la quantification de l'économie se développent en France à travers le milieu des ingénieurs et des mathématiciens (René Roy, Allais, Massé, Boiteux, Malinvaud) et non à l'Université, où seul Aftalion avait commencé à introduire la statistique, dans les années 1930. La concurrence entre ces deux pôles sera encore vive en 1960, au moment où est discutée la création de l'ENSAE.

La création du CEPE (1957), de l'ENSAE (1960) et du CESD (1962)

Vers la fin des années 1950, plusieurs éléments concourent à une évolution de l'Ecole de l'INSEE. A ce moment, celle-ci est constituée de deux parties. La "première division" forme, en deux ans, non seulement des administrateurs de l'INSEE, mais aussi de plus en plus des "élèves libres", non fonctionnaires : ceux-ci deviennent majoritaires à partir de 1961. La "deuxième division" forme les attachés, en un an, et ne recrute que peu d'élèves non fonctionnaires[153]. Par ailleurs, les statisticiens et économistes de l'INSEE capables d'enseigner sont désormais assez nombreux pour que l'association étroite avec l'ISUP ne soit plus

152 Des cours d'économie existaient déjà, avant 1940, dans les écoles d'ingénieurs. Ils étaient assurés notamment par Clément Colson et François Divisia (Armatte, 1994). Divisia y enseignait aussi les statistiques appliquées à l'économie (communication de Michel Armatte à cette même session de l'ICOTS 4).

153 Ceux-ci sont pourtant déjà majoritaires entre 1958 et 1963, mais ne le sont plus ensuite jusqu'en 1987 (voir graphiques page 6, et tableau en annexe 3).

nécessaire. Enfin le langage de l'économie quantitative et mathématique commence à se diffuser dans l'administration et dans les grandes entreprises. La macroéconomie d'inspiration keynésienne inspire les premiers travaux de comptabilité nationale impulsés par Claude Gruson au Service des études économiques et financières (SEEF) du Ministère des finances, ainsi que la planification concertée, alors en plein essor. La microéconomie oriente, à travers la théorie du coût marginal, les décisions d'investissement et la tarification des entreprises publiques (notamment à l'Electricité de France : Massé, Boiteux), ou encore la régression des charbonnages. Une demande nouvelle d'économistes-statisticiens rompus à ces divers langages se développe donc, dans certaines administrations et dans quelques entreprises.

La question est donc soulevée de savoir si l'Ecole de l'INSEE peut répondre à ces divers besoins. En fait ceux-ci peuvent être scindés en deux parties : d'une part, assurer une formation complémentaire à des personnes déjà actives, notamment dans l'administration, et d'autre part, créer une nouvelle filière de formation aux débouchés plus larges que ceux offerts par la seule statistiques publique. Tous ces points, discutés entre 1956 et 1960, notamment par le Directeur de l'INSEE, Closon, et celui du SEEF, Gruson (qui succédera à Closon à la tête de l'INSEE en 1961), conduisent à deux décisions complémentaires, dont le maître d'oeuvre sera, dans les deux cas, Edmond Malinvaud. D'une part, en 1957, est créé un "Centre d'études des programmes économiques" (CEPE) qui assure, en un an, une formation en théorie économique, en statistique et en économétrie, pour un public constitué surtout de fonctionnaires et de cadres des entreprises publiques. Ses animateurs en sont Charles Prou et Malinvaud. D'autre part, en 1960, l'Ecole de l'INSEE devient l'ENSAE[154]. La scolarité de la première division passe à trois ans, mais ceux de ses élèves qui ont déjà fait une grande école (notamment Polytechnique) sont dispensés de la première année. La scolarité des attachés passe à deux ans, et quelques élèves libres commencent à être recrutés par la deuxième division. En 1962, Malinvaud succède à Eugène Morice à la tête de l'ENSAE.

La même année 1962, un centre de formation pour les économistes-statisticiens des pays en développement (CESD) est créé au sein même de l'ENSAE pour regrouper et systématiser les enseignements reçus par les élèves venant de ces pays, déjà présents dans les années 1950 : c'est le moment des

---

[154] Ce sigle a une histoire. L'Ecole devait initialement s'appeler l'ENSEE (... et des études économiques). Cet intitulé a suscité des critiques des facultés de droit traditionnellement chargées, à l'époque, de l'enseignement de l'économie. C'est pourquoi, pour ne pas alimenter cette crainte de concurrence, le nom de l'Ecole est devenu "ENSAE" : ... et de l'administration économique (Malinvaud, 1984).

indépendances pour nombre de pays africains. Ce centre fournit deux niveaux de diplômes : les "ingénieurs statisticiens-économistes" (ISE), équivalents des administrateurs français, et des "ingénieurs des travaux statistiques" (ITS) équivalents des des attachés. En 1977, les formations pour ce niveau ITS seront réparties entre diverses écoles africaines, puis dans les années 1990, il en sera progressivement de même pour les ISE.

AUTONOMISATION ET DIVERSIFICATION

Depuis 1962, sont conservés les documents préparatoires et les comptes-rendus du *Conseil de perfectionnement* de l'ENSAE, dont les réunions ont été annuelles jusqu'en 1975, puis biannuelles depuis cette date. La série des thèmes soumis à la discussion et les débats qu'ils suscitent fournissent une bonne idée des questions soulevées aux diverses périodes et les réponses qui ont été successivement apportés. Les principales concernent les recrutements et leur diversité, les débouchés des élèves, la place de l'Ecole par rapport à l'INSEE, la spécificité de la "deuxième division" (attachés) par rapport à la "première division", l'organisation des enseignements et le partage entre les enseignements théoriques et pratiques, entre la statistique et l'économie. Bien sûr, les problèmes de moyens et de locaux sont soulevés régulièrement. Avant d'entrer dans l'examen de ces divers thèmes, une brève chronologie est utile.

De 1962 à 1966, l'Ecole est dirigé par Edmond Malinvaud, assisté de Jacques Méraud. Elle est installée dans les locaux de l'INSEE, quai Branly. En 1966, Marcel Croze devient directeur et l'Ecole s'installe rue de Montmorency, où elle reste jusqu'en 1975. Après un bref retour de Malinvaud en 1970, Jean-Claude Milleron, assisté de Gérard Maarek, dirige l'Ecole de 1972 à 1977. Lui succèdent Yves Franchet en 1977, Jacques Mairesse en 1980, Philippe Nasse en 1990, Alain Trognon en 1994. Depuis 1975, l'Ecole est installée à Malakoff, dans le groupe de bâtiments constituant la Direction générale de l'INSEE.

Dans les années 1960 et une partie des années 1970, les professeurs sont de deux types[155]. D'une part, des administrateurs de l'INSEE de la première génération, ceux qui ont construit l'INSEE des années 1950 : Malinvaud (économétrie, microéconomie et macroéconomie), Calot et Chartier (statistiques mathématiques), Desabie (sondages), Vacher (statistique descriptive). D'autre part, des professeurs d'autres grandes Ecoles ou d'universités assurent des enseignements importants : Maurice Allais (théorie économique), Serge Kolm

---

155 Les quelques noms cités ici ne sont bien sûr pas exhaustifs.

(économie publique), Raymond Barre (économie politique), Michel Rocard (budgets économiques) Pierre Bourdieu (sociologie). Dans les années 1970 et 1980, l'ENSAE cherche à s'autonomiser par rapport à l'INSEE, notamment du point de vue de son corps enseignant, et celui-ci se différencie selon les deux divisions. Des administrateurs de l'INSEE d'une seconde génération, et, de plus en plus, des universitaires et des chercheurs issus d'autres grandes Ecoles, modernisent l'enseignement, en l'orientant progressivement vers les usages spécifiquement économiques et économétriques de la statistique, et en le rapprochant des standards anglo-américains. L'enseignement de la première division est ainsi transformé, en probabilités et statistiques mathématiques (Philoche, puis Gouriéroux et Monfort), en économétrie (Mazodier, puis Trognon), en macroéconomie (Larnac, Laroque), en microéconomie (Champsaur, Laffont, Tirole, Chiappori). De son côté, la deuxième division s'autonomise peu à peu, sous les directions successives de Claudine Padieu, Alain Marret, Philippe Tassi, Jean-Marie Grosbras et Alain Bouvy, en cherchant à se spécialiser en statistique et en informatique.

Ainsi, peu à peu, les deux divisions de l'Ecole, dites initialement "des administrateurs" et "des attachés", acquièrent des identités plus nettement distinctes. A partir de 1976, l'habitude est prise de les désigner sous les noms de "statisticiens-économistes et administrateurs" (SEA) et "cadres de gestion statistique et attachés" (CGSA). En 1987, le nombre des élèves non-fonctionnaires (dits aussi "titulaires") de la division CGSA dépasse celui des attachés (le dépassement analogue, des "statisticiens-économistes" par rapport aux administrateurs remontait à 1961). A partir de ce moment, la question des définitions relatives de ces deux formations et des diplômes qu'ils fournissent se pose en termes nouveaux, dans la mesure où les élèves "titulaires", c'est-à-dire destinés à se présenter sur le marché du travail, sont nettement majoritaires dans chacune des deux filières. En 1989, Jean-Claude Milleron, directeur de l'INSEE, demande à Jacques Lesourne et Nicolas Curien (universitaire enseignant à l'Ecole) un rapport et des propositions sur l'avenir de l'Ecole. Celui-ci, rendu en 1991, conduit après trois ans de discussion et de travail administratif, au dédoublement, en juin 1994, de l'ENSAE en deux écoles distinctes, dotées de Conseils de perfectionnement séparés.

La première (ex-SEA) garde l'ancien nom d'ENSAE, et se spécialise plutôt en économie et économétrie (tout en conservant un fort ancrage en probabilités et statistiques mathématiques orientées vers les usages économiques). La seconde (ex CGSA) devient *l'Ecole nationale de la statistique et de l'analyse de l'information* (ENSAI) et s'oriente plutôt vers les diverses branches de la statistique, la gestion des données, l'ingénierie statistique et l'informatique (tout en continuant à assurer une bonne formation en économie et économétrie). A ces deux écoles s'ajoutent le CEPE (créé en 1957, rattaché à l'ENSAE en 1987, et devenu un centre de formation continue), et le Centre de recherche en économie et statistique (CREST), regroupant plusieurs laboratoires de recherche en économie, statistique et sociologie. L'ensemble forme le "Groupe des écoles nationales d'économie et statistique". Cette transformation toute récente est le résultat d'une histoire longue que l'on peut relire à travers quelques uns des thèmes de discussion récurrents dans les Conseils de perfectionnement réunis de 1962 à 1994. Ceux ci portent sur les recrutements, les débouchés, l'identité des deux divisions, l'organisation des enseignements, le statut des enseignants et la place de la recherche.

TROIS, PUIS QUATRE, TYPES DE RECRUTEMENT

Dès son origine, l'Ecole a eu, en plus du double clivage entre administrateurs et attachés, et entre fonctionnaires et "titulaires" (non fonctionnaires), un recrutement diversifié selon trois catégories très différentes de formations antérieures : élèves d'une autre *grande école* (notamment Polytechnique), élèves d'une *classe préparatoire* de lycée de type *scientifique* (les "taupes", dans le jargon lycéen), étudiants issus d'une formation universitaire en *économie*. Ces élèves entrent par des concours différenciés en "option mathématique" et "option économie", ou sur titre (d'une autre grande école). A partir de 1985, un quatrième type de recrutement s'ajoute, qui résulte de la création d'une nouvelle filière parmi les classes préparatoires *littéraires* des lycées (les "khagnes"). Cette filière est orientée vers les sciences sociales et comporte une certaine dose d'enseignement scientifique. Dites "khagnes S" puis « Khagnes BL », ces classes fournissent un nouveau type original d'étudiants, combinant les deux cultures littéraire et scientifique, c'est-à-dire un profil intéressant pour une Ecole telle que l'ENSAE.

Au fil de l'histoire, ces divers recrutements potentiels ont posé des problèmes, d'abord pour trouver des candidats, puis pour assurer leur fusion, ou au moins leur convergence dans une formation commune. Ainsi, dans les années 1960 et 1970, le recrutement du concours "économie" n'a pas toujours été évident. Une "année préparatoire" (devenue ensuite "première année") est créée en 1960 pour assurer une mise à niveau en mathématique et en économie pour les élèves issus respectivement des concours "économie" et "mathématique" ; les élèves issus d'une grande école en sont dispensés. Plus tard, les élèves issus des "khagnes S" ont éprouvé parfois des difficultés à s'adapter au caractère très formalisé des cours. Ils souhaiteraient faire mieux reconnaître la légitimité de leur culture littéraire et philosophique. Celle-ci est souvent réduite par les ingénieurs et les scientifiques animant l'ENSAE à des questions de "forme" et de "clarté de rédaction" (certes essentielles), et en tout cas subordonnée par rapport à la culture mathématique. Il y a là un enjeu important, dont la réussite pourrait engendrer un profil intellectuel et professionnel nouveau et original, dont peu d'équivalent existe dans les pays anglo-saxons, qui servent parfois de modèle aux transformations de l'enseignement supérieur en économie et en statistique.

Chaque année, une bonne partie du rapport présenté au Conseil de perfectionnement est consacré à ces questions de recrutement, et les statistiques des concours sont longuement commentées et discutées. Par exemple le rang de sortie de l'Ecole polytechnique des administrateurs choisissant l'INSEE est un bon indicateur des fluctuations du prestige de cette formation et de ce corps. Elevé dans les années 1960 et 1970, ce rang baisse dans les années 1980, quand d'autres débouchés semblent s'ouvrir, puis il remonte dans la période toute récente. De même, certaines années, il est difficile de trouver des étudiants issus d'une formation universitaire économique. Enfin l'accroissement des postes "titulaires" offerts depuis 1987 par la division CGSA pose en termes nouveaux la question de leur recrutement, et de leur différenciation avec les élèves SEA.

Les débouchés : du secteur public vers les services

Au fur et à mesure que diminue la part des élèves fonctionnaires dans les deux divisions de l'ENSAE, la question des débouchés est débattue de plus en plus souvent par le Conseil de perfectionnement. Dans les années 1960, certains émettent des doutes sur l'existence d'emplois de statisticiens en grand nombre dans les entreprises. Malinvaud et Sauvy combattent cette idée. Sauvy observe que le plus difficile est de faire entrer le premier statisticien ; ensuite le produit et son besoin existent et d'autres sont recrutés. Dans les années 1970 et 1980, les associations d'anciens élèves (ASTEC et ASCAS) deviennent de plus en plus actives. Elles organisent des enquêtes sur les carrières, sur l'image de l'Ecole, sur les besoins des entreprises.

Les secteurs employeurs évoluent. La part du système statistique public, initialement très majoritaire, diminue, d'abord au profit des grandes entreprises publiques (années 1950 et 1960), puis du secteur industriel et commercial privé (années 1960 et 1970), et enfin plus récemment, des services. Dans les années 1980, des élèves SEA sont massivement recrutés par les services financiers (banques, assurances, services financiers des grandes entreprises), tandis que les élèves CGSA le sont plutôt par les services non financiers, notamment l'informatique (Lesourne, Curien, 1991). Cette forte demande des services financiers, typique des années 1980, a induit le développement, à l'ENSAE même, d'enseignements de statistique et d'économétrie financière, et la création d'un laboratoire de recherche spécifique au CREST.

Le fait que les élèves de l'ENSAE soient majoritairement recrutés par des entreprises, depuis plus de trente ans pour les SEA, et plus de cinq ans pour les CGSA, alors que l'Ecole est rattachée à une importante administration publique, l'INSEE, induit une tension perceptible dans les débats du Conseil de perfectionnement. Mais cette question est typique du fonctionnement des "grandes écoles" à la française. L'ENSAE ne fait que reprendre par là une voie déjà frayée par Polytechnique, les mines, les ponts et chaussées et plusieurs autres Ecoles. Certaines d'entre elles sont représentées au Conseil et apportent régulièrement des informations sur la façon dont elles traitent des problèmes analogues à ceux de l'ENSAE. Ces problèmes communs sont aussi débattus par la "Conférence des grandes écoles". D'une certaine façon, la position de la direction de l'ENSAE peut sembler contradictoire. D'une part, elle cherche à s'émanciper de la tutelle et de l'image administrative de l'INSEE, par exemple dans ses enseignements et son corps enseignant : il faut éliminer l'ancienne image de "l'Ecole d'application de l'INSEE". D'autre part, l'Ecole cherche à grandir, et a besoin de moyens de plus en plus importants. Pour cela son seul soutien, qui ne lui fait jamais défaut, est celui de la direction de l'INSEE.

De ce point de vue, la personnalité de Malinvaud, enseignant à l'ENSAE dès les années 1950 (puis directeur de l'Ecole de 1962 à 1966 et de 1970 à 1972, de la prévision de 1972 à 1974, et de l'INSEE de 1974 à 1987, avant d'être professeur au Collège de France jusqu'en 1992), est très symbolique. Il influence l'Ecole pendant plus de trente ans. Tous les statisticiens-économistes français (et nombre d'étrangers) âgés aujourd'hui de quarante à soixante ans l'on eu comme professeur, en économétrie, macroéconomie ou microéconomie. Or Malinvaud a incarné la figure française du haut fonctionnaire savant, et cette double légitimité a été essentielle pour construire l'identité et l'image de l'ENSAE. Il ne pouvait par exemple être question de tirer trop fortement celle-ci vers le modèle des écoles de gestion et de management, souhaité par certains.

L'IDENTITÉ DE L'ENSAE : DES DÉBATS RÉCURRENTS

Ainsi, tout au long de son histoire, l'ENSAE doit définir et redéfinir son identité spécifique, *en se situant,* par rapport aux enseignements universitaires dans les années 1950 (statistique avec l'ISUP, économique avec les facultés de droit), par rapport à l'ENA, dans les années 1960 et 1970 quand l'administration et la planification économiques avaient un grand prestige, puis par rapport aux enseignement de gestion, dans les années 1980, quand ces formations connaissent un vif succès, et enfin par rapport à des domaines de la statistique non orientés vers l'économétrie, à la fin des années 1980. Le rapport Lesourne-Curien donne un reflet fidèle de la façon dont l'ENSAE se définissait ainsi, vers 1990, par rapport à d'autres enseignements.

L'histoire de l'Ecole, lue notamment à travers son Conseil de perfectionnement, donne une idée des "identités adjacentes" par rapport auxquelles les deux nouvelles Ecoles se sont construites. Aux premiers temps de "l'Ecole d'application", quatre pôles pouvaient servir de référence : la statistique mathématique universitaire à la façon de l'ISUP, l'économie politique des facultés de droit, l'économie mathématique et l'économétrie naissante enseignées dans d'autres grandes écoles scientifiques, et enfin l'enseignement administratif et juridique à la façon de l'ENA. Ces quatre pôles sont effectivement représentés dans l'Ecole des années 1940 et 1950 (voir annexes 1 et 2), respectivement par des professeurs comme Darmois (ISUP), Barre (Eco. Po.), Allais (Mines) et R. Roy (Ponts et chaussées), et enfin Blot (directeur général des Impôts : il enseigne les finances publiques). Trois cours de "technologie", industrielle, agricole et commerciale, figurent dans les années 1940, mais ont déjà disparu dans les années 1950. En revanche s'est alors développé un enseignement sur la statistique publique, assuré par des membre de l'INSEE : Dumas, Rivet (statistiques économiques et sociales), Chevry (pratique statistique), Klatzman (statistique agricole), Thionet (sondages), Viennot (mécanographie). Jacques Dumontier (INSEE) annonce, avec son cours de "conjoncture, politique économique et comptabilité nationale", ce qui constituera une tonalité forte dans les années 1960 et 1970. A ce moment, la comptabilité nationale et son usage, pour les prévisions à court et à moyen terme, notamment pour le Plan, deviennent une dimension importante de l'INSEE (Fourquet 1980). Ceci se traduit, à l'ENSAE, par des cours sur ces sujets (par exemple Michel Rocard), dont l'importance décroît ensuite, dans les années 1980 et 1990.

Une autre identité adjacente possible apparaît dans les années 1970 et 1980, celle des "écoles de gestion", que sont les Ecoles de commerce françaises ou les "*business schools*" anglo-saxonnes. Cette question est soulevée plusieurs fois par le Conseil de perfectionnement, qui s'interroge sur "l'image de l'Ecole auprès des entreprises", et sur les "besoins des employeurs". Plusieurs enquêtes sont menées sur ces sujets, soit par les associations d'anciens élèves, soit par des bureaux d'études. Ainsi, le "Centre de formation supérieure au management" (CFSM) est sollicité deux fois, et étudie, en mai 1979, les "enseignements de gestion à l'ENSAE", et, en avril 1980, "l'image de l'ENSAE". Mais ses propositions détaillées pour améliorer la "connaissance de l'entreprise", notamment à travers la comptabilité, le droit et la sociologie des organisations, sont accueillies avec prudence, bien que certains de ces enseignements figurent déjà dans les programmes. De même, un rapport présenté en avril 1985 par Artus sur d'éventuels séjours à l'étranger en troisième année est l'occasion de préciser que l'ENSAE n'a pas vocation à accueillir des polytechniciens désireux d'aller suivre un enseignement de gestion à l'américaine dans une MBA. Enfin, en avril 1987, il est proposé au Conseil, par Mistral, d'associer l'ENSAE à une initiative prise par l'Ecole des ponts et chaussées, pour créer un "Collège des ingénieurs" dans une perspective influencée par les *business schools*. Cette proposition est "accueillie froidement", et en fait repoussée. Toutes les propositions de ce genre, inspirées par les idées de "connaissance concrète du monde de l'entreprise", sont retraduites dans la culture spécifique de l'ENSAE, qui est celle de la théorie microéconomique et de l'économétrie appliquée, ce qui pousse à développer les enseignements sur la nouvelle économie industrielle, la concurrence imparfaite, la théorie des jeux. A l'occasion de ces débats des années 1980 sur "l'entreprise", l'identité propre de l'ENSAE est ainsi réaffirmée et approfondie.

Mais c'est sur la place de la statistique elle-même que le débat sur cette identité est le plus riche et ancien, puisque la statistique est bien sûr au coeur même de la vocation de l'Ecole. Autour du noyau fort de la statistique mathématique classique, centrée sur les probabilités, la théorie de l'estimation, les tests et les sondages, d'autres branches des statistiques ont été enseignées, puis leur importance a décru : par exemple les plans d'expérience, dans les années 1960, l'analyse des données à la française, façon Benzécri, dans les années 1970. Plus récemment, le débat sur la place des divers domaines de la statistique a resurgi, pour des raisons en apparence indirectes, lors des tentatives pour redéfinir la "deuxième division", celle des "cadres de gestion statistique et attachés" (CGSA). C'est curieusement à l'occasion de projets de décentralisation de l'Ecole hors de Paris, que la question apparaît. Déjà en 1969, Carrère, un inspecteur général de l'INSEE partisan actif du rééquilibrage Paris-

Province, avait proposé que l'ENSAE aille à Marseille, et, conscient que sa proposition n'avait aucune chance pour la première division, il avait développé l'idée pour la deuxième, celle des attachés, ce qui avait conduit à une première esquise de réflexion sur une Ecole plus spécifique. La même idée resurgit, dans les années 1980, quand des propositions sont faites pour "délocaliser" la division CGSA.

A ce moment, la division SEA s'est nettement orientée vers une spécialisation en économie mathématique, microéconomie, économie industrielle, notamment par le recours à des professeurs extérieurs de très haut niveau dans ces domaines. L'enseignement de la statistique mathématique et de l'économétrie a été remodelé en fonction de cette orientation économique. Du coup, la division CGSA, animée par des statisticiens de forte personnalité, a été tentée de redéfinir son identité en s'éloignant d'une image plus ou moins latente "d'ENSAE de niveau un peu moins élevé", pour s'orienter vers des domaines statistiques de pointe, peu explorés par la division SEA. Ainsi en 1988, Philippe Tassi, directeur de la division CGSA, propose au Conseil la création d'un ensemble "d'enseignements spécialisés en statistique et informatique" (ESSI), et expose les raisons d'implanter à l'ENSAE certains développements récents de la statistique. Des besoins nouveaux sont apparus dans des secteurs variés : grandes firmes pharmaceutiques, secteur financier, médias (études d'audience). Le profil "d'administrateur de données" s'est précisé :

> "La modélisation statistique a connu de nombreux développements. Sont apparues des méthodes soumises à des hypothèses moins restrictives et plus réalistes, d'autres mieux adaptées à l'analyse des phénomènes dynamiques, d'autres prenant en compte des éléments mal intégrés jusque là (par exemple, les non-réponses dans un sondage), d'autres enfin permettant de traiter simultanément des données qualitatives et quantitatives..." (Tassi, Conseil de perfectionnement, avril 1988).

Ainsi sont proposés des enseignements des méthodes non paramétriques, de la robustesse, des développements en sondages (modèles de surpopulation, données de panel, réplication des échantillons, traitement des données manquantes...), des modèles d'analyse de variance et plans d'expérience, des données évolutives, des données de durée. Le génie logiciel et l'administration des systèmes d'information, l'infographie et l'intelligence artificielle sont aussi mentionnés.

Cette proposition de 1988 reste d'abord en sommeil, puis, en 1991, se traduit par la création d'un mastère "statistique et informatique" qui constitue l'embryon d'une troisième année pour la division CGSA : cette troisième année existe désormais dans la nouvelle Ecole ENSAI. Ainsi cette dernière naît à l'issue des débats complexes, où interfèrent deux ordres de raisons en apparence très éloignées : d'une part la possibilité d'enseigner des domaines de pointe de la statistique qui ne sont pas directement liés à l'économie, et, d'autre part, le fait que les deux divisions de l'ENSAE étaient initialement destinées à former des fonctionnaires de deux niveaux hiérarchiques différents, les administrateurs et les attachés. L'articulation de ces deux aspects a contraint les responsables de l'ENSAE et de l'INSEE à un effort de réflexion important, dont le résultat apparaît en juin 1994, avec les décrets instituant les deux écoles[156].

L'ORGANISATION DES ENSEIGNEMENTS

Un fil continu parcourt les débats sur l'organisation des enseignements. Comment concilier les enseignements théoriques et appliqués ? Comment tenir compte de la double diversité, d'une part des élèves recrutés, d'autre part des applications possibles ? A partir de ces questions, les réorganisations de la répartition des enseignements sur les trois années se succèdent. Dès 1964, Malinvaud pose devant le Conseil de perfectionnement certaines questions que l'on citera assez longuement, tant elles reflètent à la fois la personnalité et le style de leur auteur, une époque, et, de façon plus générale, la philosophie de l'ENSAE :

> "Pour comprendre les problèmes pédagogiques qui se posent à l'ENSAE, il importe de tenir compte de faits affectant notre enseignement d'une manière importante. On doit notamment retenir : la nouveauté des matières enseignées, l'apparente diversité des disciplines couvertes, l'hétérogénéité des élèves, l'importance des effectifs.
>
> A l'inverse des autres grandes Ecoles scientifiques, l'ENSAE doit donner une spécialité dans des domaines qui sont généralement nouveaux pour les élèves. Les autres Ecoles reçoivent des jeunes gens qui ont préalablement appris les sciences physiques et les mathématiques utiles pour le métier d'ingénieur. Elles peuvent êtres "écoles d'application". Au contraire, les élèves recrutés à l'ENSAE à la sortie de l'Ecole Polytechnique ou par l'option mathématique ignorent presque tout des disciplines qui sont à la base de la formation donnée à l'ENSAE. Leurs études antérieures ont ignoré, ou ont réservé une place secondaire, à la logique inductive dont le statisticien a besoin et à l'économie que nous devons enseigner.

156 Voir les communications de Dominique Guégan et Alain Bouvy à cette même session de l'ICOTS.

> Le fait qu'un nombre important de ces élèves soit attiré par l'économie n'améliore pas la situation. Les uns, en effet, sont sensibles seulement au statut social que confère aujourd'hui une certaine culture économique. D'autres veulent trouver un fondement à des idées de réforme sociale. Les uns et les autres n'ont pas compris que l'étude objective tient aujourd'hui une grande place dans le métier d'économiste ; ils sont ignorants des faits économiques : ils entretiennent enfin de nombreux préjugés, d'ailleurs parfois contradictoires. Les élèves admis par l'option "économie" ont mieux compris la nature des enseignements de l'Ecole. En revanche, ils souffrent d'un sérieux handicap, car ils doivent s'habituer à utiliser le raisonnement mathématique beaucoup plus qu'ils ne l'ont fait par le passé.
>
> Le fait que les étudiants abordent à l'Ecole des disciplines nouvelles pour eux explique notamment l'importance que tiennent dans le programme les cours théoriques. Il exige de plus que toutes les précautions soient prises pour que ces disciplines soient assimilées. Une seconde difficulté de l'enseignement tient à ce qu'il apparaît à première vue comme scindé en deux parties portant, l'une sur la statistique, l'autre sur l'économie. Effectivement, les cours théoriques de ces deux parties sont tout à fait distincts. C'est au niveau des applications que des disciplines statistique et économique collaborent. C'est seulement dans leur dernière année que les élèves comprennent les liens entre les divers enseignements. Auparavant, ils constatent la dualité du programme ; un certain désarroi se manifeste parmi ceux qui sont pressés de voir l'aboutissement de leurs études.
>
> On pourrait remédier à cet état des choses en introduisant tôt dans le programme quelques cours d'application. Mais, en l'absence de bases théoriques suffisantes, ces cours resteraient superficiels ; les matières traitées devraient être reprises plus tard. En raison de la relative brièveté du cycle de l'Ecole, cette solution n'a pas été adoptée jusqu'à présent. On s'est contenté de demander aux assistants d'exprimer devant les élèves la conviction que l'enseignement formait un tout". (Malinvaud, conseil de perfectionnement, juin 1964).

L'idée de "nouveauté des matières enseignées" est encore aujourd'hui largement exacte, même si des enseignements d'économie et sciences sociales figurent désormais dans certaines filières secondaires, et aussi dans les grandes écoles que certains élèves fréquentent avant l'ENSAE. Les motivations suggérées des élèves sont typiques de l'époque. D'une part, le "statut social que confère aujourd'hui une certaine culture économique" renvoie sans doute au succès d'alors de la macroéconomie keynésienne et de la comptabilité nationale : Malinvaud semble penser que l'économie est "à la mode". Par ailleurs la recherche "d'un fondement à des idées de réforme sociale" est aussi typique du monde étudiant des années 1960 et 1970. A ce moment, l'idée que l'activité professionnelle pouvait ou devait être insérée dans une visée collective de transformation de la société, que ce soit selon des modalités prudentes ou radicales, était très répandue, et l'ENSAE résonnait de tels débats.

Ainsi en 1968, les élèves participent activement au mouvement étudiant. Le directeur d'alors, Marcel Croze, et le directeur de l'INSEE, Jean Ripert, discutent longuement avec les élèves. Croze rend compte en détail de ces événements et des propositions de réformes qui en sont issues devant le Conseil de perfectionnement de juin 1968[157]. Parmi celles-ci figurent la représentations des élèves aux institutions de l'Ecole, et la création d'enseignements à option en troisième année. Les institutions évoluent. Depuis 1960, elles comportaient deux instances, un *Conseil de perfectionnement* (orientation générale de l'enseignement et conditions de fonctionnement de l'Ecole) et un *Comité d'enseignement* (organisation de l'enseignement, sanction des études, recrutement sur titre). Le projet de 1968 dédouble ce Comité selon les deux divisions, et propose l'institution des *Commissions des études*, une par année d'études et dans chaque division et option, soit en tout huit commissions. Les élèves sont désormais représentés dans toutes ces instances, et les Commissions des études constitue un outil de communication efficace entre la direction et les élèves (Croze, 1985).

L'ÉVOLUTION DES ENSEIGNEMENTS THÉORIQUES ET DE LA RECHERCHE

Les enseignements de base de l'ENSAE sont la statistique mathématique, les sondages, l'économétrie et l'économie, dans ses deux variantes macro et micro. Dans les années 1940 et 1950, ces enseignements sont en partie communs avec l'ISUP, et assurés respectivement par Eugène Morice, Georges Darmois, Pierre Thionet, René Roy et Maurice Allais (voir ci-dessus). A partir de 1960, après la création de l'ENSAE, les cours de statistique et de sondages, sont assurés par divers administrateurs de l'INSEE, Calot, Chartier, Bamas, Desabie, tandis que Malinvaud est le principal enseignant en économétrie et en économie. A partir de 1967, les probabilités sont présentées de façon plus axiomatique et moderne, d'abord par Jean-Louis Philoche, jusqu'en 1973, puis par Monfort et Gouriéroux dont l'enseignement de probabilités et de statistiques mathématiques constitue le socle de la formation ENSAE des années 1970 et 1980. Les sondages sont enseignés, après le travail fondateur de Thionet, par Desabie, Gouriéroux, Gildas Roy et Jean-Claude Deville. En économétrie Mazodier prend le relais de Malinvaud dans les années 1970, et Trognon lui succède dans les années 1980. L'enseignement de l'économie est marqué par la montée de la microéconomie,

---

157 Voir aussi le récit détaillé de Croze publié dans *ENSAE-information*, n° 3, 1985-1986, pp. 1 à 5.

enseignée par Champsaur à partir de la fin des années 1970, puis par des économistes extérieurs à l'INSEE, et responsables d'avancées importantes dans ce domaine, Laffont, Tirole et Chiappori. En macroéconomie, Larnac et Laroque reprennent les cours vers 1980, et Artus enseigne la modélisation dans les années 1980. Boyer introduit l'économie de la régulation. La tendance générale de ces évolutions est d'axiomatiser et de formaliser de plus en plus fortement ces enseignements théoriques, démultipliés ensuite en cours plus appliquées.

Par ailleurs, leur insertion dans le cycle des trois ans de la division SEA évolue. A partir de 1970, le principe est celui "du sablier". En première année (dont sont dispensés les anciens d'une autre grande école), mise à niveau et harmonisation des différents recrutements originels : mathématique et économie. En seconde année, tronc commun à tous les élèves, en statistique mathématique, et, à partir des années 1980, également en économétrie. En troisième année des système d'option redispersent les élèves selon des formules plus ou moins souples. L'organisation et l'efficacité de ces options sont régulièrement discutées par le Conseil de perfectionnement.

Ces enseignements sont de plus en plus souvent assurés par des *professeurs permanents,* issus soit de l'INSEE soit d'autres origines (grandes écoles ou université). Malgré cette appellation, ces professeurs ne sont jamais des "enseignants à vie". Leur passage à l'ENSAE peut durer de trois à dix ans mais le renouvellement a été assez fréquent. Il y a aussi des "assistants", qui sont des jeunes tout juste sortis de l'ENSAE, qui restent en général trois ans. Les "directeurs des études" des deux divisions, qui changent tous les trois à cinq ans, exercent aussi une forte influence pour infléchir et donner une coloration à une période donnée. Toutes ces activités sont usantes et requièrent une forte mobilisation de leurs responsables, ce qui explique leur rotation assez rapide.

L'idée de développer un pôle "recherche" dans l'ENSAE commence à être discuté dans les années 1970[158]. Susceptible d'accueillir et d'encadrer des étudiants doctorants, un tel pôle est esquissé en 1985[159]. J.P. Ponssard, spécialiste en recherche en gestion et en économie industrielle, est chargé de le

---

158 Une "unité de recherche" avait été créée à l'INSEE, dès 1968, par Malinvaud. Mais elle n'était pas rattachée à l'ENSAE, et se voulait essentiellement un lieu de passage, pour deux ous trois ans, pour des membres de l'INSEE. Elle sera finalement rattachée au nouveau pôle recherche de l'ENSAE en 1993, pour former le CREST. Elle a été plus tournée vers l'économétrie appliquée que vers la recherche en statistique proprement dite, comme le sont les services de recherche des offices statistique d'autre pays, comme par exemple Statistique-Canada.

159 Rapport de J. Mairesse au Conseil de perfectionnement, avril 1985.

mettre en place. Mais son projet apparaît trop spécialisé, et c'est finalement C. Gouriéroux qui, en 1988, organise une première ébauche de "Centre de recherche en économie et statistique" (CREST). En 1993, le Département de la recherche de l'INSEE, et cinq nouveaux laboratoires (statistique, économie industrielle, finance-assurance, microéconométrie, sociologie quantitative) constituent ensemble le nouveau CREST, dirigé par Alain Monfort, et rattaché au "groupe des Ecoles nationales d'économie et statistique".

LES AVATARS DE LA "PRATIQUE STATISTIQUE" ET DE LA SOCIOLOGIE

A l'origine de l'Ecole, dans les années 1940 à 1960, l'enseignement comportait encore, comme ses prédécesseurs du XIXe et du début du XXe siècle, des "cours descriptifs", présentant les institutions, les systèmes d'organisation des fichiers et des enquêtes statistiques. A cette occasion pouvaient être enseignés, sous forme de cas concrets et de conseils pratiques, les pièges à éviter dans l'élaboration des questionnaires, la construction des nomenclatures, le codage. Ainsi les cours de G. Chevry, M. Croze, J. Desabie, J. Vacher, étaient riches de ces informations sur la pratique de la construction des objets statistiques. Mais ces observations étaient présentées comme des recettes et des séries d'exemples, et non théorisées comme a pu le faire plus tard une tradition sociologique soucieuse de réflexivité. Leur part a donc diminué et parfois presque disparu, au moins, en tant que cours magistral. Il était jugé impossible d'accrocher l'attention des élèves sur de telles questions sans, en même temps, leur proposer un travail sur des cas concrets. Une distinction explicite s'instaure entre les "cours théoriques", hautement formalisés, où les élèves sont tenus en main par les exigences du raisonnement mathématique, et des cours pratiques et descriptifs organisés plutôt à travers des groupes de travail, ou, mieux encore, par des stages (Tassi et Trognon, 1982). Ainsi se distinguent deux façons bien typées pour "tenir les élèves" : la contrainte du raisonnement formalisé, et celle du travail concret à mener à bien. Ces deux méthodes sont systématiquement utilisées dans une Ecole comme l'ENSAE.

A partir des années 1960, ces questions de "pratique statistique", initialement traitées par les statisticiens de l'INSEE de la première génération dans une perspective d'ingénieur, apparaissent dans un contexte nouveau, celui de l'enseignement de la sociologie. L'idée d'introduire des "conférences de psycho-sociologie" est discutée au Conseil de perfectionnement de juin 1963. Cette idée séduit (la sociologie empirique commence alors à être très en vogue), mais fait peur (Sauvy rejette explicitement toute "sociologie philosophique", jugée spéculative et verbeuse). Pierre Bourdieu, alors très lié avec les statisticiens INSEE avec qui il avait travaillé en Algérie (Darbel, Seibel), assure, entre 1963 et 1967, des cours de sociologie où il entremêle de façon originale les deux aspects, théorique et pratique, de l'activité du sociologue statisticien. Dans les années 1970, est expérimentée une formule associant un sociologue (Lautman) et un statisticien (Lemel). Celle-ci se poursuit dans les années 1980, avec Christian Baudelot et Gildas Roy. A ce moment, l'enseignement de la sociologie est intégré dans un ensemble plus vaste de cours de "pratique statistique". Ceux-ci rassemblent toute une chaîne d'opérations incluant la conception et la réalisation d'une enquête, le codage, le traitement informatique, la tabulation et la rédaction d'un commentaire, en relation avec des enseignants de statistique et d'informatique[160].

Cette formule connaît un vif succès, mais reste en partie atypique par rapport à la culture dominante de l'Ecole, dans la mesure où, de même que le cours de Bourdieu des années 1960, elle repose sur des charismes individuels. Ceux-ci constituent ainsi une troisième façon pour "tenir les élèves". Mais ils sont peu exprimables dans le langage institutionnel et anonyme des Conseils de perfectionnement, et sont presque impossibles à pérenniser. Cette question de la capitalisation et de la transmission de l'expérience se pose donc de façon très différente pour les cours à fort contenu mathématique, et pour les cours de ce type, où les personnalités jouent un rôle important. Il est frappant que ces questions resurgissent régulièrement dans les conseils de perfectionnement, en termes presque identiques, ce qui n'est pas le cas pour les enseignements plus formalisés, qui sont des acquis qui se transforment lentement en fonction des développements scientifiques.

L'HISTOIRE DE L'ENSAE DANS L'HISTOIRE DE LA STATISTIQUE

Comme les autres grandes écoles françaises, l'ENSAE se trouve en permanence tendue entre deux modèles. L'un, académique, est celui de l'université et de la recherche scientifique. L'autre, professionnel, est orienté vers les débouchés des élèves et les besoins supposés des employeurs. L'ENSAE semble avoir navigué habilement entre ces deux références, en poursuivant un projet scientifique, affirmé sans discontinuité, depuis les années 1950, par Edmond Malinvaud et ses successeurs. Ce projet est centré sur la statistique

---

160 Rapport de C. Baudelot au Conseil de perfectionnement, novembre 1983.

mathématique, l'économétrie, et les modèles macro et microéconomiques. Par rapport à cette identité centrale, constamment approfondie, d'autres dimensions sont aussi présentes, dans des proportions parfois variables : sondages, statistiques administratives, analyse des données, comptabilité nationale, gestion d'entreprise, sociologie, droit, mécanographie puis informatique, langues, etc... avec des horaires de cours souvent importants. Si ces diverses composantes font l'objet de débats au Conseil de perfectionnement, au moins quand aux poids à leur accorder, en revanche l'identité centrale est solidement constituée et ne fait pas l'objet de discussions. Or il se trouve que cette combinaison particulière de statistique, d'économie et d'économétrie semble très particulière au système français, et résulte elle-même de la structure spécifique de l'INSEE, et du profil de ses administrateurs, issus soit de l'Ecole polytechnique, soit de l'enseignement universitaire de l'économie. On ne peut donc séparer l'histoire de l'ENSAE ni de celle des autres grandes écoles françaises, ni celle du système statistique public de ce pays, même si l'ENSAE a fait, depuis les années 1970, de gros efforts pour couper en partie le cordon ombilical avec l'INSEE, et s'orienter résolument vers les besoins de l'économie dans son ensemble, et ceux des administrations autres que celles de la statistique officielle. Le dédoublement récent en deux écoles dotées d'identités assez différentes ouvre une nouvelle page de cette histoire. Il va certainement modifier et diversifier le paysage décrit ci-dessus.

Enfin l'histoire de l'enseignement de la statistique ne peut pas être séparée de celle de la statistique elle-même. Or le mot "statistique" a pris, au fil de l'histoire, une grande diversité de connotations. D'une part, dans son sens ancien, il désigne des techniques d'observation et de description quantitative des sociétés : c'est le sens du "S" du sigle INSEE. D'autre part, dans les universités et les Ecole (et notamment dans le "S" du sigle ENSAE), il fait référence à des méthodes mathématiques d'estimation, d'inférence et de modélisation. L'histoire de la statistique, et en particulier celle de son enseignement, doivent en permanence tenter de tenir ensemble ces deux sens (Desrosières, 2000a). L'histoire des institutions, des enquêtes, de la construction des données, est inséparable de celle de la formalisation mathématique qui, souvent, est autonomisée dans l'enseignement de la statistique tel qu'il est pratiqué dans les "départements de statistique" de beaucoup d'universités[161].

---

161 Cette histoire commence cependant à faire partie de la recherche académique, comme le montrent les travaux récents de S. Stigler (1986), de Mary Morgan (1990), de Kotz et Johnson (1992), ou les publications régulières sur l'histoire de la statistique que publie par exemple la revue *Statistical Science*.

Chapitre 12
L'Etat et la formation des classes sociales. Quelques particularités françaises[162]

Un des intérêts des débats actuels suscités par l'anniversaire de la Révolution est de remettre en scène deux interprétations concurrentes de celle-ci, impliquant deux façons de comprendre l'histoire. L'une la décrit comme un épisode décisif de la lutte des classes en France, menant à une victoire de la bourgeoisie sur l'aristocratie. L'autre, en revanche, retient plutôt l'avènement d'un Etat de droit fondé sur la souveraineté du peuple et l'égalité des citoyens. Cette seconde interprétation met l'accent sur l'invention de la démocratie et sur le caractère décisif du bouleversement de la pensée du lien politique intervenu entre avril et septembre 1789, alors que la première insistait plus sur les transformations économiques et sociales de longue durée, dont la Révolution est un moment clé.

Sans trancher dans ce débat d'historiens, on voudrait attirer ici l'attention sur la façon particulière dont les classes sociales ont été construites et ont évolué en France, en partie comme conséquence de la Révolution, dans sa double dimension, économico-sociale et politique. Cette approche paraît nécessaire pour plusieurs raisons. Elle permet tout d'abord de dépasser une discussion souvent posée en termes métaphysiques sur la pertinence relative des notions de groupe social et d'individu, en mettant l'accent sur le travail politique, lié lui-même à des formes de l'État, spécifiques à chaque pays, à travers lesquelles ces groupes prennent corps, s'organisent et fournissent des représentations.

Celles-ci sont tout à la fois politiques, cognitives et, plus récemment, statistiques, dans des enquêtes ou des sondages. Par ailleurs, au moment où la

162 Texte publié dans : *La nouvelle Revue Socialiste,* Nouvelle série n°6 septembre 1989 PP.13-26.

construction européenne s'accélère vivement, il est important de percevoir à quel point les divers pays d'Europe présentent non seulement des différences de structures sociales que des enquêtes statistiques pourraient décrire, mais aussi que les modes de représentation du corps social sont très différents, ce qui rend difficiles les comparaisons statistiques directes. C'est en suivant le double mouvement de ce travail de représentation, politique et cognitif, que l'on peut espérer dépasser les sophismes des oppositions entre classes et individus.

QUATRE TRACES DE LA RÉVOLUTION PARMI D'AUTRES

Parmi les héritages de la période révolutionnaire, on en retiendra quatre, dont les conséquences longues semblent avoir été décisives pour façonner le corps social français jusqu'à aujourd'hui : le partage des terres agricoles, la mise en place d'un État fortement unifié, l'influence d'un langage civique spécifique sur le mouvement ouvrier qui se développera ultérieurement et, enfin, la création d'écoles d'ingénieurs liées à l'État et distinctes de l'Université.

Le partage des terres agricoles, sous des formes juridiques variées, a permis que se maintienne pendant environ un siècle et demi une petite paysannerie plus nombreuse que dans d'autres pays européens et une vie rurale dense. La population active, agricole a connu son apogée vers 1850 et n'a décru que lentement après, alors qu'au même moment les campagnes anglaises avaient été vidées, souvent manu militari. A cette vie rurale était associée une économie où prédominaient artisanat, petite industrie et petit commerce. L'industrialisation rapide et l'urbanisation sauvage, si caractéristiques de la Grande-Bretagne du début du XIXe siècle et, dans une moindre mesure, de l'Allemagne d'avant 1914, sont alors beaucoup moins marquées en France, ce qui donne à celle-ci les images de «modération», de «juste milieu» et de «progrès raisonnable», revendiquées par la IIIe République radicale, puis dénoncées ensuite pendant la période de forte croissance entre 1950 et 1975.

L'unification nationale et la mise en place d'un état très centralisé ont eu pour effet, entre autres, de permettre la constitution d'un service public de sens civique élevé, détaché des réseaux clientélistes locaux : corps préfectoral, enseignants, administration fiscale, armée, postes, ingénieurs d'État, etc. Le caractère national de cette fonction publique, construit par les modes de recrutement, de formation, de brassage géographique des affectations, a eu des conséquences essentielles sur ses critères d'appréciation des situations et de décision, conséquences sur lesquelles on ne peut pas porter un jugement unilatéral trop hâtif, tant elles sont diverses et complexes, et tissent notre société de façon singulière et peu comparable avec d'autres pays.

Le langage civique issu de la révolution a aussi fortement contribué à façonner les particularités du mouvement ouvrier français, avec l'accent mis sur les valeurs d'égalité, sur l'importance du pouvoir d'État et sur la rupture révolutionnaire. De plus, une autre singularité du corps social français a été que les autres groupes sociaux se sont souvent pensés et organisés selon un modèle syndical inspiré de celui du mouvement ouvrier, même quand c'était en apparence pour se distinguer de lui. Cela a entraîné le transfert d'un système de valeurs et de modes d'organisation et de représentation très comparables entre le mouvement ouvrier et les autres groupes. On pourrait, avec cette hypothèse, lire l'histoire des syndicats de cadres, d'enseignants, et même du patronat, et ce sont d'ailleurs ces formes d'organisation qui ont façonné la représentation de la société française en «catégories socio-professionnelles», largement utilisées aujourd'hui par les statisticiens, les sociologues ou les bureaux d'études de marché ou d'opinion publique.

Enfin la création des écoles d'ingénieurs d'état, commencée sous l'Ancien Régime avec l'école des Ponts, a contribué à développer un trait spécifique de l'État français, le fait que, plus qu'ailleurs, les compétences techniques socialement reconnues lui sont en partie internes, sous la forme des corps d'État, alors que par exemple dans les pays anglo-saxons, les mêmes compétences sont plutôt externes à l'État, sous la forme des « professionnals », terme intraduisible en français. Ce poids relatif du métier d'ingénieur, plus grand, même pour le secteur privé, en France qu'en Angleterre ou en Allemagne, explique en partie l'apparition, à la fin des années trente, autour du noyau des ingénieurs, d'un groupe social des «cadres», terme intraduisible en anglais. Ainsi, on peut suivre les traces de la Révolution sur les structures sociales décrites en termes de classes, définies par des critères professionnels et sociaux, mais politiquement construites selon des formes singulières. Cela permet de sortir de l'alternative entre histoire socio-économique et histoire purement politique, et d'éclairer, par exemple, des particularités françaises de la paysannerie, de la fonction publique, du mouvement ouvrier ou des cadres.

DES ANNÉES 1930 AUX ANNÉES 1970 : CRISE, CROISSANCE, RÉGULATION

La crise, tout à la fois économique et politique, des années trente, puis les secousses profondes de la guerre, de l'Occupation et de la Libération, ont précédé et rendu possibles des bouleversements sociaux déjà maintes fois décrits. Plutôt que d'insister à nouveau sur les trente années de forte croissance de l'après-guerre, on préférera ici faire un tout de la période qui sépare les débuts des deux grandes crises, c'est-à-dire de 1930 à 1975, parce que nombre des formes sociales mises en place après la guerre avaient été imaginées dans les années trente, et aussi parce qu'il sera intéressant de comparer ensuite ces années trente avec les années quatre-vingt, périodes d'incertitude et d'innovation politiques.

Parmi les changements rapides de cette période 1930-1975, on en rappellera ici cinq des plus importants : la croissance de l'industrie et d'une classe ouvrière en partie nouvelle, la transformation des classes moyennes dont la figure typique passe du petit patron au cadre, la mise en place de l'Etat-providence, l'explosion des scolarisations secondaires et supérieures et, enfin, la modification des rôles féminins et des modèles familiaux.

La transformation de la classe ouvrière, liée à la croissance et à la concentration industrielle, a commencé dans les années 1920 dans la métallurgie. Les versions françaises du taylorisme ont été associées à des définitions standardisées d'emplois de type nouveau (ouvriers qualifiés, ouvriers spécialisés, manoeuvres) prenant peu à peu la place des «métiers» artisanaux anciens. Le mouvement syndical s'est adapté à cette situation en négociant, à partir de 1936, des conventions collectives de branche, avec un patronat encore faiblement organisé. Les conventions ont contribué à façonner un langage unifié nationalement, fait de grilles indiciaires et d'échelles hiérarchisées d'emplois codifiés, là où, auparavant, prévalaient des usages locaux très variés. Un autre effet de cette situation nouvelle, où convergeaient d'ailleurs en partie les intérêts des employeurs et ceux des salariés, était que, pour la fraction des ouvriers concernés par ces accords, les emplois et les salaires étaient mieux garantis, ce qui assurait à la fois la continuité des productions industrielles de série et, dans une optique macroéconomique, la possibilité d'une consommation ouvrière en croissance régulière, par exemple pour les divers biens d'équipement des ménages. Cependant, pour certains secteurs industriels (textiles, bâtiment...), ces effets ont été beaucoup plus longs à se faire sentir.

La concentration des entreprises et le développement des institutions publiques ont été aussi associés à des transformations des classes bourgeoises et moyennes. Là où, naguère, dominaient et étaient les plus visibles les figures de notables locaux, patrons d'entreprises familiales, médecins, avocats, vont se développer des formes de «salariat bourgeois», cadres supérieurs, managers... Les artisans, petits commerçants, agriculteurs voient leurs enfants devenir cadres moyens, enseignants, employés ou fonctionnaires. Dans les deux cas, le passage par l'école joue un rôle décisif dans ces reconversions.

Ces diverses catégories de salariés ont plusieurs points communs. Plus urbaines, plus scolarisées, elles ont des emplois eux aussi mieux garantis et mieux codifiés. Certains de ces groupes se sont fortement féminisés. On peut d'une certaine manière ordonner ces catégories moyennes le long d'un axe transversal à celui qui oppose les classes supérieures aux ouvriers, en utilisant ces divers critères : urbanisation, scolarisation et féminisation. On y trouverait, dans l'ordre, les enseignants, les métiers de la santé et du travail social, les cadres moyens du secteur public, puis ceux des grandes entreprises du privé, ceux des petits entreprises, et enfin les non-salariés, commerçants, artisans. Nombre de comportements sociaux, comme par exemple le partage gauche-droite des votes, sont bien décrits par une telle topographie sociale à plusieurs dimensions.

Le rôle de l'Etat pour définir et modeler les groupes sociaux est déjà perceptible dans le fait que les conventions collectives définissant les emplois d'ouvriers, d'employés, de techniciens ou de cadres, bien que négociées par les syndicats de salariés et d'employeurs, sont encouragées et garanties par la puissance publique, par exemple en 1946 avec les accords Parodi, ou en 1975 avec les classifications de l'UIMM. Mais ce rôle est encore plus évident avec la mise en place des divers modes de redistribution sociale, dès 1928 (avec la loi sur les assurances sociales) et surtout 1945 (avec la Sécurité sociale).

Les systèmes de retraites, d'assurances chômage, d'indemnisation des accidents du travail, supposent des définitions de plus en plus codifiées des situations de travail, négociées et gérées paritairement entre les diverses organisations représentatives de la vie professionnelle. Si cette gestion reste souvent locale, les critères de celle-ci sont assez fortement unifiés nationalement. Un trait essentiel des transformations évoquées ci-dessus est de rendre possibles des mises en équivalences nationales, en rendant comparables des statuts sociaux, des modes de protection sociale, des modes de gestion des entreprises et de la main-d'oeuvre. Cette visibilité accrue rend d'ailleurs possible le développement et l'usage général des techniques statistiques de description du monde économique et social : enquêtes par sondages, comptabilité nationale, etc. qui toutes supposent uniformisation et définition standard des variables étudiées.

La même tendance est à l'oeuvre avec le développement des scolarisations secondaires et supérieures qui, par la médiation des grands diplômes nationaux et des filières scolaires bien définies, permettent de rendre comparables sous ce rapport des personnes et des situations naguère incommensurables, et on voit particulièrement bien dans ce cas l'importance du label étatique. L'attribution à des personnes de tels labels reconnus et transportables a permis que se développe, pendant la période de croissance, une mobilité volontaire, professionnelle ou géographique.

Enfin un autre aspect essentiel des transformations sociales intervenues pendant la période précédant la crise des années 1970 a été la modification radicale de la place des femmes dans la société et, partant, celle des modèles familiaux. Ce n'est pas, comme on le dit parfois, l'activité professionnelle des femmes qui a augmenté. Elles étaient en effet, au début de ce siècle, aussi nombreuses qu'aujourd'hui à participer à la production, le plus souvent comme aides familiales dans les exploitations agricoles, les petits commerces ou les entreprises artisanales, comme ouvrières du textile ou encore comme domestiques, c'est-à-dire dans des emplois dits «féminins» et par là non comparables à ceux des hommes. La nouveauté est que le développement d'emplois salariés, souvent définis par les niveaux de diplômes, dans des services publics ou des grandes entreprises, a permis à un nombre de plus en plus grand de femmes d'occuper de tels postes, en partie équivalents aux emplois masculins, même si l'inégalité des chances d'accès à ces emplois reste grande dans les niveaux élevés de l'échelle du salariat.

Les femmes ont bénéficié surtout de la croissance de la scolarisation secondaire et des filières littéraires de l'Université, mais elles sont restées nettement moins nombreuses à accéder aux filières scientifiques, et surtout aux grandes écoles, qui demeurent le coeur du système de reproduction des postes de pouvoir. Néanmoins, ce rapprochement partiel et cette mise en concurrence accrue des jeunes gens et des jeunes filles ont entraîné une plus grande autonomie, économique et sociale, des femmes par rapport aux hommes. Sans pouvoir établir de causalités simples et directes dans des questions aussi complexes, on peut associer à ce qui précède nombre de phénomènes démographiques : baisse de la fécondité, baisse des mariages, augmentation des couples non mariés et des jeunes adultes vivant seuls, hausse rapide des naissances hors mariage et des divorces. Ces évolutions n'ont pas été aussi fortes dans les divers groupes sociaux, et ce sont pour les classes moyennes salariées, par ailleurs les plus féminisées, qu'elles ont été les plus marquantes, au moins dans un premier temps.

L'ensemble des faits qui précèdent est bien connu et décrit par les recensements et les enquêtes par sondages développés depuis les années 1950. Une des conditions de possibilité de telles investigations est justement la construction des formes d'équivalences nationales associées au mode de régulation macroéconomique et macro-social mis en place en France entre les aimées trente et cinquante. Cette régulation est associée en France aux noms de Jean Monnet, de Pierre Mendès-France ou de Claude Gruson, mais sous des formes en partie comparables, elle avait déjà été expérimentée dans l'Allemagne de Bismarck, dans l'Angleterre de Keynes et de Beveridge ou dans l'Amérique de Roosevelt et du New Deal.

La crise des années 1970 et 1980 et ses effets

Or c'est précisément ce mode de régulation du monde social, lui-même issu des deux précédentes grandes crises économiques, de 1880 et celle des années 1930, qui va être largement mis en accusation à partir de 1975, quand une nouvelle crise des économies mondiales va surgir. Il est frappant que les analyses et réflexions suscitées par les deux dépressions des années 1930 et des années 1970/1980 sont très différentes. La première a été largement vécue comme une faillite du marché et du capitalisme, et les idées de socialisme et d'économie planifiée étaient discutées bien au-delà des groupes où il était prévisible qu'elles le soient.

La reconstruction et la modernisation de l'après-guerre ont été menées en puisant largement dans le stock des idées émises à cette époque. En revanche, depuis 1975, la lourdeur et l'inefficacité de cette régulation macro-sociale ont souvent été dénoncées, et, du coup, les schémas d'analyse de la crise et les solutions envisagées divergent beaucoup plus qu'à la fin des années trente, où certains éléments d'accord autour des idées de rationalisation et de planification se dégageaient assez largement. Sans entrer dans un débat aussi général, on essaiera d'apporter ici quelques éléments suggérant la façon dont le corps social a subi ces années difficiles et comment il y a réagi. Pour cela, les méthodes d'observations et de descriptions statistiques macro-sociales mises en place entre les années 1950 et 1970 apportent nombre de résultats, même si, on le verra, leur mise en oeuvre pose des problèmes nouveaux, du fait même de la crise.

Les conséquences sociales de ces années ne peuvent être résumées simplement. une fraction nombreuse de la population les a subies très durement, en particulier les chômeurs et les jeunes. Mais les mécanismes régulateurs mis en place auparavant ont cependant joué en partie un rôle de parachute, permettant par exemple à la consommation globale de continuer à croître lentement, alors que, dans les années trente, elle avait nettement baissé.

L'ambiguïté de ce diagnostic est d'autre part accrue par le fait que chacun de ces agrégats, emploi ou consommation, résultant de conventions liées à la gestion, ne peut être interprété de façon constante si ce mode de gestion lui-même évolue. Le cas est flagrant pour la description de l'emploi et du chômage. Historiquement, ces mesures n'ont été possibles que par la mise en place progressive, depuis la fin, du siècle dernier, d'un droit du travail et d'un statut de salarié clairement défini. Jusqu'aux années 1930, la frontière entre les salariés et les non-salariés était restée floue pour les travailleurs isolés. De même, la notion de chômeur n'a de sens que par rapport au salariat. Elle n'est devenue consistante et bien distincte des diverses formes de pauvreté et de marginalité qu'au fur et à mesure que se mettaient en place des systèmes d'aide bien différenciés.

Le fait de mesurer un nombre total de chômeurs ou un taux national de chômage par rapport à la population active n'est devenu de grande importance politique qu'à partir des années 1930 aux Etats-Unis, et dans l'après-guerre en France. Ces mesures supposent un important travail de constructions d'équivalences, administratives et cognitives, tant entre situations pensées auparavant comme distinctes, qu'entre secteurs économiques ou régions, pour parvenir à un nombre national global résumant une situation. Pour des mesures comme le chômage ou la population active un tel travail peut difficilement se terminer, et ces conventions permettant de construire des catégories sont irrésistiblement remises en cause.

Ainsi, une des conséquences de la situation de crise a été que les emplois à statuts garantis par des contrats à durée indéterminée, qui se développaient antérieurement, ont été remplacés par d'autres situations, très variées. Pour les jeunes, de nombreuses positions de transition entre l'école et la vie active ont été imaginées pour éviter autant que possible une inactivité socialement destructive. A l'autre extrémité de la vie active, d'autres mesures ont créé des positions intermédiaires entre l'activité et la retraite. Enfin, les formes de travail précaire se sont multipliées : contrats à durée déterminée, intérim, temps partiel, stage... Ces emplois atypiques ont constitué, sur la période récente, la majorité des embauches de salariés. Ces exemples montrent quels nouveaux problèmes posent les conventions d'équivalences nécessaires à des mesures globales comme le taux de chômage ou le volume des nouveaux emplois.

Ainsi la situation de crise conduit simultanément à la remise en cause des outils de gestion et des outils de description, puisque ceux-ci sont étroitement liés. Des analyses comparables pourraient être menées pour d'autres outils, mais le cas de l'emploi et du chômage est un des plus frappants. Cependant, ces remarques ne doivent pas conduire vers une sorte de relativisme de la connaissance qui dénierait toute pertinence au système des mesures nationales. Dans la mesure où les formes institutionnelles qui les sous-tendent gardent elles-mêmes une forte consistance, malgré la crise, on peut continuer à utiliser les codages qu'elles engendrent, pour décrire le monde social. C'est bien cela qui permet par exemple d'analyser de façon assez précise les diverses formes d'emploi précaire.

De même, les évolutions des effectifs des divers groupes socioprofessionnels pourraient faire l'objet d'observations analogues quant à la difficulté de les coder, mais cela n'empêche pas néanmoins de les analyser. De ce point de vue, les infléchissements observés depuis 1975, c'est-à-dire liés à la crise, sont très nets. Le groupe des ouvriers a crû jusqu'à cette date et décroît depuis. La croissance de nombre des cadres a légèrement ralenti, tandis que celle des professions intermédiaires et des employés a ralenti plus nettement. Par ailleurs, le nombre des agriculteurs a continué à décroître mais beaucoup moins vite, tandis que celui des petits patrons et des chefs d'entreprises, qui diminuait avant 1975, augmente à nouveau. Il se confirme ainsi, s'il en était besoin, que c'est la classe ouvrière qui a subi avec le plus de violence le choc de la crise, suivi, dans une moindre mesure, par certaines catégories moyennes salariées.

Ainsi certaines tendances observées pendant les décennies précédentes, comme la croissance du salariat semble s'inverser. De la même façon, le mouvement de la concentration technique de l'économie, celle des établissements, s'est ralenti. L'emploi dans les petites unités de production a mieux résisté que celui des très grands établissements, et cette tendance peut être rapprochée de celle de l'urbanisation qui, on le verra, a ralenti également, les centres des villes commençant même à se dépeupler au profit de couronnes de plus en plus éloignées dans la campagne.

Ces différents éléments suggèrent que, même pour ses fractions qui ont en apparence le mieux résisté à la crise, le corps social s'est en quelque sorte figé. Ainsi, si la consommation globale a continué à croître lentement, le taux d'épargne: des ménages a fortement décru, de 18 % en 1970, à 12 % en 1987, et cela au détriment des investissements en logement. De même, le maintien de certaines situations d'emploi s'est payé d'une baisse marquée de la mobilité, professionnelle ou géographique. On pourrait développer ainsi d'autres indicateurs suggérant les façons dont la société a digéré la crise mais, ce faisant, on reste aussi dans une grille de lecture qui est celle de la période précédente. Ne peut-on en chercher d'autres ?

COMMENT PENSER UNE SITUATION NOUVELLE ?

On a souhaité, en commençant, sortir de l'opposition supposée factice entre les analyses, en termes de classes sociales et de rapports économiques, et les analyses purement politiques en vogue depuis quelques années. La principale critique qui peut être faite aux analyses de classes est que ces dernières sont souvent réifiées. Elles existent alors indépendamment du processus politique et institutionnel par lequel elles se construisent, se durcissent et se mobilisent. Ce sont des classes avec des majuscules. Cependant, à condition de préciser les limites historiques ou géographiques à l'intérieur desquelles elles sont pertinentes, leur analyse est possible et nécessaire. Si en revanche les mécanismes sociaux qui donnent une consistance aux classes et aux catégories d'analyse viennent à se modifier, la vue se brouille.

Dans le cas le plus extrême de renoncement à l'analyse, on parlera même de «retour à l'individu», alors qu'il est clair que la société continue à être fortement structurée, mais autrement, et de façon plus complexe. En suivant le fil de la construction des classes en relation avec celle de l'Etat, on a vu à quel point les particularités de l'Etat français ont imprimé leurs marques à ces classes, dès lors qu'on leur enlève leurs majuscules. Cela implique que les classes sociales allemandes, anglaises ou américaines sont bien différentes des nôtres : les termes qui les désignent sont même souvent intraduisibles d'une langue dans l'autre.

Il est clair qu'un certain mode de régulation macrosociale d'inspiration taylorienne et keynésienne est actuellement en crise, et que d'autres se cherchent. On suggérera pour conclure trois directions dans lesquelles ces tentatives sont visibles dès maintenant : nouveaux modes de gestion des entreprises, décentralisation, construction de l'Europe. Dans ces trois cas, l'État sera conduit à avoir un rôle différent de ce qu'il a été depuis un demi-siècle.

Le modèle de rationalisation et de planification né dans les années 1930 impliquait des formes d'organisation de la production cohérentes entre elles : standardisation des produits et des emplois, permettant des gains de productivité et une bonne prévisibilité à moyen terme de l'activité. Ces impératifs de gestion industrielle pouvaient, grâce à des négociations collectives menées au niveau de branches entières, entrer dans des compromis avec les exigences des organisations représentatives des salariés, au niveau national et avec des garanties de l'État. La participation des syndicats aux instances de planification sous des formes variées selon les pays d'Europe, matérialisait ces lieux de compromis. Les outils d'analyse de la statistique et de la comptabilité nationale étaient cohérents avec ces formes de gestion nationale paritaire.

Il est fréquent aujourd'hui qu'à ces exigences de stabilité et de prévisibilité, on en oppose d'autres, regroupées sous le terme trop flou de «flexibilité». Par ce mot, on peut désigner par exemple la nécessité pour une entreprise de s'adapter très vite à des changements rapides des conditions du marché et de saisir ainsi des «opportunités». Mais on peut aussi faire allusion à des modes de gestion plus anciens, caractéristiques de petites entreprises, où les règles sont peu formalisées et les relations fondées sur la confiance et des réseaux locaux. Même si ces deux façons de voir les choses peuvent avoir en commun de s'opposer aux «rigidités» des organisations trop planifiées et formelles, elles ont cependant des conséquences assez différentes sur les rapports sociaux qu'elles impliquent. De plus, aucune des deux ne signifie un quelconque «retour à l'individu», puisque dans chaque cas des formes précises de liens sociaux sont à l'oeuvre.

Les combinaisons entre ces modèles d'entreprise peuvent conduire à des configurations variées, bien sûr plus complexes et difficiles à décrire que le modèle univoque auquel, antérieurement, les autres modèles étaient implicitement soumis. C'est là un domaine très vaste où des études empiriques doivent être menées pour mieux comprendre comment les choses se passent.

L'accélération de la décentralisation, à partir de la loi de 1982, a conduit à d'autres questions nouvelles sur le rôle de l'État. Par le fait qu'elle entre en tension avec une logique d'unification nationale remontant fort loin dans l'histoire, elle soulève au niveau des régions, des départements et des communes, des incertitudes de toutes sortes. Celles-ci pourraient conduire, à terme, à une redéfinition des textures des divers groupes sociaux, dans la mesure où des solidarités de types nouveaux pourraient se dessiner, en donnant à la notion encore floue de «collectivité locale» une épaisseur plus grande par rapport à la collectivité nationale, à travers laquelle les solidarités ont été et sont encore en général pensées. Les procédures de gestion du Revenu minimum d'insertion, actuellement en gestation, constitue un bon exemple de telles imbrications nouvelles, avec le double volet allocation et insertion.

On pourrait être tenté d'établir une fausse symétrie entre les deux formes de remise en cause de la gestion macro-sociale par l'Etat, que constituent la décentralisation d'une part, et la construction de l'Europe de l'autre. En procédant ainsi, on méconnaîtrait une différence essentielle entre ces deux niveaux. Cette différence provient de ce que, pour un pays donné, des équivalences sont déjà construites de longue date, et que celles-ci sont même particulièrement fortes dans le cas de la France. En revanche, au niveau européen, tout reste à faire, et, pour l'essentiel, ces équivalences n'existent pas encore. Du coup si, pour une collectivité locale, des modèles explicites ou implicites existent déjà, pour l'Europe, en revanche, il faut tout inventer, ou plutôt négocier : on part d'une cacophonie où, le plus souvent, on ne sait pas grand-chose du voisin.

Ce défi est sans doute un des plus excitants des années à venir, mais on peut avoir le sentiment que l'effort à faire pour penser la diversité sans la nier et l'écraser sous des normes de niveau supérieur est gigantesque. Au marché unique des marchandises et des professions, il faudra sans doute en ajouter un autre, celui des connaissances sur le corps social, en ayant en tête qu'il ne s'agira pas seulement de confronter des PIB par tête ou des taux d'inflation et de chômage, mais aussi et surtout des façons différentes de penser et de nommer les parties de ce corps social. Il ne pourra s'agir de construire une Europe une et indivisible comme les Français ont construit il y a deux siècles une France une et indivisible. Il faudra inventer autre chose en tenant compte du fait que toute connaissance vraie est à la fois le résultat d'une équivalence produite et un savoir réflexif sur la façon dont cette construction a été obtenue.

Bibliographie

ABBOTT A., (2001) *Time Matters. On theory and Method*, University of Chicago Press, Chicago.

AGLIETTA M., ORLEAN A., (2002) *La monnaie entre violence et confiance*, Odile Jacob, Paris.

AKERLOF G., (1970) « The market for lemons : quality uncertainty and the market mechanism», *Quarterly Journal of Economics*, 84, p. 488-500.

ALONSO W., STARR P.eds., (1987) *The Politics of Numbers*, Russell Sage Foundation, New York.

ALS G., (1990) *Statistique et études économiques au Luxembourg. Histoire et problèmes*, STATEC, Luxembourg.

ANDERSON M. (1988) *The American Census. A Social History*, Cambridge U.P.

ANTONELLI E., (1921) « Une enquête régionale sur le coût de la vie », *Revue d'économie politique*, p. 606.

ARMATTE M., (1992) « Conjonctions, conjoncture et conjecture. Les baromètres économiques 1885-1930 », *Histoire et Mesure*, VII-1/2, pp. 99-149.

ARMATTE M., (1994) « L'économie à l'Ecole polytechnique », in Belhoste B., Dahan-Dalmédico A., Picon A. éds : *La formation polytechnicienne, 1794-1994*, Paris, Dunod, pp. 375-196.

ARMATTE M., (1995) *Histoire du modèle linéaire. Formes et usages en statistique et économétrie jusqu'en 1945*. Thèse de doctorat, EHESS, Paris.

ARMATTE M., (1996) « L'introduction des méthodes de sondage en France », in *L'évolution des enquêtes « conditions de vie » de l'Insee, du XIXe siècle à nos jours*, Insee, séminaire recherche du 9 mai 1996, pp. 1-20.

ARMATTE M. (2005) Eléments pour une histoire sociale des indicateurs statistique. Communication aux Journées « Estadistica y Sociedad », Madrid, UNED-INE-EHESS.

ARMATTE M., DESROSIERES A., (2000) « Méthodes mathématiques et statistiques en économie : nouvelles questions sur d'anciennes querelles », in: Beaud J.P., Prévost J.G. éds., *L'ére du chiffre. Systèmes statistiques et traditions nationales*, Presse Universitaires du Québec, Montréal, p. 431-481.

ARTUS P., DELEAU M., MALGRANGE P. (1986) *Modélisation macroéconomique,* Paris Economica.

BAKKER G.P. den, (1992) « Origin and Development of Dutch National Accounts », in 22 th IARIW Conference, *The Value Added of National Accounting,* pp. 73-92.

BARBIER J.C., SYLLA N.S., (2002) *La Stratégie européenne pour l'emploi : les représentations des acteurs en France,* Rapport de Recherche n° 07, Centre d'Etudes de l'Emploi, décembre 2002.

BARDET F., (2000) *La statistique au miroir de la région. Éléments pour une sociologie historique des institutions régionales du chiffre en France depuis 1940,* thèse de doctorat de sciences politiques, Université de Paris 1-Panthéon Sorbonne.

BARTEN A., (1991) « The history of Dutch macroeconometric modelling, 1936-1986 », in Bodkin R, Klein L., Marwah K. eds : *A History of Macroeconometric Model-Building,* Aldershot UK, Edward Elgar, pp. 153-194.

BAUDELOT C., ESTABLET R., (1994) *Maurice Halbwachs. Consommation et société,* PUF, Paris.

BAYART D., (1998) « Statistique mathématique et gestion de la qualité. Recherches sur l'histoire de cognition dans l'organisation industrielle », *Cahier du CRG* Ecole polytechnique, n° 14, mai 1998.

BEAUD J.P., PRÉVOST J. G. (éds), (2000) *L'ère du chiffre. Systèmes statistiques et traditions nationales,* Presses de l'université du Québec.

BEGUE J., (1987) « Les enquêtes sur les revenus fiscaux des ménages », in *Pour une histoire de la statistique,* tome 2/ *matériaux,* INSEE-Economica, Paris, p.241-251.

BELHOSTE B., DAHAN DALMEDICO A., PICON A., (1994) *La formation polytechnicienne,* 1794-1994, Dunod, Paris.

BERTHOMIEU C., (1996) « La loi et les travaux d'Engel », *Consommation,* 4, pp. 59-89.

BESSY C., (2002) *Représentation, convention et institution. Des repères pour l'Economie des conventions,* Document de travail du CEE, n° 20, disponible sur : http://www.cee-recherche.fr/

BLANC M., DESROSIERES A., (2002) « Entre décentralisation et coordination. Une analyse des spécificités des SSM », *Courrier des statistiques,* 104, p. 9-25. http://www.insee.fr/fr/ffc/docs_ffc/cs104b.pdf

BLANCHET D., (1995) « Deux usages du concept d'assurance et deux usages du concept de solidarité », *Revue française des affaires sociales,* 4, 33-44.

BLOCH L., GLAUDE M., (1983) « Une approche du coût de l'enfant », *Economie et Statistique*, 155, mai 1983.

BLOCH-LAINE F., GRUSON C., (1996) *Hauts fonctionnaires sous l'occupation*, Odile Jacob, Paris.

BLONDIAUX L., (1998) *La fabrique de l'opinion. Une histoire sociale des sondages*, Seuil, Paris.

BLUM A., (1994) *Naître, vivre et mourir en URSS, 1917-1991*, Plon, Paris.

BLUM A., BONNEUIL N., BLANCHET D., éds, (1992) *Modèles de la démographie historique*, Paris, PUF Congrès et colloques n° 11.

BOARD OF TRADE, (1909) *Cost of Living in French Towns. Report of an Inquiry by the Board of Trade*, Darling and Son, London.

BOCHOVE C. van, (1996) « From Assembly Line to Electronic Highway Junction. A Twin-Track Transformation of the Statistical Process », *Netherland Official Statistics*, vol. 11, summer 1996, p.5-36.

BODKIN R., KLEIN L., MARWAH K. eds, (1991) *A History of Macroeconometric Model-Building*, Aldershot UK,Edward Elgar.

BOGAARD A. van den, (1998) *Configuring the Economy. The emergence of a Modelling Practice in the Netherlands, 1920-1955.* Thesis, University of Amsterdam.

BOLTANSKI L., (1970) « Taxinomies populaires, taxinomies savantes : les objets de consommation et leur classement », *Revue française de sociologie*, XI, pp. 34-44.

BOLTANSKI L., CHIAPELLO E., (1999) *Le nouvel esprit du capitalisme*, Gallimard, Paris.

BONNEUIL, N., (1991) « Temporalités en démographie historique », *Histoire et Mesure*, VI, 1/2, 137-148.

BONVALET C. et alii, (1994) *Logement, mobilité et populations urbaines*, PIR-villes, Paris, CNRS Editions.

BOUMANS M., (1992) *A case of Limited Physics Transfer. Jan Tinbergen's Resources for Re-Shaping Economics*, Amsterdam, Tinbergen Institute Research Series, n° 38.

BOURDIEU P., (1979) *La distinction. Critique sociale du jugement*, Minuit, Paris.

BOURGUET M.N., (1988) *Déchiffrer la France. La statistique départementale à l'époque napoléonienne*. Paris. Editions des archives contemporaines.

BOWKER G., STAR S.L., (1999) *Sorting Things Out. Classification and Its Consequences*, MIT Press, Cambridge Mass..

BOWLEY A., (1906) « Presidential Adress to the Economic Section of the British Association », *Journal of the Royal Statistical Society*, 71, pp. 540-548.

BOYDENS I., (1999) *Informatique, normes et temps, Evaluer et améliorer la qualité de l'information : les enseignements d'une approche herméneutique appliquée à la base de données « LATG » de l'O.N.S.S.*, Bruylant, Bruxelles.

BOYER R., (1987) « Les modèles macro-économiques globaux et la comptabilité nationale 1950-1980 », in INSEE, 1987 *Pour une histoire de la statistique*, tome 2 / *matériaux*, Paris, INSEE-Economica, pp. 635-660.

BRIAN E., (1991) « Le prix Montyon de statistique à l'Académie Royale des sciences pendant la Restauration », *Revue de synthèse*, n 2, avril-juin, pp. 207-236.

BRIAN E., (1994) *La Mesure de l'Etat. Administrateurs et géomètres au XVIIIe siècle*, Paris, Albin Michel.

BROUSSE H., (1957) « Variation de structure de la consommation depuis 50 ans », *Etudes et conjoncture*, 5, p. 494.

BRU B., (1988) « Estimations Laplaciennes. Un exemple : la recherche de la population d'un grand Empire, 1785-1812 ». In : Mairesse J. éd., *Estimation et sondages. Cinq contributions à l'histoire de la statistique*. Paris. Economica, pp. 7-46.

BRUNO I. (2006) *Déchiffrer l' « Europe compétitive ». Etude du benchmarking comme technique de coordination intergouvernementale dans le cadre de la stratégie de Lisbonne*. Thèse de sciences politiques, Institut d'Etudes Politiques de Paris, 12 décembre 2006.

BULLETIN SGF, (1949) « Premiers résultats concernant les dépenses des familles de salariés de la région parisienne au printemps 1948 », *Bulletin SGF*, Supplément trimestriel, INSEE, p. 37.

BUNLE H., (1911) « Relation entre les variations des indices économiques et le mouvement des mariages », *Journal de la Société statistique de Paris*, 80-93.

C.G.P., (1993) *Villes, démocratie, solidarité. Le pari d'une politique*. Commissariat général du Plan. Documentation française. Paris.

CALDWELL B. (1997) « Hayek and Socialism », *Journal of Economic Literature*, XXXV, pp. 1856-1890.

CALLON M., LASCOUMES P., BARTHE Y., (2001) *Agir dans un monde incertain. Essai sur la démocratie technique*, Seuil, Paris.

CARREL A., (1935) *L'homme, cet inconnu*, Paris, Plon.

CASTELLAN M., (1992) *La diffusion du recensement de la population de 1990. Contraintes et enjeux*. Rapport au Conseil national de l'information statistique. Novembre 1992.

CAZES B., (1965) « French Planning », in Hickman B. eds, *Quantitative Planning of Economic Policy*, Washington, The Brookings Institution, pp. 179-211.

CAZES B., MIOCHE P., éds, (1990) *Modernisation ou décadence. Contribution à l'histoire du Plan Monnet et de la planification en France*, Publications de l'Université de Provence, Aix-en-Provence.

CENTRAL PLANNING BUREAU, (1956) *Scope and Methods of the Central Planning Bureau*, The Hague.

CHAIT B., (1938) « Le problème des crises économiques », in X-Crise 1982, *De la récurrence des crises économiques*, Paris, Economica, pp. 231-243.

CHARBIT Y., (1981) *Du malthusianisme au populationnisme. Les économistes français et la population, 1840-1870*, INED/PUF, 307 p. Travaux et Documents, Cahier 90.

CHASTELAND J.C., (1994) « La croissance de la population mondiale devant la communauté et l'opinion internationales », *Revue française des affaires sociales*, 4, 11-29.

CHENU A., (1994) « La famille souche, questions de méthode », postface à : Le Play, Cheysson, Bayard, Butel, Les Mélouga, *une famille pyrénéenne au XIXe siècle*, Nathan, Paris.

CHESNAIS J.C., (1986) *La transition démographique*, INED/PUF Travaux et Documents, Cahier 113.

CHEVALIER L., (1958) *Classes laborieuses et classes dangereuses à Paris pendant la première moitié du XIXe siècle*, Paris, Plon.

CHOMBART DE LAUWE P., (1956) *La vie quotidienne des familles ouvrières. Recherches sur les comportements sociaux de consommation*, CNRS, Paris.

CICOUREL A., 1964 *Method and Measurement in Sociology*, The Free Press of Glencoe, New York.

CICOUREL A., KITSUSE J., (1963-1996) « Note sur l'utilisation des statistiques officielles », *Social Problems*, 1963, XI, p. 131-139, traduction publiée en 1996 par La lettre grise de Pénombre, disponible sur le site de l'association Pénombre : http://www.unil.ch/penombre

CLAVERIE E., (2003) *Les guerres de la vierge. Une anthropologie des apparitions*, Gallimard, Paris.

CLOUET H., (1927) « Le budget de la famille ouvrière au temps présent », *La Réforme sociale*, avril 1927, pp. 145-156.

CNIS, (1996) *Pour une meilleure connaissance des sans-abri et de l'exclusion du logement*, Rapport du CNIS, n° 29, mars 1996.

COLASSE B. éd., (2000) *Encyclopédie de Comptabilité, Contrôle de Gestion et Audit*, Economica, Paris.

COLLOMB P., (1984) *La mort de l'orme séculaire. Crise agricole et migration dans l'Ouest audois des années cinquante*, Paris, INED/PUF, tomes I et II, 1040 p.

CONEIN B., JACOPIN E., (1994) « Action située et cognition. Le savoir en place », *Sociologie du travail,* XXXVI, 4, p. 475-500.

COURBIS R., (1991) « Macroeconomic Modelling in France », in Bodkin R., Klein L., Marwah K. eds, *A History of Macroeconometric Modelling,* Aldershot UK, Edward Elgar, pp. 231-266.

COUTROT T., EXERTIER G., (2001) « La loi des grands noms. Ou quand le « non-emploi » efface le chômage », *L'année de la régulation,* n° 5, Presse de Sciences Po, Paris, p. 253-275.

CREDOC, (1960) « La consommation des ménages français en 1956 », *Consommation,* VII, 2, avril-juin.

CREPEL P., (1994) « Le calcul des probabilités : de l'arithmétique sociale à l'art militaire », in A. Dahan-Dalmedico, B. Belhoste et A. Picon éds, *La formation polytechnicienne, 1794-1994,* Dunod, Paris, pp. 194-215.

CROZE M., (1985) « Mai 1968 à l'Ecole : souvenirs de Marcel Croze, Directeur de l'ENSAE de 1966 à 1970 », *ENSAE-Information,* n° 3, 1985-1986, pp. 1-5.

CURTIS B., (2001) *The Politics of Population : State Formation, Statistics and the Census of Canada, 1840-75,* Toronto University Press.

DAVIDSON R. (1985) *Whitehall and the Labour Problem in Late-Victorian and Edwardian Britain, A Study in Official Statistics and Social Control* , Croom Helm, London.

DE VOOGD C., (1992) *Histoire des Pays-Bas,* Paris, Hatier.

DECUGIS H., (1935) *Le destin des races blanches.* Préface d'André Siegfried. Paris, Librairie de France, 402 p.

DELPECH, (1938) *Recherches sur le niveau de vie et les habitudes de consommation,* Sirey, Paris.

DEMENY P., (1988) « Social Science and Population Policy », *Population and Development Review,* 14, 3, 451-479.

DESABIE J., (1987) « Les enquêtes sur les conditions de vie des ménages », in J. Affichard, éd. : *Pour une histoire de la statistique,* Tome 2, *matériaux,* INSEE-ECONOMICA, Paris.

DESABIE J., REMPP J.M., (1965) « Enquête sur les budgets familiaux en France », *Statistiques sociales,* série spéciale, 6, *Budgets familiaux,* OSCE, Luxembourg.

DESPLANQUES G., (1995) « INSEE, INED le binôme de la démographie française », *Courrier des statistiques,* mars, 73, 15-19.

DESROSIERES A., (1993) *La politique des grands nombres. Histoire de la raison statistique,* La Découverte, Paris.

DESROSIERES A., (1995) « Démographie, science et société : le cas français », communication au colloque : « 1945-1995, un demi-siècle de démographie. Bilans et perspectives« , INED, Réédition chapitre 9 de cet ouvrage.

DESROSIERES A. (1998)	*The Politics of Large Numbers. A History of Statistical Reasoning* , Harvard U.P.
DESROSIERES A., (1999)	« La commission et l'équation : une comparaison des plans français et néerlandais entre 1945 et 1980 », *Genèses*, 34, pp. 28-52. Réédition chapitre 7 de cet ouvrage.
DESROSIERES A., (1999)	« La statistique aux Pays-Bas. Informatisation et intégration, un projet futuriste », *Courrier des statistiques*, n° 91-92, décembre 1999, INSEE, Paris, p.51-59. http://www.insee.fr/fr/ffc/docs_ffc/cs91g.pdf
DESROSIERES A., (2000a)	*La politique des grands nombres. Histoire de la raison statistique*, La Découverte/Poche, Paris, réédition, avec une postface inédite, de l'édition de 1993.
DESROSIERES A., (2000b)	« L'histoire de la statistique comme genre. Styles d'écriture et usages sociaux », *Genèses*, 39, juin 2000, Belin, Paris, p. 121-137. Réédition chapitre 2 de l'Argument Statistique I.
DESROSIERES A., (2001)	« Entre réalisme métrologique et conventions d'équivalence : les ambiguïtés de la sociologie quantitative », *Genèses*, 43, juin 2001, Belin, Paris, p. 112-127, chapitre 9 de l' Argument Statistique I.
DESROSIERES A., (2003)	« Historiciser l'action publique : l'Etat, le marché et les statistiques », in : Laborier P. et Trom D. eds : *Historicités de l'action publique*, PUF, Paris, pp. 207-221, Réédition chapitre 3 de l' Argument Statistique I.
DESROSIERES A., MAIRESSE J., VOLLE M., (1976)	« Les temps forts de l'histoire de la statistique française », *Economie et statistique*, n° 83, novembre 1976, pp. 19-28.
DESROSIERES A., et THEVENOT L., (2002)	*Les catégories socioprofessionnelles*, La Découverte/Repères, Paris.
DIDIER E., (2000)	*De l'échantillon à la population. Sociologie de la généralisation par sondage aux Etats-Unis avant la seconde guerre mondiale*, thèse du Centre de Sociologie de l'Innovation, Ecole Nationale Supérieure des Mines de Paris.
DIDIER E., (2002)	« Sampling and Democracy : Representativeness in the First Unites States Surveys », *Science in Context*, 153, p. 427-445.
DORLING D., SIMPSON S. eds., (1999)	*Statistics in Society. The Arithmetic of Politics*, Arnold, London.
DROUARD A., (1983)	« Les trois âges de la Fondation française pour l'étude des problèmes humains », *Population*, 6, p. 1017-1048.
DROUARD A., (1992)	*Une inconnue des sciences sociales, la Fondation Alexis Carrel, 1941-1945*, Paris, Editions de la MSH.
DU MAROUSSEM P., (1900)	*Les enquêtes. Pratique et théorie*, Alcan, Paris.

DUCLOS L., (1996) « L'exigence de qualité suffit-elle pour porter la parole du client ? », *Les cahiers de recherche*, GIP Mutations industrielles, n° 70, 29 février 1996, p. 27-36.

DUGE DE BERNONVILLE L., (1916 et 1917) « Enquêtes sur les conditions de la vie ouvrière et rurale en France en 1913-1914 », *Bulletin de la SGF*, tome VI, fascicule 1, octobre 1916, p. 85, fascicule 2, janvier 1917, p. 185.

DUNCAN J. and SHELTON W. (1978) *Revolution in U.S. Government Statistics, 1926-1976*, U.S. Department of Commerce, Washington.

DUPAQUIER J., éd., (1988) *Histoire de la population française*, tome 4, *de 1914 à nos jours*, Paris, PUF.

ELISSALT F., (2001) « La statistique communautaire au tournant du XXIème siècle. Nouveaux enjeux, nouvelles contraintes », *Courrier des statistiques*, n° 100, décembre 2001, INSEE, Paris, p. 41-51. http://www.insee.fr/fr/ffc/docs_ffc/cs100i.pdf

EYMARD-DUVERNAY F., (1989) « Conventions de qualité et formes de coordination », *Revue économique*, 402, p. 329-359.

FABIANI J.L., (2003) « Pour en finir avec une réalité unilinéaire. Le parcours méthodologique de Andrew Abbott », *Annales HSS*, 58, 3, p. 549-565.

FAVRET-SAADA J., (1977) *Les mots, la mort, les sorts*, Gallimard, Paris.

FITOUSSI J.P., (2002) *La Règle et le Choix : De la souveraineté économique en Europe*, Seuil, Paris.

FLEURY M., HENRY L., (1956) *Des registres paroissiaux à l'histoire de la population : manuel de dépouillement et d'exploitation*, Paris, INED.

FOUCAULT M. (2004a) *Sécurité, territoire, populaion.* Cours au Collège de France 1977-1978, Gallimard/Seuil, Paris.

FOUCAULT M. (2004b) *Naissance de la biopolitique.* Cours au Collège de France 1978-1979, Gallimard/Seuil, Paris.

FOURQUET F., (1980) *Les comptes de la puissance. Histoire de la comptabilité nationale et du Plan*, Encres-Recherches, Paris.

GADREY J., JANY-CATRICE F., (2003) *Les indicateurs de richesse et du développement*, Rapport DARES. http://www.travail.gouv.fr/etudes/pdf/indicateurs.pdf

GADREY J., JANY-CATRICE F., (2005) *Lesnouveaux indicateurs de richesse*, La Découverte/Repères, Paris.

GALTON F. (1909) *Essays in Eugenics*, Eugenics Education Society, London.

GIGERENZER G. *et alii* (1989) *The Empire of Chance. How Probability changed science and everyday life*, Princeton U.P.

GINI C., (1928) « Une application de la méthode représentative aux matériaux du dernier recensement de la population italienne 1er décembre 1921 », *Bulletin de l'IIS*, vol.23, tome 2, p. 198-215.

GINZBURG C., (1980) « Signes, traces, pistes. Racines d'un paradigme de l'indice », *Le Débat*, 6, novembre, 3-44.

GIRARD A., (1977) *Les immigrés du Maghreb. Etudes sur l'adaptation en milieu urbain*, INED/PUF Travaux et Documents, Cahier 79.

GIRARD A., (1986) *L'Institut national d'études démographiques. Histoire et Développement*, Paris, INED.

GIRARD A., BASTIDE H., (1973) « De la fin des études élémentaires à l'entrée dans la vie professionnelle ou à l'Université. La marche d'une promotion de 1962 à 1972 », *Population*, 3, 571-594.

GLAUDE M., (1984) « Diversité et cohérence des budgets », *Données sociales*, INSEE, Paris, pp. 299-318.

GLAUDE M., MOUTARDIER M., (1982) « Les budgets des ménages », *Economie et Statistique*, 140, pp. 15-34.

GOULD S.J. (1981) *The Mismeasure of Man*, Norton, New-York.

GRAIS B., (1998) « Harmonisation statistique et qualité : le cas des statistiques sociales », communication au Séminaire Eurostat de Mondorf sur « Le futur des statistiques sociales européennes » 4ème session, 26-27 mars 1998.

GREENACRE M., BLASIUS J. eds, (1994) *Correspondence Analysis in the Social Sciences*, Academic Press, London.

GRENIER J.Y., (1995a) « Expliquer et comprendre. La construction du temps de l'histoire économique », in : *Les formes de l'expérience. Une autre histoire sociale*, B. Lepetit éd., Paris, Albin Michel, 227-251.

GRENIER J.Y., (1995b) « L'histoire quantitative est-elle encore nécessaire ? », *Autrement. Passés recomposés*, 150-151, janvier, 173-183.

GRUSON C., (1968) *Origines et espoirs de la planification française*, Paris, Dunod.

HAAVELMO T. (1944) « The Probability Approach in Econometrics », *Econometrica* supplément, 12, pp. 1-118.

HACKING I., (1983) *Representing and Intervening*, Cambridge University Press, Cambridge.

HACKING I., (1990) *The Taming of Chance*, Cambridge University Press, Cambridge.

HACKING I., (2000) « Façonner les gens : le seuil de pauvreté », in : J.P. Beaud et J.G. Prévost éds., *L'ère du chiffre. Systèmes statistiques et traditions nationales*, Presse de l'Université du Québec, Montréal, p. 17-36.

HACKING I., (2001) *Entre Science et Réalité. La contruction sociale de quoi ?*, La Découverte, Paris.

HALBWACHS M., (1912) *La classe ouvrière et les niveaux de vie*, Alcan, Paris.

HALBWACHS M., (1914) « Budgets de familles ouvrières et paysannes en France, en 1907 », *Bulletin de la SGF*, tome IV, fascicule 1, pp. 47-83.

HALBWACHS M., (1933) *L'évolution des besoins dans les classes ouvrières*, Alcan, Paris.

HEILBRON J., (1988) « Particularités et particularismes de la sociologie aux Pays-Bas », *Actes de la recherche en sciences sociales*, 74, pp. 76-81.

HENNOCK E.P., (1976) « Poverty and Social Theory in England : the Experience of the 1880's », *Social History*, I, pp. 67-91.

HENNOCK E.P., (1987) « The Measurement of Poverty : from the Metropolis to the Nation, 1880-1920 », *Economic History Review*, XL, 2, pp. 208-227.

HENRY L., (1963) « Réflexions sur l'observation en démographie », *Population*, 2, 233-262.

HENRY L., BLANCHET D., (1983) « La population de l'Angleterre de 1541 à 1871 », *Population*, 4-5, 781-826.

HERAN F., (1987) « La seconde nature de l'habitus. Tradition philosophique et sens commun dans le langage sociologique« , *Revue française de sociologie*, XXVIII, pp. 385-416.

HESSEL W., (1965) « Quantitative Planning of Economic Policy in the Netherlands », in Hickman B. eds, *Quantitative Planning of Economic Policy*, Washington, The Brookings Institution, p. 163-178.

HICKMAN B., éd., (1965) *Quantitative Planning of Economic Policy*, The Brookings Institution, Washington.

HODGSON D., (1983) « Demography as Social Science and Policy Science », *Population and Development Review*, 9, 1, 1-34.

HODGSON D., (1988) « Orthodoxy and Revisionism in American Demography », *Population and Development Review*, 14, 4, 541-569.

HODGSON D., (1991) « The Ideological Origins of the Population Association of America », *Population and Develoment Review*, 17, 1, 1-34.

HOPWOOD A., MILLER P. eds., (1994) *Accounting as social and institutional practice*, Cambridge University Press, Cambridge.

HUGHES-HALLETT A., (1989) « Econometrics and the Theory of Economic Policy : The Tinbergen-Theil Contribution 40 years on », in : De Marchi N., Gilbert C. eds, *History and Methodology of Econometrics*, Oxford Economic Papers, vol. 41, jan. 1989, pp. 189-214.

INSEE, (1987) *Pour une histoire de la statistique*, 2 volumes : tome 1 / *contributions* ; tome 2 / *matériaux* J. Affichard éd. Paris, INSEE-Economica.

INSEE, (1996) *Cinquante ans d'Insee... ou la conquête du chiffre*, Insee, Paris.

ISTAT, (1976) *Cinquanta anni di attività*, ISTAT, Roma.

JAIN B., (1992) « Dix clefs pour mieux comprendre les difficultés des dispositifs d'insertion ». *Revue française des affaires sociales*, n 3, juillet-septembre, pp. 11-33.

JOST H.U., (1995) *Des chiffres et du pouvoir. Statisticiens, statistique et autorités politiques en Suisse du XVIIIe au XXe siècle*, Forum statisticum, Union des offices suisses de statistique, Berne.

KALAORA B., SAVOYE A., (1987) *Les inventeurs oubliés. Frédéric Le Play et ses continuateurs*, CERFISE, Ministère de l'urbanisme.

KALSHOVEN F., VAN ALTENA A., (1993) *Ed. Van Cleeff and the prehistory of the Dutch Central Planning Bureau*, University of Amsterdam.

KEYFITZ N., (1993) « Hervé Le Bras. Marianne et les lapins : l'obsession démographique », Book Reviews, *Population and Development Review*, 19, 2, 365-374.

KIAER A., (1895) « Observations et expériences concernant les dénombrements représentatifs », *Bulletin de l'IIS*, Vol. 9, pp. 176-178.

KIAER A., (1897) « Sur les méthodes représentatives ou typologiques appliquées à la statistique », *Bulletin de l'IIS*, Vol. 11, pp. 180-185.

KLEIN J., (1997) *Statistical Visions in Time. A History of Time Series Analysis, 1662-1938*, Cambridge University Press, Cambridge.

KOTZ S., JOHNSON N., (éds 1992) *Breakthroughs in Statistics*. Two volumes : Vol. I, *Foundations and Basic Theory*; Vol. II, *Methodology and Distribution*, Springer-Verlag, New-York.

KRAMARZ F., (1989) « La comptabilité nationale à la maison », in Boltanski L., Thévenot L., éds, *Justesse et justice dans le travail*, Cahiers du Centre d'études de l'emploi, Paris, PUF, pp. 219-245.

KREAGER P., (1991) « Early Modern Population Theory : A Reassessment », *Population and Development Review*, 17, 2, 207-227.

LABBÉ M., (2008) « L'arithmétique politique en Allemagne au début du 19è siècle : réceptions et polémiques », *Journal Electronique d'Histoire des Probabilités et de la Statistique*, Vol. 4, n°1 – Site : http://www.jehps.net.

LANDRY A., (1927) « La statistique », *Documents parlementaires : Chambre*, 4 décembre 1927.

LANDRY A., (1934) *La Révolution Démographique*, Paris, Sirey.

LASCOUMES P., LE GALES P. eds, (2004) *Gouverner par les instruments*, Presses de Sciences-Po, Paris.

LATOUR B., (1989) *La science en action*, Paris, La Découverte.

LATOUR B., (2002) *La fabrique du droit. Une ethnographie du Conseil d'Etat.* La Découverte, Paris.

LE BRAS H., (1991) *Marianne et les lapins : l'obsession démographique*, Paris, Olivier Orban.

LE BRAS H., CHESNAIS J.C., (1976) « Cycle de l'habitat et âge des habitants », *Population*, 2, 269-298.

LE GLEAU J.P., (1992) « La loi Joxe ». *Réseau de l'action régionale* n 142. Division Statistiques et Etudes Régionales. INSEE. Février 1992.

LE VAN-LEMESLE L., (1991) « L'institutionnalisation de l'économie politique en France », in Breton Y., Lutfalla M, éds., *L'économie politique en France*, Paris, Economica.

LEE R.D., (1992) « L'autorégulation de la population : systèmes malthusiens en environnement stochastique », in : *Modèles de la démographie historique*, A. Blum, N. Bonneuil et D. Blanchet eds., INED/PUF Congrès et colloques 11.

LEMIEUX C., (2000) *Mauvaise presse. Une sociologie compréhensive du travail journalistique et de ses critiques*, Métailié, Paris.

LENOIR M., (1913) *Etudes sur la formation et le mouvement des prix*, Paris, Giard et Brière.

LENOIR R., (1995) « L'invention de la démographie et la formation de l'Etat », *Actes de la recherche en sciences sociales*, 108, 36-61.

LERIDON H. et alii, (1987) *La seconde révolution contraceptive. La régulation des naissances en France de 1950 à 1985*, INED/PUF Travaux et Documents, Cahier 117.

LERIDON H., (1995) *Les enfants du désir*, Paris, Julliard.

LESOURNE J., CURIEN N., (1991) *L'ENSAE demain, Réflexion prospective*, INSEE, Paris.

LETELLIER G., (1949) *L'enquête sur le chômage* ; tome 3 : *Dépenses des chômeurs et valeur énergétique de leur alimentation*, Sirey, Paris.

LEVY M.L., (1990) *Alfred Sauvy, compagnon du siècle*, Paris, La Manufacture.

LEVY M.L., (1995) « A quoi servent les démographes ? », *Population et Sociétés*, n° 306.

L'HARDY P., VILLENEUVE A., (1968) « Le comportement des consommateurs d'après l'enquête budgets de familles de 1963 », *Etudes et conjoncture*, 10, octobre 1968, pp. 3-82.

LIE E., (2002) « The Rise and Fall of Sampling Methods in Norway, 1875-1906 », *Science in Context*, N°3, pp. 385-409.

LIVI BACCI M., (1991) « Roland Pressat ou de l'analyse démographique », *Population*, 6, 1365-1369.

MACKENZIE D. (1981) *Statistics in Britain, 1865-1930 : The Social Construction of Social Knowledge*, Edinburgh U.P.

MACKENZIE D., MUNIESA F, SIU L. eds, (2007) *Do Economics Make Markets ? On the Performativity of Economics*, Princeton U.P.

MALINVAUD E., (1984) « Eugène Morice et l'ENSAE », *Journal de la société statistique de Paris,* 4e trimestre 1984, pp. 232-237.

MANNONI O., (1969) *« Je sais bien, mais quand même », Clefs pour l'imaginaire de l'autre scène,* Seuil, p. 9-33.

MANSUY M., MARPSAT M., (1991) « Les quartiers des grandes villes : contrastes sociaux en milieu urbain ». *Economie et statistique,* n245, juillet-août 1991, pp. 33-47.

MARCHAND O., THELOT C., (1991) *Deux siècles de travail en France,* INSEE, Paris.

MARGAIRAZ M., (1991) *L'État, les finances et l'économie. Histoire d'une conversion,* 1932-1952, Imprimerie nationale, Paris, 2 tomes.

MARPSAT M., (1993) « Des statistiques pour la recherche : l'INSEE et la ville ». *Metropolis. Urbanisme, planification régionale, environnement,* 98-99.

MARTIN O., (1997) *La mesure de l'esprit. Origines et développements de la psychométrie, 1900-1950,* L'Harmattan, Paris.

MAZON B., (1995) « La fondation Rockefeller et les sciences sociales en France, 1925-1940 », *Revue française de sociologie,* XXVI, 2, pp. 311-342.

MENARD C., (1987) « Trois formes de résistance aux statistiques : Say, Cournot, Walras », in *Pour une histoire de la statistique,* tome 1 / *contributions,* Paris, INSEE-Economica, pp. 417-429.

MERLLIE D., (1994) *Les enquêtes de mobilité sociale,* Paris, PUF.

MESPOULET M., (2001) *Statistique et révolution en Russe (1880-1930),* Presses universitaires de Rennes.

MESPOULET M., (2008) *Construire le socialisme par les chiffres. Enquêtes et recensements en URSS de 1917 à 1991,* INED, Paris.

MOORE H., (1914) *Economic Cycles - Their Law and Cause,* New York, Macmillan.

MORGAN M., (1990) *The History of Econometric Ideas,* Cambridge University Press, Cambridge.

MORRISSON C., (1987) « L'enseignement des statistiques en France, du milieu du XIXe siècle à 1960 », in : *Pour une histoire de la statistique,* tome 2 / *matériaux,* J. Affichard éd., INSEE-Economica, Paris, pp. 811-823.

MOUSTACCHI A., (1965) « Application d'un modèle d'allocation des ressources à la planification française. Ses enseignements », World Congress of the Econometric Society, Rome.

NEYMAN J., (1934) « On the Two Different Aspects of the Representative Method : the Method of Stratified Sampling and the Method of Purposive Selection », *Journal of the Royal Statistical Society,* 97, p. 558-606, discussion, p. 607-625.

NI BHROLCHAIN M., (1992) « Period Paramount ? A critique of the cohort Approach to Fertility », *Population and Development Review,* 18, 4, 599-629.

NISBET R., (1984) *La tradition sociologique*, PUF, Paris.

NISSEL M., (1987) *People Count : A History of the General Register Office*, OPCS, London.

NIVIERE D., (2003) *Chiffres européens en construction. La naissance de statistiques européennes sur les revenus et les conditions de vie*, Mémoire pour le DEA de sciences sociales, ENS-EHESS.

NIVIERE D., (2005) « Négocier une statistique européenne : le cas de la pauvreté », *Genèses*, 58, pp. 28-47.

NOTESTEIN F., (1945) « Population. The long view », in : *Food for the world* T.W. Schultz ed., Chicago, University of Chicago Press.

OZOUF-MARIGNIER M.V., (1986) « De l'universalisme constituant aux intérêts locaux : le débat sur la formation des départements en France 1789-1790 », *Annales ESC*, n 6, novembre-décembre. pp. 1193-1213.

PASSERON J.C., (1991) *Le raisonnement sociologique : l'espace non-poppérien du raisonnement naturel*, Nathan, Paris.

PATINKIN D., (1976) « Keynes and Econometrics : on the Interaction Between the Macroéconomic Revolution of the Interwar Period », *Econometrica*, 44, pp. 1091-1123.

PATRIARCA S., (1996) *Numbers and Nationhood. Writing Statistics in nineteenth-century Italy*, Cambridge university Press, Cambridge.

PICON A., (1992) L'invention de l'ingénieur moderne. L'Ecole des ponts et chaussées, 1747-1851, *Presses de l'ENPC*, Paris.

PIKETTY T., (2001) *Les hauts revenus en France au XXème siècle*, Grasset, Paris.

PLATEK R., SARNDAL C.E., (2001) « Can a Statistician Deliver ? », *Journal of Official Statistics*, 17, 1, march, Statistics Sweden, Stockholm, p. 1-20. http://www.jos.nu/Contents/issue.asp?vol=17&no=1

POLANYI K., (1983) *La grande transformation : aux origines politiques et économiques de notre temps*, Gallimard, Paris.

POOVEY M., (1998) *A History of the Modern Fact. Problems of Knowledge in the Sciences of Wealth and Society*, University of Chicago Press, Chicago.

PORTER T., (1986) *The Rise of Statistical Thinking, 1820-1900*, Princeton University Press, Princeton.

PORTER T., (1994) « Making things quantitative », in : Power M. ed. : *Accounting and Science*, Cambridge University Press, Cambridge, p. 36-56.

PORTER T., (1995) *Trust in Numbers. The Pursuit of Objectivity in Science and Public Life*, Princeton U.P.

POURCHER G., (1964) *Le peuplement de Paris. Origine régionale. Composition sociale. Attitudes et motivations*, INED/PUF Travaux et Documents, Cahier 43.

PRESSAT R., (1986) « L'enseignement de la statistique en France à ses débuts entre 1850 et 1939 », communication à l'ICOTS 2, Victoria Colombie britannique, août 1986.

PRESSAT R., (1995) « Louis Henry : un maître », note non publiée.

PRÉVOST J.G., (2009) *A Total Science : Italian Statistics 1900-1945*, Mac Gill-Queen's University Press, Montréal.

RALLU J.L., TOULEMON L., (1992) « Les mesures de la fécondité transversale », I construction des différents indices, *Population*, 1, 7-26, et II Application à la France de 1946 à 1989, *Population*, 2, 369-404.

RAVEAUD G., (2004) *Economie politique de la Stratégie Européenne pour l'Emploi*, Thèse en sciences économiques, Université de Paris X-Nanterre.

REMERY R., (1948) « Budgets de familles de salariés de la région parisienne en 1946 », *Bulletin de la SGF*, supplément trimestriel, avril-juin 1948, INSEE, P. 154.

RICHARDSON J.H., (1926) *Les méthodes d'enquêtes sur les budgets familiaux*, BIT, études et documents, série N, n° 9, Genève.

RIVIERE P., (1999) « Qualité et statistique », *Courrier des statistiques*, INSEE-Paris, p. 47-58. http://www.insee.fr/fr/ffc/docs_ffc/cs90k.pdf

RONSAC J.J., (1982) « Les zones de solidarité en région Ile-de-France ». *Les cahiers de l'IAURIF*, n 66, octobre 1982.

ROUSSEL L., (1980) « Mariages et divorces. Contribution à une analyse systématique des modèles matrimoniaux », *Population*, 6, 1025-1040.

ROUSSO H., (éd.1986) *De Monnet à Massé. Enjeux politiques et objectifs économiques dans le cadre des quatre premiers Plans 1946-1965*, Éditions du CNRS, Paris.

ROY R., (1937) « L'enseignement économique en France. L'enseignement de la statistique », *Cinquantenaire de la Revue d'économie politique, 1887-1937*, Recueil Sirey, Paris.

SAENGER K., (1935) « Das Preussische Statistische Landesamt 1805-1934 », *Allgemeines Statistisches Archiv*, 24, pp. 445-460.

SALAIS R. *et alii*, (1986) *L'invention du chômage*, PUF, Paris.

SALAIS R., (2004) « La politique des indicateurs. Du taux de chômage au taux d'emploi dans la stratégie européenne pour l'emploi SEE », in : Zimmermann B. éd., *Action publique et sciences sociales*, MSH, Paris. http://www.insee.fr/fr/nom_def_met/colloques/acn/colloque_10/Salais.pdf

SANGOLT L., (1997) *The Politics of Counting : producing official statistics on the North Sea oil industry in Norway and Great Britain, 1966-1986*, LOS senteret, University of Bergen.

SAUNIER P., (1975) *L'évolution du coût de l'alimentation depuis le début du siècle*, INRA, économie et sociologie rurale, décembre 1975.

SAUVY A., (1950) *Préface à Cinq enquêtes sociales*, INED/PUF Travaux et Documents, Cahier 9, 7-16.

SAUVY A., (1972) *De Paul Reynaud à Charles de Gaulle. Un économiste face aux hommes politiques, 1934-1967*, Casterman, Paris.

SAVOYE A., (1994) *Les débuts de la sociologie empirique*, Méridiens Klincksieck, Paris

SCHWEBER L., (2006) *Disciplining Statistics : Demography and Vital Statistics in France and England, 1830-1885*, Duke University Press.

SELTZER W., ANDERSON M., (2001) « The Dark Side of Numbers : The Role of Population Data Systems in Human Rights Abuses », *Social Research*, Vol. 68, n°2, p. 481-513.

SEMPRUN J., (1995) *L'écriture ou la vie*, Gallimard, Paris.

SIMONET J., TURLOT F., (1992) « Note d'étape : sept propositions sur les statistiques de la formation professionnelle ». Ministère du Travail, de l'Emploi et de la Formation Professionnelle. 30 novembre 1992.

SPEARMAN C., (1904) « General Intelligence Objectively Determined and Measured », *American Journal of Psychology*, 15, pp. 201-293.

STATISTIQUE CANADA, (1993) *75 ans à compter. L'histoire de Statistique Canada* édition bilingue français-anglais, Ottawa.

STIGLER G.J., (1954) « The Early History of Empirical Studies of Consumer Behavior », *The Journal of Political Economy*, LXII, 2, april 1954, pp. 95-113.

STIGLER S., (1986) *The History of Statistics. The Measurement of Uncertainty Before 1900*, Harvard University Press, Cambridge USA.

SUTTER J., (1950) *L'eugénique. Problèmes. Méthodes. Résultats*, INED/PUF Travaux et Documents, Cahier 11.

SZRETER S., (ed. 1991) *The General Register Office of England and Wales and the Public Health Movement, 1837-1914, a Comparative Perspective*, Social History of Medicine, vol. 4, n° 3, London.

SZRETER S., (1993) « The idea of Demographic Transition and the Study of Fertility Change : A Critical Intellectual History », *Population and Development Review*, 19, 4, 659-701.

SZRETER S. (1996) *Fertility, Class and Gender in Britain, 1860-1940*, Cambridge U.P.

TABARD N., (1961) « Consommation et niveau de vie de quelques groupes sociaux », *Consommation*, VIII, 2, avril-juin, pp. 5-45.

TABARD N., (1992) *Typologie socio-professionnelle des communes et sections de communes*. INSEE. Document de travail, F. 9203, mars 1992.

TASSI P., (1988) « De l'exhaustif au partiel : un peu d'histoire sur le développement des sondages », in J. Mairesse éd. : *Estimation et sondages. Cinq contributions à l'histoire de la statistique*, Economica, Paris, pp. 117-133.

TASSI Ph., TROGNON A., (1982) « Les enseignements statistiques à l'ENSAE », communication à l'ICOTS 1.

TERRAY A., (2002) *Des francs-tireurs aux experts. L'organisation de la prévision économique au ministère des Finances, 1948-1968*, Comité pour l'histoire économique et financière de la France.

THELOT C., (1981) « Quelques grandes tendances de la consommation des ouvriers depuis un siècle », note INSEE-Division « Etudes sociales », n° 1243/413 du 5 mai 1981, non publiée.

THEVENOT L., (1983) « L'économie du codage social », *Critiques de l'économie politique*, n° 23/24, avril-septembre 1983 : Théorie économique et pratiques sociales, La Découverte/Maspero, p.188-222.

THEVENOT L., (1986) « Les investissements de formes », *Cahiers du CEE*, 29, PUF, Paris, pp. 21-71.

THEVENOT L. (1990a) « L'action qui convient », in Pharo P., Quéré L. éds, *Les formes de l'action*, Paris, EHESS, p. 39-69.

THEVENOT L., (1990b) « La politique des statistiques. Les origines sociales des enquêtes de mobilité sociale », *Annales ESC*, 6, 1275-1300.

THOMAS R., (1996) « Statistics as Organizational Products », *Sociological Research Online*, vol 1, n°3, http://www.socresonline.org.uk/socresonline/1/3/5.html

THOMAS R., (1999) *Statistics as Facts about Society. The functions of statistics in Britain in the second half of the 20th century*, A submission for a PhD by publication, Open University, Milton Keynes, UK. une partie dans : http://www.socresonline.org.uk/socresonline/1/3/5.html .

THOMPSON W.S., (1929) « Population », *American Journal of Sociology*, 34, 6, 959-975.

TINBERGEN J., (1938a) *Les fondements mathématiques de la stabilisation du mouvement des affaires*, Paris, Hermann.

TINBERGEN J., (1938b) « Recherches économiques sur l'importance de la Bourse aux Etats-Unis », in X-Crise, 1982 : *De la récurrence des crises économiques*, Paris, Economica, pp. 243-255.

TINBERGEN J., (1954) *L'économétrie*, traduction de M. Verhulst, Paris, Armand Colin.

TOOZE A., (2001) *Statistics and the German State, 1900-1945. The Making of Modern Economic Knowledge*, Cambridge University Press, Cambridge.

TOUCHELAY B., (1993) *L'Insee des origines à 1961 : évolution et relation avec la réalité économique, politique et sociale*, Thèse de doctorat, Université de Paris XII.

TUGAULT Y., (1973) *La mesure de la mobilité. Cinq études sur les migrations internes*, INED/PUF travaux et Documents, cahier 67.

VANGREVELINGHE G., (1969) « Les niveaux de vie en France, 1956 et 1965 », *Economie et statistique*, 1, mai, pp. 7-21.

VANOLI A., (2002) *Une histoire de la comptabilité nationale*, La Découverte, Paris.

VILLAC M., (1992) « Le développement des études locales : quelques problèmes de méthode ». *Recherches et prévisions*, n 29-30. CNAF. pp. 3-12.

VINCENT P., (1961) *Recherches sur la fécondité biologique. Etude d'un groupe de familles nombreuses*, PUF/INED Travaux et Documents, Cahier 37.

VOLKOFF S., (1987) « La statistique annuelle sur les salaires », in *Pour une histoire de la statistique*, tome2/*matériaux*, INSEE-Economica, Paris, p. 219-228.

VOLLE M., (1982) *Histoire de la statistique industrielle*, Economica, Paris.

WARD R., DOGGETT T., (1991) *Keeping Score. The first fifty years of the Central Statistical Office*, CSO, London.

WEBER F., et alii, (1992) « Histoire et statistique. Questions sur l'anachronisme des séries longues », *Genèses*, 9, Belin, Paris, p. 90-119.

WESTERGAARD H., (1932) *Contributions to the history of statistics*, King, London.

WILLINK B., (1991) « Origins of the Second Golden Age of Dutch Science after 1860 : Intended and Unintended Consequences of Educational Reform », *Social Studies of Science* SAGE, vol 21, pp. 503-526.

WORTON D.A., (1998) *Le Bureau fédéral de la statistique. Une histoire de l'Office central de statistique du Canada et de ses antécédents,* Mac Gill University Press, Montréal.

X-CRISE, (1982) *De la récurrence des crises économiques*, Paris, Economica.

YULE U., (1895) « On the correlation of total pauperism with proportion of out-relief, I : all ages », *Economic Journal* 5, pp. 603-611.

ZASK J., (1999) *L'opinion publique et son double* ; Livre I : *L'opinion sondée* ; Livre II : *John Dewey, philosophe du public*, L'Harmattan, Paris.

ZUCKER-ROUVILLOIS E., (1994) « Le choeur statistique ou l'Etat garant de l'ordre du vivant », in *Politix, L'imagination statistique*, n° 25, 73-103.

Index

C

D

E

F

L

M

N

O

P

Q

R

S

T

U

V

W

X

Y

Z

Sommaire